Museen in München

Museen in München

Ein Führer durch
44 öffentliche Museen,
Galerien und Sammlungen

Mit einem Anhang
der wichtigsten Adressen
des Kunst- und
Antiquitätenhandels

Herausgegeben und bearbeitet
von Monika Goedl
Im Auftrag des Kulturreferats der
Landeshauptstadt München

2., aktualisierte Auflage 1984

Prestel-Verlag München

© Prestel-Verlag, München 1983 und 1984

Die Bildrechte liegen bei den jeweiligen Museen, Galerien und Sammlungen und/oder deren Fotografen, mit Ausnahme folgender Abbildungen: Seite 12, 15, 17, 21, 23, 24, 25, 26, 27 (oben), 28, 29, 30, 31, 187 (unten), 189 (2mal), 190, 197 – Rechte bei Artothek, Jürgen Hinrichs, Planegg vor München.

Deutsches Museum, Seite 81: Foto Max Prugger, München; Luftbildfreigabe der Regierung von Oberbayern: G 30/11066.
Grafik Seite 89: Agnes Fürst.
Deutsches Theatermuseum, Seite 112 unten: Foto Hildegard Steinmetz; Seite 113: Foto Sabine Toepffer.
Frontispiz, Seite 2, Bayerisches Nationalmuseum, und Schloß Nymphenburg (Schönheitengalerie), Seite 235: Fotos Bjarne Geiges, München.

Die Abbildung auf dem Frontispiz zeigt die *Thronende Muttergottes* von Hans Multscher, Ulm, 1430-35 (Bayerisches Nationalmuseum, Saal 8).
Abbildung Seite 11: *Moriskentänzer* von Erasmus Grasser, 1480 (Münchner Stadtmuseum).

Der Einband bringt einen Ausschnitt aus dem Gemälde *Die Alexanderschlacht* von Albrecht Altdorfer, 1529 (Alte Pinakothek).

Die Lagepläne der Museen wurden mit freundlicher Genehmigung des Fremdenverkehrsamts der Landeshauptstadt München reproduziert.
Auf der vorderen Umschlaginnenseite: von Huber und Oberländer, München; auf der hinteren Umschlaginnenseite von der Passavia, Passau.

Dieser Führer enthält 623 Abbildungen, davon 388 in Farbe, 20 farbige Skizzen und 18 Grundrisse.
Redaktionsschluß: 31. Mai 1984.

CIP-Kurztitelaufnahme der Deutschen Bibliothek

Museen in München : ein Führer durch 43 öffentl.
Museen, Galerien u. Sammlungen ;
mit einem Anh. der wichtigsten Adressen
des Kunst- u. Antiquitätenhandels /
hrsg. u. bearb. von Monika Goedl
im Auftr. des Kulturreferats der Stadt München. –
München : Prestel, 1983.

2. Auflage 1984

Printed in Germany
Reproduktion: Karl Dörfel Repro GmbH, München
Satz, Druck und Bindung:
Passavia Druckerei GmbH Passau
Layout und Herstellung: Dietmar Rautner

ISBN 3-7913-0608-1

Inhalt

Kunststadt München —
Museumsstadt München

München ist eine Kunststadt. Dieser erläuterungsbedürftige Satz wurde ebensooft – herrisch manchmal, aber auch aus überwältigter Überzeugung gesprochen – in die Welt gesetzt wie die vielfachen Varianten seines Gegenteils. Von der Vernichtung con amore, die München als Kunststadt in Lion Feuchtwangers Roman »Erfolg« erfuhr, bis hin zum ambivalenten, hierzulande besser als »hinterfotzig« bezeichneten Votum nördlicher Provenienz, München sei »heimliche Hauptstadt«, reicht der Spielraum der Urteile. Sie tun, im Sinne des Wortes, nichts zur Sache, wenn es, wie hier, um den möglichst präzisen und übersichtlich dargebotenen Faktenreichtum eines Handbuchs geht.

Also, noch einmal: München ist eine Kunststadt. Diese Behauptung wird wahrer und kulturpolitisch leichter begründbar, wenn man präzisiert: München ist eine Museumsstadt. Denn einmal ist das größte Museum in der Kunststadt München kein Kunstmuseum – nämlich das Deutsche Museum. Und dann gibt es natürlich mitunter einen manchmal etwas heikel festzumachenden Unterschied zwischen einer Kunst- und einer Museumsstadt, welch letztere Definition in quantitativer und qualitativer Beziehung keinen Zweifel duldet.

Die Museumsstadt München also lebt auch am Ende des 20. Jahrhunderts noch immer vital aus der Epoche, der wir in vieler Beziehung wahlverwandter sind als unserer Gegenwart und unserer jüngsten Vergangenheit: aus dem 19. Jahrhundert. Gründung und Bestückung von Alter und Neuer Pinakothek, von Glyptothek, Antikensammlung und Nationalmuseum bilden heute noch das Zentrum der Münchner Museumslandschaft und sind in ihrem imperialen Ensemble, was Inhaltlichkeit und Erscheinung angeht, schwerlich zu überbieten; und alles, ohne eigentlich inkommensurabel, unüberschaubar, sozusagen unmenschlich zu sein. Das neue, das 20. Jahrhundert leitete im Jahre 1903 die nächste Großgründung ein: das Deutsche Museum in der Rechtsform einer Anstalt des öffentlichen Rechts – gewiß ein Institut, auf dem sich ein gut Teil des allgemeinen Ansehens unserer Stadt gründet.

Das kann man nun freilich nicht sagen vom Haus der Kunst, zumindest nicht für den Zeitraum, da es sich von 1933 bis 1945 noch »Haus der Deutschen Kunst« nannte und sich auch mit ihm die denkbar größte Kunst- und Menschenverachtung unserer nationalen Geschichte verbindet. Längst »entnazifiziert«, wächst das Gebäude allmählich mit einer milden Decke schützenden Efeus zu und beherbergt so noble Institute wie die Staatssammlung moderner Kunst, große Wechselausstellungen, Kunstvereinigungen.

Zwar zeichnet der Freistaat Bayern für einen Großteil der Museumsinstitute verantwortlich – nicht zu vergessen die Prähistorische Sammlung mit ihrer fabelhaften Architektur –, aber auch die Kommune hat Bedeutendes zu bieten. Was z. B. unter dem eher biederen Namen eines »Stadtmuseums« sich verbirgt, vereint – die Aufzählung ist keineswegs vollständig – weltbedeutende Sammlungen auf dem Felde des Puppentheaters, der Musikinstrumente, der Volkskunst, des Films in sich und beansprucht, eine der erfolgreichsten Popularsammlungen der Republik zu sein. Ein anderes kommunales Institut, die Städtische Galerie im Lenbachhaus, bewahrt mit den wichtigsten Werken des »Blauen Reiters« einen besonders kostbaren Schlüssel zum Kunstverständnis unseres Jahrhunderts.

Angesichts der Fülle an Ortschaften und Inhalten fällt es schwer, sich aus der Aufzählung heraus und in eine kulturpolitische Gewichtung hineinzubegeben. Zum letzten Mal gefragt: Ist München eine Kunststadt? Am leichtesten fiele die rückhaltlose Beantwortung der Frage, wenn es darum ginge, den Kunstmarkt, also die private Galerienlandschaft zu beschreiben. Die ist lebendig und ehrgeizig; findet auch manche Entsprechung in städtischen Initiativen wie etwa der Künstlerwerkstätte in der Lothringer Straße in

Haidhausen. Aber alle Einzelaktionen öffentlicher und privater Hand können nicht darüber hinwegtäuschen, daß Organisationsform und wohl auch der Bau einer Kunsthalle, die Münchens Stadtrat übrigens befürwortet hat, zur Verlebendigung, Aktualisierung und Weltrangigkeit einer Kunststadt München unvermeidlich sind. Staatlicherseits wird mit mindestens dem gleichen Recht und der gleichen Intensität ein Neubau für die Staatssammlung moderner Kunst verlangt. Gewiß, dies alles machte München noch nicht zu der Stadt der Künste. Wenn aber Freizügigkeit, Liberalität, kritisches Bewußtsein, Offenheit sichergestellt sind und die gefährliche Münchner Neigung zur Selbstzufriedenheit nicht allzu heftig um sich greift, muß man sich über München als Kunststadt nicht sonderlich sorgen. Schlimm wird es nur, wenn die Gäste aus aller Welt, die lieben Landsleute aus dem Norden und vor allen Dingen die Münchner aufhören, sich darüber Sorgen zu machen.

Jürgen Kolbe
Kulturreferent
der Landeshauptstadt München

Vorwort

Ein kleines Turmmuseum voll von Nonsens, Witz, alternativer Logik und eine der berühmtesten Gemäldesammlungen der Welt in einem noblen klassizistischen Bau: In solch einem weitgespannten Rahmen bewegen sich Münchens Museen. Vierundvierzig sind es – damit steht die bayerische Landeshauptstadt an der Spitze aller Städte in Deutschland. Was einmal mehr ihren Rang als Kunst- und Museumsstadt zeigt.

Natürlich gibt es für viele dieser Museen und Sammlungen handliche Führer, wissenschaftliche Kataloge oder monographische Bildbände. Doch ist es bisher noch nicht unternommen worden, einen Gesamtüberblick über ihre Schätze in einem Band zu präsentieren, sowohl jene der kunst- und kulturhistorischen wie auch der naturwissenschaftlichen und technischen Sammlungen.

Das war freilich leichter gedacht als getan. In vielen Sammlungen erwies sich die Fülle der nicht ausgestellten Objekte – manchmal noch nicht wissenschaftlich bearbeitet, nicht einmal inventarisiert – umfangreicher, als selbst der Kenner annehmen konnte. Das erschwerte und verlängerte die Arbeit an diesem Buch, bestärkte aber zugleich die Überzeugung von seiner Notwendigkeit.

Da Benutzer mit den unterschiedlichsten Interessen nach diesem Kompendium greifen werden, wollte die Konzeption sowohl die sachliche Kurzinformation wie die breitere Hintergrundorientierung berücksichtigen. Ein einleitender Informationsblock läßt alle notwendigen und wissenswerten Daten erkennbar werden. Ein kurzer Rundgang durch das jeweilige Museum vermittelt einen knappen Überblick über die verschiedenen Abteilungen und wichtigsten Ausstellungsobjekte. Wer tiefer in die Geschichte eines Museums eindringen will, findet eine Schilderung der Entstehung und Entwicklung der jeweiligen Sammlung sowie einen Überblick über ihren jeweiligen Gesamtbestand, also auch jene Bestände, die nicht oder nicht immer ausgestellt sein können. Bei einigen der hier dargestellten Institutionen werden Geschichte und Gesamtbestand zum ersten Mal dargestellt. Die Anfänge der Sammlungen, die bis in die Zeit der Renaissance zurückreichen, und ihre Weiterentwicklungen stellen ein Stück Kulturgeschichte unseres Landes dar, die die Vergangenheit von einer spannenden und glänzenden Seite illustriert, wie wir sie in anderen Bereichen so greifbar kaum mehr rekonstruieren können. Hier wird auch deutlich, daß die scheinbar so selbstverständliche Institution Museum das Werk vieler Generationen und ohne kontinuierliche intensive Arbeit eines wissenschaftlichen und verwaltungstechnischen Apparats nicht denkbar ist. Das gilt seit der Zeit der Monarchie.

Staatliche und städtische Bibliotheken und Archive, soweit sie Kunstsammlungen besitzen, internationale Kulturinstitute, firmeneigene Galerien und ähnliche Einrichtungen konnten wegen expandierender Fülle der Daten nicht ausführlich behandelt werden, doch sind ihre Adressen im Anhang aufgeführt.

Ein solches Daten- und Nachschlagwerk wäre undenkbar ohne die tatkräftige Unterstützung von seiten der Museumsdirektoren, Sammlungsleiter und Mitarbeiter, die den Bitten der Autorin um weitergehende Informationen, ergänzende Unterlagen, zum Teil neu anzufertigende Bildvorlagen verständnisvoll entgegenkamen und schließlich auch die Manuskripte überprüften, um die Verantwortung für deren Richtigkeit mitzutragen.

Mein besonderer Dank gilt dem Kulturreferat der Landeshauptstadt München, aber auch dem Verlag, die beide mit viel Geduld das Anwachsen des Stoffes und die Überschreitung der Termine toleriert haben in dem Bewußtsein, diesen Führer zu einem weit über das übliche Maß hinausgehenden Handbuch – nicht nur für auswärtige und einheimische Museumsbesucher und Kunstliebhaber, sondern auch für Fachleute und Wissenschaftler – heranwachsen zu sehen.

Monika Goedl

Feiertagsregelung bei den Öffnungszeiten

Die Münchner Museen sind meist montags und an den 14 gesetzlichen Feiertagen sowie an verschiedenen Festtagen geschlossen oder nur halbtags geöffnet. Diese Tage sind bei den einzelnen Museen nicht mehr eigens aufgeführt. Es handelt sich dabei um den:

1. Januar (Neujahr)

6. Januar (Hl. Dreikönig)

Faschingssonntag

Faschingsdienstag (ab 12 bzw. 13 Uhr)

Karfreitag

Ostersonntag

Ostermontag

1. Mai (Tag der Arbeit)

Christi Himmelfahrt
(2. Donnerstag vor Pfingsten)

Pfingstsonntag

Pfingstmontag

Fronleichnam
(2. Donnerstag nach Pfingsten)

17. Juni (Tag der deutschen Einheit)

15. August (Mariä Himmelfahrt)

1. November (Allerheiligen)

Buß- und Bettag
(2. Mittwoch vor dem Advent)

24. Dezember
(Heiliger Abend, meist ab 12 bzw. 13 Uhr)

25./26. Dezember (Weihnachten)

31. Dezember
(Silvester, meist ab 12 bzw. 13 Uhr)

Es ist jedoch Sorge getragen, daß an jedem Feiertag wenigstens ein Museum geöffnet ist. Diese Ausnahmen von der Regel sind bei den Öffnungszeiten der einzelnen Sammlungen angegeben.
Da sich erfahrungsgemäß gerade die Feiertagsregelung bei den einzelnen Museen ändern kann, ist vor einem Besuch an solchen Tagen vorherige Information empfohlen.

Museen, Galerien und Sammlungen

1 Alte Pinakothek

40, Barer Straße 27, Telefon 2 38 05/2 15-2 16
Geöffnet: Dienstag bis Sonntag 9-16.30 Uhr, Dienstag und Donnerstag auch 19-21 Uhr
Abweichend von der Feiertagsschließung (s. S. 10) geöffnet: am 6.1., Ostermontag
Christi Himmelfahrt, Pfingstsonntag und -montag, Fronleichnam, 15.8., 1.11., Buß- und
Bettag, 26.12; Faschingssonntag, -dienstag und 31.12. nur 9–12 Uhr.

Leitung: Bayerische Staatsgemäldesammlungen, Barer Straße 29, Telefon 23 80 51
Generaldirektor Prof. Dr. Erich Steingräber (Europäische Malerei)
Stellvertreter: Dr. Johann Georg Prinz von Hohenzollern (Französische Malerei 17. und
18. Jh., Spanische Malerei)
Wissenschaftliche Mitarbeiter: Dr. Peter Eikemeier (Altniederländische und Holländi-
sche Malerei), Dr. Gisela Goldberg (Altdeutsche Malerei), Dr. Konrad Renger (Flämische
Malerei), Dr. Rolf Kultzen (Italienische Malerei 16.-18. Jh.), Dr. Rüdiger an der Heiden
(Deutsche Malerei des späten 16. bis zum 18. Jh.), Dr. Cornelia Syre (Italienische Malerei
des 14. und 15. Jh.)

Träger: Freistaat Bayern
Fördererverein: Verein zur Förderung der Alten Pinakothek München e. V.

Präsenzbibliothek: 40, Barer Straße 29

Sammlung: Europäische Malerei des 14.-18. Jh. mit Schwerpunkten auf Deutscher und
Niederländischer Malerei des 15. und 16. Jh., Holländischer und Flämischer Malerei des
17. Jh., Italienischer Malerei des 15.-18. Jh., Französischer und Spanischer Malerei der
Barockzeit

Geschichte: Grundstock der Alten Pinakothek bilden die Sammlungen der Wittelsbacher
(Wilhelm IV.: Historienbilder zwischen 1528 und 1540, Maximilian I.: Dürer, Max Ema-
nuel: Sammlung Gisbert van Colen); 1780/81 Bau der Hofgartengalerie; zwischen 1798
und 1806 Überführung der kurpfälzischen Galerien aus Mannheim, Zweibrücken und
Düsseldorf; weiterer Zuwachs durch die Säkularisation 1803; 1826-36 Neubau der Alten
Pinakothek, Bauherr König Ludwig I., Architekt Leo von Klenze; 1827 Erwerb der Sammlung Boisserée, 1828 der Sammlung Oettingen-Wallerstein; nach der Kriegszerstörung
Wiederaufbau 1952-58 durch Hans Döllgast; seit den sechziger Jahren besondere Pflege
des französischen 18. Jh. durch die Leihgabe der ständig wachsenden Sammlung der
Bayerischen Hypotheken- und Wechselbank; zwischen 1977 und 1980 sukzessiver Um-
bau und Neuordnung

Aktivitäten: Wechselausstellungen
Service: Spezialführungen, Saalführer, Bücherstand, Restaurant

Publikationen: Bayerische Staatsgemäldesammlungen, Wegweiser durch die Alte Pina-
kothek München, München 1980; Alte Pinakothek, Erläuterungen zu den ausgestellten
Gemälden (Gesamtkatalog), München 1983; zahlreiche wissenschaftliche Kataloge des
Gesamtbestands einschließlich Filialgalerien.

Kurzinformation

Bis 1953 dauert die Diskussion, ob die Alte
Pinakothek wieder aufgebaut werden soll.
Als sie 1957 teilweise (1964 ganz) wiedereröffnet wird, zeigt sich nicht nur Konrad
Adenauer »hell begeistert«. Wenige teilen
die Vorbehalte Theodor Heuss' gegenüber
dem neuen imponierenden Stiegenhaus mit
seinen 2x32 Stufen rechts und links, das
schon durch seine blanke Mauerung wirkt.
»Der Kritiker sucht nervös nach (weiteren)
Spuren des Modernen – vergeblich, es steckt
in Kellern, Decken, Wandkanälen. Unser Auftrag hieß Sicherungen, sodann: in einem
klassischen Bau sich zu benehmen ...« (Hans
Döllgast). Zwar ist damals Wesentliches der

Kongruenz von Innen und Außen (die für den
Museumsbau des 19. Jh. bestimmend geworden ist), von Bild- und Statuenprogramm
und den praktischen Überlegungen der Konzeption geopfert worden, aber Leo von Klenzes Gesamtkunstwerk als solches ist erhalten
geblieben. Für den Entwurf ist die Auswahl
von 1400 Gemälden aus dem zehnfachen
Schatz der Gemäldesammlung maßgebend
gewesen. Die jahrhundertealten Sammlungen der bayerischen Herzöge und Kurfürsten
aus der Münchner Residenz und aus Schloß
Schleißheim, die Gemäldesammlungen pfäl-
zischer Nebenlinien, die Gemälde aus säku-
larisiertem geistlichen Besitz und Erwerbungen ganzer Privatsammlungen und Schulen
im 19. Jh. bilden zur Zeit des Neubaus die
Bestände, die die Alte Pinakothek bereits um
1830 neben so bedeutende Sammlungen wie
Wien, Berlin und Dresden stellt. Sie hat dank
minimaler Kriegsverluste und aufgrund von
Einzelerwerbungen in den letzten Jahrzehnten ihre Bedeutung noch steigern können.

Giovanni Battista Tiepolo,
Anbetung der Könige, 1753

Baugeschichte

Die Idee zu einem neuen Museum entsteht noch zu Lebzeiten von Ludwigs Vater, König Max I. Joseph, und Galeriedirektor Christian von Mannlich im Zusammenhang mit dem einfachen, aber bereits öffentlich zugänglichen Galeriegebäude am Hofgarten, das wie die Prunkgalerien in der Residenz und in Schloß Schleißheim die Fülle der Bilder nach 1800 kaum noch aufnehmen kann. Unabhängig von Mannlich befassen sich auch Kronprinz Ludwig und Galerieinspektor Georg von Dillis mit dem neuen Museum und zie-

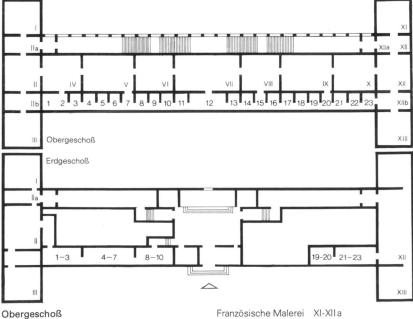

Obergeschoß
Altniederländische Malerei   I-II a
Altdeutsche Malerei   II-III
Italienische Malerei   IV, V, X, XII b, 1-6, 23
Deutsche Malerei 16./17. Jh.   11
Flämische Malerei   VI-VIII, 7-10, 12
Holländische Malerei   IX, 13-22

Französische Malerei   XI-XII a
Spanische Malerei   XIII

Erdgeschoß
Altdeutsche Malerei   I-III, 1-10
Malerei des 16./17. Jh.   XII-XIII, 19-23

(Die römischen Ziffern bezeichnen Säle, die arabischen Kabinette)

hen bald auch des Königs Hofbauintendanten Leo von Klenze ins Vertrauen. Lange Jahre nehmen die Diskussionen über Lage und Gestaltung in Anspruch, wird von seiten des Kronprinzen unter Beachtung aller diplomatischen Spielregeln die Realisierung betrieben, da der Vater nur mühsam für des Sohnes große Baupläne für die »Hauptstadt des zweitgrößten Königreichs in Deutschland« zu gewinnen ist.

Dillis (seit 1822 Generaldirektor) fordert einen Bau, der die optimale Präsentation der Sammlung ermöglicht, und einen Bauplatz, der die Sicherheit der Bilder im Hinblick auf Feuer und Staub gewährleistet und eine lärmfreie Betrachtung erlaubt. 1823 scheiden Odeonsplatz, Ludwigstraße und Brienner Straße, Salabert-Garten (heute Finanzgarten hinter dem Prinz-Carl-Palais) endgültig als Standorte aus. Mit dem Planquadrat zwischen Theresien-, Arcis-, Gabelsberger- und Barer Straße in der Maxvorstadt ist ein freies Gelände außerhalb des Stadtkerns gefunden, das allen sachlichen Anforderungen entspricht und 1824 genehmigt wird. Ein letztes Mal paßt Klenze seinen Entwurf den Gegebenheiten des neuen Geländes an. Nach den durchlaufenen Planungsstufen liegt nun ein ausgereiftes Museumskonzept vor, das am 10. Juni 1824 angenommen wird. Nach dem Regierungswechsel wird auf Wunsch des neuen Königs Ludwig I. am 7. April 1826, am Geburtstag Raffaels, der Grundstein gelegt. 1825 erhält Peter von Cornelius den Auftrag für die Fresken der Loggien, an deren Entwürfen er bis 1836 arbeitet. 1830 beginnen Mitarbeiter mit der Ausführung der Fresken. Zwischen 1832 und 1837 werden Klenzes Innendekorationen ausgeführt, 1836 die letzte Wand mit bayerischer Seide bespannt. Von 1832 bis 1837 wird die Balustrade auf der Südseite über den Loggien aufgestellt, für die Ludwig von Schwanthaler 24 Standbilder berühmter Maler entworfen hatte (Ausführung ab 1827 durch mehrere Künstler). Die Explosion des Pulvermagazins im Mai 1835, bei der fast alle Fenster zerbrechen, verzögert Dillis' Hängung der Bilder. Am 16. Oktober 1836 wird die Alte Pinakothek für das Publikum geöffnet. 1840 erfolgt nach der Vollendung der Fresken in den Loggien die Schlüsselübergabe.

1943 brennen die Säle – die Gemälde sind seit Kriegsbeginn ausgelagert – aus, 8½ von 25 Achsen stürzen bis zum Boden ein. Bis 1957 leitet der damalige Generaldirektor Ernst Buchner den Wiederaufbau mit allen seinen Veränderungen. Architekt ist Hans Döllgast. Am 7. Juni 1957 wird das Obergeschoß wiedereröffnet, 1961 der östliche und 1963 der westliche Teil des Erdgeschosses für die Schausammlung fertiggestellt.

Dieric Bouts d. J. (?), *Die Anbetung der Könige,* Mitteltafel eines Flügelaltärchens

Lucas van Leyden, *Verkündigung Mariae*

Baubeschreibung

Der *Baukörper* wird von einem dreischiffigen Längstrakt mit überhöhtem Hauptschiff (Oberlichtsäle) und an den Schmalseiten quadratisch vorspringenden Quertrakten gebildet. Umlaufende Sockel, Zwischen- und Kranzgesimse verbinden die Trakte. Über den Walmdächern erhebt sich ein halbgeschossiger Aufsatz, der ehemals über dem Längstrakt pyramidenstumpfartige Glasgauben, die ersten sichtbaren Oberlichtkonstruktionen eines Museums, getragen hat. Nach dem Krieg sind sie durch ebene Glas-Satteldächer ersetzt worden. Alle Architekturteile der beiden mächtigen Geschosse sind aus Kelheimer Sandstein, die Wandflächen aus vorgeblendeten Ziegeln.

Die südliche *Hauptfassade* von 25 Achsen (ursprünglich von einem dreiteiligen Portikus mit Balkon zentriert) wird von je einer Achse der vorspringenden Eckflügel gerahmt. Heute unterbricht die rechteckig gerahmten Rundbogenfenster, die auf dem hohen Rustikasockel aufsetzen, nur noch ein Tor. Auch die Sandsteindekorationen sind den im Krieg zerstörten 8 1/2 Achsen des Mittelbereichs nicht mehr vorgeblendet worden. Im Obergeschoß sind in diesem Bereich ebenfalls lediglich Mauerwerk und Rundbogenfenster aus Ziegeln wiederaufgebaut worden. Im Vergleich mit der glatten Mauer läßt sich die Wirkung der vorgelegten ionischen Halbsäulen über der Simsplatte ablesen. Den Abschluß übernehmen Gebälk und Balustrade, auf der bis zum Krieg 24 Statuen aufgestellt waren.

Trotz seiner Länge ein Meisterwerk der Pro-

Albrecht Dürer, *Die vier Apostel*, 1526

portionskunst, verwirklichte Klenze abseits von Zentralraumvorstellung und Klassizismus des frühen 19. Jh. mit dem Bau der Alten Pinakothek über gestrecktem H-Grundriß neue revolutionäre Ideen. Nicht die Antike, die italienische Renaissance ist Vorbild.

Die Raumaufteilung wird von verschiedenen Lichtarten und -einfallswinkeln bestimmt. Klenze leitet daraus zwingende Forderungen für künftige Museumsbauten ab.

Nach der Klenzeschen *Raumaufteilung* war für die rund 1400 Gemälde ursprünglich allein das Obergeschoß vorgesehen. Erd- und Untergeschoß nahmen die Nebensammlungen, Verwaltungsräume, Magazine und Heizanlagen auf. An sieben gleichbreite Oberlichtsäle für großformatige Bilder schließen im Norden Kabinette mit Seitenlicht für kleine Bildformate an. Im Süden ermöglicht bis

zum Krieg eine Abfolge von Loggien den Zutritt zu jedem einzelnen Saal. Heute fehlen die Loggien vollständig. An ihrer Stelle füllt eine monumentale doppelläufige Treppe von Hans Döllgast die neugeschaffene schmale, zweigeschossige Halle hinter der Südwand. Die Kabinette (ehemals auch die Loggien) bilden nahezu quadratische überwölbte Raumeinheiten. Jeder Zwischenwand und jedem dazugehörigen Gewölbegurt entspricht an der Fassade ein Pilaster. Die Klenzesche Erfindung der Raumanordnung bestimmt seiner eigenen Aussage nach die Fassadengliederung.

Im Erdgeschoß befinden sich die Magazine. Die Seitentrakte, heute Schauräume, dienten einmal dem Kupferstichkabinett, der Handzeichnungssammlung (s. S. 259) und der antiken Vasensammlung (s. S. 252).

Sammlungsgeschichte

Die Bildbestände der Alten Pinakothek zeugen von der Sammelleidenschaft der Herzöge, Kurfürsten und Könige des Hauses Wittelsbach, das von 1180 bis 1918 in Bayern regiert.

Die herzogliche Kunstkammer

Herzog **Wilhelm IV.** (reg. 1508-50) gibt zwischen 1528 und 1540 bei führenden Augsburger, Ingolstädter, Münchner und Nürnberger Meistern einen Zyklus antiker und biblischer Historienbilder in Auftrag, die ein typisch humanistisches Renaissanceprogramm darstellen. Das berühmteste Bild aus diesem Zyklus ist zugleich ein Höhepunkt europäischer Malerei, Albrecht Altdorfers *Sieg Alexanders des Großen über den Perserkönig Darius in der Schlacht bei Issus,* die sog. ›Alexanderschlacht‹ von 1529.

Herzog **Albrechts V.** (reg. 1550-79) Sammelleidenschaft gilt auch der Malerei, aber vor allem kunstgewerblichen Gegenständen, Büchern und Kuriositäten aus allen Ländern, wie sie damals die Kunstkammern füllen (vgl. Völkerkundemuseum S. 279). Einer seiner Ankaufsberater ist Johann Jakob Fugger. Der Arzt und Historiograph Samuel Quickelberg verfaßt 1565 eine erste theoretische kunstkammerliche Sammelkonzeption. Der Herzog richtet zunächst im Silberturm der Neuveste eine Schatzkammer ein. Zwischen 1563 und 1567 läßt er von Wilhelm Egkl für seine rasch wachsenden Sammlungen eine große, vierflügelige Kunstkammer, den heute so genannten Münzhof, bauen. Wenig später, von 1569 bis 1571, errichten Wilhelm Egkl und Jakob Strada in der Residenz das Antiquarium (s. S. 213), das die Antikensammlung aufnimmt. Die meisten Kunstsammlungen Münchens haben ihren Ursprung in den Sammlungen Albrechts V.

Die Kammergalerie Maximilians I.

Maximilian I. (reg. 1597-1651) läßt von seinem ehemaligen Lehrer, dem Sammler Johannes Fickler, 1598 ein Inventar der Kunstkammer, das früheste bekannte der Wittelsbacher Kunstsammlungen, anlegen. Er ist selber musisch veranlagt und sammelt als erster Wittelsbacher alte Gemälde. Im Neubau der Residenz (1611-17) richtet er eine ›Cammer Galleria‹, einen langgestreckten Saal mit Nordlicht, ein, in dem er die wertvollsten Historien- und Ahnenbilder aus der Kunstkammer und seine eigenen Neuerwerbungen unterbringt. Dürer gilt Maximilians uneingeschränkte Vorliebe. Bis zum Dreißigjährigen Krieg hat er zäh und ehrgeizig elf Werke des Meisters zusammengebracht, u.a. die *Vier Apostel* (1526), das ›Sanctissimum der Alten Pinakothek‹.

Die kurbayerische Galerie Max Emanuels

Durch den Enkel Maximilians I., **Max II. Emanuel** (reg. 1679-1726), kommen vor allem flämische, italienische und französische Barockgemälde in die Sammlung der bayerischen Wittelsbacher. Als absolutistisch barocker Herrscher im Stil Ludwigs XIV. von Frankreich baut er das Neue Schloß Schleißheim (geplant seit 1693, begonnen 1701) mit der ›Grande Gallerie‹ (s. S. 245). 1691 von seinem kaiserlichen Schwiegervater Leopold I. als königlicher Statthalter in den spanischen Niederlanden eingesetzt, verbringt er seine Wintermonate in Brüssel, wie Antwerpen eines der Zentren des damaligen Kunstmarkts, und tritt als großer, oft genug spontaner und verschwenderischer Sammler und Mäzen auf. 1698 erwirbt er die Sammlung des Antwerpener, mit Rubens verwandten Kunstagenten *Gisbert van Colen.* Unter den 101 Gemälden sollen allein zwölf Rubens, dreizehn van Dyck, acht Brouwer, vier Claude, zehn Jan Brueghel, fünf Wouverman gewesen sein. Bei seinem Tod hinterläßt der Kurfürst eine der großen internationalen Galerien Europas.

Unter **Karl Albrecht** (1726 Kurfürst, 1742-45 als Karl VII. Kaiser) wird im Zuge notwendig gewordener Sparmaßnahmen die Stelle des Galerieinspektors gestrichen. Albrechts Interessen gelten der Baukunst: 1733-37 errichtet François Cuvilliés d. Ä. in der Residenz die sog. ›Grüne Galerie‹, eines der schönsten Beispiele fürstlicher Schloßgalerien des Rokoko (s. S. 217).

Max III. Joseph (reg. 1745-77) erlauben die Staatsfinanzen ein glänzendes Hofleben ebensowenig wie ausgedehnte Sammel- oder Bautätigkeiten. Eine Inventarisierung der Schleißheimer Galerie deckt beträchtliche Schäden an den Gemälden auf. Die Galerieinspektorenstelle wird daraufhin neu geschaffen. Galeriedirektor Johann Nepomuk von Weizenfeld beschreibt 1775 die 1050 Gemälde der Schleißheimer Gemäldegalerie »zur Kenntnis und Verbreitung des guten Geschmacks«, in der sich der erzieherische Geist der Aufklärung ankündigt.

Die kurpfälzischen Sammlungen Düsseldorf, Mannheim und Zweibrücken

1777 stirbt mit Max III. Joseph die bayerische Linie der Wittelsbacher aus, und die Pfälzer Linie tritt das Erbe an. München bleibt Residenz. Die Rechtsgrundlage für die Zusammenlegung der Mannheimer und Düsseldorfer mit der Münchner Galerie ist geschaffen. Aber der Kurfürst von der Pfalz und jetzt auch von Bayern, **Karl Theodor** (reg. 1777-99), läßt zunächst alles beim alten. In München gibt er Karl Albrecht von Lespilliez 1780 den Auftrag zum Bau des ersten öffentlichen Galeriegebäudes, der sog. Hofgartengalerie, in der 1781 die wichtigsten Bilder aus Schleißheim, Nymphenburg und der Münchner Residenz ausgestellt werden. Über 700 Gemälde werden in den acht Sälen zum ersten Mal in kunsthistorischen Gruppen geordnet. Erst 1798, ein Jahr vor seinem Tod, als die französische Besetzung Mannheims droht, läßt Karl Theodor die 758 überwiegend holländischen Gemälde der *Mannheimer Schloßgalerie* ins sichere München bringen.

Albrecht Altdorfer,
Alexanderschlacht (Ausschnitt), 1529

ALEXANDER M DARIVM VLT : SVPERAT
CA SISIN ACIL PERSAR : PEDIT :C M.EQVIT
VERO X M.IN TERFECTIS. MATRE QVOQVE
CONIVGE.LIBERIS DARII REG:CVM M.HAVD
AMPLIVS EQVITIB : FVGA DILAPSI.CAPTIS.

Raffael, *Die Madonna aus dem Hause Tempi*, vor 1508

Als 1799 auch Karl Theodor von der Pfalz kinderlos stirbt, tritt Kurfürst Max IV. Joseph von Pfalz-Zweibrücken, ab 1806 König **Max I. Joseph** (reg. bis 1825), die Nachfolge an. Noch im Jahr des Regierungsantritts rettet der Hofmaler Christian von Mannlich die *Zweibrücker Gemäldegalerie* aus Schloß Carlsberg, ehe das französische Revolutionsheer das Schloß niederbrennt, und bringt sie über mehrere Zwischenstationen nach München. Mit dieser jungen, aber umfangreichsten Sammlung kommen neben Flamen und Holländern auch französische Bilder in die Münchner Sammlung. Von den Altdeutschen ist Martin Schongauers (1435-91) *Geburt Christi* zu nennen. Christian von Mannlich wird jetzt zum ›Centralgemäldegaleriedirector‹ ernannt, der den gesamten Gemäldebesitz der Wittelsbacher zu verwalten hat.
1806 zeichnet sich die Annexion der Niederpfalz durch die Franzosen ab, und König Max I. Joseph gibt den Auftrag, auch die *Düsseldorfer Galerie* nach München zu ho-

len. Zwölf mehrspännige Wagen bringen die 348 Objekte zählende Sammlung mit 46 Rubens, 25 van Dyck und Rembrandts Passionsszenen, um nur die wichtigsten Vertreter dieser überwiegend flämischen und holländischen Galerie zu nennen.
Innerhalb der Zentralgemäldegalerie wird die altdeutsche Abteilung eine der größten, als 1803 aufgrund der *Säkularisation* der Kirchen und Klöster in Bayern und bald darauf auch im damals bayerischen Tirol sowie aus den der bayerischen Krone zugefallenen Residenzen der aufgehobenen Hochstifte, den einverleibten Reichsstädten, fränkischen Markgrafschaften und Stiften 1500 Gemälde in bayerischen Besitz wechseln. In Augsburg, Bamberg und Nürnberg werden sogenannte Filialgalerien eingerichtet, um die Bilderfülle zu dezentralisieren. Kurz bevor die Romantiker und Sammler wie die Brüder Boisserée die Schönheit der altdeutschen Malerei wiederentdecken, ist der Grundstock für die spätere Alte Pinakothek gelegt.

Leonardo da Vinci, *Maria mit dem Kind,* um 1475

In den beiden letzten Regierungsjahrzehnten König Max I. Joseph beginnt **Kronprinz Ludwig** mit der Hilfe Johann Georg von Dillis' die reichen Gemäldebestände durch Ankäufe zu ergänzen. Ludwig, Dillis und den zäh verhandelnden Agenten, Kupferstecher Johann Metzger in Florenz und Maler Johann Martin von Wagner in Rom, verdankt die Alte Pinakothek fast die gesamte Sammlung italienischer Meisterwerke des 14. und 15. Jh. 1822 wird Johann Georg von Dillis Zentralgaleriedirektor der bayerischen Gemäldesammlungen. 1823 genehmigt König Max I. Joseph den von Dillis beantragten Bau der Alten Pinakothek, der nach einem durchdachten Konzept die in den letzten vierzig Jahren um das Zehnfache angewachsenen Galeriebestände aufnehmen soll. 1826, kurz nach dem Regierungsantritt König Ludwigs I., wird der Grundstein gelegt.
Ludwig I. (reg. 1825-48) verfolgt als König noch intensiver als bisher seine kulturellen Ziele. 1827 kauft er die Sammlung *Melchior*

und *Sulpiz Boisserée,* die er bereits 1815 in Heidelberg gesehen hatte (213 altniederländische und altdeutsche Tafeln). 1828 entscheidet er sich für den Ankauf von 219 Bildern, die Fürst *Ludwig zu Oettingen-Wallerstein* aus ähnlich romantischen Anschauungen wie die Brüder Boisserée gesammelt hatte. Nach der Eröffnung 1836 verfaßt der 76jährige Dillis das erste ›Verzeichnis der Gemälde der Alten Pinakothek‹.

Die letzten 150 Jahre
In den nun folgenden Jahrzehnten der Stagnation zwischen 1841 und 1875, in denen die Stelle des Galeriedirektors zum »Altersposten für ausgemusterte Akademieprofessoren« geworden war, werden Hunderte von Bildern verschleudert, viele erleiden falsche Restaurierungen. Ab 1875 werden Kunsthistoriker auf die Direktorenstelle berufen, in der Folge Neuordnungen vorgenommen, weitere Filialgalerien gegründet, wissen-

schaftliche Kataloge verfaßt und ein Ankaufsetat erkämpft. Nicht zuletzt gilt es um 1900, die »mächtige Münchner Künstlerschaft« davon abzuhalten, die frühen Italiener und altdeutschen Maler auszusondern, um Tizian, Rembrandt und Rubens einzeln drapiert zu präsentieren.

Hugo von Tschudi, in dessen zweijähriger Amtszeit von 1909 bis 1911 die Leitung der Alten und Neuen Pinakothek (s. S. 185) in einer Hand vereinigt wird, scheidet mehr als ein Drittel des Bestands zugunsten der allgemeinen Qualität aus und ordnet die Alte Pinakothek neu.

Im Zweiten Weltkrieg wird die Alte Pinakothek schwer beschädigt. Dank der Initiative Ernst Buchners, der einen Tag nach Kriegsausbruch mit der Evakuierung begonnen hatte, bleibt der Bildbestand ohne nennenswerte Verluste. Sein Nachfolger, Eberhard Hanfstaengl, richtet schon im Januar 1946 provisorische Ausstellungsräume im Haus der Kunst (s. S. 126) ein und läßt Hauptwerke aus der Alten Pinakothek durch europäische Hauptstädte reisen, um mit Hilfe der dabei erzielten Einnahmen wenigstens einige wichtige Ankäufe tätigen zu können. 1953 wird Ernst Buchner erneut Generaldirektor, um das Gebäude wiederaufzubauen. 1957 wird das Hauptgeschoß eröffnet.

Unter Kurt Martin wird 1961 und 1963 das Erdgeschoß wieder zugänglich. 1964 übernimmt Halldor Soehner das Amt des Generaldirektors. Es gelingt ihm, die Bayerische Hypotheken- und Wechselbank für die Erwerbung von Bildern zu gewinnen, deren Ankauf die finanziellen Mittel der Bayerischen Staatsgemäldesammlungen übersteigt. Nach Umbau- und Sicherungsarbeiten präsentiert die Alte Pinakothek 1980 ein neues erweitertes Hängekonzept, das deutlicher als bisher die chronologische Hängung nach Schulen berücksichtigt.

Rundgang

Die europäischen Schulen sind entsprechend ihrer stilistischen Entwicklung chronologisch gruppiert. Im folgenden werden die wichtigsten Künstler in den einzelnen Sälen und Kabinetten nicht nach der Hängung, sondern alphabetisch aufgeführt.

OBERGESCHOSS
Altniederländische Malerei
Saal I
Dieric Bouts d. J. (?) (um 1448/50-1491): Dreikönigsaltärchen, genannt ›Perle von Brabant‹, Gefangennahme Christi um 1450/60, Auferstehung Christi um 1450/60; Jan Gossaert gen. Mabuse (um 1478-1532): Danae 1527; Hans Memling (um 1433-94): Sieben Freuden Mariae 1480; Rogier van der Weyden (um 1400-64): Dreikönigsaltar um 1460.

Saal IIa
Hieronymus Bosch (um 1450-1516): Fragment eines Jüngsten Gerichts; Lucas van Leyden (1494-1533): Maria mit dem Kind, der hl. Magdalena und dem Stifter 1522, Verkündigung Mariae; Hans Memling (um 1433-94): Johannes der Täufer, Klappaltärchen Maria im Rosenhag und Hl. Georg mit Stifter.

Altdeutsche Malerei
Saal II
Albrecht Altdorfer (um 1480-1538): Mariae Geburt um 1520; Hans Baldung Grien (1484-1545): Geburt Christi 1520; Lucas Cranach d. Ä. (1472-1553): Christus am Kreuz 1503; Albrecht Dürer (1471-1528): Paumgartner-Altar um 1500, Beweinung Christi um 1500, Selbstmord der Lukretia 1518, Die vier Apostel 1526; Matthis Gotthardt-Neithardt gen. Grünewald (um 1475-1528): Die Heiligen Erasmus und Mauritius um 1520/24, Verspottung Christi um 1503/04; Hans Holbein

Jacopo Robusti gen. Tintoretto, Vulkan überrascht Venus und Mars, um 1555

Jacob Jordaens, *Der Satyr beim Bauern*, nach 1620

d. Ä. (um 1465-1524): *Sebastians-Altar* um 1516.

Saal II b
Albrecht Altdorfer (um 1480-1538): *Laubwald mit heiligem Georg* 1510, *Susanna im Bade und die Bestrafung der Verleumder* 1526, *Donaulandschaft bei Regensburg mit Schloß Wörth und dem Scheuchenberg* vor 1530; Lucas Cranach d. Ä. (1472-1553): *Das goldene Zeitalter* um 1530; Albrecht Dürer (1471-1528): *Oswolt Krel* 1499, *Selbstbildnis im Pelzrock* 1500.

Saal III
Doppelzyklus mit historischen Darstellungen berühmter Helden und Heldinnen des antiken und christlichen Altertums, entstanden im Auftrag Herzog Wilhelms IV. von Bayern zwischen 1528 und 1540.

Hochformatige Tafeln mit Taten berühmter Helden, zum Teil mit herzoglichen Wappen: Jörg Breu d. Ä.: *Der Sieg des Publius Cornelius Scipio über Hannibal in der Schlacht bei Zama* um 1530; Melchior Feselen: *Die Belagerung der Stadt Alesia durch Julius Caesar und der Kampf gegen Vercingetorix* 1533; Ludwig Refinger: *Marcus Curtius opfert sich für das römische Volk* 1540; Albrecht Altdorfer: *Sieg Alexanders des Großen über den Perserkönig Darius in der Schlacht bei Issus* 1529; Hans Burgkmair: *Niederlage der Römer durch das Heer Hannibals in der Schlacht bei Cannae* 1529.

Querformatige Tafeln mit Taten berühmter Frauen, zum Teil mit herzoglichen Wappen: Barthel Beham: *Kaiserin Helena findet das heilige Kreuz und läßt es durch Bischof Macarios erproben* 1530; Jörg Breu d. Ä.: *Lucretia, die tugendhafte Gattin des Lucius Tarquinius Collatinus, erdolcht sich selbst, nachdem sie durch Sextus Tarquinius entehrt worden war* 1528; Melchior Feselen: *Cloelia und andere als Geiseln gehaltene Römerinnen werden vom Etruskerkönig Porsenna während der Belagerung Roms wegen ihres Mutes freigelassen* 1529; Hans Schöpfer: *Susannas Unschuld wird durch das Einschreiten des Knaben Daniel bewiesen, worauf die beiden verleumderischen Alten gesteinigt werden* 1537; Hans Schöpfer: *Appius Claudius fällt ein ungerechtes Urteil über Verginia, die dann zur Wahrung ihrer Unschuld von ihrem Vater Verginius erdolcht wird* 1535; Hans Burgkmair: *Königin Esther setzt sich bei ihrem Gemahl, König Ahasver, für die Rettung des jüdischen Volkes in ihrem Königreich ein* 1528.
Die Stifterporträts von Hans Wertinger (1465/70-1533): *Herzog Wilhelm IV. von Bayern* und seine Gemahlin *Jacobäa von Baden*, beide 1526.

Italienische Malerei
Florentiner Frührenaissance
Saal IV
Sandro Botticelli (1444/45-1510): *Beweinung Christi*; Francesco Raibolini gen. Il Francia (um 1460-1517): *Madonna im Rosenhag*; Do-

Rembrandt van Rijn, *Kreuzabnahme*, um 1633

menichino di Tommaso Bigordi gen. Ghirlandaio (1449-94); *Madonna in der Glorie von vier Heiligen verehrt* kurz vor 1494; Fra Filippo Lippi (um 1406-69): *Verkündigung* um 1450; Pietro Vannucci gen. Perugino (um 1445-1523): *Vision des heiligen Bernhard* nach 1490; Raffaello Santi, gen. Raffael (1483-1520): *Die Madonna aus dem Hause Tempi* vor 1508; Andrea del Sarto (1486 bis 1530): *Die Heilige Familie mit Johannes dem Täufer, Elisabeth und zwei Engeln;* Luca Signorelli (1445/50 bis 1523): Tondo *Maria mit dem Kinde.*

**Venezianische Malerei
des 16. Jahrhunderts**
Saal V
Jacopo Robusti gen. Tintoretto (1518-94): *Vulkan überrascht Venus und Mars* um 1555, *Christus bei Maria und Martha* um 1580, Zyklus von acht Bildern zur Geschichte des Hauses Gonzaga 1578-80; Tiziano Vecel-

lio gen. Tizian (um 1487/90-1576): *Die Eitelkeit des Irdischen* um 1514, *Kaiser Karl V.* 1548, *Dornenkrönung Christi* nach 1570; Paolo Caliari gen. Veronese (1528-88): *Bildnis einer Dame* um 1570, *Amor mit zwei Hunden* um 1573.

Kabinette 1 und 2
Giotto di Bondone (um 1266-1337) oder Werkstatt (?): *Letztes Abendmahl* nach 1306, *Kreuzigung Christi* nach 1306, *Christus in der Vorhölle* nach 1306; Fra Angelico (Fra Giovanni di Fiesole, um 1400-55): *Drei Darstellungen aus der Legende der Heiligen Cosmas und Damian und ihrer drei Brüder, Grablegung Christi* 1440 vom ehemaligen Hauptaltar der Kirche San Marco in Florenz.

Kabinett 3
Antonello da Messina (um 1430-79): *Maria der Verkündigung* um 1473/74; Giovanni Battista Cima da Conegliano (1459/60 bis

1517/18): *Die Madonna mit dem Kind und den Heiligen Maria Magdalena und Hieronymus* um 1496.

Kabinette 4-6
Leonardo da Vinci (1452-1519): *Maria mit dem Kind* um 1475; Lorenzo Lotto (um 1480 bis 1556), *Mystische Vermählung der heiligen Katharina* 1505-08; Jacopo Palma il Vecchio (um 1480-1528): *Maria mit dem Kind, den Heiligen Rochus und Magdalena* 1515 bis 1520; Piero di Cosimo (um 1462-1521 ?): *Darstellung aus der Prometheus-Sage* 1510-20.

Flämische Malerei
Saal VI
Anthonis van Dyck (1599-1641): *Beweinung Christi* um 1617, *Martyrium des heiligen Se-* bastian um 1620, *Martyrium des heiligen Sebastian* 1622/23, *Susanna im Bade* 1622/23, *Sebastian Leerse und Frau* um 1627, *Ruhe auf der Flucht* 1627-32, *Beweinung Christi* um 1634, *Die Gambenspielerin* um 1640; Jacob Jordaens (1593-1678): *Der Satyr beim Bauern* nach 1620.

Saal VII
Peter Paul Rubens (1577-1640): *Rubens und Isabella Brant in der Geißblattlaube* um 1610, *Das große Jüngste Gericht* 1614-16, *Früchtekranz* 1615-17, *Nilpferdjagd* 1615/16, *Löwenjagd* um 1621, *Raub der Töchter des Leukippos* um 1618, *Hélène Fourment im Hochzeitsgewand* um 1630, *Meleager und Atalanta* um 1635.

Frans van Mieris d. Ä., *Dame vor dem Spiegel*

Oben: Peter Paul Rubens, *Polderlandschaft mit Kuhherde,* um 1618/20

Rechts oben: Jean Marc Nattier, *Die Liebenden,* 1744

Rechts unten: Bartolomé Estéban Murillo, *Die kleine Obsthändlerin*

Saal VIII
Peter Paul Rubens (1577-1640): *Rubens und seine zweite Frau im Garten* um 1631, *Hélène Fourment mit ihrem Sohn Frans* um 1635, *Bethlehemitischer Kindermord* 1635-39; Jacques d'Arthois (1613-86): *Kanal im Walde, Landschaft mit hohen Bäumen, Furt im Walde.*

Kabinett 7
Anthonis van Dyck (1599-1641): *Beweinung Christi* um 1617.

Kabinett 8
Peter Paul Rubens: *Skizzen* zur Gemäldefolge, die die Witwe König Heinrichs IV. von Frankreich, Maria de' Medici, für das neue Palais du Luxembourg in Paris zu Anfang des Jahres 1622 in Auftrag gab, 1625 vollendet (jetzt im Musée du Louvre).

Kabinett 9
Anthonis van Dyck (1599-1641): *Jugendliches Selbstbildnis* 1621/22; Peter Paul Rubens (1577-1640): *Polderlandschaft mit Kuhherde* um 1618/20, *Hélène Fourment einen Handschuh anziehend* 1630/31, *Susanna im Bade* 1636-40.

Kabinett 10
Adriaen Brouwer (1605-38): *15 Szenen mit rauchenden, singenden, karten- oder würfelspielenden, sich vergnügenden Zechern.*

Deutsche Malerei um 1600
Kabinett 11
Hans von Aachen (1552-1615): *Sieg der Wahrheit unter dem Schutz der Gerechtigkeit* 1598; Adam Elsheimer (1578-1610): *Brand von Troja, Flucht nach Ägypten* 1609; Georg Flegel (1566-1638): *Großes Schau-Essen, Stilleben*; Johann Rottenhammer (1564 bis 1625): *Das Jüngste Gericht* 1598, *Diana und Aktäon* 1602.

Flämische Malerei
Kabinett 12
Peter Paul Rubens (1577-1640): *Kleines Jüngstes Gericht* 1618-20, *Amazonenschlacht* um 1615, *Höllensturz der Verdammten* um 1620, *Landschaft mit Regenbogen.*

Holländische Malerei
Saal IX
Ferdinand Bol (1616-80): *Die Vorsteher der Weinhändlergilde* um 1659; Karel Dujardin (1622-78): *Die kranke Ziege* um 1665; Aert de Gelder (1645-1727): *Esther läßt sich schmükken* (›Die Judenbraut‹) 1684; Gerrit van Honthorst (1590-1656): *Fröhliche Gesellschaft* 1622; Frans Hals (1581/85-1666): *Willem van Heythuysen* 1625-30; Philips Koninck (1619 bis 1688): *Flachlandschaft* nach 1650; Pieter Lastman (1583-1633): *Odysseus vor Nausikaa* 1619; Gabriel Metsu (1629-67): *Bohnenfest* 1650-55; Rembrandt van Rijn (1606-69): *Brustbild eines Mannes in orientalischer Tracht* 1633, *Heilige Familie* um 1633; Michael Sweerts (1624-64): *Wirtstube* um 1660.

Kabinett 13
Cornelis Poelenburgh (1586?-1667): *Wasserfälle von Tivoli, Italienische Landschaft,* Gegenstücke nach 1620.

Kabinett 14
Aelbert Cuyp (1620-91): *Flachlandschaft* nach 1640; Jan van Goyen (1596-1656): *Dorf am Fluß* 1636, *Landschaft mit Motiv aus Leiden* 1643, *Pferdewagen auf der Brücke* 1648;

Salomon van Ruysdael (nach 1600-70): *Flußlandschaft mit Fähre* 1630-35.

Kabinett 15
Pieter Lastman (1583-1633): *Taufe des Mohrenkämmerers* 1620.

Kabinett 16
Rembrandt van Rijn (1606-69): *Kreuzaufrichtung* um 1633, *Kreuzabnahme* um 1633, *Himmelfahrt Christi* 1636, *Auferstehung Christi* 1639, *Anbetung der Hirten* 1646, *Der auferstandene Christus* 1661, *Selbstbildnis* 1629.

Kabinett 17
Adriaen van Ostade (1610-85): *Lustige Bauerngesellschaft* 1647 (?); Paulus Potter (1625 bis 1654): *Bauernfamilie mit Vieh* 1646; Jacob van Ruisdael (1628/29-82): *Sandhügel mit Bäumen bewachsen* 1647, *Waldlandschaft mit sumpfigem Gewässer* um 1660, *Eichen an einem Gießbach* nach 1670, *Ansicht von Ootmarsum* 1665-70; Philips Wouwermans (1619-68): *Dünenlandschaft* nach 1640.

Kabinett 18
Meindert Hobbema (1638-1709): *Landschaft* 1660/61.

Kabinett 19
Nicolaes Berchem (1620 bis 1683): *Felsenlandschaft mit antiken Ruinen* um 1657; Pieter Janssens Elinga (1623 bis vor 1682): *Lesende Frau* vor 1670 (?); Gerard Terborch (1617-81), *Ein Knabe floht seinen Hund* 1655 (?).

Kabinett 20
Frans Post (1612-80): *Brasilianische Landschaft mit Ameisenbär, Brasilianische Landschaft mit Gürteltier,* Gegenstücke 1649; Philips Wouwermans (1619-68): *Winterlandschaft mit Eisbahn* nach 1655 (?), *Rast auf der Hirschjagd* nach 1660 (?).

Kabinett 21
Gerrit Dou (1613-75): *Tischgebet der Spinnerin* um 1645; Frans van Mieris d.Ä. (1635-81): *Der schlafende Offizier im Gasthaus* um 1660; Jan Steen (1625/26-1679): *Die Liebeskranke* 1660-65.

Kabinett 22
Jan Davidsz. de Heem (1606-83) und Nicolaes van Veerendael (1640-91): *Blumenstrauß mit Kruzifix und Totenkopf* (›VanitasStilleben‹) 1660-65.

Links:
Michael Pacher,
*Kirchenväter-
altar, Die Hll.
Hieronymus und
Ambrosius*
(Seitenflügel),
um 1480

Rechts:
Stephan Loch-
ner, *Maria mit
Kind vor einer
Rasenbank*,
1440 (?)

Italienische Barockmalerei
Saal X
Federigo Barocci (1535-1612): *Christus und
Magdalena* (›Noli me tangere‹) 1590; Anni-
bale Carracci (1560-1609): *Landschaft mit badenden Frauen, Landschaft mit Flußszene*,
Gegenstücke um 1590; Luca Giordano (1634
bis 1705): *Kreuzabnahme des heiligen Andreas* 1644; Guido Reni (1575-1642): *Apollo
schindet Marsyas* um 1633 (?); Carlo Sarace-
ni (1580/85-1620): *Vision des heiligen Fran-
ziskus* gegen 1620; Giovanni Battista Tiepolo (1696-1770): *Anbetung der Könige*
1753.

Kabinett 23
Pietro Longhi (1702-85): *Das Kartenspiel* um
1760.

Französische Malerei
des 17. Jahrhunderts
Saal XI
Claude Gelée Lorrain gen. Le Lorrain (1600
bis 1682): *Verstoßung der Hagar* 1668, *Idylli-
sche Landschaft bei untergehender Sonne*
1670, *Seehafen bei Aufgang der Sonne* 1674;
Eustache Le Sueur (1617-55): *Christus im
Hause der Martha* 1649-54; Nicolas Poussin
(1594-1665): *Beweinung Christi* 1628-31.

Saal XII a
François Boucher (1703-70): *Ruhendes Mädchen* 1752; Jean-Baptiste Siméon Chardin
(1699-1779): *Rübenputzerin* um 1738; Jean-
Honoré Fragonard (1732-1806): *Mädchen mit
Hund;* Jean-Baptiste Greuze (1725-1805): *Die
Klagen der Uhr* 1775; Nicolas Lancret (1690
bis 1745): *Vogelkäfig* um 1735; Joseph Vernet (1714-89): *Meeresbucht bei untergehender Sonne* 1760.

Saal XII
François Boucher (1703-70): *Madame de
Pompadour* 1756; Jean Marc Nattier (1685
bis 1766): *Marquise de Baglion als Flora*
1746; Hubert Robert (1733-1808): *Der Ab-
bruch der Häuser auf dem Pont au Change in
Paris* 1788; Joseph Vivien (1657-1734):
Selbstbildnis.

Venezianische Veduten
Saal XII b
Antonio Canál gen. Canaletto (1697-1768):
*Piazzetta und Bacino di San Marco in
Venedig* um 1740; Francesco Guardi
(1712-93): *Regatta auf dem Canale della
Giudecca* 1784 bis 1789, *Venezianisches Ga-
lakonzert* 1782.

Jan Brueghel d. Ä., *Großer Fischmarkt* (Ausschnitt), 1603

Spanische Malerei
Saal XIII
Doménikos Theotokópoulos gen. El Greco (1541-1614): *Die Entkleidung Christi,* Replik des Originals von 1577-79 in der Sakristei der Kathedrale von Toledo; Bartolomé Estéban Murillo (1618-82): *Trauben- und Melonenesser* 1645, *Der heilige Thomas von Villannueva heilt einen Lahmen* 1678; Diego Rodriguez de Silva y Velazquez (1599-1660): *Junger spanischer Edelmann* 1625-29.

ÖSTLICHES ERDGESCHOSS
Altdeutsche Malerei des 15. und 16. Jh.
Altbairische und vordürerische
fränkische Malerei
Saal I
Rueland Frueauf d. Ä. (1440/45-1507): *Christus als Schmerzensmann* um 1490/1500; Wolf Huber (um 1485-1553): Teile eines Flügelaltars um 1530, *Christus am Ölberg, Gefangennahme Christi;* Meister der Pollinger Tafeln (2. Viertel 15. Jh.): Teile des Kreuz- und eines Marienaltars aus der Kirche der Augustinerchorherren in Polling; Hans Pleydenwurff (um 1420-72): Zwei Flügelpaare des sog. *Hofer Altares* aus der St. Michaeliskirche in Hof 1465, *Kreuzigung Christi* um 1460/70; Jan Polack (gest. 1519): Vier Tafeln vom *Weihenstephaner Hochaltar* 1483-89; Meister der Tegernseer Tabula magna (Mitte 15. Jh.): *Kalvarienberg* um 1440.

Porträts der Spätgotik
und der Frührenaissance
Saal II a
Hans Baldung Grien (1484-1545): *Markgraf Christoph I. von Baden* 1515, *Pfalzgraf Phil-*

ipp der Kriegerische 1517; Barthel Beham (1502-40): *Pfalzgraf Ottheinrich* 1535; Hans Muelich (Mielich; 1516-73): *Andreas Ligsalz und seine Gemahlin, geb. Ridler,* beide Tafeln 1540; Lucas Cranach d. Ä. (1472-1553): *Adam und Eva* um 1510-12, *Heilige Anna Selbdritt auf einer Rasenbank* um 1516, *Christus am Kreuz zwischen den beiden Schächern* 1515-20.

Südtirolische Malerei
Saal II
Michael Pacher (1435-98): Tafeln vom *Laurentiusaltar* aus der Pfarrkirche von St. Lorenzen bei Bruneck 1460 ff., *Kirchenväteraltar* um 1480 aus dem Augustinerchorherrenstift Neustift bei Brixen; Marx Reichlich (um 1460 bis nach 1520): *Altar der Heiligen Jakobus und Stephanus* 1506, ebenfalls aus Neustift.

Saal II b
Bernhard Strigel (1460/61 bis vor 4. 5. 1528): Drei Tafeln eines *Heiligen Grabes* um 1520 aus der Kirche Unserer Lieben Frau zu Memmingen.

Schwäbische Malerei
Saal III
Hans Burgkmair (1473-1531): *Johannesaltar* 1518, *Kreuzigungsaltar* 1519 (Flügel gespalten); Hans Holbein d. Ä. (um 1465-1524): Flügel des *Kaisheimer Altars* 1502 aus der Kaisheimer Zisterzienserklosterkirche (Flügelfelder gespalten); Martin Schaffner (1477/78 bis um 1547): zwei Flügelpaare vom *Hochaltar* der Kirche des Augustiner-Chorherrenstifts in Wettenhausen 1523/24; Bernhard Strigel (1460/61 bis vor dem 4. Mai 1528):

Konrad Rehlinger der Ältere und seine acht Kinder 1517.

Saal IIc
Hans Burgkmair d.Ä. (1473-1531): *Bildnis Martin Schongauer* (?); Konrad von Soest (um 1370 bis um 1425): *Heiliger Paulus* vor 1404; Stephan Lochner (um 1410-51): *Maria mit Kind vor einer Rasenbank* 1440 (?), *Anbetung des Christkinds* 1445; Meister des Hausbuchs (letztes Viertel 15.Jh.): *Maria mit Kind, von Engeln gekrönt,* um 1490/1500; Martin Schongauer (um 1435-91): *Heilige Familie* um 1475/80

Kölnische Malerei
Kabinette 1-3
Stephan Lochner (um 1410-51): *Außenseiten der Flügel des Weltgerichtsaltares* um 1440/45 der ehemaligen Pfarrkirche St. Laurenz in Köln; Meister der heiligen Veronika (1. Viertel 15.Jh.): *Heilige Veronika mit dem Schweißtuch* um 1420.

Kabinette 4-7
Meister des Bartholomäusaltares (um 1450 bis nach 1510): *Bartholomäusaltar,* erstes Jahrzehnt 16.Jh.; Meister des Marienlebens (3. Viertel 15.Jh.): *Tafeln mit Szenen aus dem Marienleben* um 1460/65 aus der Stiftskirche St. Ursula in Köln.

Kabinette 8-10
Meister des Aachener Altares (tätig um 1480 bis 1520): *Hans von Melem* um 1495/1500; Meister der Heiligen Sippe (tätig um 1480 bis 1520): *Beschneidungsaltar* 1500-10 (?) aus der Pfarrkirche St. Columba in Köln.

WESTLICHES ERDGESCHOSS
Manieristische Malerei
Studiengalerie und Vortragssaal Saal XI
Saal XII
Abraham Bloemaert (1564 bis 1651): *Ein Göttermahl;* Cornelis van Dalem (um 1530/35-1573): *Landschaft mit Gehöft* 1564; Frans Francken II (1581-1642): *Gastmahl im Hause des Bürgermeisters Rockox* um 1630/35; Hendrick Goltzius (1558-1616/17): *Venus und Adonis* 1614; Jan Sanders van Hemessen (um 1504 bis nach 1555): *Verspottung Christi* 1544; Anthonis Mor van Dashorst (?, 1517/20-1576/77): *Heiliger Sebastian.*

Saal XIII
Hans von Aachen (1552-1615): *Auferweckung des Jünglings zu Naim* 1590; Christoph Amberger (um 1505-62): *Christoph Fugger* 1541; Paul Bril (1554-1626): *Turmbau zu Babel;* Lucas Cranach d.Ä. (1472-1553): *Selbstmord der Lukretia* 1518 (?); Lucas Cranach d.J. (1515-86): *Venus und Cupido, Bildnis einer Dame;* Joseph Heintz (1564-1609), *Amor schnitzt den Bogen* nach 1603; Georg Pencz (um 1500-50): *Judith* 1531; Bartholomäus Spranger (1546-1611): *Angelica und Medoro* um 1580; Friedrich Sustris (um 1540-99): *Triumph des Marius über Jugurtha;* Lambert Sustris (1515/20 bis nach 1568): *Hans Christoph (l.) Vöhlin von Frickenhausen* 1552; Pieter de Witte gen. Candid (um 1548-1628): *Herzogin Magdalena* um 1613.

Kabinette 19 und 20
Jan Brueghel d.Ä. (›Samt-Brueghel‹, 1568 bis 1625): *Seehafen mit der Predigt Christi* 1598, *Großer Fischmarkt* 1603, *Landschaft mit Windmühle* 1608, *Belebte Landstraße* 1619, *Sodom und Gomorra, Das brennende Troja, Blumenstrauß, Jonas entsteigt dem Rachen des Walfisches.*

Kabinette 21-23
Pieter Aertsen (um 1509-75): *Marktszene, Fragment eines Ecce Homo;* Pieter Brueghel d.Ä. (um 1515-69): *Schlaraffenland* 1567, *Kopf einer alten Bäuerin.*

Pieter Brueghel d.Ä., *Schlaraffenland,* 1567

2 Anthropologische Staatssammlung

Dienstgebäude: 2, Karolinenplatz 2 a, Telefon 59 52 51
Magazine: 40, Theresienstraße 37- 41
Besichtigung: nach Vereinbarung

Leitung: Prof. Dr. Dr. Gerfried Ziegelmayer
Wissenschaftliche Mitarbeiter: Dr. Peter Schröter, DDr. Olav Röhrer-Ertl

Träger: Freistaat Bayern; Generaldirektion der Staatlichen Naturwissenschaftlichen Sammlungen Bayerns, 19, Menzinger Straße 71, Telefon 17 16 59

Präsenzbibliothek: rund 2000 Bände zu Anthropologie, Humangenetik, Humanethologie, Geschichtswissenschaften, Paläontologie, Primatologie; laufende Zeitschriften

Die **Studiensammlung** archiviert Datenmaterial und Objekte zum Forschungsobjekt Mensch

Geschichte: Aufbau der Sammlung in privater Initiative seit 1869 durch Professor Johannes Ranke; offizielle Gründung 1902

Aktivitäten: Wechselausstellungen

Publikationen: Festschrift ›75 Jahre Anthropologische Staatssammlung München‹ (1977), wissenschaftliche Veröffentlichungen der Mitarbeiter

Kurzinformation

Die Anthropologische Staatssammlung ist die einzige selbständige Institution dieser Art in der Bundesrepublik, mit Schwerpunkt Bayern. Ihre internationale Bedeutung verdankt die Sammlung der Kollektion von Orang-Utan- und Gibbonschädeln (Selenka-Expedition 1907/08 auf Borneo), den jungpaläolithischen und mesolithischen Menschenresten aus Bayern (Neuessing, Kaufertsberg, Ofnet) und dem von Hans Reck gefundenen Olduvai-Skelett aus Ostafrika.

Sammlungsgeschichte

Im Gegensatz zu den anderen naturwissenschaftlichen Institutionen Münchens, die der Generaldirektion der Staatlichen Naturwissenschaftlichen Sammlungen Bayerns unterstehen, ist die Anthropologische Staatssammlung nicht aus Wittelsbacher oder staatlichen Museumsbeständen hervorgegangen.

Gründer der Anthropologischen Sammlung ist Johannes Ranke, der 1869 als außerordentlicher Professor für allgemeine Naturgeschichte an der Universität München berufen wird. Er baut zu Demonstrationszwecken eine Lehrsammlung aus Nachbildungen prähistorischer Objekte und Originalfunden auf, unter denen sich allerdings auch »abenteuerliche Fälschungen« (Dannheimer) befinden. 1885 – in dem Rankes privat finanzierte vor- und frühgeschichtliche Funde aus Bayern zu sehen sind – erfolgt die Schenkung seiner Sammlung an den Staat, der sie dem Paläontologischen Museum als separate Abteilung angliedert. Als Bayern 1886 an der Münchner Universität den ersten deutschen Lehrstuhl

Mesolithische Kopfbestattungen in der Großen Ofnethöhle bei Nördlingen (Ldkr. Donau-Ries)

für Anthropologie und Urgeschichte ins Leben ruft, wird Johannes Ranke Ordinarius.

Nach knapp drei Jahren beantragt Ranke die Abtrennung seiner Abteilung vom Paläontologischen Museum, die 1889 in ein selbständiges ›Conservatorium der Prähistorischen Sammlung des Staates‹ umgewandelt und dem Generalkonservatorium direkt unterstellt wird. Die neue Staatssammlung wird in der Alten Akademie, Neuhauser Straße, eröffnet.

Auf Betreiben Rankes wird 1902 die von ihm gegründete ›Prähistorische Sammlung‹ in ›Anthropologisch-Prähistorische Sammlung des Staates‹ umbenannt und ihre Leitung in Personalunion mit dem Lehrstuhl für Anthropologie verbunden. Hier sieht die Anthropologische Sammlung den Beginn ihrer Geschichte. Die anthropologischen Objekte werden nun im dritten Stock der Alten Akademie allein gezeigt. Zwischen 1908 und 1913 werden die heutigen Glanzstücke dieser Schausammlung gefunden: In der Großen Ofnethöhle bei Nördlingen die Schädel (absolutes Alter 13 000 Jahre) und die Hockerbestattungen aus der jüngeren Stein- und Bronzezeit; in der Mittleren Klausenhöhle bei Neuessing im Altmühltal das Skelett eines Jungpaläolithikers (absolutes Alter 18 000 Jahre) und in der ostafrikanischen Olduvai-Schlucht ein für die Evolution wichtiges menschliches Skelett (absolutes Alter 17 000 Jahre).

Johannes Ranke – bis zuletzt im Amt – stirbt 1916, fast achtzigjährig.

Mit der Zerstörung der Alten Akademie 1944 geht alles zugrunde, was in den Jahrzehnten unter Ranke und seinen Nachfolgern, Rudolf Martin (Leiter 1919-25) und Theodor Mollison (Leiter 1926-44), gesammelt worden war. Die prähistorischen Glanzstücke bleiben dank rechtzeitiger Evakuierung verschont.

Unter Martin waren die beiden Zweige der Sammlung, die anthropologische und die prähistorische Abteilung, zwar arbeitsmäßig getrennt worden, unterstanden aber noch derselben Leitung. Mollison hatte am 1. September 1927 die völlige Trennung und damit die Eigenständigkeit der Anthropologischen Staatssammlung erreicht.

Nach dem Krieg muß sich die Sammlung noch lange mit notdürftigen Verhältnissen in der alten Kunstgewerbeschule, Richard-Wagner-Straße 10, begnügen. 1974 wird die Personalunion in der Leitung von Universitätsinstitut und Staatssammlung aufgehoben. In den großen Kellerräumen Theresienstraße 37-41 hatten Personal und Sammlung bereits 1972 Platz gefunden. Hier werden 1976 die Magazine untergebracht, als die Anthropologische Staatssammlung endlich ihre eigenen Diensträume in der restaurierten Remise des ehemaligen 1809 von Karl von Fischer erbauten Palais Asbeck (heute Amerika-Haus) findet.

Sammlungsbestände und Aufgabenstellung

Neben den bereits genannten und international bekannten Affen- und vorgeschichtlichen Menschenfunden zählen zu den heutigen Be-

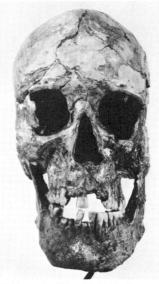
Schädel aus der Olduvai-Schlucht (Tansania)

ständen der Anthropologischen Staatssammlung vor allem Belegfunde aus der Vor- und Frühgeschichte Bayerns. Hinzu kommt eine Sammlung von Lebendabgüssen aus der ganzen Welt.

Als Forschungsinstitut des Bayerischen Staates sieht die Sammlung heute ihre Aufgabe als Dokumentationszentrum für vor- und frühgeschichtliche menschliche Skelettreste und in der Erforschung der biologischen Bevölkerungsgeschichte, besonders Bayerns. Auch in dieser Sammlung bereitet man sich auf die Ausstellungsmöglichkeiten im geplanten Naturkundlichen Bildungszentrum vor. Ein Anfang wurde 1977 mit der Jubiläumsausstellung ›Aus Bayerns Höhlen‹ zum 75jährigen Bestehen gemacht.

Bemalter und beschriebener Beinhausschädel aus Bayern

Anthropologische Sammlung 33

3 Architektursammlung der Technischen Universität München

2, Arcisstraße 21 (Eingang 6 an der Luisenstraße), Telefon 2105-2493
Geöffnet: Benutzung Montag bis Freitag nach Anmeldung

Leitung: Prof. Dr.-Ing. Gottfried Gruben, Ordinarius für Baugeschichte, Bauformenlehre und Aufnahme von Bauwerken; stellvertretender Leiter: Dr.-Ing. Winfried Nerdinger
Wissenschaftliche Mitarbeiterin: Dr. Birgit-Verena Karnapp

Träger: Technische Universität München
Fördererverein: Bund der Freunde der Technischen Universität München

Teilbibliothek der Architektur der Technischen Universität München mit 50000 Bänden, 185 deutschen und 29 fremdsprachigen laufenden Zeitschriften, Plansammlung von rund 100000 Zeichnungen

Sammlung von Architekturzeichnungen des 18. Jh. bis zur Gegenwart, u. a. Ideenskizzen, Entwürfe, Ansichten, Pläne, Schnitte, Grundrisse, Bauaufnahmen

Geschichte: Gründung 1868 durch König Ludwig II.; Erweiterungsbau Technische Hochschule Gabelsbergerstraße 1910-16, Architekt Friedrich von Thiersch, Bauherr König Ludwig II.

Aktivitäten: Seit 1976 Sonderausstellungen von Neuerwerbungen und Sammlungsbeständen im Lesesaal der Architektursammlung sowie größere Ausstellungen in Zusammenarbeit mit dem Münchner Stadtmuseum (s. S. 153)

Publikationen: Ausstellungskataloge in Zusammenarbeit mit dem Münchner Stadtmuseum: Friedrich von Thiersch – Ein Münchner Architekt des Späthistorismus, 1977; Gottfried von Neureuther 1811-87, 1978; Klassizismus in Bayern, Schwaben und Franken, Architekturzeichnungen 1775-1825, 1979/80; Architekturteil in: Die Zwanziger Jahre in München, 1979; Richard Riemerschmid – Vom Jugendstil zum Werkbund, 1982/83; Carl von Fischer, 1982/83; Aufbauzeit – Planen und Bauen München 1945-1950, 1984

Kurzinformation

Die Architektursammlung der Technischen Universität München besitzt rund 100000 Entwürfe, Pläne und Grundrisse von 250 Architekten aus dem Zeitraum von 1750 bis heute. Sie ist damit die weitaus größte Spezialsammlung von Architekturzeichnungen in der Bundesrepublik. Außer Forschung und Lehre an der Technischen Universität München dient die Sammlung vor allem dem Bayerischen Landesamt für Denkmalpflege, den Landbauämtern und der Stadtplanung, wenn es um historische Zusammenhänge geht.

Baugeschichte

Zur Einweihung der ›Kgl. Polytechnischen Schule‹, zwischen 1865 und 1868 unter Leitung von Gottfried von Neureuther an der Arcisstraße erbaut, stiftet König Ludwig II. den Architekturstudenten eine Sammlung architektonischer Entwürfe. Als Friedrich von Thiersch zwischen 1910 und 1916 an der Ecke Gabelsberger- und Luisenstraße an die Kgl. Polytechnische Schule einen Neubau anfügt, erhält die Architektursammlung eine eigene Raumflucht, deren kostbare Vertäfelung bis auf jene im heutigen Lesesaal im Krieg zerstört worden ist.

Peter Speeth,
Grabmalentwurf, 1809

Friedrich von Thiersch, Kurhaus Wiesbaden, Entwurfsdetail, 1902

Sammlungsgeschichte

Im 19. Jh. ist das Studium und Zeichnen historischer Vorbilder für das Architekturstudium von besonderer Bedeutung. Entsprechend steht die von Ludwig II. gestiftete Sammlung im Zentrum der Architektenausbildung. Die Dekane der Architekturfakultät sind renommierte Architekten Bayerns und wie Gottfried von Neureuther oder Friedrich von Thiersch auch Leiter der Architektursammlung. Wie früher ist die Sammlung mit ihrer Bibliothek in den Räumen der Architekturfakultät integriert.

Die Schenkung Ludwigs II. von 1868 umfaßt u. a. die Pläne Gottfried Sempers für ein Festspielhaus auf der Isarhöhe, das wegen Richard Wagners Weggang aus München nicht ausgeführt wurde, und den gesamten Nachlaß Karl von Fischers (Prinz-Carl-Palais, Nationaltheater, Bebauung des Karolinenplatzes). Die Sammlung wächst im 19. Jh. kontinuierlich, sei es durch Ankäufe (Pläne von Balthasar Neumann), sei es durch Schenkungen. Prinzregent Luitpold stiftet den sogenannten ›Codex Aureatinus‹, eine Sammlung Eichstädter Barockbaupläne von Maurizio Pedetti; der Bayerische Akademische Architekten- und Ingenieurverein u. a. den Nachlaß August von Voits (Neue Pinakothek, s. S. 185, Glaspalast). Nachlässe der Architekturprofessoren kommen zum großen Teil als Schenkungen an die Sammlung, so jener von Theodor Fischer (Erlöserkirche in Schwabing, Polizeipräsidium an der Ettstraße). 1884 kauft der Bayerische Staat für 20 000 Goldmark von einem Privatsammler den geschlossenen Bestand an Zeichnungen Friedrich von Gärtners (Ludwigskirche, Staatsbibliothek, Universität, Wittelsbacher Palais) und seiner Schüler, darunter von Friedrich Bürklein (erster Münchner Bahnhof, Maximilianstraße) für die Architekturfakultät (sog. Gärtner-Sammlung, erschlossen durch den ›Moninger-Katalog‹).

Nach dem Ersten Weltkrieg geht das Interesse an historischen Bauformen zurück, nach dem Zweiten Weltkrieg wird mit dem Ordnen und Katalogisieren der während des Krieges ausgelagerten Planbestände begonnen. 1970 kann durch den Einsatz der Lehrstühle für Bau- und Kunstgeschichte die ›Architekturgeschichtliche Sammlung der Stadt München‹, die schon vom Germanischen Nationalmuseum in Nürnberg übernommen werden sollte, aus ihrem Provisorium in der Städtischen Galerie im Lenbachhaus (s. S. 312) in die Architektursammlung eingegliedert werden. Dadurch verdoppelt sich der Bestand, das zeichnerische Werk von Architekten wie Richard Riemerschmid (Kammerspiele), Hermann Billing, German Bestelmeyer (Kongreßsaal des Deutschen Museums) und Ernst May bleibt München erhalten. Auch vom Deutschen Museum (s. S. 81) können rund 10 000 Architekturzeichnungen übernommen werden, unter denen sich Blätter von Friedrich von Thiersch (Justizpalast), Entwürfe von Peter Speeth, dem einzigen süddeutschen Revolutionsarchitekten, und Arbeiten von Franz Joseph Kreuter befinden. Mit Hilfe des ›Bundes der Freunde der TUM‹ können in den siebziger Jahren u. a. Zeichnungen von Georg von Hauberrisser (Neues Rathaus, Sankt-Pauls-Kirche), Christian Friedrich Leins (Königsbau und Johanneskirche, Stuttgart), Friedrich Laves (Leineschloß, Hannover) und Olaf A. Gulbransson (evangelische Kirchen in Oberbayern) erworben werden. – Desiderat ist und bleibt der Ausbau zu einem Architekturmuseum.

4 Bayerische Rückversicherung AG
Ausstellungen und Sammlungen

22, Sederanger 4-6, Telefon 38441

Geöffnet: Wechselausstellungen Montag bis Freitag 9-17 Uhr

Kulturelle Koordination: Hans Hermann Wetcke

Träger: Bayerische Rückversicherung AG

Sammlung: Rund 200 Grafiken von ca. 70 Künstlern der zwanziger Jahre bis heute

Geschichte: Architekt Uwe Kiessler, Bauzeit 1972-76, Bauherr Bayerische Rückversicherung Aktiengesellschaft

Aktivitäten: Wechselausstellungen im Foyer, Hausführungen nach Vereinbarung

Publikationen: Broschüre zum Bau, Ausstellungsschriften

Kurzinformation

Entsprechend der städtebaulichen Qualität einer zeitgemäßen Büroarchitektur, die eine optimale Arbeitsplatzsituation einschließt, hat die Bayerische Rückversicherung in konsequenter Folge ihres Bekenntnisses zur Gegenwart eine Grafiksammlung des 20. Jh. aufgebaut. In Verbindung mit ›klassischen‹ Möbeln unseres Jahrhunderts werden hier moderne Kunst und Design beispielgebend in den täglichen Arbeitsablauf integriert.

Die Sammlung

Die gläserne Außenhaut der drei zylindrischen Stahlbauten läßt Licht, Wetter und Jahreszeiten in die säulenlosen großen Rundräume. Zusammen mit dem flexiblen Steckelementsystem der Büromöbel, Otl Aichers grafischen Akzenten, Sesseln, Stühlen und Tischen Marcel Breuers, Le Corbusiers, Mies van der Rohes, Charles Eames in den Vorstands- und Gästeräumen entstand ein kompromißloses Ambiente. Es legte den Gedanken nahe, den Etat ›Kunst am Bau‹ für ›Kunst im Bau‹ zu verwenden.

So entstand eine Sammlung von Grafiken des 20. Jh., die mit Künstlern des Bauhauses (Bayer, Feininger, Itten, Kandinsky, Moholy-Nagy, Schlemmer) beginnt, die Neue Sachlichkeit der 20er Jahre (Dix, Großmann) und den frühen Konstruktivismus (Albers, Buchet, Herbin, Lohse, Vasarely) einbezieht. Die Kunstmetropole der Kriegs- und Nachkriegsjahre, New York, ist mit den Surrealisten (Matta und Tanguy), mit Francis, Sol LeWitt, Nauman, Sandback gegenwärtig. Die Pop Art (Dine, Jones, Lichtenstein, Oldenburg, Rauschenberg, Rosenquist, Warhol, Wesselmann) wird geschlossen im Casino gezeigt. Für das Europa der 60er und 70er Jahre stehen Baselitz, Beuys, Hamilton, Hockney, Kitaj, Palermo, Polke, Rainer, Richter, Tàpies, um nur einige Beispiele aufzuzählen.

Wechselausstellungen

Die Ausstellungen stehen unter dem Motto ›Erkundungen‹: Hier sollen Wegbereiter der modernen Kultur vorgestellt werden, die neue gesellschaftliche Entwicklungen eingeleitet haben. Nach der Ausstellung ›Schatten über München, Wahrheit und Wirklichkeit in Lion Feuchtwangers Roman Erfolg‹ folgten 1982 ›Die andere Tradition, Architektur in München von 1800 bis heute‹ und 1983 ›Die Besitzergreifung des Rasens‹.

Blick in die Ausstellung ›Schatten über München, Wahrheit und Wirklichkeit in Lion Feuchtwangers Roman ›Erfolg‹ von 1982

5 Bayerische Staatssammlung für Allgemeine und Angewandte Geologie

2, Luisenstraße 37, Telefon 5 20 31
Geöffnet: Dauerausstellung Montag bis Freitag 8 - 18 Uhr

Kommissarische Leitung: Dr. Irmin Fruth
Wissenschaftliche Mitarbeiter: Dr. Irmin Fruth, Dr. Rudolph Scherreiks

Träger: Freistaat Bayern; Generaldirektion der Staatlichen Naturwissenschaftlichen Sammlungen Bayerns, 19, Menzinger Straße 71, Telefon 17 16 59

Bibliothek: 4500 Bände, 72 laufende Zeitschriften, Lesesaal mit 10 Plätzen, Kopiermöglichkeit

Sammlung: Schwerpunkte der Sammeltätigkeiten sind Allgemeine Geologie und Erzlagerstätten sowie Forschungsarbeiten in der Sedimentpetrographie

Geschichte: Gründung 1920, seit 1950 in Teilgebieten öffentlich zugänglich

Aktivitäten: Dauerausstellungen

Publikationen: Ausstellungskataloge, wissenschaftliche Veröffentlichungen

Kurzinformation

Die Bayerische Staatssammlung für Allgemeine und Angewandte Geologie (Geologie = Lehre von der Entstehung und dem Bau der Erde) erweitert ständig ihre Bestände aus geologischer und lagerstättenkundlicher Sicht. Ein spezielles Arbeitsgebiet liegt zur Zeit auf dem Gebiet der Sedimentpetrographie (Untersuchung von Sedimentgesteinen, regional besonders im Alpenbereich). Das öffentliche Informationsangebot, vor allem an Ausstellungen, erstreckt sich auf das Gesamtgebiet der Geologie.

Sammlungsgeschichte

Die Wege der bis 1920 vereinten Geologischen und Paläontologischen Staatssammlung (s. S. 39) trennen sich mit der Schaffung eines Lehrstuhls für Allgemeine und Angewandte Geologie an der Münchner Universität. Der erste Inhaber dieses Lehrstuhls, Erich Kaiser, übernimmt in Personalunion die Leitung der ebenfalls neu gebildeten Staatssammlung für Allgemeine und Angewandte Geologie. Institut und Sammlung stohen zunächst nur auf dem Papier. Erich Kaiser stiftet der Münchner Staatssammlung seine Aufsammlung von Gesteinen aus der Diamantenwüste Südwestafrikas (Namib), die in Deutschland als einzigartig gilt. Das Material bietet nicht nur wesentliche Einblikke in den Ablauf der physikalischen und chemischen Verwitterung unter ariden Klimabedingungen, sondern ist auch für lagerstättenkundliche Fragen wichtig.

Erst 1930 können Institut und Sammlung einen neu erbauten zweistöckigen Trakt mit sedimentpetrographischem und chemischem Labor in der Alten Akademie an der Neuhauser Straße 51 beziehen.

Unter Kaisers Nachfolger Leopold Kölbl von der Wiener Hochschule für Bodenkultur werden die bisherigen Forschungsarbeiten weitergeführt. Für die Sammlung können drei Ausstellungsreihen aufgebaut werden, welche die Gesteinsverwitterung im nivalen, humiden und ariden Klima zeigen.

Erstarrungskörper wie Plutone, Lakkolithe und Gänge als Bildungen magmatischer Gesteine

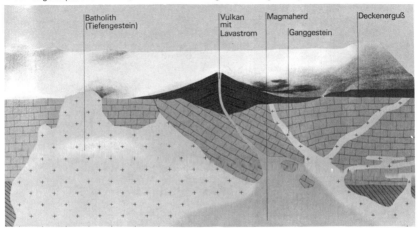

Oben: Wollsackverwitterung im Fichtelgebirge
Darunter: Verfaltung von Sedimentgesteinen (Tektonik)

Von 1939 bis 1941 ist die Sammlung verwaist, bis Professor E. Kraus aus Riga Institut und Sammlung bis zum Kriegsende übernimmt. Kurz nach Auslagerung der Sammlungsbestände werden 1944 Instituts- und Sammlungsräume zerstört.

1946 hat Professor Albert Maucher die Leitung von Institut und Sammlung inne. Ihm gelingt es, 1947 die Sammlung behelfsmäßig im Bibliotheksbau des Deutschen Museums (s. S. 81) unterzubringen, bis schließlich 1952 neue Gebäude in der Luisenstraße 37 zur Verfügung stehen. Die wissenschaftlichen Arbeiten haben zunächst zwei Schwerpunkte, nämlich das Erdöl des Alpenvorlandes und die Erzlagerstätten im ostbayerischen Grenzgebirge. Die Untersuchung von Erzlagerstätten wird auf die Türkei und die Ostalpen ausgedehnt und mit Erfolg betrieben, so daß Institut und Sammlung zu einem bedeutenden Zentrum der deutschen Lagerstättenforschung werden. Erfolgreich sind auch die Arbeiten auf dem Gebiet der Hydrogeologie, wobei Professor F. Neumaier in Zusammenarbeit mit dem Institut für Experimentalphysik radiohydrometrische Methoden entwickelt und einführt.

Nach der Emeritierung Albert Mauchers ist Klaus Schmidt von 1973 bis 1983 (†) Leiter der Staatssammlung. Neben wissenschaftlichen Arbeiten und der Erweiterung der Sammlungsbestände liegt der Schwerpunkt zur Zeit auf dem früher zwangsweise vernachlässigten Bildungssektor. Eine erste Dauerausstellung ›Erdkruste im Wandel‹ ist seit 1976, eine zweite ›Bodenschätze der Erde‹ seit 1983 aufgebaut.

Sammlungsbestände

Allgemeine Geologie zur Zeit rund 6500, Erzlagerstätten 8500 Einheiten.

6 Bayerische Staatssammlung für Paläontologie und Historische Geologie

2, Richard-Wagner-Straße 10, Telefon 5203361
Geöffnet: Schausammlung Montag bis Donnerstag 8-16, Freitag 8-15, jeder 1. Sonntag im Monat 10-16 Uhr; Präsenzbibliothek Montag bis Freitag 8-11, 13-15 Uhr

Leitung der Staatssammlung und des Instituts der Universität in Personalunion: Prof. Dr. Dietrich Herm, Stellvertreter des Sammlungsdirektors: Dr. Peter Wellnhofer **Wissenschaftliche Mitarbeiter:** Dr. Peter Wellnhofer, Dr. Reinhard Förster, Dr. Gerhard Schairer, Prof. Dr. Kurt Heißig, Dr. Winfried Werner, Prof. em. Dr. Richard Dehm (ehemaliger Direktor)

Träger: Freistaat Bayern, Generaldirektion der Staatlichen Naturwissenschaftlichen Sammlungen Bayerns, 19, Menzinger Straße 71, Telefon 17 16 59
Förderervereine: Freunde der Bayerischen Staatssammlung für Paläontologie und Historische Geologie München e.V., Münchner Kreis der Fossilienfreunde

Präsenzbibliothek für Angehörige der Staatssammlung und der Universität mit 15000 Bänden, 40000 Sonderdrucken, 725 Periodika
5 Arbeitsplätze, Kopiermöglichkeit

Sammlung: Forschungsstätte und Dokumentationszentrum für die Tier- und Pflanzenwelt aus vorgeschichtlicher Erdgeschichte aller Kontinente unter besonderer Berücksichtigung Bayerns, aufgegliedert in die paläontologische, die mikropaläontologische, die paläobotanische Sammlung sowie die historisch-geologische und die regional-geologische Sammlung

Geschichte: Zurückgehend auf die Naturaliensammlung der 1759 gegründeten Bayerischen Akademie der Wissenschaften wird die Sammlung 1843 unter J. A. Wagner selbständig

Schausammlung mit 400 Exponaten fossiler Wirbeltiere und wirbelloser, mikropaläontologischer und paläobotanischer Beispiele aus der regionalen und historischen Geologie

Aktivitäten: Führungen für Gruppen und Schulklassen nach Vereinbarung, Sonder- und Wanderausstellungen, Betreuung von Sammlergruppen

Publikationen: ›Mitteilungen‹ (seit 1961), ›Zitteliana‹ (seit 1969) und wissenschaftliche Veröffentlichungen der Mitarbeiter

Kurzinformation

Die Bedeutung der Paläontologischen Staatssammlung für die bayerische Erdgeschichte zeigt schlagartig der sensationelle Fund eines Münchner Sportanglers im Innbett bei Mühldorf. Im Flußsand entdeckt er im Herbst 1971 einen ungewöhnlich großen Knochen. Die Paläontologen bergen daraufhin in mehrwöchigen schwierigen Grabungsaktionen das nahezu vollständige Skelett eines Elefanten-Verwandten aus der Gruppe der Mastodonten. Bei einer Höhe von 3,20 m wiegen die Originalknochen 1,25 Tonnen. Um das Skelett nicht durch schwere Außenarmierungen mit sichtbaren Stützen verunstalten zu müssen, entstand ein Abguß, der jetzt mit seinen 210 kg das völlig frei stehende Prunkstück der Schausammlung bildet.
Seit 200 Jahren haben die Fachleute auf diesen Glücksfall gewartet, ein vollständiges Exemplar des ›Gomphoterium angustidens‹ – des Urriesenelefanten, neben dem sich ein heutiger Elefant klein ausnimmt – aus den jungtertiären Schichten zu bergen, wie zuvor schon Nashorn (Freising), Flughörnchen (Gumpersdorf), Krokodil (Württemberg), Rie-

senschildkröte, Zwerghirsch, Wildschwein (Sandelzhausen). Dieser ›Tierpark‹ zeugt zusammen mit dem verkieselten Palmenstamm aus Niederbayern von dem tropischen Klima der bayerischen Vorzeit.
Außer der fossilen Pflanzen- und Tierwelt Bayerns werden hier auch entsprechende Zeugnisse der gesamten Erdgeschichte aller Erdteile gesammelt. Der internationale Rang der Sammlung basiert auf Quantität wie Qualität der Fundstücke aus Jahrmillionen von Jahren. Innerhalb Deutschlands weisen nur das Frankfurter Senckenberg-Museum und das Stuttgarter Museum für Naturkunde (Schloß Rosenstein) zahlenmäßig größere Bestände auf. Mit ihren Schausammlungen wird München erst konkurrieren können, wenn das Naturkundliche Bildungszentrum einmal gebaut sein wird.

Baubeschreibung

1899 bis 1902 von dem Architekten Leonhard Romeis (1854-1904) für die weibliche Abteilung der Kunstgewerbeschule errichtet. Eigenwilliger eklektischer Neorenaissancestil mit barocken Dekorationselementen. Der dreigeschossige Bau steht mit einer fünfach-

Links: Skelettabguß
eines jungtertiären
Urriesenelefanten
(Original 1,25 Tonnen)

Rechts oben: Fisch-
saurier aus dem Oberen
Lias bei Holzmaden

Rechts: Skelett eines
Kurzschwanz-Flug-
sauriers aus dem Ober-
jura bei Eichstätt

Rechts unten:
Säbelzahntiger aus
Kalifornien, USA

Unten: 195 Millionen
Jahre alte Versteinerung
eines Königsfarns

sigen Nordfassade in der Häuserfront der Richard-Wagner-Straße und beherrscht mit seiner ebenfalls fünfachsigen südlichen Schauseite die Straßenhälfte, die um Hausbreite parallel versetzt, auf die Brienner Straße zuläuft. Ein viergeschossiger Mittelrisalit überragt hier das Walmdach. Bemerkenswert das zweigeschossige große zentrale Bogenfenster mit eingestelltem, ädikulaartigen Fenster, das von je zwei korinthischen Kolossalpilastern flankiert wird. In den Zwickeln des Hauptportals zwei weibliche Figuren, kunstgewerbliche Arbeiten (Töpferei und Weberei) symbolisierend. Weibliche Köpfe zieren Konsolen, Hermen, Kapitelle und die kartuschenartigen Rahmen der Mezzaninfenster. Im Attikageschoß des Risalits das bayerische Staatswappen. Die Eckobelisken werden von kupfernen Sternen bekrönt. Überdachter Innenhof mit umlaufenden Arkadengängen.

Sammlungsgeschichte

Die Anfänge sind mit der naturwissenschaftlichen Sammlung der ›Churbairischen Akademie der Wissenschaften‹ eng verknüpft. Wie auf dem Kunstsektor spielt auch hier Karl Theodor von der Pfälzer Linie eine Rolle, der umfangreiche Naturobjekte aus Mannheim mitbringt, als er 1777 in München die Nachfolge der erloschenen bayerischen Linie der Wittelsbacher antritt. Mit der Säkularisation kommen Sammlungsobjekte aus den aufgehobenen Klöstern in die Akademie. Die Zentralisierung durch Minister Montgelas macht ein Ende mit der Betreuung und Nutzung der Sammlung durch eine freie Gelehrtengesellschaft: 1807 wird die Akademie ein staatliches Institut mit besoldetem Personal und eigenem Ankaufsetat.

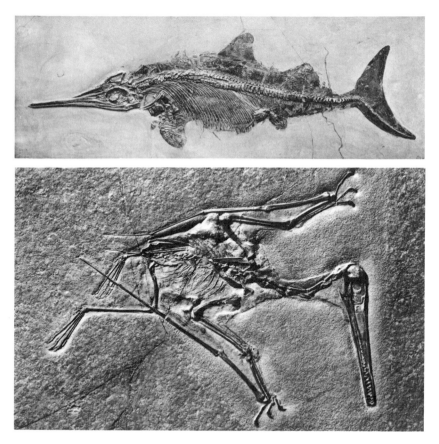

Als 1826 die Landesuniversität von Landshut mit ihren Sammlungen nach München verlegt wird, stellt Ludwig I. die Akademie als Gelehrtengesellschaft wieder her und setzt ein Generalkonservatorium für die Sammlungen ein mit der Bestimmung, daß die ordentlichen Professoren der Universität zugleich Konservatoren der jeweiligen staatlichen Sammlung würden. Bis heute dienen die Sammlungen dank der Voraussicht König Ludwigs I. der Lehre und Forschung an den Universitäten. In der Folgezeit spezialisieren sich die einzelnen Wissenschaftszweige der Akademie.

Mit J. Andreas Wagner (1797-1861) wird 1843 die paläontologische Sammlung selbständig und erhält den Status einer öffentlichen Sammlung. Wagner kann sechs bedeu-

tende Privatsammlungen von Petrefakten erwerben.

Mit den wegweisenden Arbeiten seines Nachfolgers Albert Oppel (1862-65) zur Jurastratigraphie und Ammonitenpaläontologie, der Herausgabe der ›Palaeontologischen Mittheilungen aus dem Museum des Koenigl. bayer. Staates‹ und bedeutenden Erwerbungen u.a. aus der indischen Sammlung der Gebrüder Schlagintweit (s. auch S.283) erhält die Sammlung internationalen Rang.

Unter der fast vierzigjährigen Leitung Karl Alfred von Zittels (1839-1904) erlebt die Sammlung eine Glanzzeit. Zittel verbindet die Paläontologie eng mit der Geologie. Seine eigenen Forschungen, seine Schülerschar, sein Handbuch, die von ihm herausgegebene Zeitschrift ›Palaeontographica‹ prägen diese Wissenschaft. Die Sammlungen setzen sich mit Erwerbungen von Originalmaterialien aus der Libyschen Wüste, aus Uruguay, Argentinien, Samos, Texas, China, Ägypten, Madagaskar, England und natürlich immer wieder Deutschland, speziell Bayern, an die Spitze aller kontinentalen Museen.

Zittels Schüler August Rothpelz (1852-1918) wirkt ab 1904 im Sinne seines Lehrers. Dank seines dem bayerischen Staat testamentarisch vermachten Vermögens schafft er die Voraussetzungen, daß nach seinem Tod 1919 die Teilung in Institut und Sammlung für Allgemeine und Angewandte Geologie – berufen wird Erich Kaiser – und Institut und Sammlung für Paläontologie und Historische Geologie – ernannt wird Ferdinand Broili – erfolgen kann.

Wieder erfährt die Sammlung unter Broili (Leiter 1919-39) erheblichen Zuwachs, nicht zuletzt aufgrund der von ihm angeregten Reisen in die Karroo-Formation Südafrikas, zu den Siwalik-Schichten Indiens und den Höhlenablagerungen Ostaustraliens. Zu den Fossilien aus Übersee kommen nach dem Ersten Weltkrieg wichtige Funde aus Bayern, so etwa Jungtertiärfaunen von München, hinzu. Die Raumprobleme in der Alten Akademie an der Neuhauser Straße werden immer größer.

Im Dritten Reich wird Broili 1939 entpflichtet, kann aber noch bis 1942 zusammen mit Kollegen wichtige Bestände, darunter Tausende von Originalmaterialien, in den Schlössern Greifenberg, Hohenburg und Oettingen in Sicherheit bringen. Die Bombennacht vom 24. auf den 25. April 1944 vernichtet die Alte Akademie und die zurückgebliebenen montierten Skelette, die Schubladenbestände, die großen, in die Wände eingelassenen Fossilplatten und alle Lehrmaterialien. Im Notquartier des Georgianums an der Ludwigstraße gehen durch Bomben die Inventare zugrunde.

Auf einem Handwagen wird nach 1945 der Rest in die Gisela-Oberrealschule gebracht. Maximilianeum, Botanisches Institut und der Collecting Point an der Arcisstraße 6 dienen dem kommissarischen Leiter Joachim Schröder und den zurückgeholten Materialien als Unterkunft, bis der Wiederaufbau in der ehemaligen Kunstgewerbeschule Richard-Wagner-Straße 10 und im angeschlossenen Neubau Luisenstraße 37 beginnen kann. 1950 tritt mit dem Amtsbeginn von Richard Dehm wieder die Personalunion von Institut und Sammlung in Kraft. Bis zu seiner Emeritierung 1976 besitzt das Institut folgende Bestände.

Sammlungsbestände

Die Gesamtzahl der Sammlungsstücke aus aller Welt – vom fossilen mikroskopisch kleinen Einzeller bis zum Dinosaurier und von der winzigen Blaualge bis zum versteinerten Mammutbaum – überschreitet eine Million. Darunter finden sich allein 30000 Typus-(Ur-)Stücke. Akzente setzen unter den Fossilien aus Deutschland die reichen Funde aus dem Alpenvorland (Umgebung von München), den bayerischen Kalkalpen, dem Fränkischen Jura und dem Nördlinger Ries. Alle tertiären Säugetiere Südbayerns, vom Elefanten bis zur Maus, sind vertreten. Unter den Solnhofener Plattenkalken sind besonders schöne und seltene Exemplare von Krebs-, Fisch- und Saurierversteinerungen.

In der **Schausammlung** ist ein kleiner Teil der riesigen Bestände der Öffentlichkeit zugänglich. Sie dokumentiert die Themengruppen: Entwicklung der Saurier, Großtiere der Tertiärzeit Bayerns, Eiszeittiere, Münchens Erdgeschichte, Fossile Fische und Reptilien aus dem Jura von Bayern und Württemberg, Begrabene Pflanzenwelt, Das Nördlinger Ries – ein Meteoritenkrater.

Schädel eines
Dreihorn-Dinosauriers
aus Wyoming, USA

7 Bayerisches Nationalmuseum

22, Prinzregentenstraße 3, Telefon 2 16 81
Geöffnet: 1. April bis 30. September Dienstag bis Sonntag 9.30-16.30 Uhr, 1. Oktober bis
31. März 9-16 Uhr (während der Mittagszeit sind einige volkskundliche Abteilungen und
Fachsammlungen geschlossen)
Abweichend von der Feiertagsregelung (s. S. 10) geöffnet am: 1. 1., Karfreitag, Ostersonntag und -montag, Christi Himmelfahrt, Pfingstmontag, Fronleichnam, 15. 8., Buß-
und Bettag, 26. 12.; Faschingsdienstag, 24. 12. und 31. 12. nur 9-12 Uhr

Generaldirektor: Dr. Lenz Kriss-Rettenbeck (Volkskunde)
Wissenschaftliche Mitarbeiter: Dr. Alfred Schädler (Mittelalterliche Skulptur und Malerei bis 1540, Elfenbeinplastik); Dr. Peter Volk (Skulptur und Malerei der Neuzeit seit 1540,
Bronzeplastik); Dr. Georg Himmelheber (Möbel und Holzgerät); Dr. Rainer Rückert (Mittelalterliche Goldschmiedekunst, Keramik, Glas, Referent der Porzellan-Sammlung Stiftung Ernst Schneider); Unedle Metalle, Goldschmiedekunst seit 1540, Uhren und wissenschaftliche Instrumente, Waffen: zur Zeit nicht besetzt; Dr. Saskia Durian-Ress (Textilien); Dr. Ingolf Bauer (Volkskunde und Sachvolkskunde, Hafnergeschirr); Dr. Nina Gok-
kerell (Kulturgeschichte und Religiöse Volkskunde, Sammlung Kriss); Dr. Michael Koch
(Kunst und Kunsthandwerk des 19. und 20. Jh., Zweigmuseen)
Nichtstaatliche Museen: Leitung Dr. Isolde Rieger, wissenschaftliche Mitarbeiter in den
Bereichen Kunst-, Kulturgeschichte und Volkskunde Dr. Frank Davis, Dr. Walter Fuger,
Dr. Albrecht Gribl, Dr. Kilian Kreilinger, Dr. Ebba Krull, Dr. Hannelore Kunz
Leitung der **Restaurierungswerkstätten:** Joachim Haag

Träger: Freistaat Bayern
Fördererverein: Freundeskreis des Bayerischen Nationalmuseums

Handbibliothek mit rund 60 000 Bänden zu den Sammlungsbeständen mit Schwerpunkten Plastik, Volkskunde, Kunsthandwerk (Uhren, Wissenschaftliche Instrumente), 200
laufenden Zeitschriften, 100 Handschriften, in- und ausländischen Auktionskatalogen,
Lesesaal für Mitarbeiter des Museums und Kunsthistoriker (nach telefonischer Anmeldung), Kopiermöglichkeit

Sammlung von Skulptur, Malerei, Kunstgewerbe- und Volkskunstobjekten vom Mittelalter bis zum frühen 20. Jh., vorwiegend aus Süddeutschland. Schwerpunkte: Hofkunst
der bayerischen Herzöge, Kurfürsten und Könige; Süddeutsche Plastik (u. a. Riemenschneider, Grasser, Leinberger, E. Qu. Asam, Günther, Straub); Kleinbronzen; Altdeutsche Malerei; Barocke Ölskizzen; Historische Innenräume (u. a. Augsburger Weberstube,
Spindler-Kabinett, Tattenbach-Zimmer, Schwanthaler-Zimmer); Möbel; Bauernstuben,
Volkskunst und religiöse Volkskunde (Sammlung Kriss); umfangreiche Krippensammlung; Städtemodelle; Waffen; Neuzeitliche Fachsammlungen, Schwerpunkte: Fayence

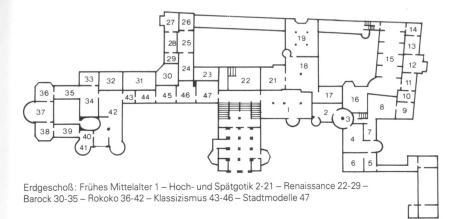

Erdgeschoß: Frühes Mittelalter 1 – Hoch- und Spätgotik 2-21 – Renaissance 22-29 –
Barock 30-35 – Rokoko 36-42 – Klassizismus 43-46 – Stadtmodelle 47

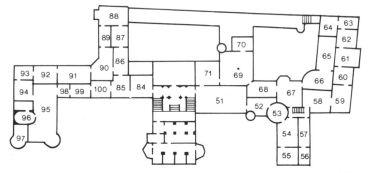

Obergeschoß: Glasmalerei 51 – Miniatur 52 – Barockskizzen 53/54 – Elfenbeinskulpturen 55/56 –
Intarsien 57 – Uhren 58/59 – Porzellan 84-97, 98-100 – Edelmetalle 88 – Pakletten 89 – Hafnerkera-
mik 90 – Steinzeug 91 – Majolika 92 – Fayence 93-95, 97

Untergeschoß: Bauernstuben 101-109 – Religiöse Volkskunde 110-117 – Hafnergeschirr 119-124 –
Volkskunst, Trachten 128-131 – Spielzeug 132

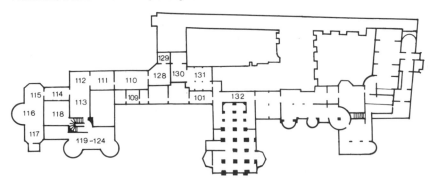

und Porzellan europäischer Manufakturen, vor allem Meißen und Nymphenburg; Alt-bayerisches Hafnergeschirr; Uhren und Wissenschaftliche Instrumente, Goldschmiede-arbeiten, Plaketten; Miniaturen; Elfenbeinschnitzereien; Intarsien; Kostüme und Texti-lien; Glas, Musikinstrumente

Geschichte: Gegründet 1855 von König Maximilian II., 1894-1900 zweiter Neubau an der Prinzregentenstraße, Architekt Gabriel von Seidl

Zweigmuseen: Schloß Füssen (Landkreis Ostallgäu), Schwäbische und Allgäuer Kunst des 15. und 16. Jh.; Schloß Lustheim (im Park von Schloß Schleißheim bei München), Meißener Porzellan-Sammlung Stiftung Ernst Schneider (s.S. 139); Burg Staufeneck (bei Bad Reichenhall), Geschichte des Strafprozesses; Schloß Obernzell (bei Passau), Kera-mikmuseum; Plassenburg (oberhalb Kulmbachs), Jagdhistorische Sammlungen; Veste Rosenberg (Stadt Kronach, Oberfranken), Fränkische Galerie; *im Aufbau befindliche Zweigmuseen:* Schloß Ichenhausen (Landkreis Günzburg), Das Bayerische Schulmu-seum; Kloster Asbach (Niederbayern), Mittelalterliche Bildwerke in Abgüssen; *in Pla-nung befindliche Zweigmuseen:* Schloß Höchstädt (bei Dillingen), Schwäbische Galerie und internationales Textilmuseum; Kornhaus in Kempten (Allgäu), Alpenländische Ga-lerie; Altes Schloß Schleißheim (bei München), Volkskundliche Sammlungen; Krümper-stallung Neumarkt (Oberpfalz), Bayerisches Rokoko

Aktivitäten: Lehr-, Wander- und Wechselausstellungen
Service: Führungen nach Vereinbarung, siehe auch Tagespresse; für Schulen in Zusam-menarbeit mit dem Museumspädagogischen Zentrum, Rollstuhlfahrer werden nach Voranmeldung betreut, Bücherstand im Vestibül

Publikationen: Bestandskataloge, Ausstellungskataloge, Bildführer: 1. Bronzeplastik. Erwerbungen von 1956 bis 1973, Bearbeiter P. Volk, 1974; 2. Kostbarkeiten, Redaktion G. Himmelheber, 1975; 3. Schlosserkunst, Bearbeiter S. Canz, 1976 (vergriffen); 4. Kabinettschränke, Bearbeiter G. Himmelheber, 1977; 5. Barockskizzen, P. Volk, 1978; 6. Hafnergeschirr, Bearbeiter I. Bauer, 1980; 7. Rokokoplastik, Bearbeiter P. Volk, 1980; Führer durch die Schausammlungen, 1. Auflage München 1868. Die 41. Ausgabe von 1983 enthält ein vollständiges Verzeichnis der wissenschaftlichen Museumsveröffent-lichungen.

Kurzinformation

Dem Bayerischen Nationalmuseum wird im ausgehenden 19. Jh. die Idee des ›totalen Museums‹ zugrundegelegt, in dem Künstler und Architekten der Gegenwart den Stilen und Haltungen vergangener Epochen Ad-äquates an die Seite stellen wollten. Die so entstehenden Architekturen werden schon bald nach ihrer Entstehung als historisierend verdammt und von Gegenströmungen über-holt, die imitierenden Innendekorationen nach 1945 sogar zum Teil entfernt oder doch weitgehend neutralisiert. Erst die letzten Jahrzehnte haben ein Verständnis entwik-kelt, das sich freilich nicht mit den Intentio-nen jener Epoche deckt. Heute wird die mo-difizierende ›Ungenauigkeit‹ der Kopien als Eigenständigkeit gewertet. Die verschiede-nen Programme und Ziele, Interpretationen

Schmuckkasten der Hl. Kunigunde, schwedisch, um 1000 (Saal 1)

Rosenstrauchmadonna,
Regensburger Kreis,
um 1300 (Saal 2)

Sammlung altbayerischen Hafnergeschirrs im Untergeschoß West und die Krippenabteilung im Untergeschoß Ost.
Zahlreiche Überschneidungen innerhalb dieser Gruppen verweisen auf die historischen Zusammenhänge: So hat zum Beispiel die Abteilung Uhren und Meßgeräte des Obergeschosses sowohl kunsthandwerkliche als auch geistesgeschichtliche Bedeutung.

Planungs- und Baugeschichte

1892 fordert der Staatsminister des Innern für Kirchen- und Schulangelegenheiten zum ersten Mal vor dem Landtag einen Neubau unter Hinweis auf die Schäden am Riedelschen Bau (1859 bis 1867) an der Maximilianstraße, dem ersten Domizil des Bayerischen Nationalmuseums (heute Staatliches Museum für Völkerkunde s. S. 279). Als Bauplatz schlägt er das Gelände des Staatlichen Holzhofes an der Prinzregentenstraße östlich vom Englischen Garten vor und legt fertige Baupläne von Oberbaurat Bernatz von der Obersten Baubehörde vor (heute verschollen). Sofort beantragt der Münchner Architekten- und Ingenieurverein auf Betreiben Franz von Lenbachs und der Presse beim Kultusministerium die Ausschreibung eines allgemeinen Wettbewerbs mit Beteiligung der privaten Architektenschaft. Daraufhin bewilligt die Abgeordnetenkammer die Finanzierung des Bernatzschen Projekts, das ohne Kontaktaufnahme mit der Museumsleitung zustande gekommen war. Auf den allgemeinen Protest hin gelingt es Franz von Lenbach, den Minister in einem persönlichen Gespräch umzustimmen. Dieser beruft 1893

Reidersche Tafel mit den ›Drei Marien am Grabe Christi und Himmelfahrt‹, Italien, um 400, Elfenbeinrelief (Saal 5/6)

und Präsentationen, die das Bayerische Nationalmuseum im Laufe seiner 125jährigen Geschichte erlebt hat, sind zum Spiegel der Kulturgeschichte geworden und haben zu Sammlungsschwerpunkten geführt. Das Bayerische Nationalmuseum steht mit seinen 18000, aus neun Jahrhunderten vor allem süddeutscher Kunstproduktion ausgewählten Exponaten in der vordersten Reihe der großen europäischen Nationalmuseen. Es umfaßt nach heutigen Kriterien drei Kategorien von Spezialmuseen:
1. Als kunsthistorisches Museum zeigt es in den Sälen 1-47 des Erdgeschosses abendländische Kunst, vor allem Skulpturen vom frühen Mittelalter bis zur Mitte des vorigen Jahrhunderts.
2. Als Kunstgewerbemuseum bietet es Kunsthandwerk, dessen wichtigste Objekte den Hauptsälen 1-47 zugeordnet sind; die Hauptbestände werden in Fachsammlungen in den Sälen des Obergeschosses zusammengefaßt: Porzellan, Keramik, Steinschnitt, Gold- und Silberarbeiten, Plaketten (Westflügel), Glasmalerei, Miniaturen, Ölskizzen, Elfenbeinschnitzereien, Intarsien, Uhren und Instrumente (Ostflügel).
3. Als kulturhistorisches Museum erfaßt es Volkskunst, religiöse Volkskunde, eine

eine Sitzung mit Vertretern der Münchner Architekten (9), Museumsbeamten des Bayerischen Nationalmuseums (2), Malern und Bildhauern (8), beiden Bürgermeistern und zehn Landtagsabgeordneten ein, an der auch Lenbach teilnimmt. Dabei wird der Plan der Obersten Baubehörde verworfen. Die Kommission einigt sich auf die Vergrößerung des Bauplatzes und einen Ideenwettbewerb unter den drei Münchner Architekten Georg Hauberrisser, Gabriel Seidl und Leonhard Romeis, um eine enge Zusammenarbeit mit der Museumsdirektion zu gewährleisten.

Bereits im Oktober 1893 liegen der großen Kommission Pläne und Gutachten vor. Die entstehende Debatte entscheidet Lenbach zugunsten Gabriel Seidls, dessen baureif überarbeitete Pläne im September 1894 genehmigt werden. Am 29. September 1900 findet die festliche Eröffnung durch den Prinzregenten statt.

Im Zweiten Weltkrieg wird der Westflügel am schwersten getroffen. 1945 können Fenster und Dächer repariert werden, 1948 Wiederaufbau, Rückführung und Neuordnung der ausgelagerten Bestände beginnen. 1949 wird der Ostflügel feierlich wiedereröffnet. Zwischen 1954 und 1955 werden die drei Fassaden am Renaissancegarten in vereinfachter Form völlig neu aufgeführt.

In den siebziger und achtziger Jahren wird eine Sanierung durchgeführt, die das Gebäude heutigen Anforderungen anpassen soll.

Hans von Judenburg,
Maria einer Verkündigung, 1422 (Saal 4)

Baubeschreibung

Das Bayerische Nationalmuseum ist »ein typischer Agglomerationsbau mit dem Zeitkolorit des späten Historismus um 1900« (Himmelheber). Der Mittelbau mit Turm und seitlichen Treppentürmen, die östlich und westlich unregelmäßig vorspringenden Quertrakte, die unterschiedlich fluchtenden Verbindungsflügel – jeder Bauteil ist im großzügig adaptierten Stil einer anderen Epoche gestaltet. Die verschiedenen Baustile, denen die ausgestellten Objekte im Innern in etwa zeitlich entsprechen, sollen als ›Architecture parlante‹ die Historie vergegenwärtigen. Der zentrale frühbarocke Eingangsbau, in seinen steilen Proportionen dem Augsburger Rathaus Elias Holls ähnlich, ist ausschließlich Vestibül und Treppenhaus, im Obergeschoß Bibliothek und Verwaltungsräumen vorbehalten. Sein repräsentativer Charakter wird durch Türme mit Laternen, Giebel, Loggia und Doppelportal betont.

Glasbecher, Syrien, 2. Hälfte 13. Jh. (Saal 1)

Am östlich anschließenden Südflügel, in dem der Rundgang anfängt, deutet eine römische Exedra die ehemalige römische Abteilung an (heute in der Prähistorischen Staatssammlung, s. S. 200). Mit dem an der Fassade angedeuteten Treppenturm begann die mittelalterliche Abteilung, die heute den gesamten Ostteil einnimmt. Der vorspringende Trakt zeigt eine romanisierende Fassade, der das Nürnberger Hirschvogelhaus als Vorbild diente. Im leicht schräg verlaufenden Ostflügel entlang der Oettingenstraße sind mittelalterliche Innenräume eingebaut. Der Mittelrisalit der Ostfassade ist bürgerli-

Links: Vesperbild, Prag,
um 1400 (Saal 4)

Rechts: Hanns Greiff,
Ingolstadt, Deckelpokal,
Silber, teilweise vergol-
det, um 1480 (Saal 9)

Rechts außen: *Vanitas,*
Frankreich, um 1450,
Elfenbeinstatuette

Links: Abzeichen des
Drachenordens, süd-
deutsch, nach 1408,
Reliefstickerei in Gold-
fäden (Saal 5/6)

Rechts: *Einhornjagd*
(Ausschnitt), Franken, um
1450-60, Wandteppich
(Saal 5/6)

cher Gotik aus Alt-Nürnberg nachempfunden. Zwei Hofseiten zeigen gotische Spitz-
bogenfenster.

Der westliche Südflügel mit dem von zwei
Rundtürmen flankierten Quertrakt im Stil der
Renaissance (die Rokokokapelle mit Roko-
kogarten an seiner Nordseite im Krieg zerstört) und der klassisch barocke Westbau am
Englischen Garten nimmt u. a. die Kunst aus
der Zeit der bayerischen Kurfürsten und Könige von der Renaissance über Barock und
Rokoko bis zum Klassizismus auf.

Das gesamte Areal mit seinen asymmetri-
schen, unterschiedliche Epochen simulieren-
den Bauteilen und -gruppen, die ein historisch gewachsenes, einheitliches Ensemble
suggerieren sollen, umschließt eine hohe
Mauer.

An der spitzwinkligen Südwestecke des Museumsareals, in einer Front mit der Mauer,
liegt das barockisierende ehemalige Studiengebäude, im Erdgeschoß Ausstellungsräume, im Obergeschoß die ehemalige Direkto-

renwohnung. (1908-82 bezieht das Landes-
denkmalamt einige Räume, seit 1925 ist hier
auch Die Neue Sammlung (s. S. 114) untergebracht.)

Sammlungsgeschichte

Vom ›Wittelsbacher Museum‹ zum ›Bayerischen Nationalmuseum‹ in der Herzog-Max-Burg

Das Bayerische Nationalmuseum ist das letzte in der Reihe der Kunstmuseen, die die
bayerischen Monarchen in München gründen. Der Vorstand des Geheimen Haus- und
Staatsarchivs, Karl Maria von Aretin, verfaßt
im November 1853 im Auftrag König Maximilians II. (reg. 1848-64) eine Denkschrift, die
einen ersten Plan einer Sammlung von Denk-
malen des Hauses Wittelsbach entwickelt.
Der König kommentiert Aretins Plan mit dem
Hinweis auf die Erziehungs- und Förderungs-
aufgaben eines solchen Museums gegen-

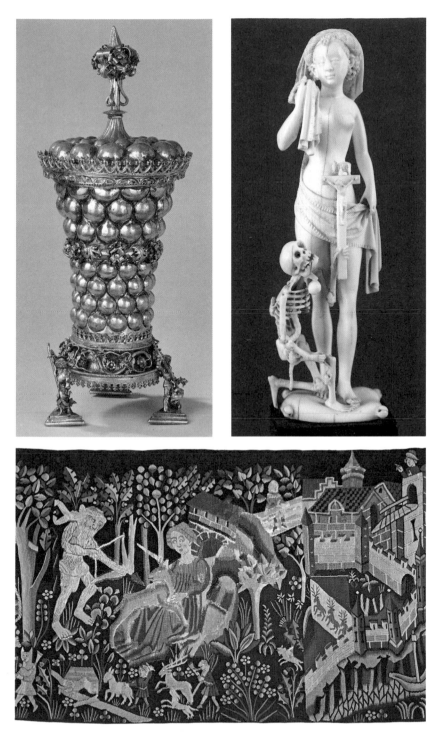

über Künstlern und Handwerkern, die Sammlung soll auch Kunst und Volkskunst erfassen. In einem zweiten erweiterten Plan vom Januar 1854 bezieht Aretin die Denkmale ganz Bayerns und besonders aus dem Mittelalter mit ein und stellt die Bezeichnung ›Nationalmuseum‹ zur Diskussion. Die Großzügigkeit dieses zweiten Plans, der im Grunde eine Demokratisierung des königlichen Besitzes in Bayern bedeutet, scheitert in der Ministerberatung vom Mai 1854 am Oberhofmeisterstab.

Im Juli 1854 entscheidet Maximilian II. in einem Signat, daß sich das ›Wittelsbacher Museum‹ nicht auf die Denkmale der Wittelsbacher in Bayern beschränken dürfe, son-

Marter des Hl. Sebastian, Hl. Sebastian und
Folterknecht, oberrheinisch, um 1490 (Saal 12)

dern alles sammeln solle, was für die Geschichte des Landes und seines Volkes, auch
über die Landesgrenzen hinaus, wichtig sei.
Aretin, der im Juni 1854 mit dem Sammeln
begonnen hatte, wird am 28. Februar 1855
von König und Staat offiziell mit dem vorläu-
figen Aufbau des ›Wittelsbacher Museums‹
in der Herzog-Max-Burg beauftragt. In einem
weiteren Handbillett vom 30. Juni kreiert der
König den Namen des neuen Museums:
Bayerisches Nationalmuseum. In diesem Datum der Namensgebung, mit der der König
selbst in einer Art drittem Plan das Programm des entstehenden Museums fixiert
hatte, sieht das Bayerische Nationalmuseum
heute seinen eigentlichen Gründungstag.
Aretin sammelt in den vierzehn Jahren bis zu
seinem Tod (1868) 13 385 Objekte (ohne die
von der Zivilliste erfaßten Leihgaben aus
Hofbesitz und die zahlreichen Geschenke).
Darunter sind Erwerbungen ganzer Komplexe wie die *Sammlung Ainmiller,* München,
mit dem gotischen Traminer Altar aus Tirol
(heute Saal 15), die *Sammlung der Universität Erlangen* (s. S. 282) mit Stücken aus der
Markgräflich Ansbachischen Kunstkammer,

Teile der *Sammlung Martinengo,* Würzburg,
mit der mittelrheinischen Alabastergruppe
der Verkündigung von 1484 (Saal 16) und vor
allem die *Sammlung Martin von Reider,*
Bamberg, mit der sog. Reiderschen Tafel –
einem Elfenbeinrelief mit der Himmelfahrt
Christi (Saal 5/6), dem sog. Schmuckkasten
der hl. Kunigunde aus Bamberg (Saal 1) und
dem Flügelaltar aus der Bamberger Franziskanerkirche (Saal 4). Aretin veranlaßt weiter-
hin die Überweisung von Objekten aus dem
Antiquarium (s. S. 213), darunter ein Dutzend
eiserner Votivfiguren, die den Grundstock
der volkskundlichen Abteilung bilden und
1867 von germanischen und römischen Antiken sowie artfremden Gegenständen aus
dem Münzkabinett (vgl. S. 267). Auch die
Bronzestatuen der Vier Jahreszeiten von
Krumper aus der Residenz läßt er in die Herzog-Max-Burg bringen. Aus den ›Vereinigten
Sammlungen‹ kommen Skulpturen aus Holz,
Elfenbein und Metall, Majolika, Rokoko-
Uhren, Miniaturgemälde, die zum Teil aus
der Düsseldorfer Sammlung Kurfürst Johann
Wilhelms, zum Teil aus dem kurfürstlichen
Elfenbeinkabinett stammten. Der abgedank-
te König Ludwig I. überweist 1864, im Todes-
jahr seines Sohnes Maximilian II., Glasge-
mälde aus der Regensburger Minoritenkirche und 1865 sein Privateigentum, das sich
in den ›Vereinigten Sammlungen‹ befand.
Als 1867 die ›Vereinigten Sammlungen‹ aufgelöst werden, gelangt auch die Sammlung
Sandtnerscher Modelle alter Herzogstädte
ins Bayerische Nationalmuseum, nachdem
vorher schon alle Objekte aus Elfenbein (aus
dem früheren Elfenbeinkabinett), Holz, Stein
und Metall, Waffen aus der königlichen Ge-
wehr- und Sattelkammer ins Nationalmuseum überführt worden waren.

Der Neubau an der Maximilianstraße
Als die Herzog-Max-Burg die im Laufe weniger Jahre auf zwanzig Zimmer und Säle an-
gewachsene Sammlung nicht mehr fassen
kann, beginnt die Suche nach neuen Räumlichkeiten – u.a. wird der Ausbau der Maxburg zu einer Vierflügelanlage im Maximi-
lianstil geplant –, bis der Entschluß zu einem
Neubau reift. Der König wählt schließlich die
Südseite des Forums an der Maximilianstraße als Bauplatz. Architekt des Museumsneubaus wird Hofbauinspektor Eduard Riedel,
der schon die Umgestaltung der Maxburg

geplant hatte. Die Kosten trägt des Königs Kabinettskasse. Nach allgemeiner Zustimmung erfolgt die Grundsteinlegung 1859. Infolge der schleppenden Finanzierung – gleichzeitig baut der König am Maximilia-

neum – wird der Bau erst 1863 fertiggestellt. Die zwangsläufig »übertriebene Sparsamkeit« führt zu billiger Bauweise, deren technische Mängel bald zutage treten sollten. Aretin stellt in den reich dekorierten Sälen des Erd- und zweiten Obergeschosses den gesamten Sammlungsbestand aus, so daß das Museum von Anfang an überfüllt erscheint, während die Säle im ersten Obergeschoß ausschließlich den Fresken einer historischen Galerie vorbehalten bleiben. Da die Einrichtungsarbeiten hauptsächlich in Aretins Händen liegen, kann das Bayerische Nationalmuseum erst 1867, drei Jahre nach seines Stifters Tod, eröffnet werden. Kurz nach Aretins Tod übernimmt Jakob Heinrich von Hefner-Alteneck im Mai 1868 die Leitung. Er verwirklicht die Idee des Kunstgewerbemuseums, die bei der Museumsgründung König Maximilians eine latente Rolle gespielt hatte: Kunstwerke der Vergangenheit zeitgenössischen Künstlern und Kunsthandwerkern in Vorbildersammlungen nutzbar zu machen. Nach dem Vorbild der 1863 und 1867 gegründeten Wiener und Berliner Kunstgewerbemuseen richtet er im Erd- und ersten Obergeschoß Separatabteilungen, später Fachsammlungen genannt, für Metall- und ornamentale Holzskulpturen ein. Allgemeine Kritik an Hefner-Altenecks »radikaler Abkehr von den Museumsplänen des königlichen Stifters und ersten Direktors«, formuliert Joseph Maillinger (s. auch S. 156) 1877 in einer Broschüre.

1885 tritt Professor Wilhelm Heinrich Riehl, Mitglied der Akademie der Wissenschaften,

Oben: Glasfenster mit bayerischem Löwenwappen aus Kloster Seligenthal bei Landshut, 1310-20 (Saal 51)

Rechts: Blick in Saal 10 durch eine Türumrahmung aus Veste Oberhaus, Passau, um 1500

Links: Steinernes Totenschiff des Hl. Arigius, Bischof von Nevers, Burgund, 3. Viertel 15. Jh. (Saal 13)

Honorarprofessor der Staatswissenschaftlichen Fakultät und später der Kulturgeschichte und Statistik an der Universität, Hefner-Altenecks Nachfolge als Generalkonservator der Kunstdenkmäler und Altertümer Bayerns und Leiter des Bayerischen Nationalmuseums an. Er behält die Zweiteilung des Museums in eine allgemein kulturgeschichtliche Abteilung und in die Fachsammlungen trotz aller Kritik bei, stellt aber das Gleichgewicht zugunsten der kulturgeschichtlichen Zusammenhänge im Sinne Aretins erneut her.

Der Neubau an der Prinzregentenstraße

Die Hauptleistung Riehls besteht neben der teilweise durchgeführten wissenschaftlichen Katalogisierung der Bestände in der Durchsetzung eines Neubaus. Hefner-Altenecks Schilderungen des Bauzustands – Besucher brechen durch die morschen Fußböden, Plafondstücke stürzen auf die Vitrinen – muten noch heute abenteuerlich an. Im zweiten Neubau, zwischen 1894 und 1899 unter Beachtung aller Bau- und Sicherheitsmaßnahmen an der Prinzregentenstraße erstellt, wird die Aufstellung aus dem Altbau an der Maximilianstraße im wesentlichen beibehalten. Den kunst- und kulturgeschichtlichen Abteilungen im Erdgeschoß wird an zentraler Stelle eine Waffenhalle angefügt, die früher in die Fachsammlungen eingegliedert war. Die verschiedenen Fachsammlungen stehen zum Zeitpunkt des Neubaus als kulturhistorische Vorbildersammlungen für Künstler, Handwerker und Gewerbetreibende noch im Vordergrund und nehmen wieder das Obergeschoß ein. Ein großer und ein

kleiner Kopiersaal werden hier zwischen Ost- und Westflügel eingerichtet. Die Bauernstuben und volkskundlichen Sammlungen sind im Untergeschoß untergebracht. Die Ausstellungsflächen sind auch hier nicht auf Sammlungszuwachs berechnet, obwohl wichtige Epochen wie z.B. das Rokoko schwach oder Objektgruppen wie etwa die Möbel ungenügend vertreten sind. Die 1892 von Kommerzienrat *Max Schmederer* gestiftete Krippensammlung muß das Dachgeschoß des Westflügels beziehen, weil auch kein Raum für Sonderabteilungen eingeplant worden war. Die Innenausstattung gestaltet Rudolf Seitz, Akademieprofessor und Ehrenkonservator des Bayerischen Nationalmuseums, historisierend wie im alten Bau an der Maximilianstraße. Er übernimmt die dort applizierten Innendekorationen wie Plafonds, Vertäfelungen, Türrahmen, vergrößert die Originale, ergänzt die Fragmente mit stukkierten, gemeißelten, abgegossenen, geschnitzten und gemalten Kopien und Nachempfindungen, wiederholt Gewölbe, Säulen, ganze Säle aus Schlössern und Bürgerhäusern, Klöstern und Kirchen Bayerns. Die Unterschiede zwischen den wertvollen Originalen und den hinzugefügten Nachbildungen werden durch künstliche Alterungseffekte bravourös verwischt. Das 19. Jh. wertet im Bewußtsein seiner Bildung und aus Freude am Zitieren beide gleich. Wieder stehen die Kunst- und Kulturobjekte in ›zeitgemäß‹ inszenierten Räumen, deren imitierte Dekore von den Exponaten ablenken. Das angestrebte Ideal des Gesamtkunstwerks vergangener Epochen wird trotzdem nicht erreicht. Statt dessen spiegeln sich die Intentionen

Oben links: Tilman Riemenschneider, *Gastmahl des Simon* (Detail) Münnerstädter Altar, 1490-92 (Saal 16) – Oben rechts: Tilman Riemenschneider, *Hl. Barbara,* um 1510 (Saal 16)

Links: Hans Klocker, *Christi Geburt,* um 1490, Mittelschrein des Flügelaltars aus St. Valentin bei Tramin, Südtirol (Saal 15)

der Künstlerateliers eines Makart, Stuck und vor allem Lenbach, der bei der Ausgestaltung des Bayerischen Nationalmuseums eine große Rolle spielt. Spöttische und ernsthafte Kritik der Zeitgenossen meldet sich bald.

So schreibt August Endell in einem Aufsatz von 1904 (in: Freistaat, S. 738 ff.), es sei ein wirkliches Unglück, daß im Nationalmuseum das historische Prinzip zum einzig ausschlaggebenden gemacht und bis zur Tollheit konsequent durchgeführt worden sei.

Unter dem neuen Direktor Hugo Graf (Amtszeit 1897-1907), der zwischen 1898 und 1900 den Umzug vom alten ins neue Gebäude geleitet hatte, kann das Museum Schenkungen, u. a. die 64 Meißener Porzellane aus der Münchner *Sammlung Hirth* und ganze Raumausstattungen, erwerben (Rokoko-Zimmer aus Landshut, Bauernstuben aus der Einbachmühle in Tölz, aus Thannheim und Volders in Tirol).

Im November 1908 wird das ›Generalkonservatorium der Kunstdenkmale und Altertümer Bayerns‹ von der Museumsdirektion getrennt und im ehemaligen westlichen Studiengebäude untergebracht; die Werkstätten des Museums werden ihm unterstellt.

Neuer Direktor des Bayerischen Nationalmuseums wird Dr. Hans Stegmann (Amtszeit 1908-14) vom Germanischen Nationalmuseum Nürnberg. Er richtet die nördlichen Erweiterungsbauten von 1903-1906 mit deutlich neutralisierenden Tendenzen ein, die sich von den übrigen überladenen Prunkräumen absetzen. Unter den Neueingängen sind die Mittelgruppe des Münnerstädter Altars von Riemenschneider, Werke von Hans Leinberger und Peter Flötner. Aus dem Antiquarium (s. S. 213) werden 110 italienische Bronzen überwiesen, heute ein Schwerpunkt der Sammlungen.

In der Amtszeit von Philipp Maria Halm (1914-16 kommissarischer, 1916-31 haupt-

amtlicher Leiter) werden die Aufstellung besonders in den Renaissance- und Barockräumen verbessert und trotz des Ersten Weltkriegs wichtige ergänzende Ankäufe vor allem im Bereich mittelalterlicher Kunst getätigt. Am Ende des Krieges werden dem Bayerischen Nationalmuseum Armee- und Theatermuseum (s. S. 108) unterstellt. 1925 wird ›Die Neue Sammlung‹ (s. S. 114) gegründet und als selbständige Abteilung dem Bayerischen Nationalmuseum angegliedert. Die Neue Sammlung setzt ein deutliches Zeichen. Die Begeisterung für die Idee der Kunstgewerbemuseen, die sich in der zweiten Hälfte des 19. Jh. überall in Deutschland in neugegründeten Museen manifestiert hatte, ist endgültig vorbei. Die Erkenntnis, daß historische Vorbilder, anstatt die künstlerische Gestaltung der Manufaktur- und Industrieerzeugnisse anzuregen, allzu wörtlich zitiert und die Kunstgewerbemuseen zu einer Quelle des (damals noch als Eklektizismus mißverstandenen) Historismus geworden waren, führt nun zur Förderung der aktuellen angewandten Gebrauchskunst.

Im Zuge der Vermögensauseinandersetzungen des Hauses Wittelsbach mit dem Bayerischen Staat vermacht die Wittelsbacher Landesstiftung dem Bayerischen Nationalmuseum 1923 den größten Teil der Bestände, auf die das Königshaus Rechtsansprüche geltend machen konnte.

Aus dem Stuttgarter Württembergischen Landesmuseum wird 1931 Halms Nachfolger, Dr. Hans Buchheit, berufen und gleichzeitig das Armeemuseum wieder verselbständigt. Die vorgeschichtlichen, römischen und völkerwanderungszeitlichen Objekte kommen im selben Jahr in die Vor- und Frühgeschichtliche Staatssammlung (eine Abteilung der Wissenschaftlichen Sammlungen des Staates, später Staatliche Naturwissenschaftliche Sammlungen Bayerns).

Damit entsteht im östlichen Südflügel eine

Hans Leinberger, *Hl. Jakobus d. Ä.*, um 1525
(Saal 21)

ausreichende Ausstellungsfläche für die monumentalen Kunstwerke des Mittelalters. Die Bestände werden außerdem kritisch gelichtet, die Räume von der »gefälschten Patina eines pseudo-romanischen Anstrichs« befreit (Lenz).
1932 hinterläßt *Ernst von Bassermann-Jordan,* München, dem Museum 300 Instrumente, Räder- und Sonnenuhren aus dem 16. bis

19. Jh. Ein Jahr später vermacht *Dr. Paul Heiland,* Berlin-Potsdam, seine Fayence-Sammlung von 3000 Stücken mit der Erlaubnis, durch Verkauf einzelner Objekte weitere Ankäufe zu finanzieren. Diese Stiftung stellt die Fayence-Sammlung an die Seite der großen Porzellan-Sammlung des Museums.
Zu Beginn des Zweiten Weltkriegs schließt das Museum. Die wertvollsten Exponate werden zunächst in den Kellern des Museums und 1942 außerhalb Münchens in Sicherheit gebracht. Das Museum wird durch mehrere Bombentreffer beschädigt, wobei die fest installierten Interieurs – z.B. in der Schmederschen Krippensammlung, in den sog. Königszimmern und in den Bauernstuben – sowie schwer transportierbare Einzelobjekte verlorengehen. Der 1937 errichtete Neubau an der Oettingenstraße, das sog. Neue Studiengebäude, bleibt unbeschädigt und dient im Dezember 1945 einer ersten improvisierten Ausstellung von ›Meisterwerken der süddeutschen Gotik‹. Im sog. Weißen Gewölbe im Untergeschoß des Westflügels wird zu Weihnachten eine ›Krippenschau‹ eröffnet. Der Erfolg dieser ersten kleinen Nachkriegsausstellungen veranlaßt das Nationalmuseum in den kommenden Jahren zu zahlreichen weiteren Sonderausstellungen. 1946 werden die durch Plünderung bereits verminderten Bestände des heimatlos gewordenen Bayerischen Armeemuseums (heute Ingolstadt) im Bayerischen Nationalmuseum eingelagert und diesem verwaltungsmäßig unterstellt, 1949 die ebenfalls obdachlos gewordene Vor- und Frühgeschichtliche Staatssammlung angegliedert. Buchheit scheidet 1947 aus dem Amt aus.
Sein Nachfolger, Professor Dr. Theodor Müller (Amtszeit 1948-68), kann nach der Währungsreform 1948 Wiederaufbau und Neuordnung in Angriff nehmen. 1949 wird der Ostflügel wieder eröffnet. Der weitgehende Neubau des Westflügels zwischen 1954 und 1955 ermöglicht eine Neueinrichtung der Bauernstuben im Untergeschoß. Im Erdgeschoß werden zusätzlich zu den kunst- und kulturgeschichtlichen Abteilungen von der Renaissance bis zur Mitte des 19. Jh. Räume für Wechselausstellungen eingerichtet, in der südlichen Raumflucht des ersten Obergeschosses die Porzellane, Fayencen und Gläser neu präsentiert. Im Neuen Studiengebäude zieht 1954 die Vor- und Frühgeschichtliche Staatssammlung ein. 1959 ist auch die Krippenabteilung im östlichen Untergeschoß wieder geöffnet. Die historischen Imitationen der Innenräume sind nun, soweit es möglich war, ausgemerzt. Von den Schenkungen der Nachkriegszeit sind u.a. die Sammlung barocker Ölskizzen aus Süddeutschland und Österreich von *Dr. W. Reuschel* (Raum 53 und 54), die Sammlung 41 seltener Hohlgläser von *Dr. H. Brauser,* beide 1959 gestiftet, zu nennen und die einzigartige, 1926 begonnene Sammlung von 20000 Objekten religiösen Volksglaubens

Hubert Gerhard, *Mars und Venus,* 1584-94
(Saal 19)

Oben: Blick in den Waffensaal (Saal 18)

Unten: Prunkharnisch eines Herrn von
Pienzenau, Nürnberg, um 1550 (Saal 18)

von Professor *Dr. Rudolf Kriss,* die seit 1961
in neu eingerichteten Abteilungen für Volkskunst und Volkskunde gezeigt werden (Raum
110-117).
Dr. Hans R. Weihrauch kann nach (seit 1967
laufenden) Verhandlungen in seiner Amtszeit (1968-74) die berühmte Sammlung Meißener Porzellane von *Prof. Dr. Ernst Schneider,* Düsseldorf, entgegennehmen, die seit
1971 in Schloß Lustheim (s. S. 139) ausgestellt ist, daneben 1971 als *Stiftung Alzheimer* die Sammlung bayerischer Hafnerkera-
miken von Paul Stieber (Räume 119-124). Es
erfolgen zahlreiche bedeutende Einzelerwerbungen wie des Hausaltars von Goldschmied Mathias Walbaum (Raum 25) und
des Augsburger Schachspiels (Raum 36).
Seit 1975 liegt das Direktorenamt in den Händen von Dr. Lenz Kriss-Rettenbeck. Seitdem
sind u. a. 1977 die Sammlungen von *Ferdinand May* (spätgotische Skulpturen und Gemälde), *Ludwig H. Heydenreich* (frühe italienische Keramik), *Paula Stegmann* (Möbel)
und 1980 *Klaus Winkler* (Kacheln aus der
Sammlung Jahn) gestiftet worden. 1977 gelingt mit dem Ankauf von zwölf Figuren Bu-
stellis zur Commedia dell'arte die Komplettie-
rung der Serie. 1980 können der silberne Tafelaufsatz des Rokoko von Bernhard Heinrich
Weyhe und das dazu passende Silberservice
angekauft werden. Die partiell bereits durch-
geführte Sanierung wird nun für den gesamten Altbau in die Wege geleitet. Die Moderni-
sierung aller Ausstellungssäle, wie sie im
Ostflügel des Erdgeschosses und in einigen
Räumen des Untergeschosses schon ausgeführt wurde, ist für die achtziger Jahre geplant. Die Einrichtung von Zweigmuseen
wird fortgesetzt. Wechselausstellungen und
Publikationen machen die intensive For-
schungsarbeit des Hauses sichtbar.

Rundgang

Während der Umbau- und Sanierungsarbeiten der achtziger Jahre sind die Sammlungsbestände in den Räumen 101 und 102 im Untergeschoß, 47 im Erdgeschoß und 84 im Obergeschoß nicht zu sehen. In den angrenzenden Räumen werden zeitweilig immer wieder Umstellungen und Einschränkungen notwendig. Die Numerierung der Säle bleibt bestehen. Die Rundgänge werden in allen Stockwerken mittels provisorischer Zugänge und Umleitungen aufrecht erhalten.

ERDGESCHOSS OSTFLÜGEL

1 *Wessobrunner Saal:* Skulpturen des 12. und 13.Jh., u.a. am ersten Pfeiler: Geschnitztes Kruzifix, vermutlich aus der Georgskirche in Milbertshofen bei München, Schwaben, um 1120/30; links vom Ausgang: monumentale geschnitzte Kruzifixe, Bamberg 1240, Schwaben 1270, von Triumphbögen romanischer Kirchen; an der fensterlosen Längswand: Bauplastik des 12. und 13.Jh. aus bayerischen Kirchen und Klöstern, u.a. Muttergottes aus der Marienkapelle und Apostel von den Chorschranken der Benediktinerkirche Wessobrunn, vor 1250; Vitrine an der Fensterwand: Kirchliches Gerät des 12. und 13.Jh., u.a. sog. Schmuckkasten der hl. Kunigunde aus dem Dom zu Bamberg, um 1000 in Schweden entstanden; Pultvitrinen: Vor- und frühmittelalterliche Elfenbeinarbeiten, u.a. Himmelfahrt Christi und Frauen am Grab (sog. ›Reidersche Tafel‹), Oberitalien, um 400; drei Elfenbeinreliefs vom sog. Altarantependium, Stiftung Kaiser Ottos I. für den Magdeburger Dom, Oberschwaben (?), um 970; Vitrine in der Fensternische: Werke der Silberschmiedekunst aus Byzanz, u.a. Silberschale mit der Darstellung des Meleager, Hofwerkstatt Kaiser Justinians, um 550.

2 *Saal der Rosenstrauchmadonna:* Links vom Eingang, Steinskulpturen aus der um 1324 von Ludwig dem Bayern gestifteten St.-Lorenz-Kapelle im Alten Hof, der ältesten herzoglichen Residenz in München; im Raum: Steinfigur der Muttergottes mit dem Rosenstrauch (in ursprünglicher farbiger Fassung) aus Straubing, Regensburger Kreis, um 1320/30; links vom Fenster: Grammatica, Figur aus einem Zyklus der sieben freien Künste, altschwäbisch, um 1320.

3 *Würzburger Saal:* Ritterliche Grabsteine des späten 14. und frühen 15.Jh. zum großen Teil aus Unterfranken; Stuhlwangen vom Chorgestühl der ehemaligen Stiftskirche in Berchtesgaden, Anfang 14.Jh.

4 *Bamberger Saal:* Plastik und Malerei um 1400, links vom Eingang: Tafelgemälde mit Kreuzigung Christi und Auferweckung der Drusiana durch den hl. Johannes aus der Augustinerkirche, München, um 1380/90; daneben an der Ostwand: Großer Passionsaltar aus der Franziskanerkirche in Bamberg, Franken, datiert 1429; links vom Fenster an der Südwand freistehend: Flügelaltar mit Kreuzigung aus Schloß Pähl am Ammersee, böhmisch, um 1400; Südwand Mitte: Holzfigur der thronenden Maria mit Kind, Kloster

Seeon im Chiemgau, ursprüngliche Fassung und Vergoldung, um 1430; links vom großen Rundbogen: Hl. Georg, Holzfigur, alte Fassung, bayerisch, um 1400; Saalmitte: Vesperbild aus Kalkstein in ursprünglicher farbiger Fassung aus Kloster Seeon, Prag, um 1400; links am großen Rundbogen: Maria einer Verkündigung aus der Pfarrkirche in Bozen, 1422, gefaßte Holzskulptur, von Hans von Judenburg (Steiermark).

5 und **6** Kunsthandwerk und Textilien des Mittelalters (wird neu eingerichtet).

7 *Kleinkunst um 1400:* Linke Vitrine: Süddeutsche Kleinplastik aus Holz und Ton, u.a. Hl.Jungfrau, Niederbayern, Ton, um 1420; Beweinungsgruppe mit Maria, Johannes Ev. und Magdalena, Niederbayern, Ton, um 1420; rechte Vitrine: Bildwerke aus Alabaster aus der Werkstatt des sog. Riminimeisters, 2.Viertel 15.Jh.; Statuette der Muttergottes mit Kind, Buchsbaum, Frankreich, um 1370/80.

8 *Multscher-Saal:* Hans Multscher (geb. um 1400 in Reichenhofen im Allgäu, tätig und gestorben in Ulm 1467) gegenüber der Fensterwand; Fliegende Engel und hl.Johannes der Täufer aus dem Schrein des Hochaltars der Pfarrkirche in Sterzing (Südtirol), 1456 bis 58; Tischvitrine: Modell zum Grabdenkmal Herzog Ludwig des Gebarteten von Bayern-Ingolstadt (1365-1447), 1435 (Grabdenkmal nicht ausgeführt); freistehende Vitrine: Madonna, Bronzeguß, um 1430; Saalmitte: Holzfigur der sitzenden Maria mit Kind, um 1430/35, aus Brixen; außerdem sind hier besonders hervorzuheben: an der Wand links vom Eingang: Schmiedeeisengitter mit Reichsadler und Tiroler Adler aus dem Schloß in Tirol, 1508-18; Passionsflügelaltar aus Kloster Tegernsee, von einem Münchner Meister, um 1445/46 (Übermalung der Arkaden und Hinzufügung der Architektur im Hintergrund des Mittelteils aus barocker Zeit); rechts vom Ausgang: Holzfiguren der Muttergottes und des hl. Korbinian sowie des Stifters, Bischof Nikodemus della Scala von Freising, geschaffen für den 1443 geweihten Hochaltar von Jakob Kaschauer in Wien.

9 *Augsburger Weberstube:* Gewölbte Decke und Wandverkleidung aus dem Zunfthaus der Weber in Augsburg, laut Inschrift von Peter Kaltenhoff 1457 bemalt und 1538 von Jörg Breu d.J. restauriert, weitere Instandsetzung 1601 durch Johann Hertzog; an der Decke alttestamentliche Szenen, an den Wandvertäfelungen mit jüdischen Propheten, antiken Philosophen, jüdischen Heerführern, heidnischen Helden und Herrschern, christlichen Fürsten, die drei geistlichen und vier weltlichen Kurfürsten des Reichs mit Friedrich III. (Enzyklopädie des ›Heiligen römischen Reichs deutscher Nation‹); im Raum süddeutsche Möbel aus der zweiten Hälfte des 15.Jh.; Vitrine mit Kleinkunstwerken des 15. und frühen 16.Jh., u.a.: Buckelpokal aus dem Ingolstädter Ratssilber vom Goldschmied Hans Greif, Ingolstadt, um 1470; Elfenbeinstatuette einer Vanitas, ›Tod und Mädchen‹, Frankreich, um 1460; Emaillierter und vergoldeter Silberanhänger mit dem ›Wahren Abbild Christi (Vera Icon)‹ in Bern-

stein geschnitten, um 1420; Achatgemme mit der Vera Icon vom Ende des 14. Jh., vermutlich aus Frankreich.

10 *Passauer Stube:* Geschnitzte Holzdecke mit Verkündigungsrelief, älteren Prophetenbüsten, durchbrochenem Blattwerk und Türumrahmung aus der bischöflichen Feste Oberhaus in Passau, um 1500; Zweigeschossiger Sakristeischrank, vermutlich aus Nürnberg, um 1500; Baldachin und Rückwand eines Bettes aus Tirol, Anfang 16. Jh. (Seitenteile und Fußbrett ergänzt); Doppelporträt eines Ehepaares, Ulmer Meister, 1479.

11 *Füssener Stube:* Mittlerer Teil der bemalten Holzdecke mit dem 1510 datierten Wandgemälde »Urteil des Salomo« aus dem bischöflich-augsburgischem Schloß Füssen; an den Schmalseiten: zwei große zweigeschossige Sakristeischränke, der kleinere aus der Zeit der Nachgotik um 1570, vermutlich aus Innsbruck, der größere aus Nürnberg, Ende 15. Jh.; eine Rarität ist der in seiner Zeit weitverbreitet gewesene Kugelspiegel des 16. Jh. aus Franken, von dem sich nur sehr wenige Beispiele erhalten haben.

12 *Weißenburger-Saal:* Baldachinaltar aus Weißenburg in Mittelfranken, nürnbergisch, um 1450/60; im Raum: Jesuskind von einem Engel geführt, geschnitzte Figurengruppe aus dem Ursulinerinnenkloster Landsberg

Oben links: Konrad Meit, *Judith,* 1512-14, Alabaster (Saal 22)

Oben rechts: Gnadenpfennig Wilhelms V. Herzog von Bayern, reg. 1579-97 (Saal 28)

Rechts: Adriaen de Vries, *Schmiede des Vulkan,* 1611, Bronzerelief (Saal 26)

am Lech, um 1470/80 (das Motiv des ›ersten
Schrittes‹ sonst nur in Malerei und Grafik);
links in der großen Fensternische: Thronende Maria mit Jesuskind, Oberschwaben (Bodensee), um 1470/80; rechts vom Ausgang:
Meister des hl. Sebastian, hl. Sebastian mit
Folterknechten, Oberrhein, um 1490 (ehemals Sammlung Oertel).

13 *Saal der flandrischen Bildteppiche* aus
dem frühen 16. Jh., an der Längswand ein
großer Wirkteppich mit Darstellung der Geburt Christi und der Anbetung der Könige,
1505, vermutlich aus dem Nassauer Haus in
Nürnberg, eine der bedeutendsten Arbeiten
aus der Frühzeit der berühmten Brüsseler

Georg Petel, *Herkules ringt mit dem nemäischen Löwen*, um 1625/26, Elfenbein (Saal 32)

Wandteppichmanufakturen; freistehende Vitrine: geschnitzte Figurengruppe, farbig gefaßt, dreier um den Rock Christi würfelnder
Soldaten von einer Kreuzigung aus Antwerpen, um 1500 (Leihgabe).

14 *Raum der bayerischen Herzöge:* Doku-
mente höfischer Kunst aus dem 14. bis
15. Jh., links vom Eingang: Roter Marmor-
Denkstein für die 1492 im Auftrag Herzog
Albrechts IV. gebaute Kesselbergstraße über
den Paß zwischen Kochel- und Walchensee;
Andechser Heiltumstafel (ein Verzeichnis des
Reliquienschatzes von Kloster Andechs),
München 1497; gegenüber vom Eingang:
Vierzehn Ahnen des Hauses Wittelsbach,
Wandgemälde aus dem Alten Hof, der frühe-
sten herzoglichen Residenz in München, um
1465; links vom Fenster: Stammbaum des
Hauses Wittelsbach, kolorierter Holzschnitt
von H. Wurm in Landshut, 1501; Tischvitri-
ne: Sporen Herzog Albrechts III. (1404-60);
Streithammer Herzog Sigmunds (1425-1501)
aus der 2. Hälfte des 15. Jh.; Vergoldete
Steigbügel mit Sporen Herzog Christophs
(1449-93) aus der Mitte des 15. Jh.

15 *Kirchensaal:* Bildwerke, Flügelaltäre und
kirchliches Mobiliar aus der Blütezeit der
Spätgotik, u. a. links vom Eingang: Tod auf
einem Löwen reitend, hölzerne Figurengruppe von einer Schlaguhr aus Kloster Heils-
bronn, 1513; Chorpult aus Kloster Neustift
bei Brixen in Tirol, Ende 15. Jh. (Leihgabe); in
der ersten Fensternische: Maria und Johannes von einer Kreuzigungsgruppe aus Pip-
ping bei München, Holzfiguren in der ursprünglichen farbigen Fassung, 1480-1500;
in der zweiten Fensternische: Drei Eichen-
holzbüsten vom Chorgestühl der Münchner
Frauenkirche, um 1502, aus der Werkstatt
des Erasmus Grasser; Raummitte: Spätgotische Grabplatten, am bedeutendsten die
Platte vom Hochgrab des hl. Simpertus in St.
Ulrich und Afra in Augsburg, um 1492, von

Adolf Daucher; dritte Fensternische: Hl. Michael vermutlich aus St. Lorenzen bei Bruneck, geschnitzt um 1462 von Michael Pacher; Palmesel aus Ottenstall im Allgäu, Ende 15. Jh.; Werke von Jan Pollack, der 1480 aus Krakau nach München kam, wo er 1519 gestorben ist; an der Nischenwand: Innenflügel des Hochaltars der Franziskanerkirche in München mit vier Passionsszenen von 1492; Vier Tafeln vom ehemaligen Hochaltar der Münchner Peterskirche, um 1490; an der Schmalwand beim Ausgang: Flügelaltar mit Passionsdarstellung aus der Franziskanerkirche in München, 1492, Stifter Herzog Albrecht IV.; links vom Ausgang: Flügelaltar aus St. Valentin bei Tramin (Südtirol) von Hans Klocker aus Brixen, um 1485.

16 *Riemenschneider-Saal:* Tilman Riemenschneider (lebte seit 1483 in Würzburg, wo er 1531 starb). Gegenüber der Fensterwand: Reliquienbüste einer hl. Afra, ehemals im St.-Afra-Kloster, Würzburg; Muttergottes, um 1500/10; Holzfigur des hl. Sebastian, um 1490; links vom Ausgang: Hl. Jakobus d. Ä., um 1505; ehemals gefaßtes Relief mit Gastmahl des Simon, Flügel vom Münnerstädter Altar, 1490-92; rechts vom Ausgang: Hl. Maria Magdalena von Engeln erhoben, Mittelgruppe des Münnerstädter Altars, 1490-92; in der Fensternische: Hl. Barbara, um 1510; Hl. Anna, Fragment aus dem Annenaltar in der Jakobskirche von Rothenburg, um 1505/6; außerdem links vom Eingang: Holzfigur der Muttergottes, ursprüngliche Fassung, von Michel Erhart, um 1470/80; Innenflügel des Hochaltars von Kloster Wettenhausen, um 1523/24 von Niklas Weckmann (Außenflügel in der Alten Pinakothek); freistehende Vitrine: Verkündigungsgruppe aus Alabaster, mainfränkisch, 1484, aus der Hauskapelle von Hof Rötelsee in Würzburg.

17 *Kleinkunst und Großplastiken aus der Zeit der Spätgotik um 1500:* 2. Vitrine: Zwei Reliefs des sog. Meisters von Ottobeuren (Allgäu), Aristoteles und Phyllis (»Die Weibermacht«), um 1523, und Joseph und seine Brüder, um 1530; Holzstatuette des hl. Johannes von Jörg Lederer, Kaufbeuren, um 1520; Maria aus einer Marienkrönung, vom Meister der Biberacher Sippe, Allgäu, um 1515; 3. Vitrine: Tonplastiken aus Niederbayern um 1480/90; Passionsaltärchen in Monstranzform von Erasmus Grasser, um 1490, vermutlich aus dem Münchner Klarissenkloster; unter den freistehenden Objekten: Holzskulptur der Beweinung Christi vom Meister von Ottobeuren, um 1520; Holzfigur der hl. Agnes in Originalfassung, um 1480/

Willem de Groff, Zimmerdenkmal Kurfürst Max Emanuels (Detail), 1714 (Saal 33)

90, oberrheinisch; an der Längswand: Relief mit der Geburt Christi, 1515-20, von Jörg Lederer; am Saalausgang: Flügelaltar mit hl. Sippe, datiert 1515, von Wolf Traut, ursprünglich in der Tuchmacherkapelle von St. Lorenz in Nürnberg, später in der Patronatskirche in Artelshofen (Landkreis Hersbruck).

18 *Waffensaal:* Der Raum ist eine vergrößerte Nachbildung des gegen 1290 entstandenen Saales im Haus des Regensburger Geschlechts der Dollinger (heute bis auf wenige Fragmente zerstört), an der Westwand unter

Ignaz Günther, *Minerva* (Detail), um 1772 (Saal 42/43)

dem Gewölbe eine Zweikampfszene zwischen dem Bürgermeister Hans Dollinger und dem Hunnen Crako; Vitrine 1: Helmtypen vom Ende des 15. Jh. bis um 1600; Vitrine 2: Harnischteile vom Ende des 14. Jh. bis um 1610, u. a. die älteste erhaltene Turnier-Harnischbrust mit (ehemals roter) Samtbespannung, Arbeit eines Mailänder Plattners, um 1380/90; Wechselbrust und -bart von 1532/33 für den Neuburger Pfalzgrafen Ottheinrich (1502-59), Arbeit des Plattners Hans Ringler aus Nürnberg; Stechzeugverstärkungsteile für einen Turnierharnisch, um 1570, Arbeit des Augsburger Plattners Anton Pfeffenhauser; Vitrine 3: Kragen und taillierte Gratbrust eines Harnischs Herzog Albrechts V. von Bayern, um 1560, Arbeit des Innsbrucker Hofplattners Stefan Rormoser; unter den Harnischhandschuhen Fausthandschuh König Ferdinands I. (1503-64), Arbeit des Hofplattners Jörg Sensenhofer, Ätzdekor von Leonhard Meurls, 1537/38; unter den Reiterstreitkolben des 15. und 16. Jh. u. a. zu Würde- und Herrschaftszeichen nobilitierte Schlagwaffen, z. B. das geätzte und vergoldete ›Regiment‹ mit eingebauter Uhr; Vitrine 4: Rüstungsstücke für Pferde, z. B. an einem fahrbaren Modellspielzeug eines Turnierritters im Stechzeug zu Pferd mit Stechkissen und heraldisch bemalter Roßdecke, Nürnberg, um 1540/50, aus Holzschuherschem Besitz (vgl. Jost Ammans Gemälde eines ›Gesellen-Stechens‹ bürgerlicher Patriziersöhne Nürnbergs vom 3. März 1560 neben Vitrine 5); Vitrine 5: Kostbare Hieb- und Stoßwaffen vom spätmittelalterlichen Ritterschwert bis zu Degen, Rapiertypen und Säbeln des 17. Jh., u. a. italienischer Prunkdegen, um 1560, mit Tritonen und Nereiden als Handschutz, zum Teil farbig emailliert, mit massivem Goldrauhgrund; aus der Rüstkammer Kurfürst Maximilians I. (1597-1651) ein silbervergoldeter, mit Drahtemail und bunten Steinen verzierter ›Pallasch‹ (Reitersäbel) einer ›Ungarischen Garnitur‹, Prag, 1610-14, mit Passauer Klinge; in der Vitrine beim Pfeiler: Ganzer Prunkharnisch eines Herrn von

Links: ›Pietra-dura‹-
Arbeit von einem floren-
tinischen Kabinett-
schrank, um 1680
(Saal 35)

Rechts: David Roentgen,
Schreibtisch, 1785-90
(Saal 45)

Pienzenau, über polychrom gefaßter Porträt-figur, die ursprunglich in der Kirche von Po-terskirchen (Niederbayern) über der Grab-stätte des Trägers stand, Nürnberger Platt-nerarbeit, um 1550; freistehend: Plattner-Modell eines geschwärzten Fußknecht- oder Trabharnischs mit blanken Zierstreifen, Nürnberg, um 1570/90.

19 *Saal der Mars-Venus-Gruppe:* Mars und Venus vom vielfigurigen Brunnen des Fug-ger-Schlosses in Kirchheim, 1584-94, von Hubert Gerhard (Amsterdam? um 1550 bis 1622/23 München); Stürzender Diomedes

Franz Anton Bustelli, *Leda* aus der italienischen Komödie, Nymphenburger Porzellanmanufak-tur, um 1760 (Saal 37)

vom Sockel der Herkules-Gruppe im Garten von Schloß Seehof bei Bamberg von Ferdi-nand Tietz, 1764 (vgl. Saal 37); Gossenbrot-Epitaph (gest. 1502) von Hans Thoman aus der Kartause Buxheim bei Memmingen um 1511.

20 Hof

21 *Leinberger-Saal:* Hans Leinberger (Landshut? zwischen 1480/85 – ebenda nach 1530); an der Ausgangswand: Sitzfigur des hl. Jakobus d. Ä., um 1525; Hl. Maria Magda-lena, um 1518, aus Marklkofen (Landkreis Dingolfing); Relief einer trauernden Maria von einer Kreuzigung, um 1520, ehemals far-big gefaßt, aus Dingolfing; an der Südwand gegenüber den Fenstern: Sitzende Mutter-gottes aus Neumarkt an der Rott, um 1515; links vom Eingang: Heilige Anna Selbdritt, um 1505; außerdem an der Südwand: Bild-nis des Herzogs Ludwig X., um 1516, von Hans Wertinger; an der Säule hl. Joseph (?), um 1520, vom sog. Meister von Rabenden aus der Leinberger Schule mit dem Mono-gramm A.T.; rechts vom Eingang: Begeg-nung von Joachim und Anna an der Golde-nen Pforte, Passau, um 1525, Altarrelief in originaler Fassung; rechts von der Treppe: Heimsuchung Mariens, Tafelgemälde von Wolf Huber, um 1525 (Vorlage von Dürer); linke Vitrine in der Fensternische: Buchs-baumrelief mit Kalvarienberg, dem Mono-gramm Hans Leinbergers und dem Datum (15)16 (Holzschnittvorlage von Lucas Cra-nach).

22 *Deutsche Renaissance* (im ehemaligen Dachauer-Saal): Golddurchwirkte Wandtep-piche mit Szenen aus der Geschichte des hl. Paulus nach Entwürfen um 1535 von Pie-ter Coecke van Aelst, um 1540/50, aus einer Brüsseler Manufaktur (weitere Stücke der Serie im Treppenhaus); an der Eingangs-wand: Hausaltärchen von Georg Buckschutz, Tölz, 1561; unter den freistehenden Bildwer-ken: Alabasterstatuette einer Judith, um 1515 von Konrad Meit in Mecheln geschaf-fen; Kniender Bauer (sog. ›Astbrecher‹), Tragfigur, Bronze, 1490, von Peter Vischer

d.Ä.; am Ausgang: Bronzestatuette eines schreitenden Jünglings, Nürnberg um 1530; 1. Fenstervitrine: Deutsche Bronzeplastik des 16.Jh., u.a.: Herkules und Antäus von Peter Vischer d.Ä., um 1500, Nürnberg; Drache, um 1510, von Gilg Sesselschreiber; 2. Fenstervitrine: Kleinplastiken und Reliefs in verschiedenen Materialien: Holzbüste der Erzherzogin Margarethe von Österreich, Statthalterin der Niederlande, 1518, von dem an ihrem Hof in Mecheln tätigen Bildhauer Konrad Meit aus Worms; Halbfigur Maria mit Kind von Hans Schwarz, Augsburg, um 1515/20; in Buchsholz geschnitzte Modelle für Gußmedaillen u.a., von Hans Schwarz (Augsburg) und Friedrich Hagenauer (in Straßburg, Bayern und Köln tätig); Elfenbeinmedaillon mit Bildnisminiatur eines Unbekannten von Hans Holbein d.J., um 1540; 4.Vitrine: u.a. Großer Doppelpokal des Nürnberger Goldschmieds Hans Petzold, um 1600; Vitrine 5: u.a. Holzrelief einer stillenden Muttergottes mit Stifterin, von Sebastian Loscher, um 1520, Augsburg.

ERDGESCHOSS WESTFLÜGEL

23 *Italienische Renaissance:* Kassettenplafond aus der Umgebung von Mantua, um 1520/30. Zahlreiche Objekte Florentiner und oberitalienischer Werkstätten – zum Teil aus der herzoglichen Kunstkammer, zum Teil Geschenke, die die Höfe miteinander austauschten – wie Kleinbronzen, Statuen, Büsten, Reliefs u.a. von Luca della Robbia und Möbel der Frührenaissance; z.B. die Brauttruhe der Gemahlin Herzog Wilhelms IV. von Bayern, Jakobäa Maria, aus Burg Trausnitz in Landshut, um 1470, mit figürlichen Holzintarsien, geschaffen im Auftrag des Markgrafen von Mantua.

24 *Ottheinrich-Saal:* Ottheinrich Pfalzgraf bei Rhein, Herzog von Neuburg und Kurfürst der Pfalz (seit 1556) ist durch den Erweiterungsbau des Heidelberger Schlosses und das Schloß Neuburg an der Donau mit Jagdschloß Grünau berühmt geworden. Aus Neuburg stammen der Weinkühler, 1543 von dem Geschützgießer Sebald Hirder d.Ä. gegossen; zwei Holzbüsten von dem Nürnberger Medailleur Matthes Gebel, um 1530, die vermutlich den Oheim Ottheinrichs, Kurfürst Friedrich II. den Weisen von der Pfalz und dessen Bruder, Pfalzgraf Philipp den Streitbaren darstellen; kostbare Wandteppiche u. a. aus der Manufaktur Lauingen, einer mit Szenen aus der Jerusalem-Wallfahrt Ottheinrichs von 1521, nach Kartons von 1541 des Nördlingers Mathias Gerung, sowie aus einer unvollendeten Serie einer Brüsseler Manufaktur von 1557/58, die Genealogie Ottheinrichs darstellend (vgl. Saal 90 und 91); Schreibkabinett von 1560, wahrscheinlich Augsburg, mit Intarsien phantastischer Ruinen und Mauresкenornamenten; zwei Portale und die Decke des Saales aus dem Donauwörther Schloß der Grafen Fugger, um 1546.

25 *Paulanerkapelle:* Saaldecke mit Nachbildungen der Stukkaturen aus der Münchner Paulanerkirche in der Au, 1621-23 von dem Weilheimer Hans Krumper erbaut und 1902 abgerissen; von Krumper auch die große Halbfigur der Muttergottes rechts vom Ausgang und zwei der Putten in den Nischen der Gewölbezone (vgl. auch Saal 30 und 31); Eingangswand links: von dem befreundeten Rubens ist die Reliefgruppe der Geißelung Christi aus Elfenbein und Holz Georg Petels, ebenfalls eines Weilheimers, beeinflußt, entstanden 1625 (vgl. Saal 32); vom Altar des Bamberger Domes ist der monumentale Johannes der Täufer erhalten, um 1650, also unmittelbar nach dem Dreißigjährigen Krieg, von Justus Glesker geschaffen, einem der wenigen, überregional bedeutenden Bildhauer jenes Jahrhunderts; in der Wandvitrine: eine besonders hervorzuhebende Arbeit der Kleinkunst ist der Silberaltar des Augsburger Goldschmieds Matthias Walbaum, um 1610/20.

26 *Italienische Spätrenaissance:* In der zweiten Hälfte des 16. Jh. entstehen zahlreiche Kleinbronzen für die Kunstkammern der Fürstenhöfe. Von dem Niederländer am Florentiner Hof der Medici, Giovanni Bologna, stammt die Bronzegruppe Raub der Sabinerinnen von 1580-85, deren sich emporschraubende Bewegung zu den kühnsten Erfindungen der Spätrenaissance gehört (links auf der Kredenz an der Längswand); in der Mitte der Längswand ein Hochrelief, die Schmiede des Vulkan, von Adriaen de Vries, einem Schüler des Giovanni Bologna, im Auftrag Kaiser Rudolfs II. 1611 in Prag geschaffen; Brüsseler Wandteppiche mit Sze-

Links: Jacob Sandtner, Münchner Stadtmodell (Ausschnitt), von 1572 (Saal 47)

Oben: Christoph Lenker, Augsburg, Elefantenuhr, um 1600-10 (Saal 58/59)

Johann Christian Ludwig Lücke, *Schlafende Schäferin*, um 1750, Elfenbein (Saal 56)

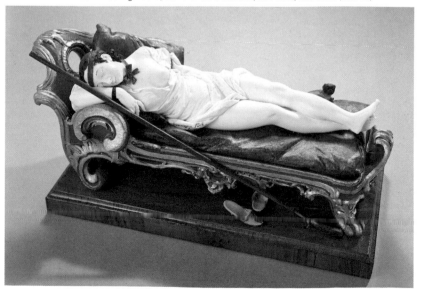

nen aus Hannibals Feldzügen, zweite Hälfte des 16. Jh.

27 *Prielauer Zimmer mit Donauwörther Kabinett:* Im Gegensatz zu den einfachen Wandverkleidungen aus Schloß Prielau bei Zell am See, 1592, steht das kleine Kabinett von 1546 aus dem Donauwörther Fuggerschloß, ein Kleinod der Renaissance-Innenarchitektur; Vitrinen mit Nürnberger Kleinbronzen des 16. und 17. Jh., in der linken Fenstervitrine der Zeremonialhammer, mit dem Papst Julius III. im Heiligen Jahr 1550 die vermauerte Pforte am Petersdom öffnete, ein Meisterwerk des manieristischen Kunsthandwerks in Italien; ebenso kunstvoll die süddeutsche Prunkkanne von 1560/70.

28 *Lauinger-Saal:* Die Fürstengruft in der Pfarrkirche von Lauingen a. d. Donau, 1570 von Herzog Philipp Ludwig von Pfalz-Neuburg als Begräbnisstätte der Neuburger Linie der pfälzischen Wittelsbacher eingerichtet, wurde 1781 und 1871 geöffnet, wobei der hier gezeigte Goldemailschmuck und die Gewänder aus der Zeit vom Ende des 16. bis zur Mitte des 17. Jh. entnommen wurden; in der kleinen Freivitrine Gobelinbildnisse Herzog Maximilians I. und seiner Schwester Christierna im Kindesalter, 1576, in einer Elfenbeinkapsel von Jan de la Groze, Landshut, nach F. Sustris, einem Meisterwerk des Elfenbein- und Korallenschnitts, verziert mit Lapislazuli und Goldemailreliefs.

29 *Deutsche Spätrenaissance:* Ein zusammenklappbares fürstliches Reisebett aus Schloß Ansbach, um 1580, ein Fassadenschrank der Freiherrn von Closen, Franken 1590, und der kleine Kabinettschrank mit Spinett, 1590, sind Zeugnisse meisterhaften Kunsthandwerks, ebenso der virtuose holländische Renaissance-Spiegelrahmen mit

Franz Anton Bustelli, Porträtbüste des Grafen Siegismund von Haimhausen, Nymphenburger Porzellanmanufaktur, 1761 (Saal 85)

J. G. Höroldt, Koppche (Teeschale) und Untertasse mit Chinoiserien, Porzellanmanufaktur Meißen, um 1723/24 (Saal 84)

seinen Reliefs und Figuren. An der Decke aus dem Fuggerschloß in Donauwörth ein Hängeleuchter aus Elfenbein, den Christoph Angermair um 1625 für die als Kostbarkeit gehandelten abnormen Geweihe schuf.

30 *Saal Wilhelm V.:* Bronzefiguren der vier Jahreszeiten von Hans Krumper, um 1611 (?) aus den Gärten der Münchner Residenz; aus dem ehemaligen Hofgarten zwei Hunde von einem Brunnen von Hubert Gerhard und seiner Werkstatt, um 1585, zugehörige Diana im Residenzmuseum (s. S. 216); bronzene Brunnenmaske von Hans Reichle (um 1570–1642); in der Pultvitrine am Fenster Wachsreliefs, Bildnisminiaturen und ein Album mit Bildnissen Herzog Albrechts V. und seiner Familie, Nachfolge Hans Schöpfers (gest. 1566); Drei Wandteppiche aus der Planetenserie, Brüssel, um 1570, die die Einflüsse der einzelnen Planeten auf den Menschen zeigen.

31 *Maximilian-Saal:* Von den drei elfenbeinernen Prachtschränken dieses Saales ist der Münzschrein am mittleren Fenster, entstanden 1618–24, das Hauptwerk des Weilheimers Christoph Angermair. Die zahlreichen Reliefs verweisen auf die Tugenden des Auftraggebers, Maximilian I., als Bekrönung ein römischer Imperator zu Pferd und Statuetten von vier gefangenen Königen; die Schubladenfronten und Türrahmen sind mit Lapislazuli eingelegt. Vitrine an der Eingangswand: Bügel der Jagdtasche mit Eisenschnittdekor von Daniel Sadeler sowie Reiterschwert und Degen von Maximilian I. mit Eisenschnitt von Emanuel Sadeler, um 1600; 2. Vitrine an der Rückwand: Das Erlernen eines Kunsthandwerks kostspieliger Materialien gehörte seit der Renaissance zur Bildung eines Fürsten, einige der hier gezeigten Elfenbeingefäße wurden von Maximilian I. (datiert 1608 und 1610) und Kurfürst Ferdinand Maria (datiert 1655) eigenhändig gedrechselt; 3. Vitrine: Unter den Bergkristallgefäßen des 16. und 17. Jh. ein Deckelgefäß aus Rauchtopas mit Groteskschliff und vergoldeter Montierung aus der Prager Werkstatt der Miseroni, um 1600/10; 4. Vitrine: Abnorme Geweihe waren als Naturwunder sehr begehrt und kostbar, Christoph Angermair schuf um 1630 die sorgfältig auf jedes Geweih abgestimmten Satyrmasken; Elfenbeinkruzifix von Georg Petel, Augsburg, um 1618/20; Wandteppiche der Planetenserie, vgl. Saal 30; Kassettendecke aus einem Nürnberger Patrizierhaus.

32 *Saal der Henriette Adelaide:* Kurfürst Ferdinand Maria (reg. 1651–79) und seine Gemahlin Henriette Adelaide holten zum ersten Mal italienische Architekten, Agostino Barelli aus Bologna und Enrico Zuccalli aus Rovereto, nach München. Aus dem zwischen 1665 und 1667 entstandenen Appartement Henriette Adelaides in der Münchner Residenz (später Päpstliche Zimmer genannt, vgl. S. 218) stammt die hochbarocke Decke mit Engeln und Putten, Akanthusranken, Blumenkränzen und Kartuschen; Vitrine 1: Un-

ter den barocken Kleinkunstwerken der ersten Hälfte des 17. Jh. die Elfenbeinfiguren des hl. Sebastian (um 1630) und des Herkules mit dem nemäischen Löwen (um 1625/26) von Georg Petel und die Schlafende Nymphe aus Bernstein (1625) von François Duquesnoy; Vitrine 2: Virtuose Kunstkammerstücke des Barock, u.a. der Schlafende Endymion und das Relief Merkur und Argus von dem gebürtigen Chiemgauer Balthasar Permoser, Ende 17. Jh.; an der Ausgangswand die Tapisserie »Der Tag« nach einem Karton von Peter Candid aus der Münchner Wandteppich-Manufaktur, 1613; das Gegenstück »Die Nacht« und die Serie der »Vier Jahreszeiten« im Studiensaal (s. auch Residenzmuseum, S. 216).

33 *Erster Max-Emanuel-Saal:* Kurfürst Max Emanuel, Statthalter der Spanischen Niederlande und später lange Jahre in Frankreich lebender Exiliant, ließ 1715, nach seiner Rückkehr, die Schlösser Schleißheim und Nymphenburg mit ihren Parkanlagen nach französischen und niederländischen Vorbildern vollenden und umbauen; aus seiner 1718 mit Pariser Arbeitern neu eingerichteten Münchner Gobelin-Manufaktur stammen die beiden Teppiche mit dem kurfürstlichen Wappen von 1724 und 1727

Jan Emens (Mennicken) tätig in Raeren 1567–94, Steinzeugkanne (Saal 91)

von Louis Arnould d'Arondeau. Der große Wandteppich ›Der Kurfürst mit dem Generalstab vor dem Heer‹ gehört zu einer 1696 in Brüssel erworbenen Serie (Karton Lambert de Hondt, Ausführung J. Le Clerck und Gaspar van der Borght); den Wandbrunnen aus Silber und vergoldeter Bronze schuf 1717 Willem de Groff, seit 1716 leitender Münchner Hofbildhauer; von de Groff auch das 1714 in Paris geschaffene Zimmerdenkmal Max Emanuels im römischen Imperatorengewand, der über gefallene Türken (Allegorie des Unglaubens) hinweg reitet, eine Reminiszenz an die bereits dreißig Jahre zurückliegenden Türkenkriege.

34 *Zweiter Max-Emanuel-Saal:* Doppelschreibschrank in ›Boulle-Technik‹, ein Kabinettstück des Münchners Johann Puchwiser, um 1705/10; zwei für Max Emanuel geschaffene Prunkuhren mit zugehörigen Tischen, an der Längswand die um 1690 in Augsburg entstandene, altarförmige Prunkuhr mit spätbarocken allegorischen Reliefs und Rankenwerk des Silberschmieds Johannes Andreas Thelot, freistehend Uhr von 1715/20 mit Lackmalereien (Chinoiserien). Die freistehende Bronzestatuette Max Emanuels zu Pferde wurde 1699 von Roger Schabol in Paris nach dem Vorbild des Lyoner Denkmals Ludwigs XIV. von Martin Desjardin gegossen; in der Nische an der Stirnwand Diana mit zwei Jagdhunden von Diego Francesco Carlone, um 1715, aus dem ehemals fürstbischöflichen Schloß Thyrnau bei Passau.

35 *Johann-Wilhelm-Saal:* Kurfürst Johann Wilhelm von der Pfalz (reg. 1690-1716) aus der Neuburger Linie der Wittelsbacher machte seine Residenzstadt Düsseldorf zu einem kulturellen Zentrum und war vor allem für seine Gemäldegalerie berühmt, die heute ei-

nen wesentlichen Bestandteil der Alten Pinakothek (s. S. 12) bildet. Aufgrund seiner Heirat mit Maria Anna Luisa de Medici entstanden enge Verbindungen zu Florenz und dessen Künstlern, wie Giovanni Battista Foggini, von dem die vor 1716 entstandene Bronzegruppe »Apollo schindet Marsyas« neben der Treppe stammt. Die vier Bronzereliefs von 1708 und 1711 an der Stirnwand rechts, antike Götter als jahreszeitliche Allegorien, sind Hauptwerke von Massimiliano Soldani, dem neben Foggini führenden Florentiner Bildhauer; die beiden freistehenden Kunstschreine von 1700 und der Kabinettschrank von 1610 in Pietra dura (Steinintarsien) sind Kostbarkeiten dieses typisch florentinischen Kunsthandwerks; die Figuren der Kreuzigungsgruppe um 1710/20 des in Düsseldorf tätigen Venezianers Antonio Leoni links vom Ausgang sind für das Material Elfenbein ungewöhnlich groß.

36 *Hofkunst des Spätbarock und Rokoko:* Höfischen Luxus repräsentieren die silbernen Terrinen, Tafelaufsätze und Rokoko-Lauben mit Kammermusikern des Augsburger Goldschmieds Bernhard Heinrich Weyhe von 1765 und das 130teilige silberne Prunkgeschirr des Fürstbischofs Friedrich Wilhelm von Hildesheim, an dem sieben weitere Augsburger Silberschmiede beteiligt waren; das Bayerische Nationalmuseum konnte sie 1981 erwerben; an den Wänden zwei großformatige Darstellungen des ›Hofkonzerts in Ismaning‹, der Sommerresidenz der Fürstbischöfe in Freising, 1733 von Peter Jakob Horemans gemalt.

37 *Ferdinand-Tietz-Saal:* Ferdinand Tietz (1708-77), der fränkische Rokokomeister der Gartenplastik, ist u.a. mit Bozzetti von 1750 bis 1765 für die Parkfiguren von Veitshöchheim vertreten, ebenso mit Miniaturmodellen für die (1784 eingestürzte) Seebrücke von 1753 in Bamberg; die vergrößerten Ausführungen sind Werkstattarbeiten; der Modellmeister der Nymphenburger Porzellanmanufaktur, Franz Anton Bustelli (1723-63), ist mit neun Paaren der Italienischen Komödie (1759/60) vertreten, ein Höhepunkt der europäischen Porzellanplastik des Rokoko.

38 *Religiöse Kunst des 18.Jh.:* Unter den österreichischen, fränkischen und schwäbischen Bozzetti und Kleinbildwerken aus Holz (in der Vitrine rechts vom Eingang) die hll. Erasmus und Dionysius, Entwürfe für Figuren des Gnadenaltars der Wallfahrtskirche Vierzehnheiligen bei Bamberg, von Johann Michael Feichtmayr, um 1763; in der Vitrine rechts vom Ausgang u.a. Christus am Ölberg, 1760/70 von Johann Baptist Hagenauer, Salzburg.

39 *Landshuter Zimmer:* Die Vertäfelung mit der goldenen Stuckdekoration aus dem Landshuter Palais der Herren von Strommer ist um 1730 entstanden.

40 *Kleinplastik des Rokoko:* Von skizzenhaften Bewegungsstudien bis zu minuziös ausgearbeiteten Modellen lassen sich an den Bozzetti von Roman Anton Boos, Johann Baptist Straub, Ignaz Günther u.a. die verschiedensten Stadien des Entstehungsprozesses beobachten.

J.F. Lück, Schäferpaar in Rocaillelaube, (nach Boucher), Frankenthal, 1760-64 (Saal 100)

Majolikaschale, *Tempelraub des Ägypterkönigs,* Wappeninitialen IB, Urbino, 2. Viertel 16. Jh. (Saal 92)

41 *Kabinett aus dem Tattenbach-Palais:* Holzvertäfelung, Kamin und Konsoltisch vom Münchner Kunsttischler Michael Pössenbacher und weiße Seidenbespannung, von dem Porzellanmaler Joseph Zächenberger 1772-79 in der Art einer Weinlaube bemalt, gehörten zur Ausstattung des um 1770 vermutlich von François Cuvilliés erbauten Palais Rheinstein-Tattenbach, später Arco-Valley, in der Theatinerstraße 6-7 (1910 abgebrochen).

42/43 *Ignaz-Günther-Saal:* Das 18. Jh. bedeutete für Architektur, Freskomalerei und Bildhauerei Bayerns einen Höhepunkt. Die bedeutendsten Bildhauer sind hier mit exemplarischen Werken vertreten: Die reliefierten Türflügel mit allegorischen Figuren des Alten und Neuen Testaments, um 1735, rechts vom Eingang, wurden von Egid Quirin Asam

Pochspielbrett, Künersberg, um 1750/60, Fayence (Saal 95)

(1692-1750) für das eigene Wohnhaus in der Sendlinger Straße geschaffen; von ihm stammt auch der hl. Johann Nepomuk aus Stuck, um 1735/40, an der Fensterwand des Längsraumes; links vom Eingang die Hausmadonna vom Wohnhaus Johann Baptist Straubs (1707-84); von dessen Schüler Ignaz Günther (1725-75) im Rundraum ein Schwebender Erzengel Raphael mit geschnitztem Altarvorhang und Putto, um 1757/58, aus St. Peter in München, und die hll. Joachim und Anna, um 1770, an der konkaven Wand links vom Eingang; zwei im Gesamtwerk herausragende Büsten des hl. Elias, um 1760, und der Hausmadonna, um 1761/62, vom Wohnhaus des Künstlers (s. S. 155), links vom Ausgang die Figur der »Bellona als Ratgeberin eines weisen Feldherrn« aus dem Palais des Grafen J. C. von La Rosée: die Figur, vermutlich um 1772 entstanden, als der Graf Präsident des Hofkriegsrats wurde, gehört zu den schönsten Spätwerken des Künstlers; in der Vitrine u. a. eine vom Wiener Bildhauer Raphael Donner beeinflußte Plastik aus Blei und Bronze, eine Frau mit Knaben und Pelikan, aus der Mitte des 18. Jh., einer Zeit, in dem die Bleiplastik in Wien eine besondere Rolle spielte.

44 *Karl-Theodor-Saal:* Kurfürst Karl Theodor von der Pfalz und seit 1777 auch von Bayern fördert mit seinen Bestimmungen den Stilwechsel vom Rokoko zum Klassizismus im heroisch antikischen und bürgerlich realistischen Sinn. Die Marmorbüste Karl Theodors, 1789 in Rom von Giuseppe Ceracchi geschaffen, sinnt sich eng an die Imperatorbüsten der römischen Kaiserzeit an; im Gegensatz zu Ceracchi ist der im damals bayerischen, heute württembergischen Wiesensteig geborene Franz Xaver Messerschmidt fasziniert von den extremen Ausdrucksmöglichkeiten menschlicher Physiognomie, von ihm die Bleibuste Herzog Alberts von Sachsen Teschen, des Gründers der Albertina in Wien, um 1775; das Selbstbildnis des Künstlers mit dem postumen Titel ›Ein mürrischer alter Soldat‹, von 1770/80, und die allegorische Büste des ›Glaubens‹ vom Grabmal der Ge-

mahlin seines Onkels J.B. Straub, 1775-77, auf dem alten Südlichen Friedhof; in der Wandvitrine vier Tonmodelle für die kolossalen, weißgefaßten Holzgruppen der Taten des Herkules von Roman Anton Boos, 1779/80, aus den Hofgartenarkaden; Mobiliar von David Roentgen, zum Teil noch im Stil des Rokoko, zum Teil schon im Stil des Klassizismus.

45 *Erster Königs-Saal:* Klassizistische Bildnisse und Möbel aus der Zeit König Max I. Joseph (reg. 1806-25); in der Wandvitrine u.a. weißen Marmor imitierende Biskuit-Porzellan-Büsten der bayerischen Prinzessinnen und des Staatsministers Freiherr von Montgelas von Johann Peter Melchior; in der Tischvitrine marmorne Bildnismedaillons u.a. von Konrad Eberhard und Johann Peter Melchior.

46 *Zweiter Königs-Saal:* In der Zeit König Ludwigs I. (reg. 1825-48) und König Maximilians II. (reg. 1848-64), des Gründers des Bayerischen Nationalmuseums, besteht zunächst neben dem Klassizismus der Stil des Biedermeier, beide Stile werden nach der Jahrhundertmitte vom Historismus abgelöst, der auf das Mittelalter oder außereuropäische Kulturen zurückgreift, wie einige Schlösser König Ludwigs II. zeigen. Auf dem Podest Biedermeiermöbel, u.a. ein Wiener Nähtischchen in Gestalt eines Globus, um 1820, von Benedikt Holl, und ein spätbiedermeierlicher Stuhl aus gebogenem Holz von Michael Thonet von 1836-40. An der Eingangswand zwei Tischleuchter nach Entwürfen von J.M. Christen und Ludwig Schwanthaler, München, um 1824/25; in der Pultvitrine an der Fensterwand Bildnisse, Miniaturen, Dosen, Schmuck- und Erinnerungsstücke König Ludwigs I., wie die Feder, mit der er 1848 die Abdankungsurkunde unterschrieb; rechts vom Ausgang Urnengehäuse für Karl Hillebrand von Adolf von Hildebrand, Florenz 1888.

47 *Stadtmodell-Saal:* Als 1563 Philipp Apian im Auftrag Herzog Albrechts V. zum erstenmal Bayern vermessen und eine 40 qm große Landkarte angefertigt hatte, die 1568 – auf ein Drittel verkleinert – auf 24 »Baierischen Landtafeln« herauskam, baute der Drechslermeister Jacob Sandtner 1568 ein Modell der Stadt Nürnberg im Maßstab 1:1666, sehr viel genauer und detaillierter als jenes Hans Behams von 1540. Albrecht V. erwarb das Nürnberger Stadtmodell und gab größere im Maßstab 1:616-750 von Landshut (1570), München (1572), Ingolstadt (1573) und Burghausen (1574) in Auftrag, die er in seiner Kunstkammer (im heutigen Münzgebäude) aufstellte. Neben diesen wichtigen Dokumenten zum Bild der bayerischen Städte im 16. Jh., die im wesentlichen das mittelalterliche Aussehen bewahrt hatten, bietet das zwischen 1846 und 1868 von Johann Baptist und Franz Seitz angefertigte Modell der Stadt, ebenfalls im Maßstab 1:616-750, die Vergleichsmöglichkeit, wie die Stadt über die geschleiften Stadtmauern mit Maxvorstadt und der noch im Bau befindlichen Maximilianstraße hinaus gewachsen ist.

TREPPENHAUS

Von J.B. Straub 1770 geschnitzte Statuen, Vesta und Augustus, aus dem ehemaligen Törring-Palais (jetzt Hauptpostamt an der Dienerstraße, Ecke Max-Joseph-Platz); zu den Wandteppichen der Paulusfolge vgl. Saal 22.

Links: Bemalte Stube
aus einem Bauernhaus,
Thannheimer Tal,
Ende 18.Jh. (Raum 107)

Rechts: J.N. Pichler,
Maler und Kistler in
Schliersee, bemalte
Himmelbettstatt, 1778
(wegen Umbau z.Zt.
nicht ausgestellt)

Die Fachsammlungen

OBERGESCHOSS OSTFLÜGEL

51 *Glasmalerei:* Meisterwerke der Glasmalerei vom 13.-19.Jh., u.a. Zyklus aus dem Zisterzienserinnenkloster Seligenthal bei Landshut von 1310/20; Reste der drei großen zentralen Chorfenster der Regensburger Minoritenkirche, von 1360/65; Kabinettscheiben u.a. von Jörg Breu d.Ä. (um 1480-1536).

52 *Miniaturmalerei:* Bildnis- und Landschaftsminiaturen des 16.-19.Jh. u.a. von Hans Bol, Georg Desmarées, Jean Etienne Liotard, Rosalba Carriera, Heinrich Füger.

53/54 *Barocke Ölskizzen* des 18.Jh. aus der Sammlung Dr. Wilhelm Reuschel, u.a. von Januarius Zick, Joseph Anton Feuchtmayr und Franz Anton Maulpertsch.

55/58 *Elfenbeinskulpturen:* Größte europäische Sammlung von Elfenbeinskulpturen des Barock u.a. von Antonio Leoni, Ignaz Elhafen, Dominikus Stainhart, Justus Glesker, Simon Troger, Aegid Verhelst d.Ä., Johann Christian Ludwig von Lücke.

57 *Intarsien:* Intarsien, Reliefintarsien, Boulle-Arbeiten, Pietra dura, Schnitt und Gegenschnitt, Einlegearbeiten aus Elfenbein in Holz, Scagliola- Technik des 16. und 17.Jh. aus Süddeutschland, Tirol, Florenz und Böhmen.

58/59 *Uhren und Automaten:* Mechanische Zeitmeßinstrumente aus der Zeit ihrer Erfindung im frühen 16. bis zum 18.Jh.: Räderuhren mit Gewicht- und Federantrieb in Gestalt von Wand- und Konsoluhren, Figurenuhren, Tierautomaten, Uhren in Verbindung mit Sonnenuhren und astronomischen Anzeigern, außerdem eine vielflächige Sonnenuhr und tragbare Sonnenuhren, die bis zum 19.Jh. die Normaluhren blieben.

OBERGESCHOSS WESTFLÜGEL

84-87 *Porzellan* (s. auch die Säle 98-100).

84 *Meißener Porzellan:* Beispiele von rotem Steinzeug, 1706/07, und weißem Porzellan, Erfindung vermutlich schon 1708 durch Tschirnhaus und Böttger, die Kurfürst August von Sachsen 1710 zur Gründung der Meißener Manufaktur veranlaßte; Beispiele für die Entwicklung der Glasur und der Dekorfarben; radierte Golddekore der Augsburger Hausmaler (Familie Seuter) auf weißen Meißener Geschirren; aus der Blütezeit der Manufaktur von Johann Gregorius Höroldt bemalte Stücke und Porzellanfiguren von Johann Joachim Kaendler.

85 *Nymphenburger Porzellan:* In der 1747 unter Kurfürst Max III. Joseph in Neudeck (Au) gegründeten Manufaktur wurde seit 1753 Porzellan hergestellt; die Manufaktur wurde 1761 ins Nymphenburger Schloß (s.S.232) verlegt; hier vor allem Porzellanfiguren von Franz Anton Bustelli, im folgenden Saal Stücke des Modellmeisters Dominikus Auliczek und Johann Peter Melchior.

86 *Nymphenburger und Ansbacher Porzellan:* Vitrine 6: Umfangreichste Sammlung außerhalb Ansbachs der 1758 von Markgraf Alexander gegründeten Ansbacher Manufaktur.

87 *Verschiedene Manufakturen:* Französische Weichporzellane der Manufakturen Rouen (seit 1673), Saint-Cloud (Ende 17.Jh.), Chantilly (seit 1725), Mennecy (seit 1734); der staatlichen Manufaktur Vincennes, seit 1756 in Sèvres, seit 1759 im Besitz des Königs, seit 1768 Herstellung von Hartporzellan, mit dem Sèvres zur führenden Porzellanmanufaktur Europas wird; Tournai (seit

1751); Fürstenberg (seit 1747); Kloster Veilsdorf (1760), Manufaktur Limbach, Wallendorf, Kassel, Würzburg, Künersberg, Schrezheim; Bayreuther Fayencemanufaktur 1714; Ansbacher Braunporzellan; Manufaktur Etruria, 1768 von Josiah Wedgwood gegründet, deren preiswerte Steingutproduktion für die Manufakturen des Festlandes eine große Konkurrenz bedeutete.

88 *Edelmetall:* Zahlreiche Beispiele aus der Blütezeit der süddeutschen Goldschmiedekunst vom Ende des 16. bis zur Ablösung durch das Porzellan im Laufe der zweiten Hälfte des 18. Jh., vor allem aus Augsburg (barocke Kirchenausstattungen; 46teiliges Vermeil-Reiseservice, um 1725 von acht Meistern im Régencestil ausgeführt; Rokoko-Jagdservice von 1761-63) und Nürnberg, aber auch München, Ingolstadt, Straubing, Tölz, Salzburg und Frankfurt.

89 *Renaissanceplaketten:* Bedeutender Bestand an deutschen Plaketten mit dem umfangreichen Werk des Nürnberger Meisters Peter Flötner (eigenhändig ausgeführte Originale sowie Reliefmodelle in Speckstein und Blei); Entwürfe für sog. Schalenböden von Trinkschalen der Spätrenaissance von Hans Jamnitzer, Nürnberg; Plaketten von Jonas Silber, Nürnberg; von Paul von Vianen, Utrecht; aus der Augsburger Plakettenwerkstatt; von Paul Hübner und Matthäus Walbaum aus Augsburg, u. a.

90 *Deutsche Hafnerware:* Vor allem reliefierte Ofenkacheln des 16.-18. Jh. (Familie Vest in Nürnberg und Creußen) und Prachtgefäße der Nürnberger Hafnerfamilie Preuning (16. Jh.).

91 *Deutsches Steinzeug:* 14. bis 18. Jh.; Salzglasierte Steinzeuggeschirre (›Schnelle‹, ›Bartmannskrüge‹, u. a.) aus dem Rheinland: Siegburg (›Weißwerk‹), Raeren (›Flandrisches Steinzeug‹), Köln und Frechen; Westerwalder ›Kannebäckerland‹ (Grenzau, Höhr, Grenzhausen), Hauptstück ist die riesige Steinzeugkanne von Jan Emens (Menniken); Oberfranken: Creußen; Sachsen und Thüringen.

92 *Majolika und italienische Fayence des Barock:* Beispiele aus dem 15. bis zum 18. Jh. aus Florenz und Siena, lüstrierte Schalen aus Deruta und Gubbio, Madonna aus der Florentiner Werkstatt Andrea della Robbias (um 1500); Urbino, Faenza; Padua, Apulien, Abruzzen (Castelli und Bassano).

93-95 *Fayence*

93 *Frühe deutsche Fayence:* Alpenländische Werkstätten des 16. und frühen 17. Jh. (›Halbfayencen‹); fabrikmäßig organisierte Fayence-Werkstätten nach dem Dreißigjährigen Krieg in ganz Deutschland (älteste 1663

Brautwagen-Modell aus Oberbayern vor 1800, 1904 von Krieger angefertigt

Irdene Schüssel
mit Inschrift und buntem Dekor,
Franken, 1831

datierte Fayence, ein durchbrochener Frucht-
korb, stammt aus der Manufaktur Heusen-
stamm).

94 *Deutsche Fayence:* Hanauer Fayencen;
Frankfurter Fayencen, deren blau-weiße, von
ostasiatischem Porzellan und dessen Nachbildung in Delfter Fayencen beeinflußte Dekore einen Höhepunkt der deutschen Keramik darstellen; Nürnberger Fayencen.

95 *Süd- und Mitteldeutsche Fayence:* Fa-
yence-Manufakturen: Kassel, Braunschweig:
›Porcelain-Fabrik nach Delftischer Art‹, Che-
lysche Fayence-Manufaktur (Tabakspfeifen);
Mitteldeutsche Fayence: Erfurt (Walzenkrü-
ge), Dorotheenthal, Dresden, Abtsbessin-
gen; Norddeutsche Manufakturen: Potsdam,
Rheinsberg, Kellinghusen, Zerbst (Prachtva-
se mit vielfarbigem Scharffeuerdekor); Nord-
und ostdeutsche Manufakturen: Hanno-
versch-Münden und Magdeburg; die Manufaktur Holič in der Slowakei zählte zwischen
1760-80 zu den bedeutendsten in Europa und
beeinflußte die schlesische Manufaktur in
Proskau; Ansbach: Vitrine 16 zeigt nach der
Ansbacher Residenz die größte Sammlung
von Fayencen aus der ›Grünen Familie‹; Bayreuth; Fulda (seltene, prächtige Schaustücke
mit feinster Muffelfarbenmalerei und von
Adam Friedrich von Löwenfinck bemalte Geschirre mit chinesischen Motiven); Crailsheim; Ludwigsburg; Straßburg (sehr schöne
Terrinen und Dosen in Tiergestalt); Höchst
(1746-58, u.a. wegen des Formenreichtums
berühmt), in Friedberg (bei Augsburg) wurde
nach Höchster Modellen gearbeitet; Mos
bach; Durlach; Schrezheim; Göggingen
(1748-52), hervorragende Figuren und vor-
zügliche Blaumalerei); Künersberg (umfangreichste und beste Sammlung dieser südlich
der Donau führenden Manufaktur).

97 *Bayreuther Saal.* Intarsienkabinett aus
Schloß Fantaisie bei Bayreuth von den Bayreuther Ebenisten Johann Friedrich und
Heinrich Wilhelm Spindler, 1760-65, Landschaften mit pastoralen Szenen und klassischen Architekturen, Blumengehängen und
Früchtekörben.

98 *Ostasiatisches Porzellan:* In dem süddeutschen Barockschrank (1720, Originalfassung) chinesisches und japanisches Porzellan, zum Teil Exportware; in der Wandvitrine
ostasiatisches Porzellan aus der Zeit vor der
Porzellanerfindung in Europa, häufig in französischen Montierungen.

99 *Verschiedene Porzellanmanufakturen:*
Ludwigsburg; Wien; Sèvres; Höchst; Berlin:
die Geschirre der Kgl. Manufaktur Berlin gehören zu den reizvollsten Schöpfungen des
deutschen Rokoko; Frankenthal.

100 *Frankenthaler Porzellan:* Porzellanabtei-
lung der Straßburger Fayencemanufaktur,
seit 1755 in Frankenthal, zwischen 1762 und
1775 im Besitz des Kurfürsten Karl Theodor
von der Pfalz, u.a. große Figurengruppen in
Rocaillelauben von I.W. Lanz von 1755-61.

UNTERGESCHOSS

101-109 *Bauernstuben:* Mit der rauchfreien
Beheizung des bäuerlichen Wohnhauses am
Ende des 15. Jh. beginnt die Einteilung in Kü-
che, Stube und Kammern.

101 *Niederbayerische Stubeneinrichtung*
und Decke aus dem Haus des Kistlers und
Malers Anton Perthaler (1740-1806) in Mil-
bing bei Degerndorf (Inntal).

102 *Frühe altbayerische Möbel* vom 2. Viertel des 17. Jh.

103 *Tölzer Kistlermöbel* aus dem frühen
19. Jh.

104 *Bemalte Bauernmöbel* des späten
18. Jh. aus den Gegenden Schliersee, Leit-
zachtal, Miesbach und Bad Aibling.

105 *Fränkische Möbel* des 18. und 19. Jh.
u.a. aus der Gegend von Rothenburg und
der Rhön.

106 *Rokoko-Stubeneinrichtung* aus Wertin-
gen in Schwaben.

107 und **108** *Stuben aus dem Thannheimer
Tal* in Tirol, vertäfelt und bemalt, Ende 18. Jh.

109 *Amtsstube* aus dem Probstbauernhaus
in Fischhausen-Neuhaus bei Schliersee,
1669.

110-117 *Religiöse Volkskunst* (Sammlung
Prof. Dr. R. Kriss).

Perchtenmaske aus dem Gasteiner Tal, 19. Jh.

110 und **111** Andachtsbilder, Devotionalien, Heiltümer; außerdem Amulette vor- und außerchristlicher Traditionen; **111** und **112** Totenkult und Jenseitsglaube; **112** Erlösungsgeschehen, u. a. Darstellungen des Leidens Christi und Reliquien mit Kreuzpartikeln; **113** Kultobjekte zur Verehrung des Heiligen Blutes und des Altarsakraments; **114-117** Wallfahrts- und Votivbrauchtum, Heiligenverehrung und Patronatswesen; **117** Marianische Ikonographie.

110 und **119-131** *Volkskunst*

119-124 *Hafnergeschirr* (Stiftung Dr. A. Alzheimer): Gefäße mit Spritzglasuren aus der Steiermark und Oberösterreich; Einzelstücke aus dem Pustertal in Südtirol; altbayerisches Hafnergeschirr vom Kröning und aus dem Binatal sowie aus dem Rottal; Schwarzgeschirr vom Kröning; Peterskirchner Steinzeuggefäße; Hafnergeschirr aus Mittel- und Unterfranken (unglasierte Kannen mit weißem Dekor aus Oberthulba); dekorierte Geschirre

aus Württemberg; große Vorratsgefäße vom Kröning und aus Obernzell bei Passau.

125 *Wandbehang,* gestrickt, von 1778, vermutlich aus Straßburg.

110 *Glas und Korbflechtwaren:* Grünes Waldglas aus waldreichen Gegenden; Gebrauchsglas wie Branntweinflaschen in Form von Phantasietieren, Apothekergläser u. a. aus den Glashütten in Tirol, Oberösterreich, Bayer- und Böhmerwald, Fichtelgebirge, Schwarzwald und Schlesien; Hinterglasmalerei aus dem 17. Jh. und aus den Herstellungszentren des 18. Jh. im Bayer- und Böhmerwald, in Oberbayern und im Schwarzwald; geflochtene Behälter für Transport und Aufbewahrung aus den Flechtzentren in Oberfranken und im Bayerischen Wald.

110, 128-131 *Holzarbeiten:* Volkskunst der Zimmerer, Tischler und Kistler, Wagner, Binder (Schaffelmacher), Modelstecher, Gebrauchswarenschnitzer, Drechsler, Spanschachtelmacher und Korbflechter aus dem Umraum der Mittelgebirge und der Alpen.

128-131 *Tracht und Schmuck:* In den bayerischen Trachten und Schmuckformen spiegeln sich die verschiedenen Landschaften und Stilepochen, Berufs- und Standesgruppen.

131 *Masken:* Neben den seltenen Spielmasken, Brauchtumsmasken wie Perchtenmasken z. B. aus dem Gasteiner Tal, Fasnachtsmasken aus dem Werdenfelser Land, Fleklesmasken aus der Oberpfalz.

UNTERGESCHOSS OSTFLÜGEL

Krippen und Krippenfiguren: Der Münchner Kommerzienrat Max Schmederer stiftete 1892 seine Sammlung Münchner, neapolitanischer und sizilianischer Krippen, die durch Beispiele aus Österreich, Italien, Mähren und Südfrankreich erweitert werden konnte und heute mit mehr als 6000 Krippenfiguren einzigartig auf der Welt ist. Die Krippen sind im Mittelalter entstanden, entwickelten sich zur Zeit der Gegenreformation und erlebten im 18. Jh. ihre höchste Blüte.

Fleischerladen aus einer neapolitanischen Krippe, letztes Viertel 18. Jh.

8 BMW-Museum

40, Petuelring 130, Telefon 38 95-53 02
Geöffnet: täglich (auch sonn- und feiertags mit Ausnahme von 24. und 31.12.) 9-17 Uhr, Einlaß bis 16 Uhr.

Leitung: Richard Gerstner

Träger: Bayerische Motorenwerke AG

Sammlung: Entwicklungsgeschichte der Bayerischen Motorenwerke AG anhand der Flugmotoren (1916-65), Motorräder (ab 1923) und der Automobile (ab 1928)

Geschichte: Gründung der Sammlung 1966, Architekt des Museumsneubaus Karl Schwanzer, Bauzeit 1970-72, Eröffnung des Museums 1973, 1980 bis 1983 Ausstellung ›Zeitsignale‹, ab 1984 Ausstellung ›Zeitmotor‹.

Aktivitäten: Ausstellungen (etwa alle drei Jahre neu gestaltet)

Publikationen: Wegführer (im Eintrittspreis inbegriffen samt Kopfhörer für deutsche und englische Audio-Information), Museums-Katalog in deutsch und englisch (zugleich Goldmann-Sachbuch).

Kurzinformation

Das BMW-Museum ist eines der progressivsten technischen Museen Deutschlands. Im spektakulären Bau visualisieren lebensnah inszenierte Bilder Vergangenheit und Gegenwart. Zeitgeschichte wird mit der Technikgeschichte der Bayerischen Motorenwerke verbunden. In größeren Zeitabständen werden die Sammlungsobjekte unter pointiert veränderten Aspekten präsentiert. Immer aber gilt als Leitziel der Anspruch des Museums, »die heutige Welt mit den Augen der nächsten Generation zu sehen«.

Baubeschreibung

1972 erstellt der Architekt Karl Schwanzer innerhalb des Verwaltungskomplexes der Bayerischen Motorenwerke am Olympiagelände das Museum als fensterloses Schalengebilde aus Stahlbeton, dessen fünf etagenähnliche Plattformen durch gewendelte stufenlose Rampen verbunden werden.
Am obersten Rand in 20,80 m Höhe mißt der Durchmesser 40,90 m. Das Flachdach deckt das Firmenzeichen, der stilisierte rotierende Propeller.

Produktionsgeschichte

Vom Pionierflug zum Düsenzeitalter (1916 bis 1965) 1916, mitten im Ersten Weltkrieg, werden die Bayerischen Motorenwerke als Flugmotorenfirma gegründet. Auf dem Programm stehen unter anderem die Motoren für die offenen Doppeldecker des Jagdgeschwaders Richthofen von 1916 und für das Passagierflugzeug Junkers 52, die populäre ›Tante Ju‹ von 1933.
Pioniertaten vollbringen das legendäre Flugboot Dornier ›Wal‹, das 1930 nach 44stündiger Flugzeit in New York umjubelt wird, und die Focke-Wulf ›Condor‹, die im selben Jahr den Flug Berlin – New York – Berlin in 45 Stunden schafft. Im Zweiten Weltkrieg wird die Focke-Wulf-190, deren BMW-Motoren 660 km/h erreichen, zum schnellsten deutschen Kampfflugzeug.
1944 leitet BMW mit dem ersten serienmäßig hergestellten Strahltriebwerk der Welt das Düsenzeitalter ein. Der damit ausgerüstete Kampfjäger ME 264 kann jedoch wegen Treibstoffmangels nicht mehr ins Kriegsgeschehen eingreifen.
Motorräder 1923 bis heute Trotz aller Höhenflüge liegt die Zukunft des Werks »auf der Straße«. Als erstes Motorrad mit quergelegtem Boxermotor, Kardanantrieb, Dreiecksrahmen und Steckachse ist die BMW R 32 1923 die Sensation des Pariser Autosalons. Zwischen 1929 und 1935 fährt Ernst Henne im weißen Dreß, mit Schwanenhelm und

1 Reminiszenz an die Ausstellung ›Zeitsignale‹ (1980-83): BMW 327 Cabrio von 1937 im kulturgeschichtlichen Ambiente der dreißiger Jahre

2 Die Anfänge des BMW-Automobils und -Motorrads in der ›Kfz-Werkstatt der dreißiger Jahre‹

Bürzel stromliniengünstig verkleidet, 77 Weltrekorde auf BMW-Motorrädern. Sein Nachfolger ist Schorsch Meier mit 200 Siegen. 1939 wird der zivile Motorradbau zugunsten der Wehrmachtsgespanne, den sogenannten ›Soldaten-Boxern‹, umgestellt.

Vom Dixi zum Formel-2-Rennwagen (1928 bis heute) Der Anblick des weiß-blauen Dixi-Zweisitzers von 1928 erweckt auch bei technisch weniger interessierten Besuchern nostalgische Gefühle. 1929 wird aus diesem Modell die ›Traum-Mini-Familienkutsche‹ der tollen, krisenreichen zwanziger Jahre: für 2475 Reichsmark »innen größer als außen«. Dieser Dixi ist der Gewinner der Alpenpaßfahrt von 1929 und der Rallye Monte Carlo von 1931.

Nach der Zerstörung im Zweiten Weltkrieg und nachfolgenden Demontage beginnt BMW den Aufstieg diesmal im Motorradbau. Als die Motorradnachfrage im Wirtschaftswunder der fünfziger Jahre stagniert, hält die Isetta, der zweisitzige Kleinstwagen mit Motorradmotor und Fronttür, im Volksmund liebevoll ›Knutschkugel‹ genannt, die wirtschaftliche Talfahrt auf. Gleichzeitig werden schnelle Luxuswagen mit handgearbeiteten Leichtmetallkarosserien in kleinen Auflagen gebaut.

Diese extreme Modellpolitik bringt eine Existenzkrise, aus der sich BMW Anfang der sechziger Jahre mit einer auf dem Wirtschaftssektor beispielhaft kühnen Kehrtwendung im Programm zu einem wirtschaftlich

3 Zukunftsmodell: Sport-Motorrad in Monocoque-Bauweise

4 Autotechnik als Kunstwerk: ›Relief‹ aus Bauteilen des BMW 320 i von 1984

5 Futuristische Interieur-Studie: Fahrersitz mit zentralem Informationsfeld und Bildschirmanzeige

6 Zukunftsvisionen: Fünftürige Familien-Limousine, Coupé mit seitlichen Schiebetüren, Kompakt-Fahrzeug mit sportlicher Note

stabilen Unternehmen der vierzylindrigen Mittelklassewagen entwickelt.

1968 nimmt BMW mit dem sechszylindrigen Formel 2 den Rennwagenbau wieder auf. Der erfolgreiche Formel-2-Motor von 1973 erringt in seiner Klasse einen Marktanteil von 80 Prozent. 1980 ist mit dem M 1 ein vorläufiger Höhepunkt erreicht. Roy Lichtenstein, Frank Stella, Alexander Calder und Andy Warhol entwerfen für BMW-Rennautos farbige Lackierungen.

Die Ausstellungen 1973-1984

1973 macht BMW seine Sammlung in einem aufsehenerregenden Neubau der Öffentlichkeit zugänglich.

1979, zum fünfzigjährigen Geburtstag des Dixi, entsteht die Ausstellung ›Drehpunkt 30‹.

1980-83 läuft die von dem Electronic-Komponisten Eberhard Schoener und dem Bühnenbildner Professor Wilfried Minks unter dem Titel ›Zeitsignale‹ gestaltete Schau, die mehr als 400 000 Besucher anzieht.

1984 richtet Rolf Zehetbauer die neue Präsentation unter dem Stichwort ›Zeitmotor‹ ein, die sich in mancher Hinsicht als Kontrastprogramm zur Vorgängerausstellung versteht und auch Ausblicke und Entwicklungsmöglichkeiten aufzeigt, die über das Jahr 2000 noch ein Menschenalter hinausführen.

Prickelnd lebendig, Auge und Ohr unablässig fordernd, ist diese Schau, wie Karl Ude be-

richtet: Vieles ist in Bewegung. Karosserien und Autoeinzelteile rotieren; komplette Pkw drehen sich um die Längsachse, Spiegel erlauben, sie in der Bewegung auch von unten zu betrachten; in große Kugeln, die den Weg begleiten, sind Dia- und Video-Shows eingebaut, die immer wieder zum Verweilen verführen. Wechselnde Farben des Bodenbelags deuten an, daß man eine neue Etappe, eine weitere Entwicklungsphase erreicht hat. Bis schließlich auf der obersten Stufe – sie ist in Weiß gehalten – sich Autos der Zukunft vorstellen: In ihrer Form befremdende Vehikel, die ausdrücklich als Familien- oder Freizeitfahrzeuge ausgegeben sind – Unikate, die sich noch längst nicht in Produktion befinden. Und wer in der 41 m breiten ›Schale‹ diese Höhe von 21 m erreicht hat, der wird von einem neu angelegten, hundert Personen fassenden Breitwand-Kino erwartet und mit der Vorführung eines kostspieligen Filmes (10 Minuten) belohnt, den Filmregisseur George Moorse unter dem Titel ›Auto E-Motion‹ mit Musik von Eberhard Schoener eigens für diese Ausstellung geschaffen hat. Hier werden bewegende Aufnahmen von Überlandflügen, Berggipfeln Wasserfällen, vorbeischwimmenden Fischschwärmen und badenden Mädchen, kurzum Naturschönheiten aller Art gezeigt, bevor wieder das eigentliche Thema und Anliegen ins Bild gerückt werden: Die BMW und ihre dem Sport und der Freizeit dienenden Produkte.

9 Botanische Staatssammlung

19, Menzinger Straße 67, Telefon 1 79 21 (keine Schausammlung!)

Leitung: Prof. Dr. Hermann Merxmüller
Wissenschaftliche Mitarbeiter: Prof. Dr. Hannes Hertel (Stellvertreter), Dr. Annelis Schreiber, Dr. Helmut Roessler, Dr. Wolfgang Lippert

Träger: Freistaat Bayern, Generaldirektion der Staatlichen Naturwissenschaftlichen Sammlungen Bayerns, 19, Menzinger Straße 71, Telefon 17 16 59

Präsenzbibliothek von 12 650 Bänden und 403 laufenden Zeitschriften für Mitarbeiter

Sammlung: Dokumentations- und Referenzzentrum für die gesamte Pflanzenwelt, Forschung auf dem Gebiet der Systematischen Botanik

Aktivitäten: Erstellung von Florenwerken, Bearbeitung einzelner Pflanzengruppen

Publikationen: ›Mitteilungen der Botanischen Staatssammlung München‹

Kurzinformation

Die Botanische Staatssammlung ist ein Forschungsinstitut für Systematische Botanik. Ihre Sammlungsbestände bestehen aus getrockneten und auf Papierbogen befestigten Pflanzen, die in Metallschränken untergebracht sind. Sie ist kein Schaumuseum (als solches fungiert der Botanische Garten) und ist für die Öffentlichkeit nicht zugänglich. Botaniker können die Sammlung für ihre Forschungen benutzen.

Sammlungsgeschichte

Schon 1813 besitzt die Königliche Akademie der Wissenschaften ein Herbarium, das König Max I. Joseph vom Erlanger Professor J. Ch. D. von Schreber erwerben und als ›Herbarium Regium Monacense‹ in der Alten Akademie an der Neuhauser Straße unterbringen ließ. Den zweiten Grundstock bildet das von J. A. Schultes gegründete Herbar der Landshuter Universität, das 1826 bei der Verlegung der Universität nach München mit

dem königlichen Herbar vereinigt wird. Der Wert dieser historischen Sammlungen liegt in ihrem Reichtum an ›Typen‹, d. h. Originalpflanzen.
Schreber – einer der letzten Linné-Schüler – und Schultes übernehmen die Weiterführung Linnéscher Werke, für die ihnen nahezu alle zeitgenössischen botanischen Forscher und Sammler Typen-Material überlassen.
Die umfangreichen Aufsammlungen des Brasilienreisenden Carl Friedrich Philipp von Martius (1784-1821), der unmittelbar nach seiner Rückkehr Franz Paula von Schrank als Konservator an die Seite gegeben wurde, bildet den ersten großen Neuzuwachs des Münchner Herbars. Die Sammlungen von Martius werden von seinem Riesenwerk ›Flora Brasiliensis‹ ergänzt, an dem Martius während seiner Direktionszeit bis zu seinem Rücktritt 1854 arbeitet.
Der nächste berühmte Leiter des Herbars ist Ludwig Radlkofer (1830-1927), der Begründer der systematischen Pflanzenanatomie. In seine 49jährige Amtszeit fallen die beiden Umzüge der Sammlung: 1865 aus der Alten Akademie in die neuen Gebäude am Alten Botanischen Garten und 1914 von dort in den Neubau der Botanischen Staatsanstalten an der Menzinger Straße, wo Karl Eberhard von Goebel (1855-1932) den neuen Botanischen Garten gestaltete. Karl Suessenguth (1893 bis 1955) veranlaßt im Krieg die Evakuierung und bewerkstelligt 1945 seine Rückkehr. Es gelingt ihm, die alten südamerikanischen Reisetraditionen wiederaufzunehmen.
Seit 1955 ist Professor Hermann Merxmüller Direktor der Botanischen Staatssammlung, des Botanischen Gartens und seit 1958 des neu gegründeten Universitätsinstituts für Systematische Botanik. Die Personalunion aller drei botanischen Institutionen gewährleistet ihre enge Zusammenarbeit.

Blick in einen der Herbarräume

Sammlungsbestände

Die Botanische Staatssammlung besitzt etwa zwei Millionen Herbarpflanzen, darunter Blütenpflanzen, Farne, Kryptogamen (Algen, Pilze, Flechten, Moose), Drogen (Früchte und Samen), Pflanzengallen und Blattminen aus allen Erdteilen, insbesondere aus Europa, Südamerika, Süd- und Südwestafrika und Vorderasien.

10 Deutsches Jagd- und Fischereimuseum
in der ehemaligen Augustinerkirche

2, Neuhauser Straße 53, Telefon 22 05 22
Geöffnet: Mai bis Oktober täglich 9.30-17 Uhr, November bis Mai Dienstag mit Sonntag
9.30-16 Uhr, Montag 19-22 Uhr
Abweichend von der Feiertagsregelung (s. S. 10) geöffnet an allen Feiertagen mit Ausnahme des Faschingsdienstags, 24. und 31.12., an denen ab 13 Uhr geschlossen ist

Direktor: Horst Popp

Träger: Stiftung Deutsches Jagdmuseum und Fischereimuseum, Körperschaft des
bürgerlichen Rechts

Präsenzbibliothek

Sammlung: Heimisches Haar- und Federwild in Dioramen, Jagdwaffen, Zubehör und
Trophäen, Falknereiutensilien, paläontologische Skelette, Fische und Fischereigerät-
schaften, Jagd und Tiere in der Kunst vom Mittelalter bis zum Klassizismus, Jagd und
Wilderei, Streichelecke für Kinder

Geschichte: Gründung 1934, Eröffnung im Nordflügel des Nymphenburger Schlosses
1938, Architekt des 1911 in die Augustinerkirche eingebauten ›Weißen Saals‹ und des
Treppenhauses Theodor Fischer, hier Neuaufstellung der Sammlungen des Jagdmuseums 1966, Neueröffnung des Fischereimuseums 1982

Aktivitäten: Tonbildschau, Sonderausstellungen

Publikationen: Museumsführer zur europäischen Sammlung, Ausstellungskataloge

Kurzinformation

Das 1934 gegründete Jagdmuseum ist unter
den wenigen Jagdmuseen der Welt das bedeutendste. Jagdwild und -utensilien bilden
die beiden Schwerpunkte der Sammlung. Lebensgroße Dioramen stellen das heimische
Jagdwild in seiner natürlichen Umgebung
vor. Der Charakter der Jagd, die reichge-
schmückte Prunkwaffen und kostbare Uten-
silien vom Mittelalter über das Barock bis zum
Klassizismus als fürstliches Fest ausweisen,
wird durch die festliche Architektur des ›Wei-

ßen Saales‹ lebhaft unterstrichen. Der Besuch des Jagdmuseums gerät so zu einem
Erlebnis.

Baugeschichte

In die Augustinerkirche, die nach Aufhebung
des Klosters 1803 Mauthalle geworden war,
baut der Münchner Architekt Theodor Fischer 1911 den sog. ›Weißen Saal‹ ein. Das
gotische Mauerwerk aus dem 13. bis 15. Jh.,
die frühbarocken Gewölbe und Stukkaturen
(von Veit Schmidt vermutlich nach Plänen

Blick vom Treppenauf-
gang in den ›Weißen
Saal‹; im Vordergrund
das Skelett eines
irischen Riesenhirsches

Oben:
Der Schlittenpark im
›Weißen Saal‹

Links:
Steinschloßgewehr,
Jagdtasche und
Jagdruf aus dem
16./17. Jh.

Diorama mit Fuchs-
familie vor dem Bau

von Hans Krumper 1618-21 ausgeführt) werden nicht verändert. Die zunächst einläufige, dann doppelläufige Treppenanlage Fischers im ehemaligen Chor verbindet Erd- und Zwischengeschoß mit dem ›Weißen Saal‹ im Obergeschoß. Der Bau, im Krieg schwer beschädigt, wird zwischen 1962 und 1964 von Erwin Schleich für das Deutsche Jagdmuseum renoviert.

Sammlungsgeschichte

Seit der Jahrhundertwende ist in München immer wieder der Wunsch nach einem ›Reichsjagdmuseum‹ laut geworden. 1933 wird mit der Sammlung Arco-Zinneberg ein erster Grundstock angelegt. Als nämlich Graf Arcos weltberühmte Geweihsammlung nach Holland abzuwandern droht, erwirbt das Bayerische Ministerium für Ernährung, Landwirtschaft und Forsten in letzter Minute die unzähligen kapitalen Hirschgeweihe und Abnormitäten, die 2000 Rehgehörne, Gamskrucken und Geweihbildungen, die einen Überblick über die Trophäen des 19. Jhs. besonders im Alpenraum geben. Auch die ausländischen Trophäen des Riesenrehs aus dem Kaukasus und dem Tiënschan, des Edelhirschs aus dem Transkaukasus oder des Wapitis aus den Rocky Mountains sind mit Akribie zusammengetragen. Die Museumsgründung erfolgt 1934. Nach der Planung setzt eine rege, erfolgreiche Sammeltätigkeit ein. Angebote und Preise des Markts sind zu jenem Zeitpunkt noch günstig. Im nördlichen Flügel von Schloß Nymphenburg beginnen umfangreiche Umbauten. Im Oktober 1938 wird das Museum eröffnet.
Im Krieg werden die meisten Bestände ins Schloßgut Ast südlich von Landshut evakuiert. Was in München bleibt, wird geplündert.
Nach dem Krieg ziehen sich die Verhandlungen über die Reorganisation in die Länge. 1958 fällt die Entscheidung für die ehemalige Augustinerkirche als neuen Standort. Am 3. November 1966 wird das ›Deutsche Jagdmuseum‹ feierlich wiedereröffnet. Seit 1982 werden in weiteren Räumlichkeiten präparierte Süßwasserfische und Fischereigerätschaften gezeigt. Der Name lautet jetzt ›Deutsches Jagd- und Fischereimuseum‹. Für Sonderausstellungen stehen eigene Säle zur Verfügung.

Sammlungsbestände

Einen Schwerpunkt der Sammlung bildet eine Kollektion Jagdwaffen aus kostbaren vielfarbigen Materialien mit kunstvollen Intarsien und figürlichen Reliefs. Sie stammen aus europäischen Fürstenhäusern, die ihre eigenen Büchsenmacher beschäftigten, und vor allem aus Bayern. Von Reformation und Bauernkriegen verschont, erlebt München zur Zeit der Renaissance und des Absolutismus eine Hochblüte des Waffenhandwerks, nachdem am Ende des 15. Jh. die ersten Pulverwaffen entwickelt worden waren. Die Klingenschmiede, die Schäfter und vor allem die wahren Künstler dieser Zunft, die Eisen-

Oben: Nordamerikanischer Grislybär. – Darunter: Jagdschmuck, Geschenk Kaiser Wilhelms II. an seine Gemahlin Auguste Viktoria

schneider, wandten ihre Kunst auch auf Jagdwaffen an. Der sog. ›Münchner Eisenschnitt‹ macht aus den damals in Mode kommenden prunkvollen Radschloßbüchsen für die Jagd begehrte fürstliche Geschenke und Sammelobjekte. Von zweien der drei großen Eisenschneider in München, nicht von Emanuel Sadeler (1594-1610 tätig), aber von seinem Bruder Daniel (bis 1632 tätig) und von Caspar Spät d. J. (1635-65 tätig) finden sich Leihgaben des Bayerischen Nationalmuseums (s. S. 43) im Jagdmuseum. Neben den Jagdgewehren zeugen die Waidbestecke, die Hirschfänger und Jagdtaschen aus der Zeit Kurfürst Maximilians I. von der Kultur des Jagdwesens.
Im 17. Jh. kommen in den Wäldern um München prächtige Parforcejagden mit Steinschloßgewehren und Galanteriedegen in Mode. Oft hetzen Treiber und Meute den Hirsch in die Wasser des Starnberger Sees,

Lederne Falkenhaube mit Seiden- und Gold-
stickerei, deutsch, 17. Jh.

wo Jäger und Jägerinnen das Wild vom wittelsbachischen Prunkschiff Bucentaur aus er-
legen. Rot- und Schwarzwild werden nicht
selten in Masken der Commedia dell'arte ge-
jagt. An Zelten und Gelagen, Jägern und
Knechten, Pferden und Hunden wird nicht
gespart. Die Strecken erlegten Wilds sind für
heutige Begriffe unvorstellbar groß.
Im Einklang mit den kulturhistorischen
Schätzen und der Architektur des ›Weißen
Saales‹ sind die etwa vierzig großen und kleinen Dioramen für das Jagdwild gestaltet
worden. Da das Museum eine größere Zahl
Handzeichnungen des berühmten Tierma-
lers Johann Elias Ridinger (1698-1767) besitzt, bestimmen seine Naturdarstellungen
beziehungsweise seine typische Zeichenma-
nier und zarte Farbigkeit den Stil der Dioramen. Der Kunstmaler Ernst Oberle zeichnete
mit großzügigen Pinselstrichen die gestürz-
ten Baumriesen heimischer Wälder zur Zeit
des Rokoko für den bayerischen Gebirgs-
hirsch, die Felsen für Muffelwild und Gem-

sen, die Waldsümpfe für Keiler, Bachen und
Frischlinge, Uferschilf und Moorgräser für
Birkhahn und Schwarzstorch, Schnepfe und
Seidenreiher. Bei der Vergrößerung der rela-
tiv kleinen Rokokozeichnungen Ridingers in
den natürlichen Maßstab sind die Prospekte
der Dioramen zu zeitgenössischen Natur-
schilderungen geraten, die dank der wenigen
Farben in den Ridingerschen Zeichnungen
(Rötel, Sepia und Umbra, neben den Abstu-
fungen von Schwarz über Grau zu Weiß) das
Ambiente wohltuend verhalten andeuten.
Die Wildtiere, in ihren typischen Bewegun-
gen sehr lebendig festgehalten, dominieren.
Mythos und Sage kommen nicht zu kurz. Ein-
horn und Wolpertinger entpuppen sich als
Narwal und gehörnter Hase. Die ›Wilde Jagd‹
erklärt sich als ekstatischer Totenritus aus
vorchristlicher Zeit (Elfenbeinerner Flaschen-
stöpsel, 1700, Persien; Romantisches Gemälde, 1837, Eduard Schaller). Der ›Bayerische
Hiesel‹ ist nicht nur notorischer Wildfrevler,
sondern auch Kämpfer für die freie Jagd.
Die Vergnügungen der höfischen Jagdfeste
schildern zeitgenössische Gemälde und
Zeichnungen. Von der Pracht winterlicher
Schlittenfahrten zeugen die vielen Prunk-
schlitten.
In einer eigenen Abteilung werden siebzig
heimische Süßwasserfische in Großdiora-
men gezeigt, darunter einige Rekordfische
wie der größte in Bayern gefangene, über
fünfzig Pfund schwere Huchen. Krebse und
Flußperlmuscheln fehlen nicht. Urfische sind
in Versteinerungen zu sehen. An einer
Sammlung Angelhaken aus der Steinzeit bis
heute wird die Entwicklung des Fischereige-
räts beispielhaft demonstriert. Daneben kann
sich der Besucher über die Entwicklung des
Sportfischergeräts sowie der Angelrolle und
Angelrute informieren. Neben Angelschnü-
ren aus Pferde- und Menschenhaar werden
die wichtigsten Netzformen der Berufsfi-
scher in verkleinerten Modellen gezeigt.
Eine zehnminutige Tonbildschau in Multivi-
sion zeigt die Entwicklung der Jagd und Fi-
scherei von der Vorgeschichte bis in die Neuzeit. Auch die Problematik von Natur- und Ar-
tenschutz wird angesprochen.

Kapitaler Loisach-
huchen vor dem Fisch-
diorama mit 70 Fisch-
präparaten

11 Deutsches Museum
von Meisterwerken der Naturwissenschaft und Technik

22, Museumsinsel 1, Telefon 2 17 91
Geöffnet: täglich 9-17 Uhr. – Abweichend von der Feiertagsregelung (S. 10) geöffnet am 6.1., Ostermontag, Christi Himmelfahrt, Pfingstmontag, 15.8., Buß- und Bettag und am 26.12.; geschlossen am Faschingssonntag und -dienstag ab 13 Uhr, am 1. Mittwoch im Dezember ab 14 Uhr und am 31.12. ganztägig

Generaldirektor: Dr. Otto Mayr; **Leitender Museumsdirektor:** Dr. Klaus Maurice
Direktoren der Hauptabteilungen: Dr. Ernst H. Berninger (Bibliothek), Dr. Friedrich Heilbronner (Sammlungen), Peter Kunze (Bau-, Betriebs- und Graphische Abteilung), Dieter Schultz (Verwaltung)
Abteilungsleiter der Sammlungsgebiete: Dr. Hermann Kühn (Keramik, Glas, Papiertechnik, Schreib- und Drucktechnik, Textiltechnik), Dr. Otto Krätz (Chemie und Mineralogie), Alto Brachner (Physik, Astronomie, Geodäsie, Musikinstrumente, Energietechnik), Helmut Schmiedel (Elektrische Energietechnik, Nachrichtentechnik, Automationstechnik, Maß und Gewicht, Zeitmessung), Ernst Rödl (Kraftmaschinen, Verbrennungsmotoren, Werkzeugmaschinen, Maschinenelemente, Landwirtschaftstechnik), Wilhelm Kretzler (Bodenschätze, Bergbau, Erdöl und Erdgas, Hüttenwesen), Hans Straßl (Straßen- und Schienenverkehr), Dr. Walter Rathjen (Schiffahrt, Meerestechnik, Luft- und Raumfahrt), Peter Kunze (Bautechnik, Haustechnik, Ingenieurbau), Rudolf Heinrich (Sondersammlungen der Bibliothek)
Weitere Abteilungsleiter: Dr. Jürgen Teichmann (Bildung, Kerschensteiner-Kolleg), Zdenka Hlava (Öffentlichkeitsarbeit)

Rechtsform: Anstalt des öffentlichen Rechts
Träger: Freistaat Bayern, Bundesrepublik Deutschland, Landeshauptstadt München
Mitgliedschaft für Privatpersonen, Firmen, Institute

Präsenzbibliothek mit 660 000 Bänden und rund 1750 laufenden Zeitschriften für exakte Naturwissenschaften und Technik sowie deren Geschichte und Grenzgebiete, 2 Lesesäle mit 220 Plätzen, u. a. Lesegerät für Mikrokopien, Kopiermöglichkeit, geöffnet täglich (auch sonntags) 9-17 Uhr, Feiertagsregelung wie beim Museum
Sondersammlungen und Archive (siehe Überblick auf S. 84), Lesesaal mit zehn Plätzen, Kopiermöglichkeiten, Wiedergabeeinrichtungen für audiovisuelle Materialien. Geöffnet Montag bis Freitag 9-17 Uhr

Forschungsinstitut für die Geschichte der Naturwissenschaft und Technik: Gegrundet 1963, wissenschaftliche Kolloquien und Herausgabe von Veröffentlichungen zusammen mit Universität und Technischer Universität München
Kerschensteiner-Kolleg: Gegründet 1976, Mehrzwecklabor (36 Arbeitsplätze) und 30 Zimmer im Wohntrakt des Bibliotheksgebäudes, Kurse und Seminare für berufliche Ausbilder, Lehrer, Studenten und Stipendiaten

Kongreßzentrum mit großem Saal (2400 Plätze), Vortragssälen und Sitzungszimmern für Kongresse, Tagungen, Konferenzen, Vorträge und Konzerte

Sammlungen: Historische Originalapparate oder Nachbildungen, Dioramen von Arbeitsstätten, Maschinen, Modellrekonstruktionen, Demonstrationen und Vorführungen machen mit den Naturwissenschaften und der auf ihnen aufbauenden Technik vertraut. Auf 40 000 m^2 werden 15 000 Exponate zu folgenden Themen gezeigt: Gewinnung und Verarbeitung von Bodenschätzen (Erdöl, Erdgas, Kohle, Metalle), Hüttenwesen, Metallbearbeitung, Kraftmaschinen, elektrische Energietechnik, Verkehr zu Land und zu Wasser, Luftfahrt, Physik, Energietechnik, Nachrichtentechnik, Musikinstrumente, wissenschaftliche und technische Chemie, Keramik, Papiertechnik, Schreib- und Drucktechnik, Fotografie, Textiltechnik, Maß und Gewicht, Zeitmessung, Landwirtschaftstechnik, Raumfahrt, Astronomie

Geschichte: Initiator und Gründer Oskar von Miller (1855-1934), Gründung 1903, Eröffnung des Sammlungsbaus 1925, des Bibliotheksbaus 1932, des Kongreßbaus 1935, der Kraftfahrzeughalle 1938, Architekten des Sammlungsbaus Gabriel und Emanuel Seidl sowie Oswald Eduard Bieber, Entwurf des Bibliotheks- und Kongreßgebäudes German Bestelmeyer, Architekt der Kraftfahrzeughalle Karl Bäßler, Grundsteinlegung der Luft- und Raumfahrthalle 1978, Architekten Sep Ruf und Partner

Service: Tägliche Vorführungen in 18 Abteilungen; Sonderführungen für Gruppen von maximal 25 Personen nach schriftlicher Anmeldung; Braille-System (elektronisches Lesegerät) für Blinde mit Wegweiser durchs Museum in der Abteilung Schreib- und Drucktechnik; Buchhandlung im Foyer; Restaurant im Westtrakt und Schülerimbißraum im Erdgeschoß

Aktivitäten: Wintervorträge, Sonderausstellungen

Publikationen: ›Kultur & Technik‹ (viermal jährlich), ›Abhandlungen und Berichte‹ (dreimal jährlich); Wegweiser durch die Sammlungen (1982) auch in englisch, französisch und italienisch; Faltprospekte, Einzelführer (Keramik), Objekt- und Demonstrationsverzeichnisse, zahlreiche allgemeine Einzelveröffentlichungen über das Deutsche Museum; Schallplatten zur Musikinstrumentenabteilung, Bestandskatalog der Abteilung Musikinstrumente

Kurzinformation

Oskar von Millers weltberühmte Schöpfung will weite Kreise mit den Naturwissenschaften und der auf diesen aufbauenden Technik vertraut machen. Sie zeigt die historische Entwicklung und die frühen Anfänge auf, die die späteren Errungenschaften erst möglich machten, und vermittelt so ein vertieftes Verständnis für den erreichten Stand der Technik, der unsere Lebensformen weitgehend bestimmt. Mit seinen 15 000 historischen Originalapparaten, anschaulichen Demonstrationen, betriebsfähigen Apparaten, Maschinen und Modellen, Originalen und Nachbildungen von Arbeitsstätten in natürlicher Größe oder als lebensechte Dioramen und einem Rundgang von 16 Kilometer Länge ist das Deutsche Museum das bedeutendste technische Museum des Kontinents und mit 1,4 Millionen Besuchern jährlich auch eines der beliebtesten Museen.

Baugeschichte

Nach der Gründungssitzung von 1903 stellt die Stadt die 36 000 m^2 große Kohleninsel als Bauplatz zur Verfügung, die spätere Museumsinsel. Nach den Ideen des Gründers Oskar von Miller arbeitet der Architekt Gabriel von Seidl 1905 ein Bauprogramm aus, das einem Architektenwettbewerb zugrundegelegt wird. Von den aus ganz Deutschland eingegangenen 31 Entwürfen gewinnt Seidls Entwurf den ersten Preis. Seidl übernimmt später auch die Bauleitung.

Der Sammlungsbau Am 13. November 1906 wird in Gegenwart des Kaiserpaares und des Prinzen Ludwig von Bayern der Grundstein zum Sammlungsbau gelegt, 1909 mit dem Bau begonnen und 1911 in Gegenwart des Protektors Prinz Ludwig von Bayern das Richtfest gefeiert. Nach dem plötzlichen Tod von Gabriel von Seidl wird sein Bruder Emanuel zum Nachfolger bestimmt. Der Erste Weltkrieg verhindert die Fertigstellung und die für 1916 geplante Eröffnung des Museums. Der Bau geht in den Kriegs- und Nachkriegsjahren nur langsam weiter. 1919 stirbt Emanuel von Seidl. Erst 1920/21 kann dank wieder fließender größerer Geld- und Materialspenden unter der Leitung von Oswald Eduard Bieber planmäßig weitergebaut werden. Anfang 1925 ist der Sammlungsbau nach 16jähriger Bauzeit fertiggestellt.

Der Bibliotheksbau Nach der Eröffnung des Sammlungsbaus am 7. Mai 1925 beginnt die Arbeit am Bibliotheks- und Kongreßgebäude, das schon im ersten Konzept vorgesehen war. Die Bibliothek sollte nach der Idee Oskar von Millers erstmalig für alle, vor allem für Arbeiter, zugänglich sein. Immer wieder werden die Baupläne verbessert. 1926 erstellt R. Neithardt ein neues Vorprojekt, das 1927 einem erneuten Architektenwettbewerb als Grundlage dient. Die Mehrzahl der 131 eingegangenen Entwürfe trennt Bibliotheks- und Kongreßbau in zwei Baugruppen. Das Projekt des Karlsruher Professors Freese und seines Mitarbeiters K. Vogel erhält den ersten Preis. Mit der Ausführung wird der Münchner Architekt German Bestelmeyer beauftragt. Im September 1928 erfolgt die Grundsteinlegung durch den Reichspräsidenten von Hindenburg. 1932 wird die Bibliothek, 1935 der Kongreßbau eröffnet. Zwischen 1936 und 1938 entsteht südlich vom Sammlungsbau eine Kraftfahrzeughalle, Architekt ist Karl Bäßler.

1945 sind die Gebäude zu 80 Prozent und die Objekte zu 20 Prozent zerstört. 1946 können der Kongreßbau und 1948 als erste die Abteilung Physik im Sammlungsgebäude wiedereröffnet werden. 1956 ist das Deutsche Museum im wesentlichen wiederhergestellt. Von 1969 bis 1975 werden mit dem Architekten Franz Hart die beiden Verbindungstrakte zwischen Sammlungs- und Bibliotheksbau umgestaltet, um die Ausstellungsflächen zu vergrößern. 1978 legt Bundespräsident Walter Scheel auf der Südseite des Sammlungsbaus den Grundstein zur neuen Halle für Luft- und Raumfahrt. Der Entwurf ist von Sep Ruf und Partner.

Leo Samberger, *Oskar von Miller*, 1930, Ölgemälde

Baubeschreibung

Der Sammlungsbau umschließt mit seinen vier Flügeln eine große Halle, die von niedrigeren Hallen flankiert wird, so daß die gesamte Grundfläche überbaut ist. Erst im ersten Obergeschoß bilden sich Lichthöfe und Vierflügelanlage heraus. Die nördliche Hauptfront akzentuiert ein halbrunder Risalit mit dem Planetarium. An der nördlichen West- und Ostecke überragen die runden Turmkuppeln der Sternwarten die Dächer, an der Südwestecke erhebt sich das Wahrzeichen des Museums, ein vierkantiger hoher Turm. Der gesamte Bau steht mit rund 1500 Bohr- und Rammpfählen aus Beton auf dem Flinz, dem Baugrund unter der zehn bis zwölf Meter tiefen Schwemmkiesschicht.

Der Sammlungsbau ist der erste große Stahlbetonbau Münchens. Die Vierflügelanlage und Schauseite knüpfen an die Palastarchitektur der kulturgeschichtlichen Museen des 19. Jh. an und verzichten nicht auf histo-

risierende Dekorationen. Alle Betonflächen sind steinmetzmäßig bearbeitet.

Die Nordseite Ehe hier die niedrigeren Verbindungsbauten und das Bibliotheksgebäude einen Hof bildeten, war die Nordfront des Sammlungsbaus weithin dominierend. Über den fünf Eingangsportalen des halbrunden Mittelrisalits zeigen umlaufende Balkonbrüstung, fünf hohe Rechteckfenster und ovale figürliche Medaillons zwischen kolossalen Halbpfeilern den Ehrensaal an. Über dem Ehrensaal und den Dächern der Flügelbauten verjüngt sich der Risalit durch Absätze und Übergänge bis zur Kuppel des Planetariums.

Der meteorologische Turm Mit den Kuppeln der Flankentürme korrespondiert der 68 m hohe Turm an der Isar. Ab der Galerie in 53 m Höhe dient er meteorologischen Messungen. Der freie Raum innerhalb der Turmtreppe wird für die Demonstration des Foucaultschen Pendels genutzt. Auf der Nordsei-

Georg Waltenberger, Grundsteinlegung am 31. 11. 1906, Ölgemälde (Mittelteil)

te zeigen Baro- und Thermometer, auf der Südseite ein Windmesser, an der Ostseite ein Hygrometer die Bestimmung des Turms.

Bibliotheksbau Der rechteckige vierstöckige Komplex mit glatten Mauern und einfachen Fensterreihen umschließt zwei Binnenhöfe. Die schmalen stockwerkshohen Fensterschlitze mit tiefen Laibungen für die Büchermagazine unter den Dächern sollen die gleichmäßige Beleuchtung ohne Sonneneinstrahlung garantieren. Der tragende Flinz wird hier mit 280 Bohrpfählen von einem Meter Durchmesser erreicht. Die Außenflächen der mit Ziegel- und Bimsstein ausgemauerten Stahlkonstruktion (mit drei Millionen Kilogramm Stahl seinerzeit die größte Deutschlands) sind verputzt, Sockel, Fensterpfeiler und Dachgesims aus Muschelkalk.

Der Kongreßsaal überragt in seinem oberen Teil die zweigeschossigen Umgänge, die den Zugang zum Saal und seinen Galerien ermöglichen (sog. Pfeilerhallenumbauung von 1938 durch German Bestelmeyer). Einziges architektonisches Dekorationselement des monumentalen Baus bilden die Obergadenfenster unmittelbar über dem zurückspringenden Dach. Der vierzehn Meter hohe Kongreßsaal mit seinen 2400 Plätzen ist noch heute der größte Konzert- und Vortragssaal Münchens.

Die Halle für Luft- und Raumfahrt ist aus Stahl und Stahlbeton, die Südwestfassade aus Stahlbetonfertigteilen, die Südostseite aus Glas und eloxiertem Aluminium errichtet und seit 1982 vollendet. Die Halle steht in einer Grundwasserwanne, die ein zusätzliches Tiefgeschoß ermöglicht.

Die Sondersammlungen und Archive der Bibliothek

Zugleich mit den (Objekt-)Sammlungen und der Bibliothek wurde im Jahre 1903 eine neuartige Einrichtung geschaffen, deren Aufgabe darin besteht, Dokumente zur Geschichte von Naturwissenschaften und Technik, die keinen Buchcharakter haben (mit einem englischen Fachbegriff ›Non-Book-Material‹), einheitlich für das ganze Haus zu sammeln und der Öffentlichkeit zugänglich zu machen. Das im Deutschen Museum wohl erstmals verwirklichte und in acht Jahrzehnten bewährte zentralistische Konzept geht im wesentlichen auf Oskar von Millers Vorstandskollegen Walther von Dyck zurück, dem als historisch orientierten Mathematiker die schriftlichen Quellen besonders am Herzen lagen.

In der Satzung ist diese der Bibliothek angegliederte Abteilung als ›Archive und Sondersammlungen‹ bezeichnet, doch hat sich die umgekehrte Reihenfolge der beiden Begriffe eingebürgert, weil die meisten Bestände eher Sammlungs- als Archivcharakter tragen. Für die Unterbringung sind inzwischen 25 Räume im dritten Obergeschoß des Bibliotheksgebäudes erforderlich (Lesesaal und Büros nicht mitgerechnet), was einen Eindruck vom Umfang der hier zu leistenden Arbeit vermittelt. Wie auch sonst im Deutschen Museum sind die Bestände großenteils durch Stiftungen zusammengekommen, wobei die Hinterlassenschaften bedeutender Naturwissenschaftler und Ingenieure eine wesentliche Rolle gespielt haben. Zu den umfangreichsten der etwa 150 (Teil-)Nachlässe zählen jene von Utzschneider, Reichenbach und Fraunhofer, dann von Steinheil, Erlenmeyer, H. Caro, Graebe, Diesel, W. Wien, Sommerfeld, Zenneck und Staudinger. Größere Ankäufe werden mit wenigen Ausnahmen (z. B. ›Römer-Archiv‹, Whitt-le-Zeichnungen, s. u.) nur bei Handschriften und Medaillen getätigt.

Aus Nachlässen stammt vor allem der weitaus größte Teil der **Handschriften- und Urkundensammlung.** Katalogisiert sind zur Zeit über 20000 Autographen (Briefe, Manuskripte, Tagebücher u. ä.) sowie etwa 500 Buchhandschriften und ebenso viele Urkunden (vor allem Diplome aller Art und sog. Handwerkskundschaften), doch wartet eine mindestens ebenso große Zahl auf die Bearbeitung. Insgesamt ist der Handschriften- und

Gesamtübersicht der Baustelle – von Süden gesehen, 1910

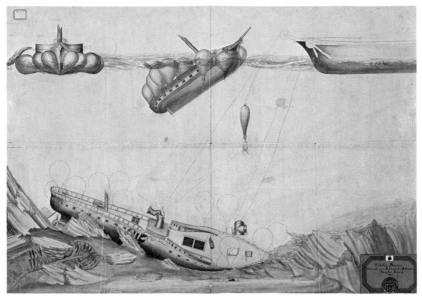

Wilhelm Bauer, Versuche zur Hebung des Bodenseedampfers ›Ludwig‹, 1857, Aquarell

Urkundenbestand der älteste und wohl auch wertvollste Teil der Sondersammlungen. Er reicht von einem Albertus-Magnus-Codex des 13. Jh. über vorwiegend hüttentechnische, alchemistische und mathematische Handschriften des 16. bis 18. Jh. bis in die Gegenwart. Der Schwerpunkt liegt bei den Autographen bedeutender Chemiker und Physiker des 19. und 20. Jh.; gut vertreten sind hier neben den schon genannten z. B. G. S. Ohm, R. W. Bunsen, J. v. Liebig, H. v. Helmholtz, R. Clausius, H. A. Lorentz, H. Hertz und A. Einstein.

Die **Plansammlung** mit ihren, grob geschätzt, etwa 40 000 technischen Zeichnungen geht teilweise ebenfalls auf Nachlässe zurück (neben einigen der oben genannten z. B. auf jene von Ernst Alban, Wilhelm Bauer und Otto Lilienthal), hauptsächlich aber auf Firmenarchive (z. B. Maschinenfabrik Esslingen, Junkers/Messerschmitt, Heeresversuchsanstalt Peenemünde) und Privatsammlungen (z. B. des Kapitäns Helmut Grubbe zur Schiffahrt, der Ingenieure Richard von Helmholtz und Karl Gölsdorf zum Eisenbahnwesen).

Unter den technischen Zeichnungen finden sich zwar nicht wenige aus der Zeit vor der Erfindung der Dampfmaschine (vom ›Feuerwerksbuch‹ des 15. Jh. bis zur Soleanlage in Koesen bei Naumburg 1771), doch liegt der Schwerpunkt auf dem 19. und 20. Jh.; am reichhaltigsten vertreten sind Verkehrswesen (Eisenbahn, Schiffahrt, Luftfahrt), Maschinenbau (vor allem Dampfmaschinen) und Ingenieurbau (Brücken, Tunnels, Fabriken etc.). Bemerkenswerte Originalzeichnungen aus diesen Bereichen stammen z. B. von Alfred Krupp (Hüttenwesen), Viktor Kaplan (Turbinen) und Sir Frank Whittle (Düsentriebwerke).

Wegen der hier besonders schwierigen Erfassung ist bisher nur etwa ein Drittel des Bestandes katalogisiert. Dieser Mangel wird teilweise kompensiert durch ein seit mehreren Jahren laufendes Mikroverfilmungsprogramm, das die Benutzung der großformatigen, empfindlichen Originale entbehrlich machen soll. Aus den Mikrofilmen werden von den wichtigeren Stücken handliche DIN-A4-Rückvergrößerungen angefertigt, die systematisch geordnet im Lesesaal dem Benutzer zur Verfügung stehen, im Bedarfsfall auch gleich xerokopiert werden können.

Neueren Datums sind die drei mengenmäßig größten Bestände, die fast durchwegs aus Firmen- und Privatarchiven stammen und wegen ihres Umfangs bisher nur in Ansätzen katalogisiert werden konnten:

Das **Luft- und Raumfahrtarchiv** umfaßt etwa 7000 systematisch aufgestellte Ordner (Fotos, Handbücher, Zeitungs- und Zeitschriftenartikel u. a. m.) sowie mehrere tausend deutsche wissenschaftliche Berichte (Reports) aus der Zeit bis 1945. Es entstand seit den sechziger Jahren aus der Fotosammlung der Gebrüder von Römer (›Römer-Archiv‹), dem Junkers/Messerschmitt-Archiv, dem Avicentra-Presse-Archiv, der Report-Sammlung des früheren ZLDI, dem Peenemünde-Archiv und verschiedenen kleineren Privatarchiven. Als wichtigste Gruppen sind zu nennen: Flugzeugtypen, Fluggerätetechnik und Antriebe, Luftverkehr, Ballone und Luftschiffe, Flugkörper (darunter Peenemünde) und Persönlichkeiten. Im Gegensatz zu den meisten anderen Beständen der Sondersammlungen liegt hier der Akzent weniger auf dem Sammlerwert als auf dem Informationsgehalt der Dokumente.

Die **Firmenschriftensammlung** umfaßt etwa 4000 alphabetisch nach Firmen aufgestellte Ordner mit Katalogen, Preislisten und technischen Berichten, dazu noch etwa 700 laufen-

Links: Der Wagen des Bergbaus im Eröffnungs-festzug vom 5.5.1925

Unten: Rudolf Schmalzl, Entwurf zum Wagen ›Das Feuer‹ für den Eröffnungsfestzug 1925

de Firmenzeitschriften (Werkzeitschriften) aus dem deutschen Sprachraum. Vor allem die älteren Unterlagen (zweite Hälfte des 19. und erste Hälfte des 20. Jh.) haben heute schon großen Seltenheitswert, da sie fast nirgends aufbewahrt wurden und vielfach selbst bei den Herstellerfirmen nicht mehr vorhanden sind. Hier sind besonders die Kataloge aus den Bereichen Kraftfahrzeuge, Eisenbahnen, Maschinenbau und Chemie (Farbmusterbücher) zu nennen. Diese Sammlung wurde in den dreißiger Jahren zunächst aus bereits vorhandenen Bibliotheksbeständen gebildet, denen sich seither zahlreiche Stiftungen anschlossen.

Die **Wasserzeichen- und Buntpapiersammlung** umfaßt zum einen die bedeutende Wasserzeichen-Sammlung des Chemnitzer Professors Ernst Kirchner, die bis ins 14. Jh. zurückreicht, und die etwa 15 000 teilweise sehr seltenen Buntpapierblätter des 17. bis 20. Jh. aus der Sammlung des Leipziger Buchbindereibesitzers Felix Hübel; zum andern erhebliche Bestände aus der ehemaligen Forschungsstelle für Papiergeschichte und Wasserzeichenkunde in Mainz.

Neuere Papiermuster und Musterbücher aus aller Welt bilden einen weiteren Schwerpunkt in diesem Bereich.

Es bleiben noch einige bedeutende Spezialsammlungen, welche dank ihres zahlenmäßig geringeren Umfangs bereits ziemlich vollständig katalogisiert sind.

Die **Porträtsammlung** mit etwa 10 000 Blättern reicht von Holzschnitten des 16. Jh. über barocke Kupferstiche und frühe Fotografien bis zur neuesten Zeit, in der u. a. die Nobelpreisträger fast vollzählig vertreten sind. Den Grundstock bildeten die Sammlungen des Würzburger Botanikers Gregor Kraus (vor allem Stiche und Lithographien) und des Herausgebers der ›Chemikerzeitung‹ Georg Krause (Fotos der 2. Hälfte des 19. Jh.).

Die **Medaillen- und Denkmünzensammlung** mit über 3000 Stücken reicht von der Antike (römische Kaisermünzen mit technischen Motiven, z. B. Brücken) bis zur Gegenwart (Raumflüge). Auch hier haben die hervorragenden Sammlungen zweier Privatleute, des Münchner Bauingenieurs und Ministerialdirektors Richard von Reverdy (Verkehrswesen) und des Haushamer Bergwerksdirektors Franz Langecker (Ausbeute) entscheidende

Impulse gegeben. Bemerkenswert sind außerdem die zahlreichen Porträtmedaillen, darunter jeweils mehrere Arbeiten von J.A. Dassier, A. Abramson und P.J. David d'Angers.

Das **Filmarchiv** umfaßt etwa 800 vorwiegend deutsche Dokumentarfilme und Videokassetten von der Grundsteinlegung des Deutschen Museums im Jahre 1906 bis heute. Schwerpunkte sind Verkehrswesen, Chemie und Maschinenbau.

Das **Schallarchiv** mit etwa 600 Dokumenten enthält neben frühen Plattenaufnahmen u.a. Tonbandmitschnitte der meisten Vorträge auf den Lindauer Nobelpreisträgertagungen.

Als zentrale Service-Stelle bietet das **Bildarchiv** einen Querschnitt durch Naturwissenschaften und Technik samt ihren Randgebieten (z.B. Architektur mit vielen älteren und neueren Stadtansichten). Die rund 60000 Originalbilder aller Art (Stiche, Zeichnungen, Plakate, Fotos) werden ergänzt durch etwa 40000 Fotos nach hauseigenen Vorlagen (z.B. Ausstellungsobjekte, Bücher), die großenteils nach Fachgruppen geordnet dem Besucher direkt zugänglich sind. Von den zugehörigen Negativen bzw. Originaldiapositiven werden auf Wunsch Abzüge angefertigt, doch ist auch die Erstellung von Neuaufnahmen möglich. Für Ansichtssendungen sind von den meisten Motiven Musterbilder oder Bildbögen vorhanden, ein Bildkatalog auf Mikrofiches ist in Vorbereitung.

Kerschensteiner-Kolleg

Bildung ist von Anfang an eine der großen Aufgaben des Museums. Mit Hilfe der ›Landesstiftung Bayern‹ wird im Deutschen Museum zunächst ein Förderzentrum der Naturwissenschaften, Technik und Geschichte eingerichtet. Da das Museum die große Zahl von Schulklassen nicht unmittelbar betreuen kann, wendet es sich an die Lehrer. 1975 können erste staatlich anerkannte Lehrerfortbildungskurse verschiedener Bundesländer für Physik, Chemie, Technik und Geschichte ab-

gehalten werden. Ab 1975 werden von verschiedenen Bundesländern anerkannte Lehrerfortbildungskurse für Physik, Chemie, Technik und Geschichte durchgeführt. Die Verbindung von Museum und Kolleg – dem Sammlungen, Bibliothek, Forschungsinstitut, Studienlabor, Vortragsräume und Wohnheim, das 1976 bezugsfertig wird, zur Verfügung stehen – stellt einen Modellfall dar. Der Name des Kollegs hält die Erinnerung an den berühmten Münchner Pädagogen Georg Kerschensteiner (1854-1932) wach, der Vorstandsmitglied des Deutschen Museums gewesen ist. Seit 1977 finden auch Seminare zur Fortbildung betrieblicher Ausbilder, von Wissenschaftlern und Studenten statt.

Museumsgeschichte

Als Oskar von Miller in den achtziger Jahren des 19. Jh. in Paris die technischen Sammlungen des ›Conservatoire des Arts et Métiers‹ und wenig später in London das ›South Kensington Museum‹ (heute Science Museum) besichtigt, entsteht die Idee, auch in Deutschland ein großes Museum der Naturwissenschaften und Technik zu bauen. Zwei Jahrzehnte später ist der Plan ausgereift. Er findet 1903 vor der 44. Hauptversammlung des ›Vereins Deutscher Ingenieure‹ in München und Augsburg große Zustimmung. Oskar von Miller gewinnt den Forscher Carl von Linde und den Mathematiker Walther von Dyck als enge Mitarbeiter. Das elektrotechnische Büro Oskar von Millers wird Planungszentrale. Der Staat stellt das zu diesem Zeitpunkt leere Haus ehem. Bayerische Nationalmuseum an der Maximilianstraße (heute Staatliches Museum für Völkerkunde s.S. 279) als provisorische Unterkunft zur Verfügung. Die Stadt überläßt die Kohleninsel in der Isar als Bauplatz in Erbpacht. Kaiser und Reich beteiligen sich an der Finanzierung, hinzu kommen private Geldspenden. Die ›Bayerische Akademie der Wissenschaften‹ vermacht ihre großen und wertvollen technischen Sammlungen, die zum Grundstock des Mu-

seums werden. Von überall treffen Stiftungen ein.

Am 28. Juni 1903 wird im Beisein von Vertretern des Reichs, Bayerns, Münchens und der 42 Bezirksvereine des Vereins Deutscher Ingenieure der Verein ›Museum von Meisterwerken der Naturwissenschaft und Technik‹ gegründet. Prinz Ludwig von Bayern übernimmt das Protektorat. Oskar von Miller und Walther von Dyck bilden zusammen mit Carl von Linde, der 1921 von Georg Kerschensteiner abgelöst wird, den Vorstand. Dem Vorstandsrat präsidieren im Laufe der Jahre u. a. Werner von Siemens, Wilhelm Conrad Röntgen, Ferdinand Graf Zeppelin, Gustav Krupp von Bohlen und Halbach, Max Planck, Hjalmar Schacht.

Im Herbst 1906 werden im ehemaligen Nationalmuseum an der Maximilianstraße (s. S. 279) und in der Isarkaserne (auf dem Platz des heutigen Deutschen Patentamts) erste Ausstellungen eröffnet, die alle Erwartungen übertreffen. Die Sachspenden werden daraufhin noch umfangreicher. 200000 Besucher zählen die Ausstellungen jährlich. Die Zugkraft der Idee ist bewiesen.

Die Kosten des 1906 begonnenen Museumsbaus auf der Kohleninsel werden auf sieben Millionen Goldmark veranschlagt, je drei Millionen übernehmen das Reich und der bayerische Staat, eine Million und später kostenlose Lieferung von Heizwärme, Elektrizität und Wasser die Stadt München. Mit dem Fortschreiten des Baus kommen zusätzlich gespendete Baumaterialien im Wert von drei Millionen Mark mit der Bahn frachtfrei aus allen Teilen Deutschlands.

1916 sollte das Museum eröffnet werden. Krieg und Nachkriegszeit mit ihren leeren Kassen lassen Zweifel an der Fertigstellung des Baus aufkommen. Oskar von Miller sieht den rettenden Wiederaufstieg des Landes in verstärkter Anstrengung in allen Bereichen der Technik. Ehe die Inflation die erneut gespendeten Millionen in Pfennige verwandelt, kann der Museumsbau am 70. Geburtstag Oskar von Millers, am 7. Mai 1925, feierlich eröffnet werden. Im folgenden Jahr besichtigt eine Million Besucher das neue Haus.

Kaum ist das Museum eröffnet, nimmt Oskar von Miller seine ursprüngliche Idee wieder auf, dem Besucher auch auf der Museumsinsel das Studium der Fachliteratur, die bereits auf 100000 Bände angewachsen war, zu ermöglichen. Am 4. September 1928 wird die feierliche Grundsteinlegung des Bibliotheksbaus durch Reichspräsident von Hindenburg vorgenommen. 1929 schlägt die Hochkonjunktur weltweit in Rezession um. Den Vorsitz im Vorstandsrat führt seit 1928 Reichsbankpräsident Dr. Hjalmar Schacht, der Schöpfer der Reichsmark von 1924. Er schlägt für den Bau der Bibliothek die Auflegung einer Anleihe von fünf Millionen Mark vor. Schachts Plan wird mit Begeisterung aufgenommen. Am 7. Mai 1930, am Tag des 75. Geburtstags Oskar von Millers und gleichzeitig der Jahresversammlung, wird das Richtfest des Bibliotheksbaus gefeiert, den Oskar von Miller ein Stockwerk höher als genehmigt hatte bauen lassen.

Im Zweiten Weltkrieg wird das Deutsche Museum weitgehend zerstört. Bis Herbst 1945 ist der am wenigsten beschädigte Kongreßbau wiederhergestellt. Alle Sammlungsobjekte werden nach und nach aus den Bergungsdepots in Kloster Benediktbeuern und Schloß Sandersdorf zurückgeholt. Im Oktober 1948 ist die Abteilung Physik wieder wie vor dem Krieg eingerichtet, das Bergwerk ist ab Mai 1949 wieder öffentlich zugänglich. Mit dem fortschreitenden Wiederaufbau gehen Neugliederung des Museums und Neuverteilung der Exponate Hand in Hand. Ein Generalplan nutzt Möglichkeiten der Erweiterung für die Sammlungsräume, der Verbesserung des Grundrisses und der Führungslinie. Oswald Eduard Bieber und Karl

Museumshof mit Besucherschlangen

Museumsplakat von 1980,
Entwurf: Agnes Fürst

Agnes Fürst

Bäßler, die beiden Architekten des Wiederaufbaus, streben einfache klare Raumgestal-
tungen an. In lockerer und übersichtlicher
Aufstellung werden nur markante Objekte
der technischen Entwicklung und des neuesten Fortschritts präsentiert. Die Beschriftungen sind absichtlich knapp gehalten. Bis zum
50jährigen Jubiläum 1955, Oskar von Millers
100. Geburtstag, sind neben den beiden Abteilungen Physik und Bergwerk wieder Geologie, Hüttenwesen, Tunnelbau, Verkehrswesen, Verbrennungsmaschinen und Turbinen,
Textiltechnik, Musik und Geodäsie, Starkstromtechnik und Chemie, das heißt die Hälfte der Schauräume, eingerichtet. 1954/55
entsteht auch eine neue Kraftmaschinenhalle
für wind-, wasser- und muskelkraftbetriebe-
ne Maschinen, erste Dampfmaschinen und
-turbinen. Alle Dioramen und Modelle entstehen traditionsgemäß in eigenen Werkstätten. Die wiedereröffneten Abteilungen werden ständig auf den neuesten Stand gehalten. 1965 hat das Deutsche Museum mit
Schiffahrt und Luftfahrt (1956/57), Straßen-
und Brückenbau, Zeitmessung und Astronomie (1958/59), Landverkehr (1959/60), Textiltechnik, Maß und Gewicht (1960), Chemische
Technik, Schreib- und Drucktechnik, Fotografie (1964/65), um nur einige der größten Abteilungen zu nennen, nicht nur seinen alten
Umfang wieder erreicht, sondern auch begonnen, neue Gebiete einzuplanen, die vor
vierzig Jahren noch nicht existierten wie
Geo- und Astrophysik, Kerntechnik, Daten-
verarbeitung, Automationstechnik und
Raumfahrt. Die Besucherzahl steigt auf
650000 im Jahr. Der Architekt und Pädagoge
Theo Stillger (gest. 1982) übernimmt 1969
die Generaldirektion. Zwischen 1970 und
1973 wird das Führungssystem in der Schausammlung geändert, das nicht mehr in einer
einzigen fortlaufenden Führungslinie besteht, sondern parallel geschaltet wird. Ab-

teilungen werden modernisiert und ausgebaut: 1976 können die Themen Erdöl und
Erdgas, Bergbahnen, Atomphysik und Kernenergie in neuer Gestalt gezeigt werden.
Neben den laufenden Aktualisierungsaufga-
ben in den Schausammlungen ist die Umwandlung der Lagerdepots in Studiendepots
im Gange, um die Objekte für eine wissenschaftliche Katalogisierung zugänglich zu
machen.
1978 wird die Umgestaltung des zweiten
Obergeschosses in Angriff genommen, das
jetzt allein dem Bereich Handwerk und Industrie mit den Abteilungen Stein, Keramik,
Glas, Holz, Papier, Fotografie und Textiltechnik vorbehalten ist. 1984 wird die neue Halle
für Luft- und Raumfahrt mit 7000 m² Ausstellungsfläche eröffnet. Aus Anlaß des 100. ›Geburtstags‹ des Automobils 1986 entsteht eine
großzügige Erweiterung der Kraftfahrzeughalle mit zusätzlich 1000 m² Ausstellungsfläche.

Rundgang durch die Schausammlungen

Originalapparate, Demonstrationen, be-
triebsfähige Maschinen, Modelle, originale
und nachgebildete Arbeitsstätten und Dioramen stellen die Geschichte der Naturwissenschaften, der Technik und Industrie dar. Es
ist unmöglich, in Kurzform einen auch nur
annähernd befriedigenden Überblick über
den Inhalt der einzelnen Abteilungen, noch
über Zweck und Funktion der rund 15000 Exponate zu geben. Im folgenden werden nur
der Aufbau des Museums und die Lage der
einzelnen Abteilungen für ein rasches Auffin-
den in Einzelplänen dargestellt und die inter-
essantesten Objekte und Experimente im
Bild dokumentiert. Im übrigen wird auf den
›Wegweiser durch die Sammlungen des
Deutschen Museums‹ verwiesen, der an der
Kasse erhältlich ist.

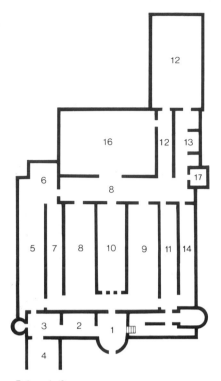

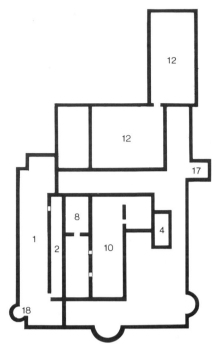

Erdgeschoß
1 Eingangshalle
2 Bodenschätze
3 Tagebau
4 Erdöl und Erdgas
5 Hüttenwesen
6 Metallbearbeitung
7 Werkzeugmaschinen
8 Kraftmaschinen (im Wiederaufbau)
9 Elektrische Energietechnik
10 Schiffahrt
11 Wasserbau
12 Landverkehr
13 Bergbahnen, Modelleisenbahn, Tunnelbau
14 Straßen und Brücken
16 Luft- und Raumfahrt
17 Turm

Untergeschoß
1 Bergwerke
2 Aufbereitung
8 Kraftmaschine/Dampfkessel
10 Schiffahrt
4 Wasserbau
12 Kraftfahrzeuge (teilweise im Aufbau)

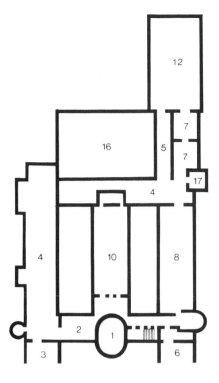

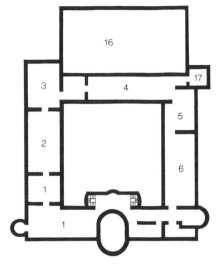

1. Obergeschoß
 1 Ehrensaal
 2 Bildersaal
 3 Energietechnik
 4 Physik
 5 Atom- und Kernphysik
 6 Technische Chemie
 7 Musikinstrumente
 8 Wissenschaftliche Chemie
10 Luftfahrt
12 Nachrichtentechnik
16 Luft- und Raumfahrt
17 Turm

2. Obergeschoß
 1 Keramik
 2 Glastechnik (im Aufbau)
 3 Papier
 4 Schreib- und Drucktechnik
 5 Photographie
 6 Textiltechnik
16 Luft- und Raumfahrt
17 Turm

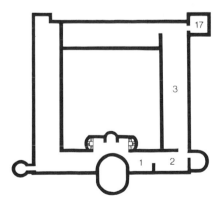

3. Obergeschoß
 1 Maß und Gewicht
 2 Zeitmessung
 3 Landwirtschaftstechnik
17 Turm

5. Obergeschoß
18 Astronomie

6. Obergeschoß
19 Planetarium

1 Fischechse ›Ichthyosaurus von Holzmaden‹,
140 Millionen Jahre (Original) – 2 Rotary-Bohr-
anlage zur Erdölgewinnung, um 1960 (Original) –
3 Schachtförderung, 19. Jh. (Original) – 4 Kohle-
gewinnung im kurzen Streb, Oberbayern,
um 1900 (Original)

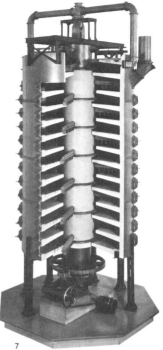

5 Eisengewinnung im Siegerland, um 500 v. Chr
(Diorama) – 6 Puddelofen zur Eisengewinnung, um
1840 (Diorama) – 7 Mehretagen-Röstofen, 1952
(Modell) – 8 Formgießen (Vorführung) – 9 Geschütz-
bohrmaschine der kgl. Stückgießerei in Berlin, 1774
(Diorama) – 10 Historische Werkzeugmaschinen

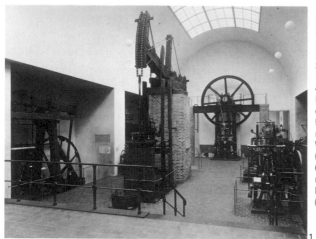

1 Dampfmaschinen
2 Atmosphärische Flug-kolben-Gaskraft-maschine von Otto von Langer, 1867
3 Erster Dieselmotor, 1897
4 Demonstration von Blitzeinschlägen bis zu einer Million Volt
5 Erste Dynamo-maschine von W. v. Siemens, 1866 (Original)
6 Erster Drehstrom-motor von M. Dolivo-Dobrowolsky, 1889 (Original)

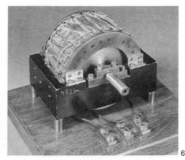

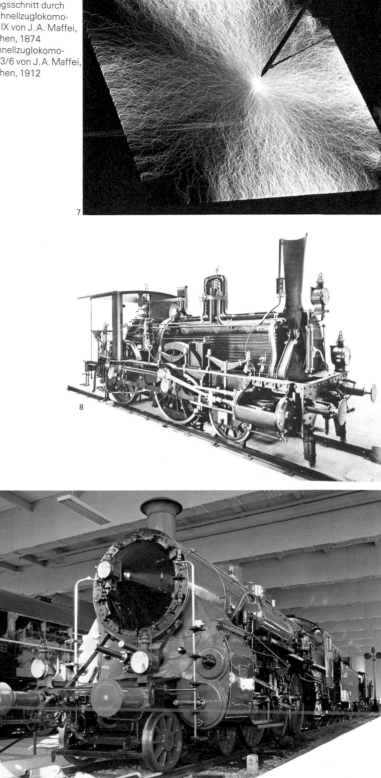

7 Gleitentladungen an
einer Glasplatte
8 Längsschnitt durch
die Schnellzuglokomo-
tive B IX von J. A. Maffei,
München, 1874
9 Schnellzuglokomo-
tive S 3/6 von J. A. Maffei,
München, 1912

1 Erstes selbstbewegliches Fahrzeug: Dampfwagen von N.J. Cugnot, 1770 (Modell)
2 Erstes Motorrad der Welt: Daimler/Maybach, 1885
3 Ernst Henne auf seiner BMW-Weltrekordmaschine, auf der er 1937 279,5 km/h erreichte
4 Erster Motorwagen der Welt von Karl Benz, 1886
5 Demonstration der Belastbarkeit eines DKW-Reichsklassewagens 1937 in Berlin-Spandau (Archiv)

6 Opel-Patent-Motorwagen
System Lutzmann, 1899
7 Audi-Alpensieger, 1914
8 Lancia Lambda, 1925
9 Daimler-Benz-Rennsport-
wagen 300 SLR, ›Silberpfeil‹,
1955

6

7

8

9

1 Im Schildvortrieb gebauter Tunnel der Münchner U-Bahn (Nachbau)

2 Schiffswerft, 1961 (Diorama)
3 ›Savannah‹, erster Dampfer, der 1818 den Atlantik überquerte (Modell)
4 Kanonendeck eines Kriegsschiffes, 17. Jh. (Nachbau)

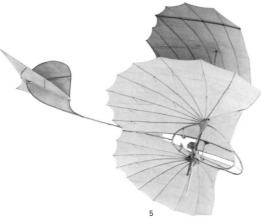

5

6

7

5 Gleitflugzeug von Otto Lilienthal,
1895 (Original)
6 Dreidecker von Fokker, 1918
7 Messerschmitt Me 262, erstes in
Serie gebautes Strahlflugzeug, 1943
8 Erstes geflogenes Strahltriebwerk
Heinkel/Ohain He S3B, 1939

8

1 Dornier Do 335, schnellstes Propeller-Kampfflugzeug,
Zweiter Weltkrieg
2 Von links nach rechts: Trägerraketenmodelle,
Raumkabine Mercury, darüber Sputnik I (alte Raumfahrthalle)
3 Erste Großrakete A4 (V2) 1942 (Original)

4 Personenschleuse
eines Kernkraftwerks,
1977 (Längsschnitt)

5

6

5 Magdeburger Halbkugeln mit
Luftpumpe von Guericke, um 1663
6 Apparatur zur Messung der
Radioaktivität von P. und M. Curie,
1905
7 Dampfelektrisiermaschine,
um 1850
8 Flüssige Luft

7

8

9

10

9 Einfaches Mikroskop von Leeuwen-
hoek, Silber, um 1700
10 Fraunhofers Universalrepetitions-
theodolit, um 1825
11 Kathodenstrahl-Apparatur mit
Lenard-Fenster von Ph. Lenard, 1892/98
(Original)

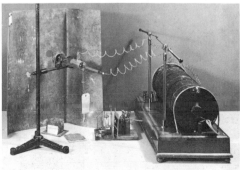

11

1 Telefon von Philipp Reis, links Empfänger, rechts Geber (Mikrophon) 1863 (Original)

2 Morse-Apparat, Geber und Empfänger, 1837 (Nachbildung)
3 Fernsehempfänger ohne Gehäuse, Lorenz AG Berlin, 1936
4 Erste programmgesteuerte Rechenanlage ZUSE Z3, 1941 (Rekonstruktion)

5 Phonoliszt von Hup-
feld, Reproduktions-
klavier mit drei Violinen,
1912
6 Mechanischer Trom-
peter von Friedrich Kauf-
mann, Dresden 1810
7 Alchimistisches
Laboratorium aus dem
Mittelalter (Rekonstruk-
tion)
8 Reiseapotheke,
18. Jh.

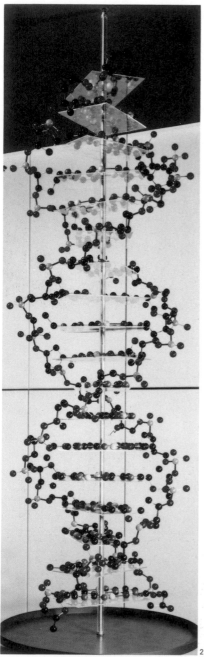

1 Arbeitstisch von Otto Hahn mit Apparaturen zur Spaltung von Uran, 1938
2 Symbol des Lebens: DNA-Spirale, Desoxy-ribonucleinsäure-Doppelhelix, Träger der Erb-eigenschaften
3 Selbstzündung pulverisierten Bärlappsamens (Vorführung)
4 Extruder und Flaschenblasmaschine für Kunst-stoff

5 Mundbläser in der Glashütte
(Diorama)
6 Buchdruckerei aus dem 18. Jh.
7 Erstes Klischee von G. Meisen-
bach, 1881
8 Schreibmaschine von Peter
Mitterhofer, 1864 (Nachbildung)

1 Kamera von L. J. M. Daguerre,
1839 (Original)
2 Metallkamera mit komplet-
tem Zubehör von Voigtländer,
1842 (Original)
3 Erster Fotoautomat von
BOSCO, 1894 (Original)

4 Halbschaftwebstuhl aus Lapp-
land (Nachbildung)
5 Großrundstrickmaschine,
1972
6 Zweigefäße-Hydrosudwerk,
1961

7

7 Zeiss-Planetarium von Carl Zeiss, Oberkochen, Württ.

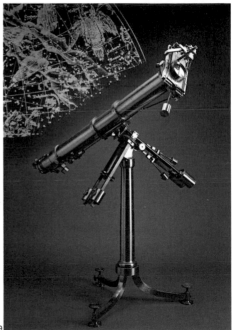

8 Äquatoriale Sonnenuhr mit drei Auffangflächen, 1726 (Original)
9 Heliometer von Fraunhofer, zwischen 1814 und 1819

8   9

10 Bechersonnenuhr von M. Purman, 1602, Scheibensonnenuhr, um 1700, Klappsonnenuhr von P. Reinman, 1594 (Originale)

10

22, Galeriestraße 4a, Telefon 22 24 49
Öffnungszeiten für Sonderausstellungen: Dienstag bis Sonntag 10-16 Uhr (abweichend von der Feiertagsregelung (s. S. 10) geöffnet am: 1.1., Karfreitag, Ostersonntag und -montag, Christi Himmelfahrt, Pfingstmontag, Fronleichnam, 15.8., Buß- und Bettag, 26.12.; Faschingsdienstag, 24.12. und 31.12. nur 9-12 Uhr)
für Bibliothek, Archiv und Studiensammlung Dienstag bis Donnerstag 9-12 und 13-16.30 Uhr, Freitag 9-12 und 13-15.30 Uhr,
für den ›Münchner Spielplan‹, Galeriestraße 6, Montag bis Freitag 14-18 Uhr, Samstag 11-13 Uhr

Direktor: Dr. Eckehart Nölle (Grafik, Fotos, Ausstellungen)
Wissenschaftlicher Mitarbeiter: Dr. Heinrich Huesmann (Archiv, TANDEM-Katalog-System)

Träger: Freistaat Bayern

Präsenzbibliothek mit rund 80 000 Bänden, Theaterstücke (auch Bühnenmanuskripte), Libretti, Partituren und wissenschaftliche Sekundärliteratur, Theaterzeitschriften vom 18. Jh. bis zur Gegenwart, Lesesaal mit 25 Plätzen, Kopiermöglichkeit

Archiv mit etwa 50 000 Autographen (Briefe, Tagebücher und Stückmanuskripte), Regie-büchern und Programmheften, Kritiken, Tonträgern, Benutzung nach Voranmeldung
Sammlung: Dokumente zum Theater aller Völker und Zeiten (mit Ausnahme des Pup-pentheaters), Theaterbaupläne, -modelle, -fotos und -stiche, Bühnenbildentwürfe und -modelle, Kostümentwürfe, Rollen- und Zivilporträts, Aufführungsbilder in Grafik und Fotografie, Lebend- und Totenmasken, Requisiten, Bühnenschmuck und Original-kostüme, Plastiken und Gemälde, Benutzung nach Voranmeldung

Geschichte: 1910 gegründet im Haus der Münchner Hofschauspielerin Clara Ziegler (1844-1909) in der Königinstraße, im Krieg zerstört; seit 1953 im Galeriegebäude am Hofgarten

Aktivitäten: Jährlich bis zu fünf Sonderausstellungen zu bestimmten Themen oder Per-sönlichkeiten aus Geschichte oder Gegenwart des Theaters, in regelmäßigen Abständen thematische Ausstellungen aus eigenen Beständen; **Münchner Spielplan** Aktuelle Infor-mationen zum Spielplan der Münchner Theater anhand von Bühnenmanuskripten, Auf-führungsfotos, Programmheften und Kritiken

Publikationen: Günter Schöne, Porträt-Katalog des Theatermuseums München, Band 1 und 2: Die graphischen Einzelblätter, Band 3: Die graphischen Serien, Band 4: Die grafischen Hauptwerke, kommentiert und abgebildet (in Vorbereitung), Wilhelmshaven 1978ff.; Ausstellungskataloge

Clara Ziegler als *Iphigenie*

Kurzinformation
Wer sich mit Themen aus der Theaterge-schichte und Theatergegenwart aller Völker und Zeiten auseinandersetzen will, muß die Bestände des Deutschen Theatermuseums nutzen. Die Entwicklung des deutschen Theaters ist ohne die Objekte und Archiva-lien des Museums nicht adäquat zu erfassen.

Sammlungsgeschichte
»Dem Mimen flicht die Nachwelt keine Krän-ze« – hat noch Friedrich von Schiller 1798 im ›Wallenstein-Prolog‹ feststellen müssen. So ganz stimmte das schon damals nicht. Her-ausragende Aufführungen, meist aus höfi-schem Anlaß inszeniert, wurden bereits seit dem Ende des 16. Jh. in Kupferstichen über-liefert. Berühmte Theaterleute (»Stars«) wur-den als Privatpersonen oder in ihren Rollen konterfeit. Und selbst die Inszenierungen von Schillers Dramen am Hoftheater Weimar unter Goethes Intendanz können wir noch heute in farbigen Aquatinten studieren. Zu-gegebenermaßen handelt es sich hier immer um Ausnahmefälle, auch wenn einige weni-

Oben links: Hans Wurst, kolorierter Kupferstich, um 1710. – Oben rechts: Terenzbühne mit ›Andria‹, III. Akt, Holzschnitt, Lyoner Ausgabe 1493. – Unten: Marianne Kürzinger, *Marchand'sche Truppe*(?) aus München, 1788, Öl

ge europäische Bühnen, wie z. B. die Pariser Oper oder Mailänder Scala, auf Vollständigkeit bedachte Hausarchive unterhalten.

Die königlich bayerische Hofschauspielerin Clara Ziegler (1844-1909), als Zweitgeborene der »Schönfärbers«-Eheleute Wilhelm und Babette Ziegler eine waschechte Münchnerin, sollte Schillers eingangs zitierte Feststellung endgültig widerlegen. Testamentarisch bestimmt sie ihre Villa am Englischen Garten und ihr beträchtliches (erspieltes) Vermögen, die Erinnerungsstücke ihrer eigenen Karriere und der ihres Mannes und Lehrers Adolf Christen (kgl. bayer. Hofschauspieler und Regisseur), zur Errichtung eines Theatermuseums. »Ich habe mit meiner Stiftung den Zweck im Auge, unserer Kunst eine Heimstätte im vornehmen Sinne zu gründen, welche unserm Stande zur Ehre gereichen soll …«. Ein königliches Dekret vom 19. Juni 1910 ruft die »Clara-Ziegler-Stiftung« ins Leben, am 24. Juni 1910 wird das zur Stiftung gehörende Theatermuseum in der Villa der Schauspielerin eröffnet. Es ist das erste unabhängige Institut seiner Art.

Unter der sachkundigen Leitung zweier Pioniere der deutschen Theaterwissenschaft und -archivierung, des Archäologen Prof. Dr. Franz Rapp und des Regisseurs, Dramaturgen und Theaterhistorikers Dr. Günter

Franz von Seitz, Kostümentwurf zu Wagners *Brangäne* (›Tristan und Isolde‹), 1865

Schöne, entwickelt sich das Museum im Laufe eines knappen halben Jahrhunderts von der ursprünglichen Gedenkstätte der Stifterin zu dem heute weltweit anerkannten Fachinstitut, dessen Sammlung, Archiv und Bibliothek den Dramaturgen, Regisseuren, Bühnen- und Kostümbildnern, Darstellern und Forschern unentbehrlich geworden sind. 1944 fällt die Ziegler-Villa den Bomben zum Opfer, nachdem Günter Schöne den bedeutendsten Teil der Bestände hat auslagern können. Das Stiftungsvermögen dagegen ist durch die beiden Inflationen aufgezehrt. Das Zieglersche Grundstück an der Königinstraße muß veräußert werden, um den Wiederaufbau eines Teils des Galerietrakts am Hofgarten finanzieren zu können. Großzügige Förderung durch den Freistaat Bayern und von seiten der Münchner Bürgerschaft ermöglichen 1953 die Wiedereröffnung des Theatermuseums in dem bereits von Kurfürst Karl Theodor 1780 für Kunstsammlungen bestimmten Gebäude.

In den vergangenen Jahrzehnten hat das Deutsche Theatermuseum im Sinne seiner Stifterin weitergearbeitet. Sammlung, Bibliothek und Archiv wachsen kontinuierlich durch Ankäufe und Schenkungen. Das seit September 1979 vom Freistaat Bayern getragene, nun »Deutsches Theatermuseum, frü-

her Clara-Ziegler-Stiftung« genannte Museum fühlt sich vor allem verpflichtet, die Theatergeschichte Münchens, Bayerns und der Bundesrepublik zu bewahren und zu dokumentieren. Darüber hinaus sammelt es, gemäß seiner Tradition, alle erreichbaren Objekte zur Weltgeschichte des Theaters, besonders, wenn sie Einflüsse auf oder durch das deutsche Theater belegen.

Bedeutende Theaterleute nutzen die Sammlungen für ihre Arbeit. Carl Orff fand Bilder und Dokumente zu Inszenierungen seiner Bühnenkompositionen für die mehrbändige Publikation seines Lebenswerks. Ingmar Bergman begegnete in einer Ausstellung der

Arbeit von Charlotte Flemming, die seit Jahrzehnten dramaturgisch stimmige Kostüme für Bühne, Film und Fernsehen schafft, und engagierte sie für zahlreiche Theaterinszenierungen und Filme. Regisseure, Dramaturgen und Übersetzer wie Peter Stein, Dieter Dorn, Alexander Kluge, Hans-Jürgen Syberberg, Klaus Schultz und Wolfgang Hildesheimer holten sich im Deutschen Theatermuseum Anregungen und Informationen. Außergewöhnliche Theaterbauten, wie die Dresdner Staatsoper oder das Stuttgarter Staatstheater, wurden beziehungsweise werden nach den im Museum aufbewahrten Originalplänen rekonstruiert und restauriert.

Links: George
Grosz, Impression
zur Berliner Ibsen-
Aufführung ›Gespen-
ster‹, 1928

Rechts: Der Münch-
ner Tänzer Heinz
Bosl, um 1970

Unten: Szenenfoto
aus Brechts ›Mutter
Courage‹, Münchner
Kammerspiele, 1950

Sammlungsbestände

Im *Archiv* werden rund 300 000 Programmhefte der deutschsprachigen Bühnen (jährlicher Zugang etwa 4000 Hefte) aufbewahrt. Die Kritikensammlung zählt über eine Million Ausschnitte, die Umstellung auf Mikrofilm ist geplant. Etwa 50 000 Autographen (Briefe, Tagebücher – zum Beispiel von Max Reinhardt –, Rollenverzeichnisse, Regiebücher, Choreographien, Dramenmanuskripte und autobiographische Aufzeichnungen) bilden den Kern des Archivs. Annähernd 4000 Tonträger runden den Bestand ab. Die historischen Schallplatten (darunter Raritäten wie »Gretchen-Monologe« der jungen Tilla Durieux aus Goethes »Faust«) werden demnächst auf Tonband umgeschnitten und im *Münchner Spielplan* zum Abhören angeboten.

Die eigentliche **Museumssammlung** (Schau- und Studiensammlung) setzt sich zusammen aus rund 40 000 graphischen Zivil- und Rollenporträts von Sängern, Tänzern, Schauspielern, Dramatikern, Komponisten, Regisseuren und anderen Bühnenkünstlern der Theaterkulturen seit der Renaissance (s. Schöne, Porträtkataloge). Hinzu kommen etwa 300 Gemälde und zahlreiche Skulpturen (Büsten, Lebend- und Totenmasken) sowie Medaillen. Annähernd 50 000 Bühnenbild- und Kostümentwürfe belegen die wesentlichen Inszenierungsstile aus Vergangenheit und Gegenwart (im Gegensatz zu den übrigen Beständen nur zum geringsten Teil katalogisiert). Unter den wichtigsten Nachlässen in diesem Bereich befinden sich die der Familie Quaglio (tätig von etwa 1600 bis 1942), von Leo Pasetti, Richard Panzer, Siegfried Stopanek. Fast alle bedeutenden Bühnen- und Kostümbildner sind mit mehreren Werken in der Sammlung vertreten, so die Mitglieder der Familie Galli-Bibiena, Ludovico Burnacini, Francesco Santurini, Johann Georg Christian Fries, Franz von Seitz, Adolphe Appia, Caspar Neher, Teo Otto, Ludwig Sievert, Alexandra Exter, Hans-Ulrich Schmückle, Sylta Busse, Liselotte Erler und Jürgen Rose, um nur einige Beispiele zu nennen. Zum Bestand gehört die, außerhalb Bayreuths, größte Wagner-Sammlung – vor allem die originalen Bühnenbild- und Kostümentwürfe, die Originalmodelle zu den Münchner Ur- und Erstaufführungen; außerdem die Aufführungsbilder von Michael Echter, die – damals – die Funktion heutiger Inszenierungsfotos übernommen hatten. Die Theaterfotografie hat seit der Museumsgründung einen besonderen Stellenwert in der Sammlung. Von Nadar in Paris, dem ersten Theaterfotografen überhaupt, bis zu Hildegard Steinmetz, Sabine Toepffer (beide München) und Willy Saeger (Berlin) umfaßt die Fotosammlung zur Zeit etwa 1,9 Millionen Negative sowie Positive von Porträts, Rollen und Inszenierungen.

Auch der Theaterbau wird im Deutschen Theatermuseum dokumentiert. Zahlreiche Originalmodelle sowie die kompletten Nachlässe der Theaterarchitekten Gottfried Semper und Max Littmann, ferner rund 10 000 Pläne, Grafiken und Fotos belegen die Entwicklung des Theaterbaus von der Antike bis zur Gegenwart. Requisiten, Kostüme (u.a. der alten Peking-Oper) und Masken ergänzen die Schau- bzw. Studiensammlung.

Um alle Bereiche des Deutschen Theatermuseums der Öffentlichkeit zugänglich zu machen, ist eine ständige Ausstellung der »Theatergeschichte Europas von den Anfängen bis zur Gegenwart« geplant. Die derzeitigen räumlichen, finanziellen und personellen Verhältnisse erzwingen eine konzentrierte Darstellung, die erst im geplanten Neubau den sachgemäßen Umfang erhalten kann. Bereits für die »Kurzfassung« dieser Ausstellung werden Theaterbau- und Bühnenbildmodelle erstellt, die das Publikum eigenhändig im Sinne des Theaters benutzen und verwandeln kann.

13 Die Neue Sammlung

Staatliches Museum für angewandte Kunst
22, Prinzregentenstraße 3, Telefon 227844
Geöffnet: Dienstag bis Sonntag 10-17 Uhr (während der Wechselausstellungen)
Abweichend von der Feiertagsregelung (s. S. 10) geöffnet am: 1.1., 6.1., Ostersonntag
und -montag, Christi Himmelfahrt, Pfingstmontag, Fronleichnam, 15.8., Buß- und Bettag
sowie 26.12., Faschingsdienstag und 31.12. nur 10-12 Uhr

Leitung: Dr. Hans Wichmann
Wissenschaftlicher Mitarbeiter: Dr. Florian Hufnagl
Kuratorium von 25 Vertretern kultureller und wirtschaftlicher Institutionen und Unternehmen mit der Aufgabe, die Intentionen der Neuen Sammlung in der Öffentlichkeit zu
unterstützen

Träger: Freistaat Bayern

Bibliothek mit Schwerpunkten Architektur, Handwerk, industrial design, für wissenschaftliche Mitarbeiter
Fotoarchiv: Schwerpunkte Architektur, Handwerk, industrial design, für interne wissenschaftliche Arbeit

Sammlung von über 22000 Objekten aus den Bereichen Handwerk, industrial design,
angewandte Grafik, internationale Plakate von der ersten industriellen Revolution (ausgehendes 18.Jh.) bis heute, Schwerpunkt 20.Jh.

Geschichte: 1925 als Abteilung für Gewerbekunst des Bayerischen Nationalmuseums
(s.S.43) in staatliche Obhut übernommen und im ehemaligen Studiengebäude des
Bayerischen Nationalmuseums untergebracht, das zwischen 1894 und 1899 von Gabriel
von Seidl in der Art eines spätbarocken Palais errichtet worden ist; seit 1981 eigenständiges Museum

Aktivitäten: Ausstellungen eigener Bestände und Sonderausstellungen in den eigenen
Räumen oder als Wanderausstellungen im In- und Ausland zu innovativen Themen der
Bereiche Design, Architektur, Handwerk, Grafik

Literatur: Hans Eckstein, Die Neue Sammlung, München 1964; Die Neue Sammlung,
Bildband, München 1972; Wend Fischer, Die Neue Sammlung, in: Kunst und Handwerk,
1976; Hans Wichmann, Die Neue Sammlung. Zeugnisse, Beispiele, Blickpunkte, München 1980; derselbe, neu, München 1982

Publikationen: Ausstellungskataloge, Sammlungskataloge

Kurzinformation

Die Neue Sammlung wird 1925 als selbständig agierende »Abteilung für Gewerbekunst«
des Bayerischen Nationalmuseums (s.S.43)
begründet. Sie propagiert in der Abkehr vom
Konzept tradierter Kunstgewerbemuseen
beispielhaft künstlerische Entwicklungen angewandter Kunst. Hauptziel der Institution ist
der Versuch, die Öffentlichkeit mit Hilfe von
Ausstellungen zeitgenössischer Architektur,
angewandter Grafik, handwerklichem und
industriellem design zu beeinflussen. In der
Sammlung dominieren die Bestände, die
dieser propagandistischen Aufgabe dienen.
Diesem Konzept mit dem Schwerpunkt Ausstellung ist die Sammlung bis zum Ausgang
der siebziger Jahre gefolgt. Aufgrund des inzwischen mehr als 22000 Objekte umfassenden Bestands, der nur mit dem Department

Bruno Paul, Ausstellungs-
plakat, 1901

of Architecture and Design des Museum of Modern Art, New York, verglichen werden kann, wird seit 1980 Die Neue Sammlung in Fortsetzung des Bayerischen Nationalmuseums als »Bayerisches Museum des 20. Jahrhunderts« weiterentwickelt und im Rahmen verstärkter Akquisitionen neu konzipiert. Die Ausstellungstätigkeit hat daneben nur mehr sekundäre Bedeutung. Der Neubau ist geplant.

Sammlungsgeschichte

Idee und Initiative zur Gründung der Neuen Sammlung sind mit der Werkbund-Bewegung verflochten, die sich 1907 in München konstituierte. Die Forderungen des Werkbundes werden nicht nur postuliert, sondern auch von einem Teil der Mitglieder verwirklicht. Die Gründung der Neuen Sammlung ist ein Beispiel dafür, hatte doch der »Münchner

Links: J. & L. Lobmeyr,
Glasservice, Wien, 1856

Rechts: Josef Hoff-
mann, Silberservice,
Wiener Werkstätte,
um 1905

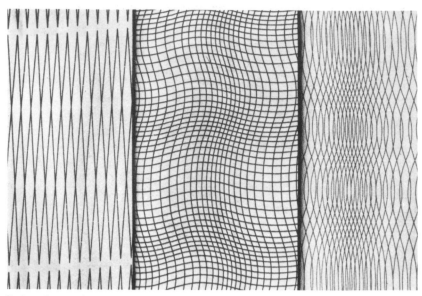

Bauhaus Dessau, drei Webstoffe, um 1930

Bund« – eine Teilgruppierung des Deutschen Werkbundes, initiiert von Richard Riemerschmid – 1908 eine Vermittlungsstelle für angewandte Kunst eingerichtet, die 1913 in eine moderne »Vorbildersammlung« umgewandelt wird. Diese Vorbildersammlung ist der Grundstock der Neuen Sammlung, die dank des Einsatzes von Philipp Maria Halm (1866-1933), dem damaligen Leiter des Bayerischen Nationalmuseums (s. S. 43), in einem Flügel dieses Museums (dem ehemaligen Studiengebäude) ihr Domizil gefunden hat. Sie wird als »Abteilung für Gewerbekunst« unter Leitung des Nationalökonomen Dr. Günther von Pechmann eingerichtet. Pechmann beginnt eine rege Ausstellungs- und Sammlungstätigkeit, verläßt jedoch 1929 die Sammlung, weil ihm der Raum und die personellen Verhältnisse ungenügend erscheinen. Sein Nachfolger, der Designer Wolfgang von Wersin, konzipiert die berühmt gewordenen Ausstellungen »Der billige Gegenstand« und »Ewige Formen« (1930). Er sammelt bis zu seiner fristlosen Entlassung 1934 ebenso wie von Pechmann zeitgenössische Objekte der zwanziger und beginnenden dreißiger Jahre. In den dreißiger Jahren liegt die Sammlungs- und Ausstellungtätigkeit in den Händen des Graphikers Ortwin Eberle. Die Verantwortung ist zwischen 1934 und 1958 dem Bayerischen Nationalmuseum übertragen. Eberle führt bis 1940 28 Ausstellungen in der Neuen Sammlung durch, von denen einige nazistische Tendenzen aufweisen. 1940 schließt die »Abteilung für Gewerbekunst« des Bayerischen Nationalmuseums ihre Pforten und erleidet vor allem in den Nachkriegswirren erhebliche Sammlungsverluste. Zwischen 1946 und 1951 bemüht sich Prof. Dr. Günther von Pechmann erneut um Konsolidierung, 1951 bis 54 ebenso sein Mitarbeiter Helmut Hauptmann. Ihm folgt Hans Eckstein, anfänglich als Mitarbeiter, seit 1958 als Leiter der Sammlung. Er führt die Sammlung im Sinne der zwanziger Jahre, ebenso wie sein Nachfolger, Wend Fischer, weiter, der zwischen 1965 und 1979 die Leitung der Sammlung innehat. Während Hans Eckstein die Sammlungstätigkeit aktiviert und ihm zahlreiche Erwerbungen zeitgenössischer Gläser, Tapisserien und historischer Plakate zu danken sind, sammelt sein Nachfolger exemplarisch. Dabei stehen Erwerbungen kunstgewerblicher Art im Vordergrund, Objekte des industrial design gelangen weniger in die Sammlung.

1980 wird der Kunsthistoriker Hans Wichmann als Leiter des Museums berufen. Unter

Emil Lettré, Silberbesteck von 1932

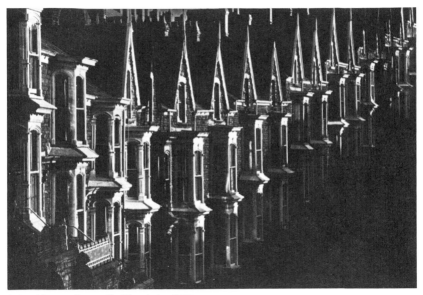

Robert Häusser, Fotografie, Mannheim, 1959

ihm wird Die Neue Sammlung auch juristisch ein eigenständiges Museum mit dem Auftrag, durch entsprechenden Ausbau das staatliche Museum des 20. Jh. im Bereich angewandter Kunst zu werden. In diesem Zusammenhang sind die Erwerbungstätigkeiten gegenüber den vorangegangenen Jahren vor allem im Bereich des industrial design vervielfacht und die Sammlungsabteilungen Sportgeräte, Sekundärarchitektur, Automobile, japanisches Design, japanische Grafik des 20. Jh., Systemgruppen neu eingerichtet und der Aufbau eines wissenschaftlichen Instrumentariums begonnen worden.

Sammlungsbestände

Von Anfang an bevorzugt Die Neue Sammlung in enger Beziehung zum eigenen Namen das sogenannte Neue Kunstgewerbe der zwanziger Jahre, das analog zur Neuen Sachlichkeit und zum Bauhaus in Malerei und Architektur die reine Form anwandte. Dabei werden sowohl seriell fabrizierte als auch kunsthandwerklich gefertigte Gebrauchsgegenstände berücksichtigt. Aus den Anfängen der Neuen Kunstgewerbebewegung um 1900 wird der florale Jugendstil als Endphase des Historismus in den ersten

Jahrzehnten ihres Bestehens als nicht sammlungswürdig abgelehnt, weil der Werkbund und damit die Neue Sammlung in ihm ein »Formverderbnis« sehen. Funktional konstruktive Entwicklungen, die das Neue Kunstgewerbe ebenfalls hervorbringt und die sehr rasch den artifiziellen Jugendstil ablosen sollten, gehören jedoch zum Sammlungsrepertoire. Diese in den internationalen Stil mündende Richtung hat bis heute Gültigkeit behalten. Die Bestände der Neuen Sammlung spiegeln diese Haltung bis heute wider, zumal die Sammlungtätigkeit zweckbestimmter Objekte unter dem Aspekt der Spitzenleistung und formalen beziehungsweise künstlerischen Qualität steht.

Die intensive Sammelaktivität der zwanziger und späten fünfziger Jahre wird in den sechziger und siebziger Jahren zugunsten einer

Charles Eames, Lounge Chair von 1957 aus der Herman Miller Collection

Marco Zanuso und Richard Sapper, Radio, 1964

verstärkt exemplarischen Sammeltätigkeit aufgegeben. In den siebziger Jahren beginnt auch in der Neuen Sammlung die Beschäftigung mit Fragestellungen der Industriekultur.

Da sich das Jahrhundert seinem Ende zuneigt, ist es heute eher möglich, die Frage zu beantworten, wo die Schwerpunkte des 20. Jh. liegen. Die Antwort bedingt in den Augen des gegenwärtigen Sammlungsleiters eine neue Sammlungspolitik und verstärkte Akzessionstätigkeit, um entstandene Lücken zu schließen, auch um bisher übersehene Schwerpunkte herauszuarbeiten. Neue Schwerpunkte der Erwerbungspolitik liegen im Bereich des industrial design und der Grafik unter dem Aspekt einheitlich gestalteter Systeme.

Die Sammlungsbestände der Neuen Sammlung gliedern sich in mehr als zwanzig Bereiche. Dazu zählen die tradierten Sammlungsfelder von Objekten aus Keramik, Glas, Metall, Holz, Flechtwerk und Kunststoff mit fast allen bedeutenden Namen des 20. Jh. von Dresser bis Cumela oder Lobmeyer bis Wagenfeld, der Bereich der Textilien (mit Stoffen von William Morris, Deutscher oder Wiener Werkstätte, Stuttgarter Gardinen (A. de Boer), Kinnasand oder Knoll International), der Möbel (von Thonet bis Charles Eames oder USM Haller) und der Spielzeuge (mit Arbeiten von Podhaskja, Bauhaus, bis zu Naef). Neben diesen Sammlungen spielt das Feld des industrial design eine wesentliche Rolle; es umfaßt Beleuchtungskörper, technische Geräte des Haushalts, Radio-, Phonogeräte, Projektoren, Kameras, Büro- und Informationsgeräte, wissenschaftliche Apparate. Auch hier sind bereits Arbeiten fast aller wichtigen internationalen Designer von Teague, Loewy, Wagenfeld, Löffelhard, Rams bis hin zu Porsche, Bellini, Magiarotti, Sapper, Sottsass vertreten.

Die Spezialbereiche umfassen das Feld der angewandten Grafik mit einer exquisiten Plakatsammlung von etwa 10000 Exemplaren mit Namen wie Toulouse-Lautrec, Bonnard, Cappiello, Cassandre, Chéret, Denis, Hadank, Hohlwein, Leupin, Matter, Savignac bis zu Ungerer, Mendell, Saul Bass, Warhol u. a.

Ferner besitzt das Museum eine Sammlung beispielhafter Verpackungen und beispielhafter Fotografien. Dieses reiche Spektrum wird ergänzt durch die im Aufbau befindlichen Abteilungen Sportgeräte, Japan, Sekundärarchitektur, Automobile und Systeme. Durch die vielfältigen Sammlungsbestand ist die Neue Sammlung in der Lage, den Bildungsauftrag eines modernen Museums für angewandte Kunst des 20. Jh. zu realisieren, das heißt, das Publikum mit herausragenden Produktleistungen unseres Jahrhunderts zu konfrontieren, um das Qualitätsbewußtsein zu schulen und zu formen. Darüber hinaus soll mit Hilfe der neuen Sammlungsbereiche ein neuartiger Museumstyp von »Kunst, die sich nützlich macht« und beispielhaften Charakter besitzt, entwickelt werden. Sie dokumentieren, daß keines der vorangegangenen Jahrhunderte eine ähnliche Formenvielfalt auf dem Feld der angewandten Kunst entwickelt hat wie das zwanzigste.

Waki Zöllner, Plexiglas-Baukasten, München, 1968

14 Glyptothek

Verwaltung der Staatlichen Antikensammlungen und Glyptothek: 2, Meiserstraße 10,
Telefon 55 91/5 52
Glyptothek: 2, Königsplatz 3, Telefon 28 61 00
Geöffnet: Dienstag und Mittwoch, Freitag bis Sonntag 10-16.30 Uhr, Donnerstag 12-20 Uhr
Abweichend von der Feiertagsregelung (s. S. 10) geöffnet am: 1.1., 6.1., Ostermontag,
Christi Himmelfahrt, Pfingstsonntag und -montag, 17.6., 15.8., Buß- und Bettag, 26.12.;
Faschingssonntag und -dienstag sowie 31.12. nur 10-12 Uhr. – 24.12. ganztägig geschlossen

Leitung der Staatlichen Antikensammlungen und Glyptothek: Dr. Klaus Vierneisel
Wissenschaftliche Mitarbeiter: Dr. Friedrich W. Hamdorf, Dr. Raimund Wünsche, N N

Träger der Staatlichen Antikensammlungen und Glyptothek: Freistaat Bayern
Fördererverein: Verein der Freunde und Förderer der Glyptothek
und Antikensammlungen München e.V., 2, Wittelsbacherplatz 1

Handbibliothek der Staatlichen Antikensammlungen und Glyptothek mit rund 4000 Bänden zur griechischen und römischen Kunst für Mitarbeiter des Museums (vgl. S. 252)

Sammlung griechischer und römischer Skulpturen vom 6. Jh. v. Chr. bis zum 4. Jh.
n. Chr., weitgehend unter König Ludwig I. entstanden. Die Sammlung des Königs wird
1923 von Kronprinz Rupprecht zum Eigentum des Wittelsbacher Ausgleichsfonds erklärt

Geschichte: Beginn der Sammeltätigkeit Kronprinz Ludwigs 1806, Bauzeit der Glyptothek 1816-30, Architekt Leo von Klenze, Bauherr König Ludwig I. von Bayern

Aktivitäten: Wechselausstellungen
Service: Führungen, Bücherstand, Cafeteria im Nordflügel, vom Frühjahr bis Herbst
auch im Museumshof

Publikationen: Dieter Ohly, Die Aegineten, Band I, Die Ostgiebelgruppe, München 1976;
Kurzführer: Dieter Ohly, Glyptothek München, München 1977[4]; Ausstellungskataloge,
u. a.: Glyptothek 1830-1980, Jubiläumsausstellung zur Entstehungs- und Baugeschichte,
München 1980

Kurzinformation

Der Philhellene Kronprinz Ludwig fordert für
das erste seiner öffentlichen Museen in München einen tempelartigen Charakter, um die
Bewunderung des frühen 19. Jh. für die Werke antiker Bildhauerei zu manifestieren. Ludwigs Maximen schaffen ein Gesamtkunstwerk, das wie nur wenige Museen in Europa
Superlative in sich vereinigt: Es ist eines der
ersten gezielt geplanten, von Anfang an für
die Öffentlichkeit bestimmten Museen, eine
der in Qualität und Auswahl seiner Bestände
großartigsten Sammlungen und zugleich eines der bedeutendsten Beispiele klassizistischer Architektur. Die Sammlung mit den
Giebelfiguren des Aphaia-Tempels von Ägina, den frühgriechischen Kuroi und dem
Barberinischen Faun ist weltberühmt. Nur

die Sammlung der ›Ny Carlsberg Glyptotek‹
in Kopenhagen ist vergleichbar, wenn man
vom Pariser Louvre und vom British Museum in London absieht.
Das Schicksal, das die Glyptothek im Krieg
erleidet, befreit sie von der allzu prächtig geratenen Innendekoration, die auch schon die
Kritik der Zeitgenossen herausgefordert hatte. Nach dem Wiederaufbau präsentieren
sich die Raumfluchten mit einem besonderen Charme, der seine Harmonie aus der Verbindung von historisierenden Bauformen
und moderner Ausgestaltung bezieht

Baugeschichte

Entwürfe Auf das Preisausschreiben, das
die Akademie der Bildenden Künste am 4. Februar 1814 veröffentlicht, gehen im Laufe der

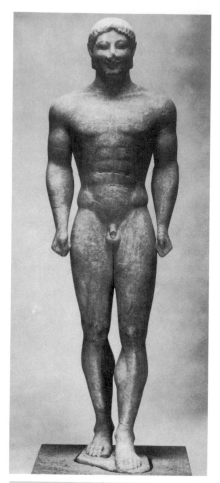

Oben: Kopf des Apoll von Tenea, korinthisch, 560/550 v. Chr.

Links: Jünglingsstatue, attisch, 540/530 v. Chr.

Rechte Seite: Athena vom Westgiebel des Tempels von Ägina, um 500 v. Chr.

Unten: Der troische König Laomedon vom Ostgiebel des Tempels von Ägina, gegen 490 v. Chr.

zweijährigen Bewerbungsfrist zwanzig Konkurrenzentwürfe ein. Auch bei der Auswahl dieser Entwürfe berät sich der Kronprinz wie bei seinen Ankäufen mit Johann Martin von Wagner und Georg von Dillis. Die Wahl fällt 1815/16 auf Leo von Klenze als Architekten.

Unter den Alternativentwürfen Klenzes für die Glyptothek ist je einer im griechischen, im römischen und italienischen Stil des 15. und 16. Jh. angelegt. Verschiedene Entwurfsstadien folgen.

Der endgültige Entwurf für die Glyptothek an der Nordseite des Königsplatzes ist weder zu monumental wie der Haller von Hallersteins, der an Revolutionsarchitektur erinnert, noch greift er Motive des römischen Pantheon auf wie der Kuppelzentralbau von Karl von Fischer. Klenze verschmilzt aber Fischers Vorschlag einer Vierflügelanlage mit seiner eigenen Idee einer Hauptfassade mit klassizistischer Tempelfront in griechisch-ionischem Stil, verbunden mit niedrigen Seitenflügeln, die mit Skulpturennischen an römische Profanbauten erinnern. Damit ist die Einheit zwischen Sammlung und Architektur erreicht.

Am 13. Oktober 1830 wird die Glyptothek nach 16jähriger Planungs- und Bauzeit dem Publikum übergeben.

Baubeschreibung

Der Außenbau und seine Plastiken
Südliche Hauptfassade: Über drei Sockelstufen erhebt sich ein zentraler klassizistischer Portikus mit einer doppelten Reihe – außen acht, innen vier – ionischer Säulen aus nicht kannelierten Säulentrommeln und mit einem einfachen Gebälk.

Die Giebelfiguren Ludwig Michael von Schwanthalers und vieler anderer nach Entwürfen von Johann Martin von Wagner, teilweise im Krieg zerstört, stellen in der Mitte Athena Ergane als Schutzgottheit der plastischen Künste dar, die durch acht Figuren links und rechts von ihr vertreten sind: Circumlitor (Skulpturenmaler), Ornamentist, Toreut (Metalltreibarbeiter), Tonplastiker und Erzgießer, Marmorbildhauer, Holzbildhauer, Töpfer.

Die aus Quadersteinen gemauerten Seiten der Hauptfassade werden von Eckpilastern gerahmt und von je drei Nischen mit Ädikulen gegliedert, in denen lebensgroße Statuen mythischer und historischer Vertreter der Künste stehen, links: Hephaistos, Phidias und Perikles (zerstört), rechts: Kaiser Hadrian, Prometheus, Dädalos.

In den sechs Nischen der *Westseite,* durch Zwischenpilaster zu Paaren geordnet, Vertreter der Renaissance: Lorenzo Ghiberti und Donatello, Peter Vischer d. Ä. und Michelangelo, Benvenuto Cellini und Giovanni da Bologna. Fünfzehn Bildhauer arbeiten von 1833 bis 1862 an diesen Statuen aus Marmor von Schlanders in Südtirol.

Auf der *Ostseite* in sechs Nischen Bildhauer der neueren Zeit: Canova und Thorvaldsen, Christian Daniel Rauch und Pietro Tenerari (von den beiden letzteren sind nur die Köpfe

erhalten), John Gibson und Ludwig Michael von Schwanthaler.

Auf der *Nordseite* führt eine Doppelrampe für Kutschen unter einen ionischen Portikus mit vier Säulen. Je ein wandhohes Rundbogenfenster, flankiert von zwei geraden Fenstern à la Palladio, beleuchten die nördlichen Eckräume, auch sie von Pilastern gefaßt.

Zum quadratischen *Lichthof* ist jeder Flügel mit drei Lünettenfenstern geöffnet gewesen, die die Museumsräume beleuchteten. Der Hof selbst war als Garten angelegt.

Der Innenbau
Ludwig ließ Klenze für die Gestaltung der Innenräume freie Hand. Klenze orientierte sich an römischen Vorbildern wie den Kaiserpalästen und Thermen, die er von seinen Reisen kannte.

Die Fresken
Höhepunkt der Raumfluchten bildeten die Festsäle im Nordflügel mit den Decken- und Wandfresken von Peter Cornelius. Sie waren für abendliche Empfänge bei Fackelbeleuchtung bestimmt und dienten tagsüber als Ruhepunkt zwischen der griechischen und römischen Abteilung.

Die Fresken, bis auf wenige Details zerstört, gehörten zum Bedeutendsten der deutschen

Monumentalmalerei der Romantik. Cornelius verließ 1819 die Nazarener in Rom und malte von 1820 bis 1830 im Verein mit seinen Schülern an den Fresken des Götter- und des Heldensaales. Entwurfszeichnungen und Kartons, größtenteils eigenhändige Arbeiten von Cornelius, sind erhalten (heute in Basel, Berlin-Ost, Darmstadt, Düsseldorf, München und Regensburg).

Sammlungsgeschichte

Als 1816 am Königsplatz der Grundstein für die Glyptothek gelegt wird, hatte Ludwig, zu diesem Zeitpunkt noch Kronprinz, die Skulpturensammlung im wesentlichen bereits aufgebaut. Auf seiner ersten Italienreise (1804 bis 1805) hatte ihn in Rom der allgemein in Europa erwachte Enthusiasmus für antike Skulpturen erfaßt. Den Entschluß, eine eigene Sammlung aufzubauen, förderte wesentlich das reiche und günstige Angebot des römischen Kunsthandels, da zwischen 1798 und 1816 viele Adelsfamilien aus wirtschaftlichen Gründen gezwungen waren, sich von ihrem jahrhundertealten Besitz an Antiken zu trennen. Drei Phasen kennzeichnen die Sammeltätigkeit Ludwigs, der von Anfang an von der Idee beseelt ist, Stifter einer Antikensammlung von hohem Rang zu werden.
Erste Phase Von 1806 an schickt Kronprinz Ludwig Künstler als Kaufagenten nach Rom. Aber erst dem klug taktierenden Maler und Bildhauer Johann Martin von Wagner gelingen von 1810 bis 1814 – immer in regem Briefwechsel mit dem Kronprinzen – so wesentliche Ankäufe wie die ›Medusa Rondanini‹, die Sammlungen Braschi und Bevilacqua mit Hilfe von Johann Georg Dillis und der ›Barberinische Faun‹. Alle Ankäufe läßt Ludwig durch zahlreiche Gutachten absichern.
Zweite Phase 1811 entdeckt ein kleiner Freundeskreis von deutschen, englischen und französischen Architekten, Archäologen, Malern, darunter Haller von Hallerstein und Cockerell, auf der Insel Ägina die Ost- und Westgiebelfiguren des Aphaia-Tempels, graben sie aus und kündigen in europäischen Zeitungen die Versteigerung an. Ludwig sieht sofort eine Chance, für seine inzwischen stattliche Sammlung römischer Kopien nach griechischen Vorbildern nun auch griechische Originale zu erwerben. Er schickt 1812 Wagner ins türkisch besetzte Griechenland und stattet ihn, wegen der schlechten Postverbindungen, mit allen Vollmachten aus. Wagner erkämpft unter großen Strapazen und abenteuerlichen Umständen 1813 die Ägineten für Bayern. Sie erreichen 1814 Rom und werden bis 1818 von einigen Bildhauern unter der Leitung von Bertel Thorvaldsen ergänzt.
Dritte Phase Während seiner Anwesenheit auf dem Wiener Kongreß läßt der Kronprinz selbst Antiken ersteigern und erwirbt als eine ›Perle der Glyptothek‹ den sogenannten ›Ilioneus‹. In Paris ersteigert Leo von Klenze 1815 über vierzig Antiken der aus Rom entführten Sammlung des Kardinals Albani. Darunter befinden sich die Statuen der ›Eirene‹ und des ›Diomedes‹. Auch auf der Auktion der Sammlung des Kardinals Fesch beteiligt sich der Kronprinz (Hochzeitsfries aus dem Palazzo Santa Croce in Rom). Neuer Ankaufsberater Ludwigs in dieser dritten und letzten wichtigen Sammelphase ist Leo von Klenze, der ausführende Architekt der Glyptothek.

Historische Konzeption der Sammlung

In den vierzehn ebenerdigen Sälen ordnete sich die Sammlung chronologisch. Der Westflügel, beginnend mit der ägyptischen Kunst als Vorläuferin, beherbergte die griechische, der Ostflügel die römische Kunst, die mit dem ›Saal der Neueren‹, den Bildhauerwerken des europäischen Klassizismus im 19.Jh., endete. Im Süden blieb das Empfangsvestibül frei von Skulpturen. Im Norden lagen die Fest- und Repräsentationssäle mit den Fresken des Peter Cornelius, wie das Vestibül ohne Skulpturen.

Wiederaufbau

Von der Bausubstanz sind nach den Zerstörungen 1944 durch Spreng- und Brandbomben noch 60 Prozent erhalten; Stuckdekora-

Links: Grabrelief der Mnesarete, um 380 v. Chr.

Rechts oben: Alexander Rondanini, Kopie nach einem Werk des Euphranor, 338/336 v. Chr.

Rechts: Der *Barberinische Faun*, um 220 v. Chr.

tionen, Gewölbe und Dachstuhl jedoch sind bis zu 90 Prozent zerstört. Zwischen 1947 und 1953 wird der Rohbau wiederhergestellt. Planung und Ausführung der heutigen Innengestaltung erfolgt ab 1964 durch den Münchner Architekten Josef Wiedemann. 1972 wird die Glyptothek mit den im Krieg ausgelagerten Beständen wiedereröffnet.

Die Raumabfolge Klenzes und die kraftvollen Raumstrukturen mit allen Kuppeln und Gewölben, Zwickeln, Gurten und Rippen sind im ursprünglichen Ziegelmauerwerk wiederhergestellt. Die Wände haben ihre tektonischen Details, die unter dem einstigen Stuck im Mauerwerk angelegt waren, behalten: Sie sind nicht wieder stukkiert, sondern geschlämmt worden, so daß die handgeformten Ziegel sichtbar blieben.

Die einstigen Lünetten auf den Hofseiten öffnen sich nun – wie zeitweise bereits von Klenze vorgesehen – bis zum Boden, was die schon immer kritisierten Beleuchtungsverhältnisse wesentlich verbessert.

Die Neuaufstellung der Sammlung

Das klassizistische Präsentationsprogramm der Sammlung wurde zugunsten einer Konzentrierung auf römische und griechische Skulpturen aufgegeben. Die ägyptischen Skulpturen kamen nach dem Krieg in die Staatliche Sammlung Ägyptischer Kunst (s. S. 270). Die Skulpturen aus dem ›Saal der Neueren‹ waren schon 1919 in die Neue Pinakothek (s. S. 185) gebracht worden. Die Trennung – Westflügel: griechische, Ostflügel: römische Skulpturen – wurde beibehalten. Eine Ausnahme bilden die Ägineten, die heute in den ehemaligen Festsälen im Nordflügel aufgestellt sind. Der Südflügel wird ebenfalls für griechische Skulpturen genutzt. Statt der ehemaligen achsialen und symme-

trischen, wandbezogenen Aufstellung auf Marmorsockeln sind heute die Skulpturen von allen Seiten sichtbar im Raum gruppiert. Die Schausammlung ist auf etwa 160 Exponate, die Hälfte aller früher ausgestellten Objekte, reduziert. Vestibül, Rotunden und Festsäle werden als Ausstellungsfläche genutzt.

Kurzführung

Die plastischen Werke aus Griechenland und Rom, die in den Sälen I bis XIII ausgestellt werden, dokumentieren 1000 Jahre Archäologie. Die frühesten griechischen Skulpturen stammen aus dem 6. Jh. v. Chr., die spätesten römischen aus dem 4. Jh. n. Chr.

Saal I Die beiden frühgriechischen Jünglinge (Kuroi), der *Apoll von Tenea,* 560/550 v. Chr., aus der Gegend von Korinth, und die *Jünglingsstatue* aus Attika von 540/530 v. Chr. gehören zu den nur selten ganz erhaltenen Grabstatuen aus der Archaik. »… vom mittleren siebenten bis zum frühen fünften erheben sich in den griechischen Heiligtümern und Gräberstätten diese Jünglingstatuen einheitlichen Gepräges: nackt, mit vorgesetztem linken Bein aufrecht dastehend, die Arme gesenkt … die Körper ohne Gegenbewegung geradeaus gerichtet, bei äußerster Unbewegtheit von stärkster innerer Bewegtheit erfüllt, auch das Haupt ohne Drehung oder Neigung, aber mit strahlendem Antlitz und leuchtendem Blick … göttlich in griechischem und jedem Sinn.« (Ernst Buschor)

Saal II Der ›Meister des Satyrs‹, der Schöpfer des sog. *Barberinischen Fauns,* um 220 v. Chr., in der südwestlichen Rotunde, »ein wahrhafter Michelangelo der griechischen Plastik, zählt zu den größten Bildhauern der europäischen Kunst. Er war vielleicht Athener. Ursprünglich wird das kolossale Bild eines in der Wildnis beheimateten Gesellen aus dem Gefolge des Dionysos als ein Weihegeschenk in einem Heiligtum des Gottes im Freien gestanden haben. Aufgefunden wurde es im 17. Jh. unter Papst Urban VIII. aus dem Haus der Barberini beim Ausbau der Befestigungen bei der Ruine des Grab-

Kaiser Nero (54-68 n. Chr.)

mals des römischen Kaisers Hadrian [der Engelsburg in Rom]. Vermutlich ist der Satyr als ein aus Griechenland verschlepptes Kunstwerk in den benachbarten römischen Gärten aufgestellt gewesen. Seit der Auffindung des großen ›Barberinischen Fauns‹ hat die geniale Gestaltung des an eine von einem Pantherfell bedeckte Felskuppe gelehnten und im Rausch entrückt träumenden Wildlings mit dem Roßschweif stets die

Blick in Saal XI der römischen Bildnisse mit frühen kaiserzeitlichen Porträts

höchste Bewunderung erfahren.« (Dieter Ohly)

Zwischen diesen beiden Extremen griechischer Kunst, den archaischen Kuroi und dem hellenistischen Satyr, steht die Klassik. Ihr ist der gesamte Westtrakt mit vier Sälen (III bis VI) vorbehalten. Die klassischen Skulpturen des 5. und 4. Jh. v. Chr. sind vorwiegend in römischen Kopien aus der Zeit römischer Herrschaft über Griechenland erhalten. Die Originale aus Marmor oder Bronze sind verloren.

Saal III Im Torso der besonders qualitätvollen Kopie des *Diomedes* ist eine Statue des Bildhauers Kresilas aus Kydonia auf Kreta von 430 v. Chr. überliefert, der in Athen zur Zeit des Phidias gearbeitet hat. »In dem einst in Argos aufgestellten Standbild des Diomedes ist der griechische Fürst der Sage von Troja mit gezücktem Schwert in der rechten Hand, in heftiger entschlossener Wendung nach seiner Linken dargestellt. In der angehobenen linken Faust hielt Diomedes das kleine Kultidol der troischen Göttin (Athena), das er nach der Sage bei der Eroberung der Stadt an sich gerissen hatte und gegen Odysseus zu verteidigen bereit war.« (Dieter Ohly)

Saal IV Von den klassischen Grabmonumenten des Saales ist das attische Relief der *Mnesarete*, um 380 v. Chr., eines der schönsten. »Die Toten sind dargestellt, wie sie im Leben waren ... Mnesarete sitzt gesenkten Hauptes auf einem Stuhl mit zierlich gedrechselten Beinen, die Füße auf einen wohlgeformten Schemel gestützt. Mit der Rechten hat sie den Saum des Mantels erfaßt, als wollte sie sich verhüllen. Ein junges Mädchen steht mit verschränkten Händen vor ihr. Tiefste Stille umgibt die beiden Gestalten, die in schweigsamer, einer ganz dem Bereich der Seele angehörenden Zwiesprache verbunden sind.« (Dieter Ohly)

Saal V Statuarische Werke der Spätklassik vom 4. Jh. v. Chr., u. a. Friedensgöttin *Eirene*, Kopie einer Statue von Kephisodot, vermutlich der Vater des Praxiteles, um 370 v. Chr.

Saal VI Originale Grabreliefs von Familiengrabstätten des 4. Jh. vor dem sog. Hl. Tor, einem der Stadttore Athens.

Saal VII und IX Die Skulpturengruppen des Westgiebels (500 v. Chr.) und des Ostgiebels (495/490 v. Chr.) vom *Tempelheiligtum der Aphaia auf der Insel Ägina* stehen auf jeweils 11,70 m langen Podesten. Sie sind »der kostbarste Besitz« der Glyptothek. »Die Ägineten sind nach den Giebelgruppen des mächtigen Zeustempels von Olympia, die wenige Jahrzehnte später geschaffen wurden, die am besten erhaltenen vielfigurigen Marmorgruppen der griechischen Tempelbaukunst. Als das umfassendste Denkmal der griechischen Plastik aus den Jahrzehnten um die Wende vom 6. zum 5. Jahrhundert v. Chr. sind sie uns ein unschätzbares Zeugnis für den bedeutsamen und schwerwiegenden Wandlungsprozeß, der sich in dieser Zeit in der griechischen Kunst vollzogen hat, und ohne die Ägineten hätten wir nur eine blasse Ahnung von der im Altertum bewunderten Bildhauerkunst von Ägina« (Dieter Ohly). Die Ergänzungen Bertel Thorvaldsens von 1818

Sog. Sulla, Porträt eines Römers republikanischer Zeit

sind zwischen 1962 und 1971 von Dieter Ohly wieder entfernt worden, der auch die heutige, auf neuesten Forschungen basierende Aufstellung vornahm.

Saal X Zeitgenössisches Standbild *Alexanders d. Gr.*, römische Kopie nach einem Werk des Euphranor (338/336 v. Chr.) aus dem Palazzo Rondanini in Rom, deshalb auch ›Alexander Rondanini‹ genannt.

Saal XI »Die 62 im Römersaal aufgestellten Bildnisse sind entsprechend den drei Jochen des Saals gruppiert und erschließen sich dem Betrachter in ihrer Ordnung jeweils in der Richtung des Lichteinfalls vom Fenster her. Sie stehen auf einfachen Kalksteinpfeilern, deren Höhe die Maßstäblichkeit der Bildnisse, daneben aber auch den Rang des Dargestellten berücksichtigt. Alle Bildnisse sind umschreibbar. Der Besucher kann sich unter die Menge mischen und mit bekannten und unbekannten Römern und Römerinnen Zwiesprache führen« (Klaus Vierneisel). Die *römischen Porträtbüsten* entwickeln sich im 1. Jh. v. Chr. aus den Wachsmasken von Verstorbenen (Ahnenkult) und sind weniger als Kunstwerke, sondern zu repräsentativen Zwecken geschaffen worden. Sie stellen zunächst in erster Linie den Kaiser, den hohen Beamten dar. Erst später wird das Privatporträt, wird der Charakter wichtig. Am Anfang des 1. Jh. v. Chr. noch von barock beschwingtem Idealismus des Späthellenismus geprägt, finden sie ab 50 v. Chr. zu einem Realismus, der als »stadtrömischer Verismus« (Kaschnitz von Weinberg) zu einem Stilbegriff geworden ist.

Saal XIII *Der Knabe mit der Gans* (250/200 v. Chr.), römische Kopie, laut römischer Überlieferung nach einer Bronzegruppe des Boethos. Römische Reliefsarkophage aus dem 2. Jh. n. Chr.

15 Haus der Kunst

22, Prinzregentenstraße 1, Telefon 22 26 51-3
Geöffnet: Ausstellungen täglich 9-18 Uhr
Abweichend von der Feiertagsregelung (s. S. 10) geöffnet an allen Feiertagen mit Aus-
nahme des ganztägig geschlossenen 24.12.
Dienstzeit der Direktion: Montag bis Donnerstag 9-17.30 Uhr, Freitag 9-12.30 Uhr

Direktion: Dr. Hermann Kern
Veranstalter der Ausstellungen: Ausstellungsleitung Haus der Kunst München e.V.

Programm: Wechselausstellungen im Mittelteil und Ostflügel – keine Sammlung;
im Westflügel *Staatsgalerie moderner Kunst* (s. S. 302)

Geschichte: Bauzeit 1933-37, Architekt Paul Ludwig Troost

Service: Bücherstand im Ostflügel; Restaurants

Publikationen: Ausstellungskataloge

Kurzinformation

Das Haus der Kunst besitzt keine eigenen
Sammlungen. Als eines der größten Ausstel-
lungsinstitute der Bundesrepublik zeigt es eigene Ausstellungen, stellt aber auch Räume
für Veranstaltungen anderer Organisationen
zur Verfügung. In der zur Tradition gewordenen ›Großen Kunstausstellung‹ werden jährlich von Juni bis September Werke lebender
deutscher Künstler gezeigt. Auch verschiedene Münchner Künstlergruppen veranstalten
ihre Ausstellungen im Haus der Kunst.
Von internationalem Rang sind die Sonderausstellungen europäischer und außereuropäischer Kunst und Kultur, die je nach der
Publikumsnähe ihrer Thematik hohe Besu-
cherzahlen aufweisen. So erreichte die Tut-
anchamun-Ausstellung von 1980/81 einen
Rekord von 650 000 Besuchern.

Baugeschichte

1933 erhält der Architekt Paul Ludwig Troost
von Adolf Hitler den Auftrag, als ersten großen Repräsentationsbau der Partei für die
Hauptstadt der Bewegung das ›Haus der
Deutschen Kunst (Neuer Glaspalast)‹ zu
planen.
In einem Festakt am 1. Oktober 1933 legt Hitler vor den Vertretern der neuen Staatsregie-

rung den Grundstein. Nach dem ersten
Schlag bricht der silberne Hammer ab und
fällt zu Boden: »Ein böses Omen«, schreibt
die ausländische Presse.

Baubeschreibung

Aus Hausteinquadern gefügt, erstreckt sich
der neoklassizistische Bau in einer Länge von
145 Metern zwischen Prinzregentenstraße
und Südspitze des Englischen Gartens.
Je ein Portikus, ein von zwanzig Säulen und
Eckpfeilern getragener Vorbau, ist der südlichen und nördlichen Längsseite vorgelagert.
Die Treppe an der Straßenfront fällt 1971 der
Untertunnelung des benachbarten Prinz-
Carl-Palais und der Straßenerweiterung zum
Opfer.
Von der Terrasse im Norden führen Treppen
über das Kellergeschoß, das hier ebenerdig
zugänglich ist, in den Englischen Garten.
Das Gebäude wird von einer fünfschiffigen
verglasten Stahlkonstruktion überspannt, die
nach außen von einem gemauerten Archi-
trav verdeckt wird. Entsprechend der Orna-
mentlosigkeit des Baus sind selbst die Gesimse rechteckig, bleiben größere Wand-
stücke ungegliedert.
Hinter den aneinandergereihten kolossalen
Trommelsäulen der Hauptfassaden treten
die Portale und Fenster zurück. Die Symme-

HAUS DER KUNST MÜNCHEN
5.8. – 15.10.1978 · TÄGLICH 9 – 18 UHR

PABLO PICASSO

Eine Ausstellung zum 100. Geburtstag
Werke aus der Sammlung Marina Picasso

Haus der Kunst München 14. Februar – 20. April 1981 täglich 9 – 18 Uhr

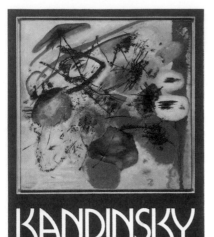

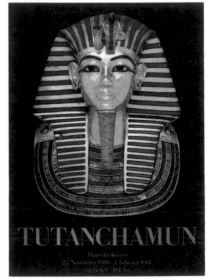

trie wird durch die massiv kubisch belassenen Ecken betont.

Von Hitler bei der Einweihung 1937 als ›germanische Tektonik‹ gepriesen, sollte der Monumentalbau wie Akropolis und Forum Romanum auch noch als Ruine das NS-Regime verherrlichen (Speers ›Ruinentheorie‹).

Ausstellungsgeschichte

Als Ersatz für den Münchner Glaspalast, der in der Nacht zum 6. Juni 1931 abgebrannt war, sollte das ›Haus der Deutschen Kunst‹ den deutschen Künstlern dienen. Gegenüber sollte später ein ›Haus der Deutschen Architektur‹ entstehen. Die Münchner Künstlergruppen, für die der Glaspalast erbaut worden war, können ihre Jahresausstellungen zunächst in der *Neuen Pinakothek* (s. S. 185) zeigen, werden aber 1938 zwangsweise aufgelöst.

Am 18. Juli 1937 eröffnet Gauleiter Adolf Wagner als Staatskommissar des Hauses die erste ›Deutsche Kunstausstellung‹ mit nationalsozialistisch genehmen Kunstwerken. In dieser und den folgenden Ausstellungen sind Säle voll Büsten und Porträts von Parteifunktionären, Ölbilder mit deutschen Wäldern, deutschen Meereswogen, deutschen Blumen und nackten deutschen Mädchen zu sehen, später auch heroisierende Kampfszenen. Das neue Haus erhält von den Münchnern bald den Spitznamen ›Bonzenbahnhof‹ und ›Palazzo Kitschi‹.

Hier und auf den beiden vorstehenden Seiten Plakate zu Ausstellungen, die im Haus der Kunst veranstaltet wurden.

Gleichzeitig beginnt die Ausstellung ›Entarte-te Kunst‹. In vorausgegangenen Bilderstür-men durch die Reichskunstkammer sind u.a. Werke der Konstruktivisten, des Blauen Rei-ters, der Brücke-Maler, des Bauhauses, der Neuen Sachlichkeit, von Gauguin, Klee, Pi-casso in den Museen beschlagnahmt wor-den. Im Kunstverein an der Galeriestraße (s.S.135) werden sie, auf engstem Raum ih-rer Wirkung beraubt und durch Hetzparolen diffamiert, zur Schau gestellt. Die Ausstel-lung wird 1962 im Haus der Kunst unter posi-tiven Gesichtspunkten rekonstruiert.

Künstlergruppen im Haus der Kunst heute und ihre Arbeit

Nach dem Einzug der amerikanischen Besat-zungstruppen am 30. April 1945 dient das Haus der Kunst, wie es jetzt genannt wird, den Amerikanern bis 1952 als Offiziers- und Generalsmesse, obwohl es bereits 1948 dem Freistaat Bayern übergeben worden war.

Ab 1946 werden im Westflügel bis zu deren Wiederherstellung 1957 die Schätze der Al-ten Pinakothek (s.S.12) und später bis zu deren Neubau 1980 die Sammlungen der Neuen Pinakothek (s.S.185) sowie die Be-stände der Staatsgalerie moderner Kunst (s.S.302) provisorisch untergebracht, die jetzt den gesamten Westflügel zur Verfügung hat.

Drei große Münchner Künstlergruppen, die sich nach dem Krieg neu formieren, ›Neue Gruppe‹ (1946), ›Münchner Secession‹ (1946) und ›Neue Münchner Künstlergenossen-schaft‹ (1949) gründen 1949 die ›Ausstel-lungsleitung Haus der Kunst München e.V.‹ und organisieren jeden Sommer von Juni bis September die ›Jährliche Große Kunstaus-stellung München‹.

Die Ausstellungsleitung veranstaltet jeweils im Frühjahr und Herbst in Zusammenarbeit mit in- und ausländischen Museen interna-tionale Ausstellungen, die in den letzten Jah-ren u.a. folgenden Themen gewidmet wa-ren: Nofretete – Echnaton (1976), Wassily Kandinsky (1976/77), Die dreißiger Jahre – Schauplatz Deutschland (1977), Simplicissi-mus – Eine satirische Zeitschrift München 1896 – 1944 (1977/78), Götter – Pharaonen (1978/79), Max Ernst (1979), Max Lieber-mann (1979/80), Zwei Jahrhunderte engli-sche Malerei (1979/80), Tutanchamun (1980/81).

Die ›Königlich Privilegierte Münchner Künst-

lergenossenschaft‹, gegründet 1868, von der sich die ›Neue Münchner Künstlergenossen-schaft‹ 1949 abgespalten hatte, und der ›Kunstsalon‹ veranstalten unabhängig von den oben genannten Gruppen eigene Früh-jahrs- und Sommerausstellungen.

Seit 1955 findet im Haus der Kunst jeden Herbst die ›Deutsche Kunst- und Antiquitä-ten-Messe‹ statt, initiiert vom Bundesver-band des ›Deutschen Kunst- und Antiquitä-tenhandels e.V.‹ und durchgeführt vom ›Ver-band Bayerischer Kunst- und Antiquitäten-händler e.V.‹. Hier stellen etwa 150 Antiqui-tätenhändler aus. Schließlich veranstalten die Bayerischen Verlage regelmäßig kurz vor Weihnachten im Haus der Kunst die ›Münch-ner Bücherschau‹.

16 Historisches Nähmaschinen-Museum

Vom Radl zur Nähmaschine — Sammlung Oskar Strobel
Historische Bügelgeräte — Sammlung Marianne Strobel

2, Heimeranstraße 68-70 (im Hause Firma J. Strobel & Söhne GmbH & Co),
Telefon 503045
Geöffnet: Montag bis Freitag 10-16 Uhr (außer an Feiertagen; Bügelgeräte nur nach Anmeldung)

Leitung und Träger: Alfons Strobel

Archiv von Firmenkatalogen aus den Anfängen der Firma bis heute (nur für Spezialisten)

Geschichte: Seit den zwanziger Jahren Stiftungen des Inhabers der Nähmaschinenfabrik J. Strobel & Söhne, Oskar Strobel (1889–1970), an das Deutsche Museum (s. S. 81), nach dem Zweiten Weltkrieg Aufbau einer eigenen Sammlung durch Oskar Strobel und Alfons Strobel jun., 1970-72 Einrichtung und Eröffnung des Museums durch den jetzigen Firmeninhaber Alfons Strobel jun. im Hause der Firma J. Strobel & Söhne. 1983 Erweiterung des Museums durch die Sammlung ›Historische Bügelgeräte‹ von Marianne Strobel

Sammlung von rund 200 größtenteils funktionstüchtigen Nähmaschinen, angefangen von der ersten Gewerbenähmaschine um 1800 über die gesamte Entwicklung von Haushaltsnähmaschinen zwischen 1850 bis 1900 und Spezialkonstruktionen von Gewerbenähmaschinen von den Anfängen bis heute. Der Firmengründer Johannes Strobel (1855-1914) stellte zunächst Fahrräder her, von denen sich einige Hoch- und Niederräder im Museum befinden. Die Sammlung ›Historische Bügelgeräte‹ umfaßt 450 Exponate aus Mittelalter und Neuzeit

Service: Führungen nach Anmeldung

Kurzinformation

Die fast 200jährige Geschichte der Nähmaschine demonstriert nicht nur technischen Erfindergeist, sie wirft zugleich Schlaglichter auf die Technisierung des Schneiderhandwerks auf seinem Weg vom maßgeschneiderten Einzelstück zur Massenfabrikation mit ihren sozialen Auswirkungen. So vermittelt das Museum unter dem Dach der alteingesessenen Münchner Firma J. Strobel & Söhne, die 1983 ihr 100jähriges Jubiläum begeht, Informationen über technisches Spezialwissen hinaus, die auch vom kulturhistorischen Interesse seines Gründers, Alfons

Strobel jun., sprechen. In die von Johannes Segieth gestaltete Präsentation der Maschinen sind Vergrößerungen von Dokumentationsfotos aus der Zeit, in der die einzelnen ausgestellten Nähmaschinen in Betrieb waren, ebenso einbezogen wie Konstruktionszeichnungen, Patentschriften, Gebrauchsanweisungen und Werbeplakate. Die Sammlung zeigt früheste Maschinen, ist aber zugleich eng mit dem Werdegang der Firma J. Strobel & Söhne verknüpft, die in ihren Anfängen viele Firmen, deren Geräte hier ausgestellt sind, vertreten hat, ehe sie in den zwanziger Jahren mit eigenen bahnbrechenden Inventionen den Markt eroberte.

Entwicklung der Haushaltsnähmaschine: Land-, Bogen-, Schwingschiff, Rundgreifer, Central Bobbin

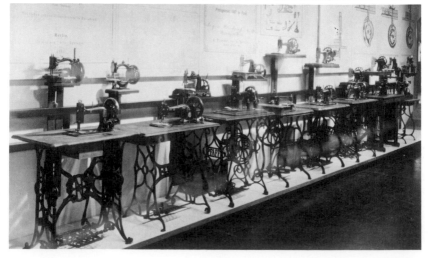

Sammlungsgeschichte

Gleich zu Anfang ziehen »Radln« die Aufmerksamkeit auf sich, die an den Firmengründer, den Nähmaschinenmechaniker, Optiker und Büchsenmacher Johannes Strobel (1855-1914) erinnern. Neben einem der ältesten Niederräder aus Holz (um 1860) ein von Johannes Strobel gebautes Hochrad von 1886 und ein Drei-Personen-Tandem von 1900. Nach dem großen Erfolg des Hochrades kann sich die seit 1883 unter dem Namen J. Strobel laufende ehemalige Nähmaschinenfabrik Simmerlein & Willareth vergrößern und bald ›Erste Münchner Velozipedfabrik Jean Strobel‹ nennen.

Nach dem Tode Jean Strobels 1914 übernimmt zuerst der jüngere der beiden Söhne, Oskar Strobel (geb. 1889), die Geschäftsführung. Die Firma erwirbt zahlreiche Vertretungen und ist in der Lage, Nähbetriebe für Kleider-, Schuh- und Lederwaren-, Wäschefabriken, orthopädische Werkstättensattlereien, Portefeuillemacher, Hut- und Mützenmacher, Kürschner, Stick- und Strickereien, Sackstopfereien mit Spezialmaschinen zu beliefern.

Oskar Strobel beginnt mit dem Sammeln früher Nähmaschinen, die er vor dem Zweiten Weltkrieg dem Deutschen Museum (s. S. 81) stiftet. Zwanzig Maschinen aus seinen Sammlungsanfängen, die nicht im Zweiten Weltkrieg zerstört wurden, sind nun als Leihgabe des Deutschen Museums zu sehen, darunter Nachbildungen der ältesten Nähmaschine (um 1800) von Balthasar Krems aus der Eifel und der Madersberger-Maschine (1814) sowie Originale wie die ersten Maschinen von Singer (1853) und Pfaff (1862). Sehenswert ist auch die 100000. Kayser-Maschine (1882 von John Kayser als erste Zickzackmaschine konstruiert), die die Belegschaft der Firma Kayser 1883 der Familie stiftete. Auf der Grundplatte befinden sich fünf Reliefköpfe der Familienmitglieder.

Aus der firmeneigenen Sammlung, die Oskar Strobel nach dem Krieg aufbaute und die Alfons Strobel jun. beträchtlich erweiterte und noch ständig ergänzt, schließen sich Haushaltsnähmaschinen an. Aus Thüringen stammt die älteste aus Holz und Knochenbein (um 1850), es folgen Langschiff-, Schwungschiff-, Bogenschiff- über Rundgreifer-, Zentralspulen- und Zickzackmaschinen. In einer weiteren Abteilung wird die Entwicklung von Pelznäh-, Handschuh- und Regulärmaschinen gezeigt – die ältesten Fabrikate sind zwischen 1860 und 1880 entstanden. Anschließend sind die Einfach-Kettenstich-Maschinen (Heftmaschinen) mit der frühesten, 1856 von Gibbs in den USA gebauten zu sehen und so komplizierte Maschinen wie Kurbelstick-, Feston-, Knopfloch- und Knopfannäh-, Hohlsaum-, Armabwärts-, Überwendling-, Unterschlag-, Strick- und Stickmaschinen – auch eine der ältesten Mansfeld-Säulenmaschinen für Lederverarbeitung – bis zum Schnellnäher.

1919 tritt auch der Bruder Alfons Strobel sen. (1883-1934) in die Firma ein, die jetzt J. Strobel & Söhne heißt. Mit diesem hervorragenden Konstrukteur, der die Grundlagen für die von der Firma Strobel hergestellten Blind-

Eine der frühesten Nähmaschinen aus Holz und Knochen, Thüringen, frühes 19. Jh.

stichmaschinen schafft, beginnt die Firma mit dem Bau von Spezialnähmaschinen (Blindstich-Pikiermaschinen). Diesem Sektor ist im Museum breiter Raum gewidmet. Den Anfang macht die Pelznähmaschine. Wegweisend ist eine hinterständige Rollpikiermaschine mit Zentralschmierung von 1931, die allerdings nicht in Serie ging. Außer der lückenlosen Darstellung der Strobelschen Entwicklungen werden auch zahlreiche andere Fabrikate vorgestellt. Den Schluß der Sammlung bilden erste Konstruktionen für automatisches Klappenpikieren, ein Beispiel für die Anwendung der Elektronik, die nach dem Zweiten Weltkrieg auch auf dem Nähmaschinensektor dominierend geworden ist.

Doppelkettenstichmaschine, Hawelka & Co., Wien, 1870

17 **Kunstraum München**

Gemeinnützige Vereinigung zur Ausstellung und Dokumentation zeitgenössischer Kunst
40, Nikolaistraße 15, Telefon 348920 und 92212611
Geöffnet: Dienstag bis Freitag 15-18.30, Samstag 11-13 Uhr (sonn- und feiertags geschlossen)

Vorstand: Dr. Michael Tacke (Vorsitz), J.A. Frank, Prof. Dr. Henner Graeff, Dr. Luise Horn, Dr. Hermann Kern, Erik Mosel, Gernot von Pape, Christine Tacke
Kuratorium: Dr. Helmut von Achten, Dr. Willi Ankermüller, Dr. Wibke von Bonin, Hans-friedrich Defet, Engelbert Dicken, Dr. h. c. Alfons Goppel (Ehrenmitglied), Prof. Dr. Herbert Hohenemser, Prof. Dr. Axel Hinrich Murken, Dr. Michael Petzet, Dr. Arno Puhlmann, Inge Rodenstock, Prof. Dr. Josef-Adolf Schmoll gen. Eisenwerth, Prof. Dr. Josef Zander, Dr. Armin Zweite

Träger: Kunstraum München e. V., gemeinnütziger Kunstverein
Mitgliederverein

Programm: Ausstellung und Dokumentation zeitgenössischer Kunst

Geschichte: 1973 hervorgegangen aus dem Kunstverein »Die Freunde der bildenden Kunst«, gegründet 1926, VR 2615

Aktivitäten: Ausstellungen, Aktionen, Vorträge

Publikationen: Umfangreiche Dokumentationen zum Werk zeitgenössischer Künstler, Ausstellungskataloge

Kurzinformation

Der Kunstraum informiert seit zehn Jahren über die aktuelle Kunstszene und ihre neuesten Entwicklungen. Er setzt damit die avantgardistische Tradition fort, der München seit den Tagen des Blauen Reiters verpflichtet ist.

Vorgeschichte

Der Kunstraum, Münchens jüngste, progressivste und uneigennützigste Institution, vor zehn Jahren aus privater Initiative entstanden, beruft sich gleichwohl traditionsbewußt auf eine fünfzigjährige Geschichte. Die neu-

en Gründer von 1973 sehen ihre Vorgänger in den »Freunden der bildenden Kunst«, die sich 1926 in einer idealistisch gesinnten Bürgerinitiative zusammenschlossen. Das Nähere liegt im dunkeln. Damalige Vorstandsmitglieder, wie unter anderen Reichsminister a. D. Senatspräsident Ernst Müller-Meiningen, der Präsident der Akademie der Bildenden Künste, German Bestelmeyer, Bürgermeister Eduard Schmid, sind zwar bekannt, ebenso die Vereinsziele, nämlich Unterstützung begabter Künstler durch Aufträge, Förderpreise und Kunstvermittlung durch Ausstellungen, Publikationen, die ein breites Publikum für die Kunst gewinnen sollten. Auch

Horst Schuler, *Installation im Kunstraum,* 1982

Olaf Metzel, *Aufkleber*, 1981, Mischtechnik auf Klarsichtfolie

läßt sich eruieren, wie sich der Verein bald auf überregionaler Basis entwickelt und in Berlin, Essen, Karlsruhe Geschäftsstellen entstehen. Aber im Zweiten Weltkrieg werden alle Geschäftsstellen zerstört, die Ortsvereine durchweg aufgelöst. Damit läßt sich nur noch schwer feststellen, ob sich die avantgardistischen Ansprüche damals und heute die Waage halten und wieweit die heutige Unabhängigkeit in den Vereinsanfängen gewahrt gewesen ist.

Nach dem Krieg nehmen sich unter dem Vorsitz Bürgermeister Scharnagels aufgeschlossene konservative Kreise des Vereins an. Mangels geeigneter Ausstellungsräume beschränkt sich der Verein auf die Förderung junger Künstler, ein unabhängiges Professorengremium der Münchner Akademie der Bildenden Künste vergibt Preise und Förderungshilfen.

Eine Neuorientierung zeichnet sich in den späten sechziger Jahren ab, als der Verein ab 1968 mit der »Jungen Akademie e.V.« und ab 1970 mit dem Münchner »Kunstverein« (s. S. 135) zusammenarbeitet. Die Aufbruchssituation des Münchner Kunstvereins in den frühen siebziger Jahren und die daraus entstehenden Probleme fördern im Vereinsvorstand der »Freunde der bildenden Kunst« unter Vorsitz von Staatsminister a.D. Willi Ankermüller und besonderem Engagement des Stadtschulrats Anton Fingerle den Entschluß, die Institution Kunstverein im Sinne des frühen 19. Jh. wieder lebendig werden zu lassen (Sitzung vom 26. Juli 1972). Am 16. Februar 1973 greift eine Gruppe von neu gewonnenen Mitgliedern unter Führung von Michael Tacke den Entschluß auf und konstituiert sich in einem sezessionsartigen Prozeß

Ulrich Rückriem, *Die in den Mantel eines Stahlrohrs eingeschnittenen T-Formen im Innern des Rohrs liegen gelassen*, 1980, Metallskulptur

Olaf Metzel, *Schwarzer Beton*, 1982, Skulptur

mit neuen Zielen, neuem Programm und neuem Namen im Kunstraum München e.V.

Zehn Jahre Ausstellungen

Der Kunstraum ist mit ehrenamtlich arbeitender Vorstandsgruppe, die die Vereinsgeschäfte führt, das künstlerische Programm in Diskussionen erarbeitet und den jeweiligen Ausstellungsleiter bestimmt, mit Kuratorium und mit beitragzahlenden, wahlberechtigten Mitgliedern wie jeder andere Kunstverein aufgebaut. Die Satzungen lesen sich nicht viel anders als die der »Freunde der bildenden Kunst« von 1926. Sie ermöglichen damals wie heute den Zusammenschluß kunstinteressierter Laien und stellen jungen Künstlern ein Ausstellungsforum zur Verfügung. Ehrenamtliche Tätigkeit und privates Mäzenatentum gehören zur revitalisierten Bürgerinitiative der frühen Kunstvereine.
Was ist nun das Neue am Kunstraum und wie unterscheidet er sich von den meisten heutigen Kunst-Vereinen und -Gesellschaften? Um es auf kurze Formeln zu bringen: hier wird Kunst exklusiv und esoterisch genommen, kommt unbequeme Avantgarde zu Wort, stoßen Protagonisten auf das Verständnis Gleichgesinnter.
In den ersten drei Jahren werden überwiegend Künstler der aktuellen arrivierten Kunstszene von überall her nach München eingeladen.
Richard Tuttle malt seine Bilder für die Eröffnungsausstellung des Kunstraums direkt auf die Wand. Die Arbeiten von Agnes Martin, Ulrich Rückriem, Palermo, Fred Sandback finden im Schwabinger Stadthaus beim Nikolaiplatz den adäquaten Rahmen. Die Dokumentarfotos der jahrtausendealten peruanischen Erdzeichen mit ihren verblüffenden Parallelen zur zeitgenössischen Land Art werden zwischen 1974 und 1979 von fünfzehn Museen der deutschsprachigen Länder und Großbritanniens übernommen und verschaffen dem Kunstraum einen unverhofft raschen und großen Bekanntheitsgrad. Der Kunstraum wird in Fachkreisen bald zu einem Begriff für Niveau und nutzt das erreichte Renommee, sich vom »Kunstbetrieb zu emanzipieren« und ganz junge, unbekannte Künstler in Erstausstellungen vorzustellen. Gerhard Merz, der den Anfang in dieser Reihe macht, nimmt schon zwei Jahre später an der documenta 6/1977 teil. Zwischen 1976 und 1982 setzen Künstler wie Giorgio Griffa, Jochen Gerz, Maria Nordman, Per Kirkeby, Bernd und Hilla Becher, Richard Hamilton, Dieter Roth, Chuck Close, Brice Marden, Joseph Beuys die Maßstäbe.
Die meisten Ausstellungen, auch die der jungen Künstler, werden von sorgfältig hergestellten, umfangreichen Dokumentationen begleitet, oft mit Werkverzeichnissen und meistens mit instruktiven Einführungen. An dieser (immer kostspieliger werdenden) Publikationstätigkeit hält der Kunstraum allen Schwierigkeiten zum Trotz bis heute fest. Der Wirkungsgrad der Kataloge reicht weit. Sie finden Interesse in den USA, in England, Frankreich, Holland, in der Schweiz, sie vergrößern nicht nur den Aktionsradius, sondern fördern auch die Übernahme durch andere Museen und helfen, die Finanzierung zu sichern.
Bisher konnte von einer weitgehenden wirtschaftlichen Unabhängigkeit des Kunstraums gesprochen werden, die hauptsächlich der persönliche Einsatz der Gründer sicherte. Auf ihr basiert die Freiheit von gesellschaftspolitischen Zwängen; sie ist Voraussetzung dafür, daß der Kunstraum Auseinandersetzung mit progressiver Kunst in vorbildlicher Weise vermittelt. Den steigenden Kosten entspricht weder eine Zunahme der Spendenaktivität noch des Kaufinteresses für die (notgedrungen teuren) Publikationen. So ist die Finanzbasis des Kunstraums bedrohlich schmal geworden.

18 Kunstverein München

22, Galeriestraße 4c, Telefon 22 11 52
Geöffnet: Ausstellung Dienstag bis Freitag 12-18 Uhr, Samstag und Sonntag 10-17 Uhr
(während der Ausstellungen außer Faschingsdienstag keine Feiertagsschließung)
Geschäftszeit: Dienstag bis Freitag 9-18, Samstag 10-13 Uhr

Vorstand: Prof. Dr. Jan Murken, Dr. Christoph Stölzl, Klaus Ulrich Spiegel, Friedel
Schreyögg, Erika Dreessen, Friedrich Eversberg, Dieter Hinrichs, Wolfger Pöhlmann,
Inge Poppe
Direktor: Wolfgang Jean Stock

Träger: Kunstverein München e.V.
Mitgliederverein: 1400 Mitglieder (1983)
Mitgliedschaft: Arbeitsgemeinschaft deutscher Kunstvereine

Programm: Verein zur Förderung und Pflege zeitgenössischer Kunst sowie zur Information über alle im Bereich der bildenden Künste auftretenden Erscheinungen in ihren
gesellschaftspolitischen Zusammenhängen

Geschichte: 1823 von den Münchner Künstlern Quaglio, Heß, Stieler und Gärtner auf
privater Vereinsbasis gegründet, ab 1826 im Basargebäude (Nordpavillon) am Odeonsplatz, von 1866 bis 1944 im vereinseigenen Neubau Galeriestraße 10, Architekt Eduard
Riedel, seit 1880 anerkannter Verein, seit 1953 in der Galeriestraße 4c

Aktivitäten: Ausstellungen, Jahresgaben, Bildverleih oder -verkauf, Diskussionen, Vorträge, Lesungen, Aufführungen: Experimentiertheater bis Performances, Konzerte

Publikationen: Ausstellungskataloge, Dokumentationen, Jahresgaben-Verzeichnisse,
Prospekte

Kurzinformation

Die Gründungsphase, die mit den Anfängen
des Vereinswesens in Deutschland zusam-
menfällt, ist die lebendigste Epoche in der
Vereinsgeschichte, wenn man von der Nachkriegszeit absieht. Primär aus dem Interesse
der sogenannten Fachkünstler an einer Institution zur Ausstellung und zum Verkauf von
Kunstwerken entstanden, fehlt es dem Verein nicht an ideellen Zielen (u.a. Verbesserung des Kunstgeschmacks). Neben dem
wirtschaftlichen bleibt der gesellschaftliche
Erfolg nicht aus. In der ersten Hälfte des
19. Jh. sind die kulturell maßgeblichen Kreise
Münchens im Kunstverein vertreten. Das

Protektorat liegt in den Händen des jeweiligen Wittelsbacher Regenten, obwohl der
Kunstverein und die von ihm propagierte
Kunst in einem Spannungsverhältnis zur offiziellen Kunstpolitik der vom König protegier-
ten Akademie (Historienmalerei) stehen.
Heute vermittelt der Kunstverein nicht mehr
den Absatz von Kunstwerken. Zu seinen Anliegen gehört die Information über Kunst und
ihre gesellschaftlichen Bedingungen.

Baugeschichte

Nach ersten Ausstellungen in der Wohnung
des Lithographen Raphael Wintter in der Ei-
senmanngasse und in gemieteten Räumen

Vernissage zur Ausstellung ›Künstlerinnen‹, 1981

Führung 1979

Vier Künstler – der Vedutenmaler Domenico Quaglio, der Porträtist Carl Joseph Stieler, der Schlachtenmaler Peter Heß und der Architekt Friedrich Gärtner – sind die Stifter des Münchner Kunstvereins, den sie zusammen mit vierzig Künstlern, Kunstfreunden und -sammlern, den ersten Mitgliedern, am 26. November 1823 gründen. Die Beweggründe des Zusammenschlusses sind sowohl ökonomischer als ideeller Art. Die in Kreisen der Akademie abschätzig als ›Fächler‹ bezeichneten Künstler, wie die Landschafts-, Porträt- und Genremaler, finden dort kaum Ausbildungs- und Ausstellungsmöglichkeiten. Die offizielle, vom Königshaus unterstützte Kunstpolitik der Akademie beschränkt sich fast ausschließlich auf die Förderung der Historienmalerei als vaterländischer Monumentalkunst. Da ein leistungsfähiger Kunsthandel noch nicht existiert, brauchen die ›Fächler‹ eine Institution, in deren Rahmen sie ihre Werke den als Käufern vor allem in Frage kommenden Bürgertum und Beamtenschaft vorstellen können. Hand in Hand mit dem raschen Aufblühen des Kunstvereins geht die Entwicklung einer spezialisierten, marktorientierten, bürgerlich-realistischen Malerei. Die anfängliche Zurückhaltung des Königshauses gegenüber dem Kunstverein weicht vor allem unter König Ludwig I. interessierter Anteilnahme. Er besucht regelmäßig die Kunstvereins-Ausstellungen und erwirbt Bilder für die später gegründete Neue Pinakothek (s. S. 185).

Das Interesse der Kunstfreunde am Verein, die als Beitragszahler und als potentielle Käufer willkommen waren, wird mit der Verlosung von Bildern, die der Verein von den Künstler-Mitgliedern aus eigenen Mitteln ankauft, und mit Jahresgaben wachgehalten. In der permanenten Verkaufsausstellung werden die wöchentlich neu eingelieferten Kunstwerke der Vereinsmitglieder ausgestellt. Eine Auswahl nach qualitativen Gesichtspunkten erfolgt nicht. Die Tendenz zur mitgliederstarken Publikumsgesellschaft unterscheidet den Münchner Kunstverein von den Künstlervereinen der späten 18. und frühen 19. Jh., in denen sich nur ein kleiner, miteinander bekannter Kreis von Künstlern und Kunstliebhabern versammelte. Im Münchner Kunstverein sind gerade in der Frühzeit fast alle Künstler der Stadt, auch die ständig neu hinzuziehenden, Mitglieder.

Bereits in den zwanziger Jahren wird der Kunstverein zu einer festen kulturellen Einrichtung der Stadt. 1830 beantragen einige Vereinsmitglieder, darunter Albrecht Adam und Domenico Quaglio, vergeblich eine Satzungsänderung, die die allmähliche Bürokratisierung und Entwicklung zu einem reinen Ausstellungs- und Verlosungsverein aufzuhalten und den Künstlern gegenüber den Kunstfreunden wieder mehr Einfluß zu verschaffen sucht. Doch läßt sich diese Entwicklung, die vor allem in der zweiten Hälfte des 19. Jh. das Niveau des Kunstvereins immer mehr absinken lassen sollte, nicht mehr aufhalten. In den dreißiger Jahren verstärken

des sog. Himbselhauses (an der Stelle des heutigen Bankhauses Merck, Finck & Co.) am Maximiliansplatz werden 1826 die Räumlichkeiten im ersten Geschoß des Nordpavillons vom Basargebäude (über den Hofgartenarkaden am Odeonsplatz) vierzig Jahre lang Vereinslokal. Um der Raumnot abzuhelfen, genehmigt König Ludwig II. 1865 die Überbauung der nordöstlichen Arkaden (ehemals Galeriestraße 10) in unmittelbarer Nachbarschaft des Armeemuseums (heute zerstört). Die Stadt stellt den noch fehlenden Baugrund entlang der Straße zur Verfügung. 1866 wird am 11. November das neue Kunstvereinsgebäude eröffnet. Hofbauintendant Eduard Riedel ist der Architekt des spätklassizistischen Gebäudes. 1890 erweitert Friedrich Thiersch den Bau um Seitenrisalite und überwölbt den Mittelrisalit mit einer Glaskuppel. 1899 wird das Gebäude im Innern nach Plänen von Thiersch und Franz von Lenbach erneut renoviert. 1944 brennt das bereits beschädigte Gebäude aus und wird nach dem Krieg bis auf die heute noch existierenden Mauerreste mit Arkadenöffnungen abgetragen. 1947 rekonstituiert sich der Verein und tauscht 1953 mit der Verwaltung der staatlichen Schlösser, Gärten und Seen das vereinseigene Grundstück Galeriestraße 10 gegen das fünfzigjährige Dauernutzungsrecht im nördlichen Hofgartenteil Galeriestraße 4c. Die Hofgartenarkaden, 1780 von K. A. von Lespilliez zur Königlichen Galerie aufgestockt, waren inzwischen von Architekt Karl Frank vereinfacht wiederaufgebaut worden. Seit der grundlegenden Renovierung von 1977 präsentieren sich die Räume des Kunstvereins zeitgemäß und genügen heutigen konservatorischen Ansprüchen.

Besucher in der Ausstellung ›New York Now‹,
1983

Rechts: Anne Jud, Performance *Lockruf*, 1982,
zur Ausstellungseröffnung von ›Gefühl und
Härte‹

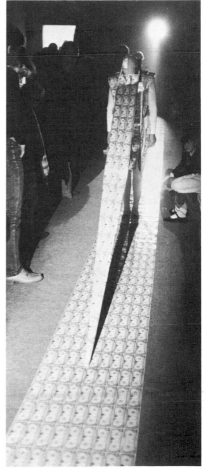

sich die Kontakte zu Kunstvereinen in und
außerhalb Bayerns, die meist in gegenseitigen Mitgliedschaften münden. Aus den
norddeutschen Städten Hannover, Braunschweig, Hamburg und Bremen ergehen Ein-
ladungen an den Münchner Kunstverein, Bilder für Ausstellungen zu schicken, die innerhalb dieser Städte zirkulieren. Diese zusätz-
lichen Absatzmärkte erweisen sich als besonders aufnahmefähig und kapitalkräftig.
Gleichzeitig blockt der Kunstverein Ausstellung und Verkauf außerbayerischer Kunstwerke in München ab, um die einheimischen
Künstler vor Konkurrenz zu schützen. Mit
dem Aufstieg Münchens zur Kunststadt Ludwigs I. verliert zugleich die Kunstproduktion
in den ehemaligen Reichs- und Residenz-
städten wie Nürnberg, Augsburg, Regensburg, Würzburg oder Bamberg an Bedeutung. So überrascht es nicht, daß sich die
Kunstvereine dieser bayerischen Städte eng
an den Münchner Verein anschließen und
das Ausstellen und Verlosen von Münchner
Kunstwerken ein Hauptanziehungspunkt ihrer Jahresprogramme wird. Trotz der guten
finanziellen Situation des Münchner Kunstvereins werden die Künstler mit Beitrags-
rückständen, wie Thorvaldsen oder Schwind,
ausgeschlossen, selbst wenn sie wie Karl August Lebschee oder Friedrich Olivier, die Bei-
tragszahlung durch Kunstwerke abgelten
wollen. 1839/40 laden Den Haag, Amsterdam und Prag zu Ausstellungen ein. Monarchen des In- und Auslandes, darunter der
russische Zar, sind ebenso Mitglieder wie et-

wa der Londoner Kunsthändler Hering. Die führende Stellung des Münchner Kunstvereins ist jetzt unbestritten. Er kann sie bis zur Mitte des Jahrhunderts unangefochten behaupten. Am 21. Dezember 1846 lehnt der Kunstverein den Wunsch Ludwigs I. ab, die von ihm protegierte Lola Montez als außerordentliches Mitglied aufzunehmen. An dieser Episode läßt sich die gesellschaftliche Bedeutung des Vereins ablesen.

In der zweiten Hälfte des 19. Jh. beginnt weltweit die große Zeit der Ausstellungen. Mit der Eröffnung des königlichen Ausstellungsgebäudes gegenüber der Glyptothek 1845 und des Glaspalastes 1854 verliert der Kunstverein seine Monopolstellung. Die Akademie und später die 1858 gegründete Münchner Künstlergenossenschaft richten nun große Ausstellungen mit Kunstwerken aus ganz Deutschland aus. Seit den siebziger Jahren finden die jährlichen Glaspalast-Ausstellungen unter internationaler Beteiligung statt.

Die führenden Künstler jener Epoche – Franz von Lenbach, Friedrich August von Kaulbach, Franz von Defregger und Franz von Stuck – stellen im Glaspalast oder in einer der renommierten Münchner Kunsthandlungen aus, die inzwischen ebenfalls eine große Konkurrenz für den Kunstverein darstellen. Die Kunstvereinsausstellungen leiden nicht nur unter dem Ausbleiben bedeutender Werke, sondern zusätzlich unter dem Zustrom erfolgloser Künstler, die, von der Jury des Glaspalastes abgewiesen, auch im Kunsthandel nicht ankommen. Eine vorübergehende Stabilisierung erreichen thematische bzw. monographische, kritisch gesichtete Ausstellungen einzelner Künstler oder von Künstlergruppen. Vor der Jahrhundertwende verzeichnet der Kunstverein mit nahezu 6000 Mitgliedern die höchste Mitgliederzahl seiner Geschichte.

Nach 1900 erweist sich die Idee des Kunstvereins zunehmend als überholt. Trotz verschiedener Reformversuche setzt ein unaufhaltsamer Auszehrungsprozeß ein. Die zwischen 1873 und 1903 aufgebaute Vereinsgalerie mit Werken von Lenbach, Defregger und Thoma wird 1908 im Hinblick auf eine Städtische Galerie (s. S. 312) der Stadt zum Kauf angeboten. 1914 ist die Mitgliederzahl bereits auf etwa 4500 geschrumpft.

Das Ende des Ersten Weltkriegs und die Abdankung der Wittelsbacher bedeuten den Bruch mit gesellschaftlichen Verhältnissen, in denen sich der Kunstverein etablieren konnte. In den Inflationsjahren gehen die Vermögensrücklagen des Vereins verloren. Die Lotterie zugunsten der bayerischen Kunstvereine nährt nochmals die Hoffnung, durch den Umbau des Vereinsgebäudes (Pläne Theodor Fischers von 1928) über das dringend benötigte zeitgemäße Ausstellungsgebäude verfügen zu können. Die rückläufige Mitgliederzahl, durch die wirtschaftlichen Verhältnisse, Überalterung und fehlenden Nachwuchs verursacht, vereitelt das Projekt. Im Zusammenhang mit dem Antrag auf Anerkennung als gemeinnütziger Verein treten 1930 der Direktor der Städtischen Galerie und der Generaldirektor der Staatlichen Kunstsammlungen in den Kunstvereinsvorstand ein. Nach der Machtübernahme der Nationalsozialisten kommt es zu Spannungen mit der Reichskammer der bildenden Künste. Die Kunstvereine werden der Reichskammer als Fachschaft eingegliedert. Allem Widerstand zum Trotz muß auch der Münchner Kunstverein 1936 die Regelsatzungen akzeptieren. Im Rahmen der erzwungenen ›Zusammenarbeit‹ finden ab 1935 im Kunstverein Ausstellungen der ›NS-Kulturgemeinde‹ (u. a. ›Blut und Boden‹) statt. Daneben geht der traditionelle, unpolitische Ausstellungsbetrieb fast unverändert bis zur Zerstörung des Vereinsgebäudes 1943/44 weiter.

Nach dem Krieg wird 1947 mit 330 Mitgliedern die Neugründungsversammlung in der Städtischen Gewerbeschule abgehalten. Unter Eberhard Kuchtner, Anton Sappel und Hans Doß als Vorsitzenden des noch nicht von der Militärregierung lizensierten Vereins findet im selben Jahr die erste Ausstellung in der Städtischen Galerie im Lenbachhaus statt. Ab 1949 werden Ausstellungen im gemieteten Heinrich-von-Zügel-Atelier in der Possartstraße, ab 1951 im Haus der Kunst, ab 1953 in der Galeriestraße 4 c veranstaltet. Die Ausstellungen der folgenden Jahre sind von rein regionaler Bedeutung. Einen Akzent setzt 1966 die Ausstellung »Hommage à Franz Roh«, die in Zusammenarbeit mit der 1952 von Franz Roh gegründeten Gesellschaft der »Freunde junger Kunst« entsteht und prominente Vertreter der deutschen Kunst nach dem Zweiten Weltkrieg präsentiert. Im Dezember 1968 vereinigen sich Kunstverein und »Freunde junger Kunst«, bis 1977 führt der Verein die Gesellschaft im Namen. Zusammen mit dem Kunsthistoriker Carl Haenlein, der zum Direktor berufen wird, aktivieren die »Freunde junger Kunst« den Verein mit eigenen Ausstellungen, Vortragsreihen und Kunstreisen. Die seit 1952 bestehende, von Eva Pietzsch betreute Bildleihstelle der »Freunde junger Kunst« wird vom Kunstverein übernommen. Hier datiert der eigentliche professionelle Neubeginn des Kunstvereins. Haenleins Nachfolger Reiner Kallhardt (vorher Kunsthalle Nürnberg) löst 1970 mit dem Begleitprogramm zu der vom Stockholmer Moderna Museet übernommenen Ausstellung »Poesie muß von allen gemacht werden! Verändert die Welt!« eine heftige öffentliche Auseinandersetzung aus, die mit dem Rücktritt des Vorstands endet. In den Folgejahren gerät der Verein in eine schwere Krise, da das Kultusministerium seinen Zuschuß aufkündigt und die Zuschüsse der Stadt München drastisch gekürzt werden. 1977 renoviert der Kunstverein mit Unterstützung des neu besetzten städtischen Kulturreferats seine Räumlichkeiten, die sich in einem katastrophalen Zustand befinden, und schreibt die Stelle des Direktors neu aus. Heute verfügt der Kunstverein nicht zuletzt dank der Förderung durch die Firma Philip Morris über einen ausreichenden Etat. (Wesentliche Unterlagen zur Vereinsgeschichte bis 1945 stellte freundlicherweise York Langenstein vor der Veröffentlichung seiner Dissertation zur Verfügung.)

19 Meißener Porzellan-Sammlung
Stiftung Ernst Schneider

Schloß Lustheim im Park von Schloß Schleißheim
8042 Oberschleißheim, Telefon 3 15 02 12 und 3 15 48 44 (Ortsnetz München)
Zufahrt S-Bahn 1: Richtung Freising, Station Oberschleißheim, Bus: Haltestelle Lustheim; Auto: 15 km bis Oberschleißheim, entweder Schleißheimer Straße über Milbertshofen oder Ludwig-, Leopold-, Ingolstädter Straße über Neuherberg
Kürzester Zugang durch das Parktor am Gasthof Kurfürst (kleiner Parkplatz) im Ortsteil Lustheim, östlich des Parks
Geöffnet: ganzjährig täglich, außer Montag, 10-12.30 und 13.30-16 Uhr, 1. April bis 30. September bis 17 Uhr
Abweichend von der Feiertagsregelung (s. S. 10) geöffnet am: 6. 1., Karfreitag, Ostersonntag und -montag, Christi Himmelfahrt, Pfingstsonntag und -montag, Fronleichnam, 17. 6., 15. 8., Buß- und Bettag, 26. 12.; ganztägig geschlossen am Faschingsdienstag und 31. 12.

Porzellan-Sammlung des Bayerischen Nationalmuseums (s. S. 43), Leitung Generaldirektor Dr. Lenz Kriss-Rettenbeck, Wissenschaftlicher Referent Dr. Rainer Rückert
Schloßverwaltung: Bayerische Verwaltung der staatlichen Schlösser, Gärten und Seen (München 19, Schloß Nymphenburg 1, Telefon 17 90 81, Präsident Hanns-Jürgen Freiherr von Crailsheim, Leitung Museumsdirektor Dr. Gerhard Hojer, Wissenschaftlicher Referent Dr. Elmar D. Schmid
Örtliche Verwaltung: Schloß- und Gartenverwaltung Schleißheim, 8042 Oberschleißheim, Telefon 3 15 02 12

Träger: Freistaat Bayern

Sammlung von 1800 Porzellanen aus der Blütezeit der Meißener Manufaktur (1710-1800) mit den frühesten Geschirren J. F. Böttgers, bemalten Porzellanen J. G. Höroldts und Tierfiguren J. J. Kändlers bis zu Porzellan aus der Zeit des Siebenjährigen Kriegs

Geschichte: 1971 wird das 1684-88 im Auftrag von Kurfürst Max Emanuel erbaute Garten- und Jagdschloß Lustheim als Filialmuseum des Bayerischen Nationalmuseums mit der Meißener Porzellan-Sammlung Stiftung Ernst Schneider eröffnet

Publikation: Rainer Rückert und Gerhard Hojer, Schloß Lustheim, Meißener Porzellan-Sammlung Stiftung Ernst Schneider, Amtlicher Führer, 6. Auflage München 1981

Kurzinformation

In fünfzig Jahren baute Professor Dr. Ernst Schneider (1900-77) eine Sammlung Meißener Porzellane aus den ersten fünf Jahrzehnten der von August dem Starken gegründeten Manufaktur auf.
Die Münchner Bestände in Lustheim, im Bayerischen Nationalmuseum (s. S. 43) und

im Residenzmuseum (s. S. 207) werden nur noch von der Sammlung im Dresdner Zwinger übertroffen.
Im barocken Schloß Lustheim hat sie ein Ambiente gefunden, das den kostbaren Kunstwerken nicht nur zeitlich adäquat ist. Neben den ersten Geschirren von Böttger, den frühesten Chinoiserien von Höroldt – zum Beispiel der Zuckerdose aus einem Ser-

Blick in den zentralen, zwei Geschosse einnehmenden Hauptsaal von Schloß Lustheim

Unten: Balustervase mit Relief- und Emailfarbendekor, Meißen, gegen 1720

vice für König Victor Amadeus II. von Sardinien von 1725 – gehören Kändlers Tierfiguren, u.a. die ›Elefantenleuchter‹ (1735) oder die ›Affenkapelle‹ zu den beliebtesten Stükken der Sammlung.

Lustheim ist das kleinste und früheste der umfangreichen Bauvorhaben Max Emanuels in der Münchner Residenz, in Nymphenburg und Schleißheim. In der Achse des Alten Schlosses Schleißheim (s. S. 241) wird Lust-

Baugeschichte

Max Emanuel, den ehrgeizige politische Ambitionen vom Beginn seiner Regentschaft ins Widerspiel der absolutistischen Mächte und ihres Hegemonialstrebens verstricken, stellt sich zunächst auf die Seite Österreichs und wird aufgrund seiner Verdienste in den siegreichen Kämpfen gegen die Türken, die 1683 vor Wien stehen, 1685 Schwiegersohn des Kaisers und 1688 Oberbefehlshaber des kaiserlichen Heeres (Einnahme von Belgrad). Maria Antonia, Tochter Leopolds I. und Margueritas von Spanien, gilt als einzige Erbin des kinderlosen spanischen Königs Karl II. Das Ringen um die Spanischen Niederlande als Teil dieses Erbes und die Hoffnung auf die spanische Königskrone bestimmen Max Emanuels späteres Schicksal. Er wird im Spanischen Erbfolgekrieg (1701-14) auf der Seite Ludwigs XIV. gegen Österreich kämpfen, nicht nur die Statthalterschaft über die Spanischen Niederlande, sondern sogar sein angestammtes Kurfürstentum verlieren, lange im Exil leben und zum Schluß wenigstens sein hochverschuldetes Bayern wieder zurückerhalten. Aber zunächst begleitet Max Emanuel der Erfolg.

Die Heirat mit der Kaisertochter, die seit dem Bündnisvertrag Bayerns mit Österreich vom 26. Januar 1683 in greifbare Nähe gerückt war, ist der Anlaß zur Planung von Schloß Lustheim in der Art oberitalienischer Villen.

heim als Point de vue an das östliche Ende des großen Parks gesetzt, dessen Längenausdehnung damit festgelegt ist. Die Bauarbeiten nach Plänen des Hofarchitekten Enrico Zuccalli beginnen am 6. Mai 1684. Die Renatuskapelle auf dem ›Klösterlfelde‹ aus den Tagen Herzog Wilhelms V. wird abgerissen und im südlichen Pavillon, der bereits 1685 fertiggestellt ist, wieder eingerichtet. Auch der Rohbau des Schlosses geht rasch voran. Im Oktober 1684 wird Francesco Rosa, dem später noch Trubillio und Gumpp an die Seite treten, mit der Freskierung beauftragt. 1689 scheinen alle Bauarbeiten ausgeführt, da Max Emanuel am 6. Februar 1690 ein großes Galafest für seinen kaiserlichen Schwiegervater Leopold veranstaltet.

Von 1689 an werden die Parkkanäle geplant und in den folgenden Jahrzehnten ausgeführt. Ein Kanal legt sich ringförmig um das Schloß und läßt eine Insel entstehen. Er erhält im Osten eine Parallele in dem Kanal, der den gesamten Park umzieht und später für die Breite des Neuen Schlosses bestimmend wird. Die Schloßinsel mit den bald angelegten radialen Wegen entspricht der Insel Kythera, der antiken Kultstätte der Liebesgöttin Aphrodite, die Antoine Watteau 1717 in seinem Hauptwerk ›Die Einschiffung nach der Insel Cythere‹ verherrlicht. Ein breiter Mittelkanal verbindet die Insel mit dem Kaskadenparterre vor dem Neuen Schloß. Der Park ist in seiner kaum veränderten bzw. wiederhergestellten Grundanlage neben Herrenhausen der einzige erhaltene aus der Zeit des Absolutismus in Deutschland.

An die Zirkelbauten, die Schloß und Insel im Osten in einem weiten Halbkreis abschlossen, erinnern nur noch die ehemaligen Kopfbauten, die heute das Schloß nördlich und südlich als Pavillons (ehemals Reitstallung und Renatuskapelle) flankieren. Galerie und Orangerie – schon 1684 zusammen mit dem Schloß von Zuccalli nach holländischen Vorbildern geplant – scheinen erst zwischen 1695 und 1719 im Bau gewesen zu sein. Die Dächer, die 1735 einstürzen, wurden nicht repariert, und bald nach 1741 scheinen die ruinösen Zirkelbauten bis auf die Pavillons abgetragen worden zu sein. An sie erinnert heute eine doppelzeilige Buchenhecke, die Friedrich Ludwig Sckell zusammen mit den radialen Alleen am Anfang des 19. Jh. anlegte.

Baubeschreibung

Für Zuccallis Entwurf von Schloß Lustheim stand vermutlich ein oberitalienischer Villenbau Berninis Pate. Der mittlere Block mit den vorspringenden Seitenrisaliten wird von einem Belvedere bekrönt. Der Bau ist zweiachsig symmetrisch: Ost- und Westfront (heutiger Eingang), Süd- und Nordfront sind gleich gegliedert. *Westfront:* Die Eckbauten mit den alternierend segmentbogig und dreieckig verdachten Fenstern im Erdgeschoß und den Mezzaninfenstern in nachträglich vergrößerten Rahmenblenden im Obergeschoß werden durch Lisenen zusammengefaßt, die auf einem Kellersockel mit horizontalen Putznu-

Weinfäßchen (seegrüner Fond) mit Bacchuskind, am Dreifußsockel zwei Frauen und ein Satyr, Modell von J. J. Kändler 1734, erneuert 1739, Meißen um 1740

Gelbfondvase mit Fabeltierdekor und AR-Marke, Meißen, um 1730

Links: Saucière aus dem Schwanen-Service für Graf Brühl, Modell von J. J. Kändler und J. F. Eberlein, Meißen, um 1738

Unten: Affe als Hornist aus der Meißener ›Affenkapelle‹ von J. J. Kändler und P. Reinicke, um 1760

ten stehen. Im Mittelrisalit flankieren gekoppelte korinthische Kolossalpilaster, die den Konsolfries in der Gebälkzone tragen, das Hauptportal mit Säulen und gesprengtem Giebel. Links und rechts vom Rundfenster sitzen Löwen auf volutenartigen Sockeln und halten das bayerische Wappen. Eine Balustrade begrenzt die Terrasse zwischen den drei Baukuben, zu der breit angelegte Stufen hinaufführen. Die Farbigkeit des Außenbaus, ockergelbe Gliederungen auf weißem Grund, ist wie beim Neuen Schloß (s. S. 241) originalgetreu wiederhergestellt.

Das westliche und östliche Hauptportal führen in den hohen Hauptsaal, der den gesamten Mittelrisalit einnimmt. Von hier sind die zweigeschossigen südlichen und nördlichen Appartements des Kurfürsten und der Kurfürstin mit jeweils eigenen Treppen und einer Galerie im Mittelsaal zu erreichen. Die Dürnitz im Untergeschoß (unter dem Hauptsaal) scheint für die Dienerschaft bestimmt gewesen zu sein. In der Schloßküche sind noch der gemauerte Herd mit dem großen Rauchfang und in einer Nische die alte Wasserstelle zu sehen. Das Belvedere ist neute nicht zugänglich. Die Fresken in Lustheim – der erste größere Zyklus barocker Deckenmalerei in Bayern – werden von gemalten Scheinarchitekturen und Steinfiguren gerahmt. Francesco Rosa, der bis 1701 in Lustheim tätig ist, werden die Fresken im Hauptsaal (I) und in den Appartementräumen VI, VII und VIII zugeschrieben, Giovanni Trubillio jene in Kassenraum, IV, IX und X, Johann Anton Gumpp die Arbeiten in Saal II, III und V. Die illusionistischen Rahmungen stammen zum größten Teil von J. A. Gumpp, zum Teil von F. Rosa und G. Trubillio selbst (s. Rundgang). Alle Fresken stellen Szenen mit Diana, der Göttin der Jagd, dar und sind als Allegorien auf die Kurfürstin Maria Antonia zu verstehen.

Sammlungsgeschichte

Nach kurzen Verhandlungen stiftet 1968 der Düsseldorfer Professor Dr. Ernst Schneider dem Bayerischen Nationalmuseum 1434 Porzellane aus der Meißener Manufaktur. Bei der Suche, die Stiftungsbedingungen eines barocken Ausstellungsbaus zu erfüllen, fällt die Wahl auf Schloß Lustheim.
Das Gebäude wird von der Bayerischen Verwaltung der staatlichen Schlösser, Gärten und Seen von Grund auf restauriert und nimmt anschließend die Sammlung als Zweigmuseum des Bayerischen Nationalmuseums auf. 1970 reisen 250 Kisten unbeschädigt von Düsseldorf nach München. Der Inhalt, zum

großen Teil jahrelang im Düsseldorfer Schloß Jägerhof ausgestellt, war inzwischen weiter angewachsen, so daß seit der Eröffnung 1971 in den fünfzehn Sälen von Lustheim über 1800 Porzellane gezeigt werden können.

Zur Geschichte des Meißener Porzellans

Die Sammlung Ernst Schneiders belegt anhand von Geschirren, Tierfiguren und Tafelaufsätzen die Geschichte der Meißener Porzellan-Manufaktur von den ersten Produkten Böttgers bis zu den Servicen aus der Zeit des Siebenjährigen Kriegs (1756-63). 1710 gründet Kurfürst August II. von Sachsen, genannt August der Starke, die Porzellanmanufaktur in Meißen. Anlaß ist die Erfindung des europäischen Porzellans 1708 durch den ›Alchimisten‹ J.F. Böttger (1682-1719), der bis zu seinem Tode die Manufaktur leitet. 1720 tritt der Maler J.G. Höroldt (1696-1775) die Nachfolge an und entwickelt die Porzellanmalerei im Stil der Chinoiserien. Die eigentliche Blütezeit der Manufaktur beginnt 1731 mit der Berufung des Bildhauers Johann Joachim Kändler (1706-75). Er löst sich von ostasiatischen Vorbildern und modelliert eigenständige Tierfiguren für das Japanische Palais, das Porzellanschloß Augusts des Starken am Dresdner Elbufer. Seine Modelle studiert er in der Moritzburger kurfürstlichen Menagerie. Erst nach dem Siebenjährigen Krieg verliert die Meißener Manufaktur an Bedeutung, als Friedrich der Große das Personal aus Meißen nach Berlin holt.

Kaffeekanne mit Wappen Contarini, Modell von J.J. Kändler, 1738, Meißen, um 1740

Rundgang

Im Schloß sind außer den Deckengemälden und den Porzellanobjekten barocke Möbel aus dem Besitz Ernst Schneiders zu sehen. Im folgenden werden aus Platzgründen nur die Freskanten und ihre Motive benannt.
Die Porzellane sind nach Themengruppen chronologisch in Vitrinen geordnet und folgen der Numerierung der Räume.

Ehemaliges Vorzimmer im Gelben Appartement der Kurfürstin:
Deckenfresko *Diana lädt die Götter zur Jagd* von G. Trubillio, illusionistische Architekturrahmung von J.A. Gumpp.

Hauptsaal (I)
Fresko *Jupiter erhebt Diana zur Göttin der Jagd,* Medaillons und Scheinarchitekturen von F. Rosa um 1684/85.
Auf dem langen Tisch in der Mitte des Saales sieben *AR-Vasen* (Augustus-Rex-Marke auf dem Boden) von 1730/35. An der Nordwand auf Konsoltischen je ein *Leuchter* mit weiblicher Figur aus dem Sulkowski-Service (1736) von J.J. Kändler.

Saal II Ehemaliges Vorzimmer im Roten Appartement der Kurfürsten:
Fresko *Diana und Opis fangen den armenischen Tiger* und Rahmen von J.A. Gumpp.
Vitrine 1: Rotes sog. Böttgersteinzeug von 1710-20, vom ›Goldmacher‹ Johann Friedrich Böttger unter Aufsicht des Naturforschers, Mathematikers und Philosophen Ehrenfried Walther von Tschirnhaus 1706/07 erfunden und auf der Festung Albrechtsburg bei Meißen weiterentwickelt.

Apollo-Vase, Modell von J.J. Kändler, um 1745, Meißen, um 1745/50

Erdteil-Allegorie ›Europa‹, Modell von J.J. Kändler und J.F. Eberlein, Meißen 1745/47

Vitrine 2: Böttger-Figuren und -Geschirre.
Vitrine 3: Weißes Böttger-Porzellan von etwa 1710 bis 1720; vermutlich 1707/09 erfindet Böttger eine Glasur, die untrennbar mit dem Scherben verschmilzt; im April 1710 werden zum ersten Mal bunte Dekorfarben erwähnt, echte Porzellanfarben scheinen nicht vor 1717 entdeckt worden zu sein.
Vitrine 4: Dekore der frühen Höroldt-Zeit, um 1720-25.

Saal III Ehemaliges Audienzzimmer im Roten Appartement des Kurfürsten:
Fresko *Die Bestrafung des Ampelos* und Rahmenarchitektur samt Kartuschen von J.A. Gumpp.
Vitrine 5-7: Höroldt-Chinoiserien, um 1725 bis 1735 eines der wichtigsten Stücke die kleine *Zuckerdose* (Vitrine 5, mittleres Plexiglasfach).
Vitrine 8: U.a. Porzellane mit Malereien von Philipp Ernst Schindler, Christian Friedrich Herold und des Dresdner Hausmalers Lauche.

Saal IV Ehemalige Galerie im Roten Appartement des Kurfürsten:
Fresko *Kampf der Giganten* und Rahmenarchitektur von G. Trubillio.
Vitrine 9a-c: Sächsisches Hofservice, um 1730 bis 19. Jh.
Vitrine 9d: Dekore in japanischer Art, um 1725-35.
Vitrine 9e und 10a-e: Dekore in ostasiatischer Art, um 1730-40.
Vitrine 11: Zwei große *Leuchter* mit einem Fuß in Gestalt von drei Elefantenköpfen nach einem Kändler-Modell von 1735.

Saal V Ehemaliges Schlafzimmer im Grünen Appartement des Kurfürsten:
Fresko *Jünglinge jagen einen Hirsch,* Architekturrahmen und Kartuschen von J.A. Gumpp.
Vitrine 12: Geschirre aus verschiedenen Servicen mit Heckendekoren, um 1725-40.
Vitrine 13: Verschiedene Dekore nach japanischen Arita-Vorbildern.
Vitrine 14: Chinoiserien von Johann Ehrenfried Stadler, um 1723/24-41.

Saal VI Ehemaliges Vorzimmer im Grünen Appartement des Kurfürsten:
Zentrales Medaillon *Diana rettet Iphigenie vor dem Opfertod in Aulis* von F. Rosa, Architekturrahmung von J.A. Gumpp.
Vitrine 15-17: Meißener Porzellan mit Augsburger Überdekoren, 2. Viertel 18.Jh., u.a. von Johann Auffenwerth und den Werkstätten der Brüder Seuter.
Vitrine 18: Kauffahrtei-Dekore, meist um 1730-45, teilweise von Christian F. Herold.

Saal VII Ehemaliges Vorzimmer im Blauen Appartement der Kurfürstin:
Zentrales Fresko *Die Vertreibung der stymphalischen Vögel* von F. Rosa, die illusionistische Rahmung und die Mittelkartuschen von J.A. Gumpp.
Vitrine 19-22: Fabeltier-Dekore, um 1735-40, auch von 1727-36 in der Meißener Manufaktur tätigen Maler Adam Friedrich von Löwenfinck.

Saal VIII Ehemaliges äußeres Zimmer im Blauen Appartement der Kurfürstin:
Fresko *Diana im Triumphwagen* und rahmende Scheinarchitekturen von F. Rosa.

Erdteil-Allegorie ›Amerika‹, Modell von J. J. Kändler und J. F. Eberlein, Meißen 1745/47

Saal IX Ehemalige Galerie im Gelben Appartement der Kurfürstin:
Deckenfresko im ovalen Mittelmedaillon *Diana in der Schmiede des Vulkan* von G. Trubillio, der Architekturrahmen mit den Steinskulpturen von J. A. Gumpp, im Kabinett Fresko *Orion wird von Diana und der Nymphe Opis verfolgt* von J. A. Gumpp.

Saal X Ehemaliges Schlafzimmer im Gelben Appartement der Kurfürstin:
Fresko *Diana verliebt sich in Endymion* von G. Trubillio, Skulpturen und Architektur des Gewölbeansatzes von J. A. Gumpp.

Rundgang, Fortsetzung: Zurück in die Galerie (Saal IX), hier links neben dem Fenster führt die Treppe in die 4 Säle im Untergeschoß.

Saal XI

Saal XII Ehemalige Schloßküche

Saal XIII Ehemalige Dürnitz

Saal XIV

20 Mineralogische Staatssammlung

2, Theresienstraße 41, Telefon 23 94 43 12
Geöffnet: Schausammlung Dienstag bis Freitag 13-17 Uhr,
Samstag und Sonntag 13-18 Uhr
Zusätzlich zur Feiertagsregelung (s. S. 10) auch ganztägig geschlossen am Faschingsdienstag, 24. und 31. 12.

Leitung der Staatssammlung und des Instituts der Universität in Personalunion
Prof. Dr. Heinz Jagodzinski
Wissenschaftliche Mitarbeiterin: Dr. Sigrid Schwarzmann

Träger: Freistaat Bayern,
Generaldirektion der Staatlichen Naturwissenschaftlichen Sammlungen Bayerns,
19 Menzinger Straße 71, Telefon 17 16 59
Fördererverein: Verein der Freunde der Mineralogie und Geologie (Münchner Ortsgruppe)

Bibliothek mit rund 2300 Bänden, Lesesaal, Kopiermöglichkeit im Rahmen der Universität vorhanden

Sammlung: Mineralien aus der ganzen Welt

Geschichte: Gründung 1797, selbständig seit 1823,
Ausstellungen wieder seit 1974

Aktivitäten: Didaktische Dauerausstellung mit 700 Exponaten: ›Reich der Kristalle‹

Publikationen: Ausstellungskatalog ›Reich der Kristalle‹, Information des Museumspädagogischen Zentrums (MPZ) für Lehrer und Schulen

Kurzinformation

Die Mineralogische Staatssammlung, die einmal zu den wertvollsten und vollständigsten Sammlungen Europas gezählt hat – nur noch vom Bergbau-Institut in Sankt Petersburg übertroffen – und der Wiener Sammlung oder dem Smithsonian Institute in Washington an die Seite gestellt werden konnte, hat im Zweiten Weltkrieg 80 Prozent ihrer Bestände verloren. Heute besitzt sie wieder 19 000 Stücke, unter denen sich noch die berühmtesten Stufen der Leuchtenberg-Sammlung befinden: der Takowaya-Smaragd, der Rubellit-Kristall und der Leuchtenbergit.

Sammlungsgeschichte

Es läßt sich nicht mehr genau feststellen, wann die Mineralogische Staatssammlung innerhalb der frühen Jahre der Naturwissenschaftlichen Sammlungen der Akademie der Wissenschaften so groß geworden ist, daß sie als eigenständiger Sammlungskomplex gilt. Fest steht, daß sie nach und nach durch Zusammenlegen mehrerer bereits in Staatsbesitz befindlicher oder gerade erworbener Sammlungen entsteht (darunter das Kurfürstliche Mineralien-Kabinett zu Mannheim, die Sammlung Rappoltstein, das Mineralien-Kabinett Zweibrücken u. a.). Gegen Ende des 18. Jh. findet sie dank des engagierten Mat-

1 Smaragd, Tokowaja, Ural
2 Konichalcit, Ojuela Mine, Mapimi, Mexiko
3 Rhodochrosit, Argentinien
4 Coelestin, Madagaskar
5 Gold, Verespatak, Ungarn
6 Rubellit, Sibirien
7 Quarz und Muskovit, Colatina, Brasilien
8 Beryll, Minas Gerais, Brasilien

thias Flurl, von 1797 bis 1823 Professor der Naturgeschichte und Chemie, Platz im Gebäude der Akademie der Wissenschaften an der Neuhauser Straße 51.

Aus Landshut kommt Zuwachs, als der dortige Universitätsprofessor für Chemie und Mineralogie, Johann Nepomuk Fuchs (1774 bis 1856), 1823 als Nachfolger Flurls ans Konservatorium für Mineralogie an der Münchner Akademie berufen wird und im Rahmen der Verlegung der Universität nach München auch den Umzug des Landshuter Mineralienkabinetts nach München veranlaßt.

Als 1827 die Universität von Landshut nach München wechselt, übernimmt Fuchs auch den Lehrstuhl für Mineralogie. Seitdem sind Sammlung und Institut in Personalunion vereinigt. Fuchs hatte einen außerordentlichen Lehrstuhl für Mineralogie beantragt, der 1826 seinem ehemaligen Schüler Franz von Kobell (1803-82) übertragen wird, nachdem dieser schon 1823 Adjunkt der Sammlung geworden war. Fuchs und Kobell ergänzen sich auf ideale Weise: Fuchs als genialer Wissenschaftler, Mitbegründer der Kristallchemie (er erkannte wichtige Beziehungen der Isomorphie von Kristallen und deren chemische Zusammensetzung); Kobell als weltgewandter, allseitig interessierter Wissenschaftler, ob besserer Mundartdichter oder Mineraloge ist bis heute offen geblieben. Seine adelige Herkunft verschafft ihm Zugang beim königlichen Hof. Den ausgezeichneten Kontakten beider verdankt die Sammlung einen seltenen Glücksfall, die Eingliederung des größten Teils der Leuchtenberg-Sammlung mit 10000 Mineralien im Jahre 1855. Damit zählt die Mineralogische Staatssammlung mit einem Schlag zu den bedeutendsten Europas. Die berühmte Smaragdstufe von Takowaya im Ural ist singulär unter allen Sammlungen der Welt.

Die **Leuchtenbergsammlung** wurde von Eugène Beauharnais gegründet, dem Stiefsohn Napoleons und ehemaligen Vizekönig von Italien. Er hatte sich nach Napoleons Sturz mit seiner Gemahlin, der bayerischen Kö-

nigstochter Auguste, als Herzog von Leuchtenberg und Fürst von Eichstätt in Bayern niedergelassen. Er stirbt 1824.

Sein Sohn und Nachfolger August von Leuchtenberg zeigt schon früh naturwissenschaftliche Neigungen, studiert Zoologie und Botanik und sammelt naturwissenschaftliche Objekte. Von einer Reise nach Brasilien im Jahre 1829/30 zur Hochzeit seiner Schwester Amelie bringt August neben zoologischen Raritäten auch Mineralien mit. Später schickt ihm sein Schwager und künftiger Schwiegervater, Kaiser Dom Pedro II. von Brasilien, noch weitere Stücke aus Südamerika. August stirbt 1835 als Prinzgemahl der portugiesischen Königin Maria da Gloria, und sein 18 Jahre alter Bruder Maximilian wird Fürst von Eichstätt und Erbe der Sammlungen.

Maximilian von Leuchtenberg studiert Mineralogie und Naturwissenschaften. 1839 heiratet er die Großfürstin Marie, Tochter des Zaren Nikolaus I. (1825-55), und verlegt seinen Wohnsitz nach Sankt Petersburg. Dort umgibt er sich mit Gelehrten und wird unter anderem Generalbevollmächtigter aller Bergwerke Rußlands. 1845 inspiziert er im Auftrage des Zaren die Bergwerke im Ural und in Sibirien sowie in den Gouvernements Perm und Kasan. Er erwirbt bei dieser Gelegenheit zahlreiche, zum Teil sehr prächtige Mineralstufen für seine Sammlung, wofür er erhebliche Mittel aus seiner Privatschatulle aufwendet.

Die in Rußland zusammengetragenen Mineralien bringt Maximilian zunächst in sein Petersburger Palais, einen besonders wertvollen Teil schickt er in sein Eichstätter Naturalienkabinett, andere Stufen gelangen nach Athen, wo sein Vetter, König Otto, regiert.

1852 kauft Maximilian von Leuchtenberg die Sammlung des Münchner Medizinprofessors von Ringseis für Eichstätt an. Ringseis hatte Ludwig I. 1817 als Leibarzt nach Sizilien begleitet und von dort einige große Schaustufen mit Schwefel und Cölestin aus Agrigent mitgebracht, die sich heute noch in der Mineralogischen Staatssammlung befinden. Im Oktober 1852 stirbt Maximilian in Peters-

burg. Die in Rußland befindliche Sammlung erbt sein Sohn Nikolaus, der ebenfalls Mineraloge ist. Er überläßt sie um 1868 der Petersburger Akademie.

Am 21.April 1855 wird Maximilians bayerischer Fideikommiß aufgelöst. Das Fürstentum Eichstätt und die naturwissenschaftlichen Sammlungen im ehemals Leuchtenbergischen Schloß werden Staatsbesitz. Der größte und kostbarste Teil der Mineraliensammlung – etwa 10000 Stücke – wird 1858 der Mineralogischen Staatssammlung in München übergeben.

Von den nach München gelangten Schätzen der Leuchtenbergsammlung existieren außer der schon erwähnten Smaragdstufe von Tokowaya unter anderem noch: ein handgroßes Platingeschiebe und ein Stück Platin in Chromit von Nishne Tagilsk, Gold aus Beresowk, zwei handgroße Phenakitkristalle und geschliffene Phenakite von Tokowaya, Rubellit in Pegmatit von Mursinsk, schöne Malachite von Jekaterinburg, eine Silberlocke von Kongsberg, die Maximilian bei einem Staatsbesuch in Schweden erhält, sowie ein Stück Leuchtenbergit, das zu Ehren des Förderers der Mineralogie, Maximilian von Leuchtenberg, benannt worden ist.

1858 bis heute

1858 wird die Leuchtenbergsammlung auf Betreiben Kobells in die Staatssammlung integriert und von ihm, der 1856 Sammlungsdirektor geworden war, seinem Konservator Frischmann (der der Leuchtenbergsammlung von Eichstätt nach München gefolgt war) und dem nachfolgenden Direktor Paul von Groth zusammen mit allen Stücken der Sammlung neu etikettiert.

1883 erreicht Groth, daß neben der Sammlung auch das Institut der Universität im Akademiegebäude Unterkunft findet. Als 1886 die Akademie der Schönen Künste auszieht, entsteht in den freigewordenen Räumen die schönste und größte mineralogische Schausammlung Deutschlands. Im April 1944, als die Akademie Opfer der Fliegerbomben wird,

gehen 80 Prozent der Mineralogischen Staatssammlung zugrunde. 1972, nach dem Umzug der Ausstellung vom Nachkriegsdomizil in der Luisenstraße in den Neubau der Geowissenschaften auf dem ehemaligen Gelände der Türkenkaserne, werden die Schauvitrinen aufgebrochen und 61 kostbare Kristallstufen gestohlen.

Ausstellung ›Reich der Kristalle‹

An die Stelle der ehemaligen Schausammlung ist heute eine thematisch begrenzte Ausstellung getreten, die Schönheit und Gesetzmäßigkeit der Kristalle vorführt und ästhetischen wie wissenschaftlichen Ansprüchen gleichermaßen gerecht wird. In didaktisch vorbildlicher Weise wird das Verständnis für Gestalt, chemische Entstehung und Eigenschaften geweckt. Die Themenkreise sind: Mineralienausstellung mit Erläuterungen zur Genese; Bayerische Lagerstätten; Kristall-Gitter-Symmetrie-Gestalt; Kristallwachstum; Optische, magnetische, mechanische Eigenschaften; Kristall und Technik; in Vorbereitung: Mineralsystematik auf chemischer Grundlage.

Leuchtenbergit, Schimschimsker Berge, Ural

149

21 Münchner Feuerwehrmuseum

2, Blumenstraße 34, Telefon 238061
Geöffnet: Samstag 9-16 Uhr und nach Vereinbarung; an Feiertagen geschlossen

Leitung: Dipl.-Ing. Karl Seegerer

Träger: Landeshauptstadt München, Branddirektion

Sammlung zur historischen Entwicklung des Feuerwehrwesens in München bis 1904. Von 1904 bis zur Gegenwart werden spezielle Sachgebiete wie Fahrzeuge und Gerät, Uniformen, Atemschutz, Sonderlöschverfahren, Feuermelder, Feuerlöscher, Nachrichtentechnik u. a. vorgestellt

Geschichte: Gründung durch Dipl.-Ing. Karl Seegerer; Juli 1979 Eröffnung im Gebäude der Hauptfeuerwache, 1902-04 von Carl Hocheder und Robert Rehlen im Neobarockstil erbaut

Service: Gruppenführungen nach Vereinbarung auch unter der Woche

Publikationen: Faltblatt, Kurzführer in Vorbereitung

Kurzinformation

Unter den Feuerwehrmuseen der Bundesrepublik ist das Münchner wohl eines der jüngsten und größten. Neben historischen Besonderheiten wie dem Modell der ersten Drehleiter von 1802, der nachgebauten Tür-merstube des ›Alten Peter‹ um 1850 mit dem Steinheilschen ›Pyroskop‹ und einer Abteilung ›Drittes Reich‹ demonstrieren Originale und Modelle die technischen Methoden der Brandmeldung und -bekämpfung einst und heute. Sie leisten einen informativen Beitrag zur Aufklärung des Bürgers.

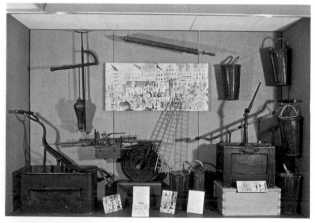

Links: Lederne Löscheimer und Handdruckspritzen

Unten: Modell der ersten Drehleiter, 1802 in Paris von Regnier entwickelt (linke Vitrinenecke)

Maßstabgetreue Rekonstruktion der Turmstube im Alten Peter um 1850

Geschichte

Rund hundertmal täglich rücken die roten Lösch- und Gerätewagen der Münchner Feuerwehr aus. Aber nur in den wenigsten Fällen gelten ihre Einsätze noch der Brandbekämpfung: Heute gehören Unfälle und technische Hilfeleistungen aller Art zum täglichen Pensum der Feuerwehrleute. In der Hauptfeuerwache und den derzeit acht Unterwachen der Stadt arbeiten rund 1500 Mann Tag und Nacht im Wechselschichtdienst, unterstützt von einer 700 Mann starken Freiwilligen Feuerwehr. Ausbildung und ständiges körperliches Training sind vielseitig: Trotz hoher Technisierung werden – wie in den vergangenen Jahrhunderten – Mut und Risikobereitschaft verlangt.

1866 wird die für jedermann verbindliche bürgerliche Feuerlöschpflicht von der Freiwilligen Feuerwehr übernommen, 1879 am heutigen Jakobsplatz eine ständige Feuerwache eingerichtet. 1902-04 entsteht an der Blumenstraße in der Nähe des Roßmarkts die Hauptfeuerwache. Aus acht nebeneinander-

liegenden Wagenremisen starten die pferdebespannten Feuerwehrwagen gleichzeitig, nachdem sich die Pferde auf ein bestimmtes Glockensignal aus ihren rückwärtigen Boxen an die Fahrzeugdeichseln gestellt hatten – ehe die Feuerwehr zwischen 1904 und 1913 motorisiert wird. Heute rücken hier modernste Lösch- und Sonderfahrzeuge aus.

In der Hauptfeuerwache ist auch das Feuerwehrmuseum eingerichtet. Die Idee hatte 1973 Münchens langjähriger Feuerwehrchef, Oberbranddirektor Karl Seegerer. In seinem Auftrag beginnt Brandoberrat Günther Holzl 1978 Ausstellungsstücke zu sammeln. Nach einem Aufruf der Branddirektion steuern Münchner Bürger zahlreiche Erinnerungsstücke und Dokumente aus Familienbesitz bei. Viele Objekte finden sich auch in den Magazinen des Münchner Stadtmuseums (s. S. 153) und des Deutschen Museums (s. S. 81). Konzeption und Entwurf des Architekten Rupert Augustin werden 1979 innerhalb von drei Monaten von den Berufsfeuerwehrmännern eigenhändig realisiert. Das Museum kann termingerecht am 7. Juli 1979 zum hundertjährigen Gründungsjubiläum der Berufsfeuerwehr eröffnet werden.

Im Museum

Die frühen Löschgeräte aus Leder, Holz und Messing aus dem 19. Jahrhundert, wie sie zum Teil seit dem Mittelalter in Gebrauch waren, überraschen zunächst. Sie wirken zierlich und pittoresk. Die Effektivität der ledernen Löscheimerchen mit den Henkeln aus Ochsenschwanzknorpeln wird erst mit Hilfe des Stichworts ›Eimerkette‹ plausibel. Wie die hölzernen Stock- und Krückenspritzen wirken auch die kofferartigen Holz-Wasserbehälter der Handdruckspritzen klein. Für den Wassernachschub sorgte wieder die Eimerkette. Die zugehörigen Schlauchstücke aus genietetem Leder wurden durch Messingkupplungen verbunden.

Ein Prunkstück der Sammlung ist das Modell der ersten Drehleiter, eine Leihgabe des Münchner Stadtmuseums. Von ihrem Erfinder Regnier wurde sie für eine Steighöhe von

Schutzanzug mit handbetriebenem ›Scheibenwischer‹

fast 18 Metern entwickelt und auf einem Pariser Wettbewerb von 1802, den Napoleon für universelle Rettungsgeräte aus Feuersnot ausgeschrieben hatte, mit dem ersten Preis ausgezeichnet.

Zu den frühen historischen Stücken gehören neben Urkunden auch Fahnen und Trompeten, Messinghelme (u. a. vom ersten Münchner Feuerwehrkommandanten Reinhold Hirschberg), Uniformen, Pläne, Bilder und Modelle von Gerätehäusern und Feuerwachen seit dem 18. Jh., einschließlich einiger Steigerturm-Modelle. Anhand einer Skizze von etwa 1860 konnte auch die Turmstube des ›Alten Peter‹ maßstabgetreu nachgebaut und mit den Originalhandwerkszeugen bestückt werden. Hier wachte ein Türmer Tag und Nacht über der Stadt. Er alarmierte die Feuerwehr und dirigierte sie mit einem überdimensionalen Sprachrohr in die Richtung des Feuers. Zeigte er die rote Fahne, brannte es links der Isar, eine grüne hieß ›Feuer rechts der Isar‹. Nachts wies eine rote oder grüne Laterne den Weg. Ab 1841 half dem

Türmer das ›Pyroskop‹ von Carl Steinheil, die nächtliche Brandstelle zu lokalisieren: Eine fixierte Camera lucida warf den nächtlichen Feuerschein auf ein Stadtbild, das mit derselben Kamera zur Tageszeit aufgenommen worden war. Die Reflexe des Feuerscheins auf (witterungsbeständigen) Marmorplatten, in die das Tagbild eingraviert war, wiesen genau auf den Brandort. Das Stadtpanorama war in acht Sektionen bzw. Bilder unterteilt und mit einem Koordinatensystem überzogen.

Aus dem Jahre 1903 stammt ein Morseapparat aus glänzendem Messing auf dem Tisch, der mit der Empfangsstation in der Feuerwache verbunden war. Angesichts der Technik in der Türmerstube mutet der erste Rüstwagen um 1900, den ein zeitgenössisches Foto überliefert hat und von dem Originalgeräte erhalten sind, vergleichsweise einfach an.

Bis zur Jahrhundertwende demonstriert das Museum die allgemeine Entwicklung der Brandbekämpfungsmethoden. Inmitten der ideenreichen und praktischen Geräte (Feuerwehrfahrzeuge, Brandmeldeanlagen, Funkgeräte, Schutzausrüstungen, Rettungsgeräte, Feuerlöscher und vieles mehr), die die immer komplizierteren Techniken der einzelnen Sachgebiete von 1900 bis heute veranschaulichen, leistet das Museum einen besonders realistischen Beitrag zur Bewältigung eines Stücks jüngster Zeitgeschichte. Ein originalgetreu nachgebauter Luftschutzkeller mit Splitterschutzsteinen und Gasschutztüren, mit Feuerpatschen, Volksgasmasken und Baby-Gasschutzjäckchen einschließlich improvisierter Einsatzleitstelle weckt beklemmende Erinnerungen an durchwachte Bombennächte des Zweiten Weltkriegs. Der Nachkriegsgeneration werden die Auswirkungen der Luftangriffe auf München anhand authentischer Lichtbilder vorgeführt.

Eine Multivisionsschau zeigt ›Münchens Feuerwehr heute‹. In einer ständigen Sonderausstellung konfrontieren eindringliche aktuelle Fotos mit den häufigsten, meist auf Fahrlässigkeit zurückzuführenden Schadensursachen und ihren erschütternden Folgen. Schonungslose Aufnahmen enthüllen schlagartig die eigentliche Aufgabe der Feuerwehr als Lebensretter.

Oben: Originalgetreu nachgebaute Einsatzleitstelle im Luftschutzkeller aus dem Zweiten Weltkrieg

Fahrbare und handbetätigte Saug- und Druckspritze von 1878

22 Münchner Stadtmuseum

2, Sankt-Jakobs-Platz 1, Telefon 2332370, Programmansage 2335586
Geöffnet: Dienstag mit Samstag 9-16.30 Uhr, Sonn- und Feiertage 10-18 Uhr
Abweichend von der Feiertagsregelung (s. S. 10) geöffnet am: 1.1., 6.1., Ostermontag,
Christi Himmelfahrt, Pfingstmontag, 15.8., Buß- und Bettag, 26.12.; Faschingssonntag,
-dienstag und 31.12. nur 9-12 Uhr. – Ganztägig geschlossen am 24.12.

Direktor: Dr. Christoph Stölzl (Allgemeine Kulturgeschichte)
Stellvertreter: Dr. Rudolf Wackernagel (Restaurierungswerkstätten, Münchner Zeughaus)
Wissenschaftliche Mitarbeiter: Dr. Volker Duvigneau (Grafik ab 1780, Gebrauchsgrafik,
Populärgrafik, Plakatsammlung), Dr. Johanna Müller-Meiningen und Dr. Barbara
Eschenburg (Grafik bis 1780, Gemälde), Dr. Helga Schmoll gen. Eisenwerth (Plastik,
Kunsthandwerk, Münzen), Dr. Ulrike Zischka (Volkskunst, Objekte der Alltagskultur),
Dr. Andreas Ley (Textilien, Tracht, Mode), Dr. Hans Ottomeyer (Möbelsammlung),
Dr. Wolfgang Till und Dr. Florian Dering (Puppentheatermuseum, Objekte der Schaustel-
lerei), Ditmar Albert (Fotomuseum), Dr. Manfred Hermann Schmid (Musikinstrumenten-
museum), Enno Patalas (Filmmuseum)

Angegliederte Sammlung: Deutsches Brauereimuseum: Verein Brauerei-Museum

Träger: Landeshauptstadt München
Fördererverein: Freunde des Münchner Stadtmuseums e.V.

Präsenzbibliothek für Mitarbeiter und Fachpublikum mit 14000 Bänden, 12 laufenden Zeitschriften zur Kunst- und Kulturgeschichte Bayerns; Fachbibliotheken zur Film- und Foto-
geschichte, zur Waffenkunde und Puppentheatersammlung; Öffnung nach Vereinbarung
Präsenzbibliothek: Von-Parish-Kostümforschungsinstitut mit 30000 Bänden zur Ko-
stümkunde, 19, Kemnatenstraße 50, Telefon 177717, Öffnung nach Vereinbarung

Sammlung: Münchner Zeughaus (rund 2250 Rüstungen und Waffen vom 15. bis 18.Jh.,
Handwerkszeug); Plastische Kleinkunst, Kunsthandwerk, Münzen und Medaillen; Volkskundliche Trachten; Kostüme, Mode, Textilien; Spielzeug; Grafische Sammlungen:
Maillinger-Sammlung, Sammlung Proebst, Plakatsammlung, Kostümdarstellungen der
Sammlung von Parish; Populärgrafik; Gemälde; Möbel (Mitte 17.-20.Jh.); Puppentheatermuseum (Puppentheater in Europa und Asien, Objekte der Schaustellerei); Fotomuseum (Fraunhoferwerkstätte, Dr.-Loher-Sammlung zur Geschichte der Fotografie,
Sammlung Breitenbach); Filmmuseum; Musikinstrumentenmuseum; Herbergenmuseum Üblacker-Häusl; angegliederte Sammlung: Deutsches Brauereimuseum (Bier-
brauen einst und jetzt)

Geschichte: Gründung 1874, Eröffnung 1888 als Historisches Museum München,
Anfang der fünfziger Jahre Umbenennung in Münchner Stadtmuseum

Außenstellen: Von-Parish-Kostümforschungsinstitut in Nymphenburg, 19, Kemnatenstraße 50, Telefon 177717, Benutzung nach Vereinbarung
Herbergenmuseum Üblacker-Häusl in Haidhausen, 80, Preysingstraße 58, Öffnungszeiten Dienstag, Donnerstag und Sonntag 10-12, Mittwoch und Freitag 17-19 Uhr

Aktivitäten: Wechselausstellungen; Filmmuseum: zwei öffentliche Vorführungen täglich, Matineen an den Wochenenden, Programm in der Tagespresse; Musikinstrumentenmuseum: Vorführungen und Konzerte; Puppentheatermuseum: Vorführungen (auch
unter der Woche für Kinder); Museumspädagogisches Zentrum: Programm im großen
Ateliersaal des Marstallgebäudes z.B. zur Stadtentwicklung (Sandtner-Stadtmodell von
1572, Kopie); Führungen: Münchner Wohnkultur von 1700 bis 1900 jeden Sonntag 11 Uhr,
Moriskenraum mit den Moriskentänzern von Erasmus Grasser jeden Samstag 15 Uhr

Publikationen: Auswahl von Ausstellungskatalogen, die zur Zeit an der Museumskasse noch erhältlich sind und wesentliche Teile der museumseigenen Bestände publizieren: Plakate in München. Eine Dokumentation zu Geschichte und Wesen des Plakats in München aus den Beständen der Plakatsammlung, 1975; Aus Münchner Kinderstuben 1750 bis 1930. Kinderspielzeug, Kinderbücher, Kinderporträts, Kinderkleidung, Kindermöbel aus den Beständen des Münchner Stadtmuseums, 1976; Die Sammlung Joseph Breitenbach. Zur Geschichte der Photographie, 1979; Die Zwanziger Jahre in München, 1979; Nancy 1900, Jugendstil in Lothringen zwischen Historismus und Art Déco. Keramik, Glas, Möbel, Gemälde, Plastik, Schmuck, Plakate, Mainz und Murnau 1980; Traurig aber wahr. Die Sammlung R. A. Stemmle zu Bänkelsang und Moritat, 1980; Lothar Meggendorfer, Lebende Bilderbücher, 1980; Die Welt aus Blech. Mechanisches Spielzeug aus zwei Jahrhunderten, Mainz 1981; Wachszieher und Lebzelter im alten München. Sammlung Ebenböck, 1981; Mode für Deutschland. 50 Jahre Meisterschule für Mode, München 1931-81, 1981; Albrecht Adam und seine Familie. Zur Geschichte einer Münchner Künstlerdynastie im 19. und 20. Jh., 1981; Theodor Boehm 1794-1881. Die Revolution der Flöte. Zum 100. Todestag von Boehm, Tutzing 1981; Wayang. Puppenspiel aus Java und Bali, 1981; Karl Valentin, Volks-Sänger? DADAist? 1982; Zwischen Kaltem Krieg und Wirtschaftswunder, Deutsche und Europäische Plakate 1945-1959, 1982.

Kurzinformation

Das Münchner Stadtmuseum versteht sich heute, da seine regionalen Anfänge weit zurückliegen, als Institution internationaler Kunstgeschichte und folgt damit der Wandlung Münchens von der deutschen Residenzstadt zur weltzugewandten Großstadt.

Mit dem alten Sammlungskern und seiner Spannweite von Kunst und Kultur zum Kunstgewerbe und seinen heterogenen Fachmuseen, die sich mit populärer Unterhaltung, mit Massenmedien und mit Musik befassen, demonstriert es grundsätzliche Aufgeschlossenheit gegenüber allen Kulturformen mit einem deutlichen Bekenntnis zur Alltagskultur.»München ist seit dem 19. Jh. eine europäische Hauptstadt des Kunstgewerbes, der angewandten Kunst und der reproduzierenden Kunst (Plakat, Typographie, Buchschmuck, Gebrauchsgrafik). Es ist kein Zufall, daß die Massenvervielfältigung der Kunst in Lithographie, illustrierter Zeitschrift, Photographie, Bildjournalismus und Film zum Teil in München erfunden, zum Teil zu früher Blüte gelangt sind. Kunst im engen Verhältnis zur Gesellschaft (Bürgerliches Porträt, Genre- und Sittenbild), Kunst als populäres Phänomen (Populäre Grafik, Satire und Karikatur), Kunst als Bestandteil der Volksfrömmigkeit (Wachszieherei, religiöse Volkskunst), Kunst als selbstverständlicher Teil des städtischen Lebens auch im nachhöfischen, bürgerlich-demokratischen Zeitalter (Möbel, Kunstgewerbe, Spielzeug, Mode), ist das Charakteristikum der ›Kunststadt‹ München. Zur populären Verankerung der Kunst gehören neben Musik auch die Traditionen des Faschings, der Jahrmarktskünste und der trivialen Unterhaltungsformen (Puppentheater, Volkssänger, Kino etc.)« (Christoph Stölzl). Die Sammlungen des Münchner Stadtmuseums spiegeln die Stadt in allen ihren genannten Facetten. In seinen Schausammlungen und Wechselausstellungen beschreibt das Museum die Geschichte der Stadt im Zusammenhang allgemeiner Kulturgeschichte mit dem Ziel, alle Lebensbereiche zu integrieren und alle Bürger und Besucher der Stadt anzusprechen.

Baugeschichte

Das Münchner Stadtmuseum breitet sich heute zwischen dem Sankt-Jakobs-Platz im Süden und dem Rosental im Norden aus, westlich wird es vom Oberanger und östlich von Nieserstraße und Sebastiansplatz begrenzt. Der historisch gewachsene Baukomplex setzt sich aus Bauten des Mittelalters und aus Erweiterungstrakten der zwanziger, dreißiger und fünfziger Jahre unseres Jh. zusammen. Die Rekonstruktion des mittelalterlichen Marstallgebäudes stammt aus den siebziger Jahren.

1 Marstallgebäude, ehemals eigentliches Korn- und Zeughaus
  1410 bezeugt, 1944 von Bomben zerstört, 1976/77 wiederaufgebaut (Architekturbüro Martin Hofmann, Tilman Erdle und Peter Wagner)
2 Zeughaus, ehemals Korn- und Geschützhaus
  1431 erbaut, 1491-93 von Lukas Rottaler umgebaut
3 Grässel-Trakt
  1926-28 erbaut von Hans Grässel
4 Leitenstorfer-Trakt
  1930/31 erbaut von Hermann Leitenstorfer
5 Gsaenger-Trakt
  1959-64 erbaut von Gustav Gsaenger
6 Hofmann-Trakt
  1977/78 erbaut vom Architekturbüro Martin Hofmann, Tilman Erdle und Peter Wagner

Die historischen Bauten

Marstallgebäude
An der Südostecke des heutigen Museumsareals, dem ehemaligen südlichen Angerviertel, befand sich ein 1410 bezeugtes Stadthaus. Die zwei westlich anschließenden Gebäude auf städtischen Parzellen dienten vermutlich schon in diesem Zeitraum als Korn- und Zeughaus, in dem die Getreidevorräte der Stadt, bürgerliche Rüstungen und Handwaffen lagerten, bald auch Pferde, Futterheu und Wagen, das heißt der Marstall der städtischen Bürgerwehr, untergebracht waren.

Zeughaus

Ursprünglich Getreidekasten mit Geschützhalle, 1431 als Erweiterungsbau des eigentlichen, östlich angrenzenden Korn- und Zeughauses errichtet, zwischen 1491 und 1493 von Lukas Rottaler neu gestaltet. Bürgerliches Gegenstück zur Fürstenarchitektur des Alten Hofs.

Ignaz-Günther-Haus

Typisches Altmünchner Bürgerhaus, in dem Ignaz Günther seine letzten 14 Jahre verlebte. Eines der letzten von einer Straße zur anderen durchgehenden Doppelanwesen. Vorderhaus (Unterer Anger 30, heute Sankt Jakobs-Platz 15) und Rückgebäude (Oberanger 11) sind durch einen kleinen Hof getrennt.
Das heutige Haus ist vermutlich im 17. Jh. unter Einbeziehung von Teilen eines spätgotischen Bauwerks weitgehend neu errichtet worden.

Sammlungsgeschichte

Aus den Anfängen des Münchner Stadtmuseums

Die Geschichte des Münchner Stadtmuseums beginnt am Sankt-Jakobs-Platz, dem ehemaligen Anger und späteren Heumarkt. Im Stadthaus von 1410 sind neben dem Fuhrpark der Münchner Bürgerwehr mit Wagenremisen, Stallungen und Heuböden auch Waffen untergebracht. Dieses Stadthaus und die zwei westlich angrenzenden, 1413 gemeinsam überdachten Häuser, die 1520-22 auch gemeinsame Fassadenbauten erhalten, werden als Korn- und Zeughaus einge-

richtet und gleichzeitig als Marstall genutzt. 1431 wird westlich ein Getreidekasten mit fünf Kornböden gebaut, der in der Erdgeschoßhalle die Kanonen der städtischen Artillerie aufnimmt, als die Stadt ihr Waffenarsenal aus Furcht vor den böhmischen Hussiten vergrößert. Zwischen 1491 und 1493 erhält der Getreidekasten mit der spätgotischen Geschützhalle von Lukas Rottaler seine bis heute wenig veränderte Gestalt.
Im 16. Jh. wird die Bürgerwehr der Zünfte mehr und mehr den kriegerischen Verpflichtungen ihrer Wehrhoheit durch die Herzöge enthoben. Die rasche Entwicklung der Feuerwaffen läßt das Zeughausinventar veralten. Bald dient es nur noch der Repräsentation der Bürger- und Stadtwehren bei Prozessionen oder festlichen Einzügen des Kaisers oder Herzogs in die Stadt. Einen weiteren Bedeutungswandel erfahren die alten Waffen im 18. Jh. Was nicht verkauft wird oder verrostet, wird als Antiquität zu Maskeraden und Theateraufführungen benutzt. Erst im 19. Jh. tritt neben den wiedererkannten materiellen Wert der »Meisterstücke« der historische Erinnerungswert.
Ein Ereignis der Revolution von 1848 entscheidet über das Schicksal des Zeughausinventars. Als die revoltierenden Bürger am 4. März das bürgerliche Zeughaus bzw. Marstallgebäude erstürmen, um sich zu bewaffnen, wird sich die Stadt ihrer Geschichte bewußt. Die Bürger tragen die entwendeten Waffen noch am selben Tag zurück. Bald darauf wird eine romantisch-malerische Aufstellung beschlossen und 1855 im ersten Stock

Franz Thurn, *Zeughaus*,
1825, Aquarell

Valentin Ruths, *Die Erstürmung des Zeughauses,* 1848, Lithographie

des Korn- und Geschützhauses eröffnet. Zum ersten Mal kommen ihm museale Funktionen zu: es ist zum Museum kriegerischer Vergangenheit und städtischer Geschichte geworden. Ein kostbares Besucherbuch liegt auf.

Es sollte noch dreißig Jahre dauern, bis die Stadt aus diesem scheinbar so selbstverständlichen Museumsanfang die Konsequenzen zieht. Die städtischen Kollegien überlassen 1865 zunächst der Königlichen Landwehr das Nutzungsrecht. Diese übernimmt die Inventarisierung und Instandsetzung der Bestände, deren neue Aufstellung im zweiten Stock und schließlich die Renovierung des ab jetzt Landwehr-Zeughaus genannten Korn- und Geschützhauses. Im »Landwehr-Zeughaus« ist Kaspar Braun, u. a. der Verleger der ›Münchner Fliegenden Blätter‹, der erste Oberzeugwart des öffentlichen ›Historischen Waffenmuseums‹.

Als die Landwehr 1869 aufgelöst wird, fallen ›Landwehr-Zeughaus‹ und Bestände geordnet und renoviert zusammen mit den Landwehrsammlungen an die Stadt zurück. Mit Auflösung der alten städtischen Zünfte und Innungen im selben Jahr gehen die Zeugnisse bürgerlichen Gewerbewesens in den Besitz der Stadt über. Eine Sternstunde für das Städtische Museum? Noch greift die Stadt nicht zu. Diesmal ist es das Bayerische Nationalmuseum (s. S. 43) mit seinem Direktor von Hefner-Alteneck, das alle Bestände übernimmt. 1873/74 nach dem Umzug der Rüstungen und Waffen ins Bayerische Nationalmuseum schildert der Archivar und Chronist der Stadt, Ernst von Destouches, wie öd es jetzt im Zeughaus aussieht, ehe Feuerwehr, Stadtbauamt und Kreislehrmittelmagazin einziehen. Und doch erfolgt paradoxerweise kurz danach die eigentliche Gründung des Münchner Stadtmuseums. Dem Antrag des städtischen Baurats Arnold Zenetti, der beeindruckt von der »Historischen Ausstellung der Stadt Wien« im Rahmen der Wiener Weltausstellung eine permanente historische Sammlung in München beantragt, stimmt derselbe Magistrat zu, der kurz zuvor seine Sammlungen dem Bayerischen Nationalmuseum übergeben hatte. Am 13. März 1874 wird ein jährlicher Etat von 600 Gulden festgesetzt und Ernst von Destouches beauftragt, alle geeigneten, zum Teil jahrhundertealten Gegenstände in städtischen Ämtern und öffentlichen Gebäuden zu sammeln. Bis zum September 1874 hat Destouches beim Durchstöbern von Kellergewölben, Stuben und Dachstühlen in Spitälern, Waisenhäusern, Kirchen, Friedhöfen, Ämtern, Pfandhäusern und Obdachlosenasylen 3500 historische Objekte entdeckt. Sie werden erst im Alten Rathaus, dann im Zeughaus gelagert. Eine permanente Ausstellung entsteht deshalb nicht. Jetzt befürchten die Städtischen Kollegien die überlegene Konkurrenz des Bayerischen Nationalmuseums.

Dem unentschlossenen Magistrat droht 1876 die Sammlung des Münchner Kunsthändlers Maillinger zu entgehen, als ihn die hohe Kaufsumme abschreckt. Joseph Maillinger hatte während seiner jahrzehntelangen Tätigkeit alle Grafiken zurückbehalten, die sich künstlerisch, topographisch, geschichtlich oder volkskundlich auf München bezogen. Über 30 000 Blätter, in einem dreibändigen, gedruckten Katalog beschrieben, werden schließlich dank einer Bürgerinitiative und einer Prämienlotterie mit einer Schenkungsurkunde der Stadt übergeben. Weitere 10 000 Blätter, in einem vierten Band erfaßt, erwirbt die Stadt 1889 aus dem Nachlaß. Auch die Maillinger-Sammlung wird im zweiten Stock des Zeughauses untergebracht, 1880 im Rahmen einer Wittelsbacher Jubiläumsausstellung der Öffentlichkeit zugänglich gemacht und nach einigem Hin und Her dort fest installiert.

Endlich entschließt sich der Magistrat, auch die historischen Bestände dauernd im Zeughaus auszustellen. Ein weiteres Stockwerk wird von Verwaltungsbüros freigemacht, und fünfzehn Jahre nach der Gründung, am 29. Juli 1888, wird das Zeughaus anläßlich der Hundertjahrfeiern zu König Ludwigs I. Geburtstag ohne Festakt eröffnet. Es erscheinen lediglich der Verwaltungsrat, der hochbetagte Büchsenmacher Carl Rinspacher, ehemaliger Landwehr-Unterzeugwart und zukünftiger Museumswart, und Destouches in seiner Eigenschaft als Stadtarchivar.

Einige Episoden zur Geschichte des Historischen Museums und der Maillinger-Sammlung

Ernst von Destouches, seit 1873 für das Historische Museum tätig, aber erst 1894 offiziell mit der Leitung betraut, richtet das Zeughaus ein. Zwischen 23 hölzernen Zwischenwänden entstehen im ersten Stock Raritätenkabinette aus Kunstgewerbe, Kunst und Urväterhausrat. Im zweiten Stock wird die Maillinger-Sammlung nach und nach, entsprechend den laufenden Nummern des Kataloges, in wechselnden Ausstellungen gezeigt. Das Museum ist Sonntag, Montag und Donnerstag, die Maillinger-Sammlung Samstag, Sonntag, Dienstag und Freitag offen. 1900 zieht im dritten Stock eine Modellsammlung städtischer Denkmäler ein. Damit wird zum ersten Mal das gesamte Gebäude museal genutzt.

Unter dem nebenamtlichen Direktor Karl Dietl liegt die Museumsarbeit ab 1919 in den Händen von Konrad Schießl, der schon De-

Erasmus Grasser, *Moriskentänzer,* 1480, farbig gefaßtes Lindenholz

Erasmus Grasser, *Moriskentänzer,* 1480, farbig gefaßtes Lindenholz

stouches' Mitarbeiter war. Auch unter Eberhard Hanfstaengl, der ab 1925 gleichzeitig Leiter der Städtischen Galerie (s. S. 312) ist, ändert sich daran nichts. Zwischen 1927 und 1929 gibt das Bayerische Nationalmuseum unter seinem Direktor Ph. M. Halm die 1873/ 74 übernommenen Handwaffen und Rüstungen zurück, die Konrad Schießl in Zusammenarbeit mit Hans Stöcklein (Armee-Museum) mangels Kanonen in der ehemaligen Geschützhalle des Zeughauses aufstellt. Sie ist ab 1931 öffentlich zugänglich.

1935 wird Konrad Schießl selbständiger Direktor. Er folgt von Anfang an den neuen zeitgenössischen Tendenzen zum Heimatmuseum und macht sich die Darstellung der bürgerlichen Kultur Münchens zur Aufgabe. Damit erweitert Schießl das Sammelkonzept. Möbel, Hausrat, Kunsthandwerk, Kostüme, Trachten, Textilien, Schmuck – das Spektrum bürgerlicher Populärkunst – wird erfaßt. Die Bestände lassen sich aus dem Besitz der Münchner Bürger aufbauen. Neuorganisation, Um- und Neubauten gehen Hand in Hand. 1926-28 wird das Zeughaus um den Grässel-Trakt, 1930/31 um den Leitenstorfer-Trakt erweitert. Vom neuen Generalkonzept Münchner Bürgergeschichte hat sich die Abteilung Münchner Wohnkultur mit einer Flucht von originalgetreuen Wohnräumen zwischen 1800 und 1850 in erweitertem Umfang bis heute erhalten.

Nach dem Wiederaufbau zwischen 1949 und 1954 – nur die spätgotische Halle im Erdgeschoß hatte ihren Krieg heil überstanden – und der Rückführung aller ausgelagerten und unversehrt gebliebenen Sammlungen stehen die Zeichen auf Restauration. Die in den dreißiger Jahren so beliebten bürgerlichen Wohnräume werden wieder von Konrad Schießl eingerichtet.

Zeughaus, neue Aufstellung in der ehemaligen Kanonenhalle von 1500

Den Sprung in die Gegenwart vollzieht Anfang der fünfziger Jahre der Nachfolger und langjährige Mitarbeiter Schießls, der Kunsthistoriker Max Heiß. Er versteht das Museum als Bildungszentrum und führt das ›Münchner Stadtmuseum‹, wie es jetzt heißt, weg vom Musealen zum bürgernahen Museum, das die Vergangenheit mit der Gegenwart in Beziehung setzt und die Ausweitung der Museumsarbeit über das Lokalgeschichtliche hinaus vollzieht. In der Praxis bedeutet das häufige Wechselausstellungen mit aktuellen Themen (wie 1949 »Ruinen einer Stadt« in der Lenbach-Villa, 1955 »Vom Schuttpanorama zur neuen Stadt«) und lebendige Präsentation. Der neue Stil macht weit über München hinaus Schule. Er trägt dem neuen Zeitgeist der Massenunterhaltung Rechnung.

Auch auf dem Sektor des Sammelns geht Max Heiß neue Wege. Zwar erweitert auch er die alten Sammlungen – z.B. den Monacensiabestand um die 12000 Münchner Darstellungen der Sammlung Carlo Proebst –, fördert aber darüber hinaus die zeitgenössische Vedutenmalerei, nicht zuletzt, um der Not der Nachkriegskünstler abzuhelfen. Unter diesem Gesichtspunkt erkennt er auch die Wichtigkeit von Gebrauchsgrafik und Fotografie. Er erweitert die Plakatsammlung. Das Fotomuseum wird gegründet, als die Fotografie noch nicht ›museumsreif‹ ist.

1954 ziehen die Puppentheatersammlung ins Haus ein, 1962 die Musikinstrumentensammlung und das Filmmuseum, 1963 das Brauereimuseum.

Auf die Öffentlichkeitsarbeit, das herbeiströmende Publikum, den Zuwachs an Sammlungen und Max Heiß' ständige Hinweise auf die Raumnot des Museums reagiert die Stadt 1958 mit der Projektierung eines großzügigen Neubaus, von dem 1959 bis 1964 der

Gsaengersche Erweiterungstrakt mit den Räumen für die angegliederten Sammlungen realisiert wird. Auch ein Teil der Bestände kann aus den Ausweichlagern zurückgeholt werden.

1969 wird die Kunsthistorikerin Martha Dreesbach, Max Heiß' Mitarbeiterin seit 1958, Direktorin. Nach den Jahren der Expansion und erfolgreichen Breitenwirkung werden die konservatorischen Museumsarbeiten und wissenschaftlichen Katalogisierungen der grafischen und kulturhistorischen Sammlungen intensiviert.

Der Abteilung Münchner Wohnkultur werden aus dem Fundus des Residenz eine große Zahl Biedermeiermöbel übereignet. Möbel des Historismus, des Jugendstils, der zwanziger und dreißiger Jahre werden angekauft. Das Kostümarchiv Hermine Harriet von Parish, Günther Böhmers Sammlung populärer Grafik und das Archiv der Malerfamilie Adam sind weitere wesentliche Neuzugänge.

Das ausgeräumte Haus, das die Ausstellung »Bayern – Kunst und Kultur« im Rahmen der XX. Olympischen Spiele 1972 zurückläßt, wird für neue Konzipierung und Präsentierung der Schausammlungen und ihrer Plazierung im Haus genutzt. In der zweiten Hälfte der 70er Jahre geht der Museumsausbau im Rahmen des Konjunkturförderungsprogramms »Stadtsanierung 1975« des Bundes (80%) unter Mithilfe der Stadt (20%) seiner Fertigstellung entgegen. Das im Krieg zerstörte Korn- und Zeughaus bzw. spätere Marstallgebäude aus dem 15. Jh. wird wieder aufgebaut und im Osten der Hofmann-Trakt im Stil des Marstallgebäudes angefügt. Das Ignaz-Günther-Haus an der Westseite des St.-Jakobs-Platzes wird restauriert.

Seit 1980 ist der Historiker Christoph Stölzl Direktor des Münchner Stadtmuseums.

Die Abteilungen des Münchner Stadtmuseums und ihre Bestände

Die historischen Bestände

Sammlung Münchner Zeughaus

Seit Ende 1977 sind in der spätgotischen Halle des Zeughauses 1160 der insgesamt mehr als 2500 Objekte umfassenden historischen Waffensammlung ausgestellt. In der Bundesrepublik haben sich neben dem Emdener allein vom Münchner Zeughaus umfangreiche und bedeutende Waffenbestände erhalten. Eine Rarität stellt der älteste Bestand von 48 Rüstungsstücken aus dem 15. Jh. dar. Sie rangieren in der Bundesrepublik zahlenmäßig an erster Stelle und kommen, international gesehen, nach Wien und Graz an dritter Stelle.

Schutzwaffen: Ganz- und Halbharnische, sog. Knechtharnische, Kürisse, Sturmhauben, Morions (leichte Infanteriehelme), Birnhelme, Schützenhäuberl etc.

Trutzwaffen: Stangen- und Blankwaffen wie Schwerter, Degen, Dolche, Paradeschlachtschwerter, Paradestangenwaffen; Feuerwaffen wie Radschloßgewehre, Musketengabeln, Geschützrohre.

Oben: Sog. ›Renn-Hut‹ zu einem Turnierrennen, süddeutsch, um 1490
Mitte: Hans Michel, sog. ›Birnhelm‹ für eine Gardetruppe, Nürnberger Plattnerei, um 1570/80
Unten: Pikenierharnisch, München (?), um 1580
Links: Hans Maystetter, Riefelküriß, Innsbrucker Hofplattnerei, um 1515

Sammlungen plastische Kleinkunst, Kunsthandwerk, Münzen und Medaillen

Die Bestände an Plastik reichen vom Mittelalter (Moriskentänzer, 1480, von Erasmus Grasser) bis zur Gegenwart. Ratssilber und Tafelaufsätze, Pokale, Zunftzeichen, Zunfthumpen, Zunftpräsente an die Stadt, Münzen (Bürkelsche Münzsammlung mit bayerischen Münzen vom Mittelalter bis 1920) und Medaillen aus altem städtischen Besitz nebst Kircheninventaren bilden wie die Waffen einen der ältesten Grundstöcke des Münchner Stadtmuseums, seit das Zeughaus museal genutzt wird. Diese Sammlungen sind vor allem im Bereich des 19. Jh. auf dem kunstgewerblichen Sektor durch Nachlässe und Stiftungen sehr erweitert worden und zählen heute rund 85 000 Objekte, darunter außer 35 000 Münzen und Medaillen Möbel, Glas- und Keramikgefäße, Goldschmiedearbeiten etc.

1 Ignatius Taschner, *Mädchen mit Traube,* Tafelaufsatz, um 1911, Silber gegossen
2 Franz Anton Bustelli, *Lucinde* und *Pierrot* aus der italienischen Komödie, um 1760
3 Baumsymbol des Münchner Kunsthandwerks, Düll und Pezold, 1912/13, verschiedene Materialien
4 *Vase mit Tulpendekor,* Nancy, um 1900, Glas
5 Emile Gallé, *Henkelkrug mit Faltern,* Fayence und Blattgold, Nancy, 1889/90
6 Emile Gallé, Truhe, 1900, Eiche mit Intarsien

3

4

5

6

Volkskundliche Objekte und Textilien

Neben volkskundlichen Objekten wird hier der gesamte Realienbestand zur Stadtgeschichte erfaßt. Unter den rund 40000 Objekten wie Trachten und Kostüme von 1700 bis heute sind besonders reichhaltige Bestände an Kleidern, Accessoires und Haustextilien aus dem 19.Jh. vorhanden, außerdem das Modellarchiv der 1931 gegründeten Deutschen Meisterschule für Mode München. Neben Objekten der Erwachsenenwelt und religiöser Volkskunst wie Andachtsbildern, Rosenkränzen, Hinterglasbildern, Krippen, Votivgaben, ist vor allem das Kinderspielzeug aus Holz und Blech, sind Puppen und Puppenhäuser, Schaukelpferde, Kaufläden, Burgen und Zinnfiguren des 19. und 20.Jh. zu nennen, die häufig bürgerliche Kulturgeschichte lebendig werden lassen. Eine Besonderheit stellt die Sammlung Ebenböck mit Wachsabgüssen, Wachsstöcken, Kerzen, Votivmodeln u.a. dar. Überregional gesehen ist die Münchner Spielzeugsammlung der Nürnberger gleichrangig an die Seite zu stellen.

1 Dachauer Brautkrone (Potzenhafen), 19.Jh.
2 Miedergeschnür, Oberbayern, ca. 1780,
Silber und Gold

3 Freundschaftsanhänger (Vorderseite), um 1800/10, verschiedene Materialien

4 Spiritus-Bügeleisen, um 1910

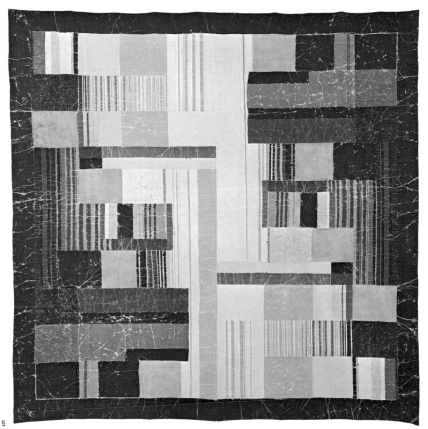

5

5 Elfriede Endres, *Flügeldecke,* 1929, Pinselbatik. – 6 Sportkleid, Meisterschule für Mode, München, 1931, Flanell und Strickstoff. – 7 Knaben-Matrosenanzug, München, um 1910

6

7

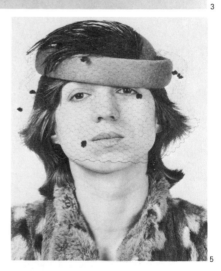

1 Schaufensterkopf, um 1930, Gips, bemalt
2 Sonnenbrille, Italien, 1981
3 Damenhandschuhe, um 1925/30, Leder
4 Abendkleid, Deutsche Meisterschule
für Mode, München, 1951, Samt, Tüll und
Pailletten
5 Damenhut, München, 1979,
Filz mit Hahnenfedergarnitur

1 Inkunabel, um 1470, Männer um Christus in Gelehrtentracht, Metzger in Arbeitskleidung
2 *Incroyable* und *Merveilleuse*, u.a. ›wilde Frisur‹ der ›Aussteiger‹ von 1794, nichtzeitgenössische Lithographie
3 Gottfried Lochner, *Tessiner Tracht,* um 1820, aquarellierte Aquatinta
4 C.A. Marty, *Frühe Flapper,* 1921, aus: ›Bon Ton‹, 1921
5 Titelblatt von ›Femina‹, 1927

1 Model für Fatschenkind,
Ende 17. Jh., Slg. Ebenböck.
2 Model für Florianihäus-
chen, 19. Jh., Slg. Ebenböck.
3 Wachswarenladen mit
Wachswaren der Fa. Eben-
böck, 19. Jh.
4 Miniaturküche, Berchtesgaden, um 1800, Elfenbein.
5 Küche, wohl Rock und
Graner, Biberach, um 1840,
Blech.
6 Kakelorum, Oberammer-
gau, 2. Hälfte 18. Jh.
7 Wachszieherstube,
19. Jh., Slg. Ebenböck

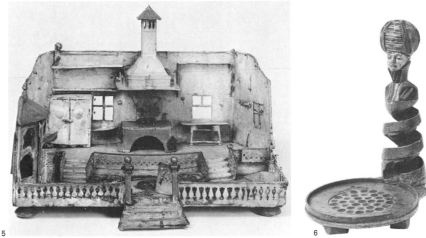

1 C.A. Lebschée
nach D. Quaglio,
Der alte Hof, um
1830, Lithographie

2 Metivier, *Das
Thal von der Hoch-
brücke gegen das
Rathaus zu Mün-
chen,* um 1830,
Aquarell

3 Franz Xaver Mederer,
Plakat, 1898
4 Franz von Stuck,
Plakat, 1911
5 Ludwig Hohlwein,
Plakat, 1910
6 Otto Obermeier,
Plakat, um 1910
7 Walter Schnacken-
berg, Plakat, um 1918

2

6

7

Die grafischen Sammlungen

Kernstück der grafischen Sammlung zur Kunst- und Kulturgeschichte Münchens, daneben in kleinem Maßstab auch Bayerns, ist seit 1879 die Sammlung *Joseph Maillinger.* Zusammen mit den Sammlungen *Zettler, Proebst, Rehlen* und *Schwanthaler* ist sie bis heute auf 110000 Blätter angewachsen und durch ihr regionales Schwergewicht konkurrenzlos.

Die Plakatsammlung, vor dem Ersten Weltkrieg angelegt, umfaßt bis 1945 ca. 5000 Exemplare schwerpunktmäßig aus München und Deutschland. Die ca. 20000 nach 1945 gesammelten Plakate sind unter internationalen Gesichtspunkten zusammengetragen.

Hier sind auch die Sammlungen des *Von-Parish-Kostümforschungsinstituts* zu nennen, dessen 2,5 Millionen Darstellungen zur Kostümgeschichte historische, ethnografische, folkloristische, berufliche und sportliche Kleidung dokumentieren. Dem Umfang nach ist diese Sammlung in Europa einmalig. Zur Zeit werden Archiv und Bibliothek noch von der Privatsammlerin in ihrem Nymphenburger Wohnhaus betreut.

Eine der bedeutendsten Sammlungen populärer Druckgrafik Europas stellt die Sammlung *Günther Böhmer* dar, die 1970 in den Besitz des Münchner Stadtmuseums übergegangen ist. 2500 Blätter sind nach wissenschaftlichen Gesichtspunkten zusammengestellt und dokumentieren die Gesellschaftsgeschichte des 19. Jh. anhand von Satire, Karikatur, Bilderbogen, Modegrafik, Sofabildern etc. Als Informations- und Unterhaltungsgrafik nahmen sie ehemals den Platz von Film, Fernsehen und Illustrierten ein.

Zusammen mit den grafischen Beständen der Puppentheaterabteilung besitzt das Münchner Stadtmuseum eines der größten kulturgeschichtlichen Bildarchive der BRD.

Links: Albrecht Adam,
Im Atelier, 1854,
Ölgemälde

Mitte: Carl Spitzweg,
Klausner, Ölgemälde

Unten: Heinrich Marr,
*Heimkehr von der Groß-
hesseloher Kirchweih,*
1844, Ölgemälde

Oben: Wohnzimmer im
Makartstil, um 1880/90

Rechts: Wohnzimmer-
einrichtung aus Schloß
Bayreuth 1835

Sammlung der Gemälde

Die 2000 Ölgemälde, zur Hälfte Porträts vor
allem von Kindern und zur Hälfte topografi-
sche, genrehafte, volkstümliche und religiöse Themen, beziehen sich auf den Münchner
Raum. Zu den wichtigsten Schenkungen zählen z. B. Gemälde aus der Sammlung
Proebst, die Sammlung *Ludwig von Würffel*,
Fürstenfeldbruck, und der Nachlaß *Albrecht
Adams* und seiner Familie.

Sammlung zur Wohnkultur

Die Möbelkollektionen gehören zu den wichtigsten Süddeutschlands und sind im Bereich des 19. und 20. Jh. wesentlich umfangreicher als die Möbelsammlung des Bayerischen Nationalmuseums (s. S. 43).

Neben Schenkungen aus privatem Besitz
vom 17. bis zum 18. Jh. bilden Biedermeiermöbel aus Schloß Biederstein, aus der Residenz und anderen bayerischen Schlössern
den Schwerpunkt. Seit 1949 werden Jugend-
stilmöbel von Obrist, Pankok, Riemerschmid
schwerpunktmäßig erworben, ebenso Einrichtungen der zwanziger und dreißiger
Jahre.
Unter dem Thema »Münchner Wohnkultur«
sind 16 vollständig eingerichtete Räume,
darunter u. a. eine Weinstube aus dem Gasthof »Zum Schwarzen Adler«, ehemals Kau-
finger Straße 23, sieben Biedermeierstuben,
aus der Gründerzeit Salon, Atelier und Musiksalon, vom Münchner Jugendstil ein Ensemble aus der Villa Obrist, ehemals Karl-
Theodor-Straße 24, ständig zu sehen.

1 Harlekin, Turin,
18. Jh., Marionette
2 Kasperl aus dem
Puppentheater ›Papa
Schmid‹, München,
um 1860, Handpuppe
3 Marionetten der
Schaustellerbühne Hans
Schichtl, Hannover,
20. Jh.

Puppentheatermuseum
und Objekte der Schaustellerei

Die Sammlung, 1936 begonnen, ist 1954 dem Münchner Stadtmuseum angegliedert worden. Was immer sich auf Puppenspiele bezieht, sei es aus Europa, aus Asien oder Afrika, ist unter den 50000 Objekten des Puppentheatermuseums vertreten. Mit zum Schönsten aus dem umfangreichsten münchnerischen Bereich zählen die Marionetten des »Papa Schmid«, der im ersten, 1900 in München gegründeten Marionettentheater der Welt mit Puppen spielte, die Graf Pocci entworfen hatte.

Seit neuestem werden neben Stabpuppen, Marionetten, Handpuppen, asiatischen Schattenfiguren, Verwandlungsfiguren (aus der Schaustellerdynastie Schichtl), Paradepuppen auch Realien zur Schaustellerei einschließlich Jahrmarkts- und Zirkusdokumenten mit Hilfe der Schaustellerstiftung e.V. erworben. Die Münchner Puppentheatersammlung ist die größte der Welt, qualitätsmäßig vergleichbare, kleinere Sammlungen befinden sich in Chrudim/ČSSR, Moskau, Dresden, Lüttich, Lyon, Detroit.

4

5

6

4 Charlie Chaplin, wohl
Fa. Watrons. Manufacturing
Co., USA, um 1925, mechanisches Blechspielzeug
5 Musizierendes Clownspaar,
deutsch, nach 1945,
mechanisches Blechspielzeug
6 Schweinekutsche, Firma
Stock, Solingen, um 1925,
mechanisches Blechspielzeug
7 *Nouma-Hawa*, Zirkusplakat

7

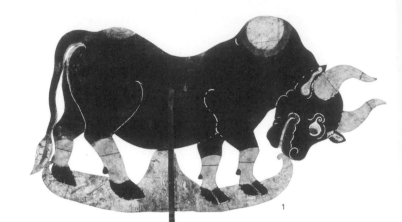

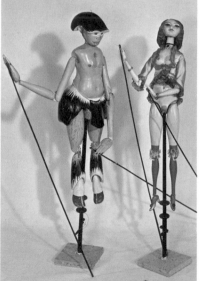

1 Mythologischer Stier, Java, 19. Jh.,
Schattenfigur
2 *Gatokaca,* Bandung, 1. Hälfte 20. Jh., Wayang-
Golek-Figur
3 *Faun und Nymphe,* Richard Teschner, Wien,
1914, Stabfiguren
4 Moritatentafel

1 Fraunhofer Werkstatt, Anfang 19. Jh.
2 *Rasender Reporter,* um 1890/1900, und Kaiserpanorama, einziges auf der Welt noch existierendes Großpanorama (mit Stereobildern)
3 Fotoatelier der Gründerzeit

Fotomuseum

Dr. Lohers Sammlung zur Geschichte der Fotogeräte (u. a. 1200 Fotoapparate, 100 Kinovorführgeräte) bildet zusammen mit der Werkstatt des Münchner Optikers Joseph von Fraunhofer, des Begründers der modernen Feinoptik, den Anfang des Museums. Hauptgewicht wird auf die Geschichte und kulturästhetische Bedeutung des fotografischen Bildes gelegt, wie sie die 1979 erworbene Sammlung Joseph Breitenbach dokumentiert.

Zu den Spitzenstücken der Schausammlung gehört das Kaiserpanorama mit stereoplastischen Bildern und das Dreirad des »Rasenden Fotoreporters«. Die vorfotografische Zeit ist mit Camera Obscura, Camera Lucida, Laterna Magica und Guckkasten, die ersten Fotoverfahren sind mit Daguerreo-, Talbot- und Ambrotypien belegt.

Innerhalb der Entwicklung zum künstlerisch ambitionierten Schwarzweißfoto bis zum Farbfoto unserer Tage sind besonders schöne Beispiele der Surrealisten zu sehen.

1 Filmszene aus
›Die Nibelungen‹, 1923/24,
Regie: Fritz Lang
2 Karl Valentin,
›In der Apotheke‹, 1941
3 Massenszene aus ›Das
Ende von St. Petersburg‹,
1927, Regie: Wsewolod
Pudowkin
4 Überblendung aus ›Ber-
lin – Sinfonie einer Großstadt‹, 1927,
Regie: Walther Ruttmann

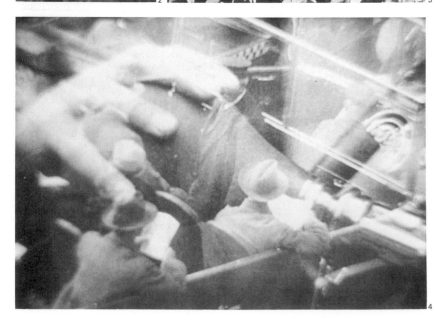

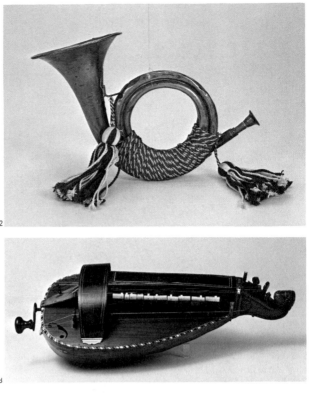

1 Bogenharfe aus
Zentralafrika
2 Posthörnchen,
A. Schürlein, Nürnberg,
2. Hälfte 19. Jh.
3 Drehleier, P. Roull,
Bordeaux

Filmmuseum

Das Museum stellt eine Kombination von
Filmarchiv und Kino dar.

Seinen provisorischen Filmsaal hat das Museum 1977 mit einem Musterkino vertauscht.
Hier werden traditionsgemäß Filmreihen
vorgeführt, z. B. Gesamtwerke bedeutender
Regisseure, Überblicke über die Filmproduktion eines Landes oder eines Zeitabschnitts,
die Gesamtproduktion eines Filmstars. Was
sich nicht im Archiv befindet, wird ausgeliehen.

Im Besitz des Filmmuseums sind u. a. Unterhaltungsfilme aus der Weimarer Republik,
Fritz Langs Gesamtwerk, alle erhaltenen Filme von Karl Valentin, Marlene-Dietrich-Filme, Zeichentrickfilme Walt Disneys. Originalfassungen sind Voraussetzung. Stummfilme
laufen in ursprünglichem Format und
Tempo.

Unter den Filmsammlungen der Bundesrepublik ist diese einzige Filmsammlung Bayerns die kleinste, dafür den älteren Filmsammlungen partiell überlegen.

Es hat sich auf folgende Bereiche spezialisiert: Junger deutscher Film, dessen Zentrum München ist, Hauptwerke der deutschen Filmgeschichte (durch systematische
Rekonstruktionsarbeiten durchwegs komplettere und bessere Fassungen als in anderen Sammlungen) und internationale Filmgeschichte (am Anfang), insgesamt 650 Filmkopien.

Außerdem wird hier das G.-W.-Pabst-Archiv
aufbewahrt.

Musikinstrumentenmuseum

Aus der Privatsammlung Georg Neuner hervorgegangen ist die Münchner Musikinstrumentensammlung mit ihren universalen Beständen der Sammlung des New Yorker Metropolitan Museum of Art und dem Brüsseler
Königlichen Konservatorium vergleichbar.

In der Schausammlung ragen im afrikanischen Bereich die Querhörner aus Elfenbein,
die Bogenharfen, Harfenlauten, Stiellauten
und Bogenlauten heraus. Reichgeschnitzte
Schlitz- und Sanduhrtrommeln aus Ozeanien, Trommeln aus Afrika, asiatische Glokken und Gongs, Tablas aus Indien sind aus
der Reihe der Schlaginstrumente zu nennen.
Kleine und kleinste Gefäßflöten indianischer
Hochkulturen des präkolumbischen Mittel-
und Südamerika entzücken durch ihre Tier-
und Menschengestalten. Europa ist mit Holz-
und Blechblasinstrumenten (z. B. des Münchner Flötenreformators Theobald Boehm) vertreten sowie wertvollen Harfen.

Das Deutsche Brauereimuseum e.V.

Der Verein Brauereimuseum ist seit 1963 im
Münchner Stadtmuseum zu Gast. Er zeigt
Pläne, historische Fachbücher, Urkunden,
bildliche Darstellungen und Originale, u. a.
das älteste bekannte Modell zur Bierzubereitung, eine 4000 Jahre alte ägyptische
Schnitzarbeit, Bieramphoren aus der frühen
Hallstattzeit (800 v. Chr.), eine Sudhausanlage aus der ehemaligen Klosterbrauerei
Steingaden im Allgäu (Sonderausstellungen).

23 Museum für Abgüsse klassischer Bildwerke

2, Meiserstraße 10, Telefon 5591/560 und 557
Besichtigung: Montag bis Freitag nach Voranmeldung

Leitung: Prof. Dr. Paul Zanker
Wissenschaftliche Mitarbeiterin: Prof. Dr. Ingeborg Scheibler

Träger: Freistaat Bayern

Fotoarchiv mit 40 000 Fotos von Werken antiker Kunst

Archäologische Studiensammlung von Gipsabgüssen antiker Skulpturen

Geschichte: Gründung 1869 durch Heinrich Brunn; seit 1946 im ›Haus der Kulturinstitute‹, 1933-35 nach einem Entwurf von Paul Ludwig Troost erbaut

Museumspädagogische Aktivitäten: Führungen für Fachpublikum nach Vereinbarung, öffentliche Führungen nach Vorankündigung

Kurzinformation

Die Münchner Abgußsammlung hat ihre Kriegsverluste so weit ausgeglichen, daß sie dank ihres heutigen Bestands an 900 Gipsen wieder mit dem Akademischen Kunstmuseum in Bonn und der Skulpturenhalle in Basel verglichen werden kann. Seit 1869, der Gründung der Sammlung durch Heinrich Brunn, dem ersten Ordinarius für Klassische Archäologie an der Universität München, wird eine möglichst komplexe Darstellung der Geschichte der griechisch-römischen Plastik angestrebt. Zur Zielsetzung des Museums gehört unter anderem die Ergänzung des Originalbestands der Münchner Glyptothek (s. S. 119) durch Gipsabgüsse. Die unmittelbare Nachbarschaft von Original- und Studiensammlung bietet ideale Nutzungsmöglichkeiten.

Sammlungsgeschichte

Von 1869 bis 1944 ist das Museum für Abgüsse in den nördlichen Hofgartenarkaden an der Galeriestraße untergebracht. Seine Bestände sind schon um 1900, unter seinem damaligen Direktor Adolf Furtwängler, auf rund tausend Abgüsse angewachsen. 1926 bezieht das Museum die oberen Stockwerke der Hofgartenarkaden, die bis dahin das Staatliche Museum für Völkerkunde (s. S. 279) benutzt hatte. 1932 erfolgt unter Ernst Buschor eine Neueröffnung. 1937 müssen die Museumsräume vorübergehend für die Ausstellung ›Entartete Kunst‹ geräumt werden. Dies führt im folgenden Jahr zu einer Neuaufstellung der inzwischen über 2000 Abgüsse zählenden Sammlung, die bis zu ihrer Zerstörung 1944 öffentlich zugänglich ist. Nur geringe Restbestände bleiben unver-

1   2   3

4 Archaische Mädchenstatue, um 510 v. Chr., Athen, Akropolismuseum

5 Bildniskopf des Aristoteles, um 330 v. Chr., Wien, Kunsthistorisches Museum

sehrt und werden 1946, im Zuge der Neueinrichtung des Archäologischen Instituts der Universität, in das Gebäude Meiserstraße 10 überführt. Eine regelmäßige Ankaufstätigkeit setzt 1961 wieder ein. Aber erst als 1976 die Frage des endgültigen Verbleibs des Museums im ›Haus der Kulturinstitute‹ an der Meiserstraße entschieden ist, wird der weitere Ausbau intensiviert.

1 Grabrelief eines Mädchens, um 460 v. Chr., New York, Metropolitan Museum
2 Statue der *Athena,* Werk des Myron, um 450 v. Chr., Frankfurt a. M., Liebieghaus, Museum alter Plastik
3 *Artemis von Gabii,* Statue des Praxiteles, um 360 v. Chr., Paris, Musée du Louvre

6 Bildnisbüste einer Römerin, *Antonia minor* (?), gest. 38 n. Chr., London, British Museum

Apoll vom Belvedere, Kopf einer Apollonstatue des Leochares, um 340 v. Chr., Vatikan, Cortile del Belvedere

Sammlungskonzept

Im Zeitalter der klassischen Antike ist der Sinn für die plastische Form so ausgeprägt gewesen, daß die Geschichte der griechisch-römischen Plastik den exemplarischen Fall einer folgerichtigen Entwicklung plastischer Gestaltungsmöglichkeiten darstellt. Das ist einer der Gründe, warum sich Abgußsammlungen bevorzugt der klassischen Antike widmen. Ein anderer liegt in der Tatsache, daß der Abguß für den klassischen Archäologen ein unentbehrliches Forschungsmittel ist. Im Gegensatz zur Originalsammlung, die ihre Ankäufe nach dem zufälligen Angebot des Kunstmarkts richten muß, folgt die Erwerbungstätigkeit eines Abgußmuseums bestimmten Konzeptionen und Aspekten. Historisch Zusammengehörendes und Vergleichbares, das in verschiedenen Museen der Welt verstreut ist, wird hier zusammengeführt. Praktische Versuche ermöglichen die Rekonstruktion verlorener Meisterwerke. Die Fotografie des Originals, ein wichtiges Hilfsmittel für den wissenschaftlichen Vergleich, ergänzt der Abguß durch seine dreidimensionalen Eigenschaften. Der Gipsabguß stellt zudem die wissenschaftliche Dokumentation auf eine objektive Basis, weil die Gefahr einer Verunklärung durch unterschiedliche fotografische Interpretationen nicht besteht.

Theoretisch sind die Konzeptionsmöglichkeiten eines solchen ›imaginären‹ Museums unbegrenzt. Trotzdem werden Schwerpunkte gesetzt. Für das Münchner Museum sind vorläufig drei bevorzugte Sammelgebiete zu nennen. Es geht zunächst um eine exemplarische Darstellung der griechischen statuarischen Skulptur von den Anfängen im 7. Jh. v. Chr. bis in ihre Spätphase, die römische Kaiserzeit. Ferner liegt bereits eine bedeutende Sammlung römischer Porträtplastik in Ergänzung zu den Beständen der Glyptothek vor. Schließlich werden im Rahmen eines Forschungsprojekts Werke der hellenistischen Epoche gesammelt, vor allem unter dem Aspekt ihrer Nach- und Umbildung durch die Kopisten der römischen Kaiserzeit.

Sammlungsbestände

Zur Zeit verfügt das Museum wieder über Abgüsse von 250 Statuen, Statuetten und statuarischen Gruppen, 510 Köpfen und Porträtbüsten, 50 Reliefs und 90 kleineren Objekten. Obgleich noch nicht endgültig aufgestellt, sind diese Abgüsse bei Bedarf der Öffentlichkeit größtenteils zugänglich.

Ankäufe werden laufend getätigt, da immer noch wichtige Lehrbeispiele fehlen und der Umfang der alten Sammlung nicht einmal zur Hälfte wieder erreicht ist. Es werden nur maßstabgetreue Abformungen von solchen Formereien erworben, deren Produktion von den zuständigen Museen überwacht und autorisiert ist.

Frühgriechischer Jünglingskopf, um 500 v. Chr., Rom, Museo Barracco

24 Museum Villa Stuck

80, Prinzregentenstraße 60, Telefon 47 12 60
Geöffnet: Dienstag bis Sonntag 10-17 Uhr
Abweichend von der Feiertagsregelung (s. S. 10) geöffnet am: 6.1., Ostersonntag und
-montag, Christi Himmelfahrt, Pfingstsonntag und -montag, Fronleichnam, 17.6., 15.8.,
Buß- und Bettag, 26.12. – Geschlossen zusätzlich ganztägig am Faschingsdienstag,
Dienstag nach Ostern und Pfingsten, 24., 25. und 31.12.

Leitung: Dr. Jochen Poetter

Träger; Veranstalter der Ausstellungen: Stuck-Jugendstil-Verein e. V.

Programm: Erhaltung der Villa Stuck; breit gefächertes Ausstellungsangebot zu allen
Bereichen der Kunst um die Jahrhundertwende und der Avantgarde des 20. Jh.

Geschichte: Villa 1897/98, Atelier 1913/14 nach Entwürfen von Franz von Stuck erbaut,
1964-67 Beseitigung der Kriegsschäden und Renovierung, seit 1968 Museum Villa Stuck
aus der Stiftung H. J. Ziersch

Aktivitäten: Wechselausstellungen, Konzerte, Zimmertheater, Cabaret, Lesungen,
Vorträge

Kunstgalerien im Mezzanin der Villa: Christoph Dürr, Galerie der Zeichner

Publikationen: Ausstellungskataloge

Kurzinformation

Das neoklassizistische Palais, von antikisch
römischen, byzantinistischen, orientalischen
und empiristischen Renaissance-Bewegun-
gen der Architektur angeregt, ist zu Lebzeiten
des Malerfürsten Franz von Stuck zugleich
traditionelle Künstlervilla und glanzvoller
Mittelpunkt des gesellschaftlichen Lebens.
Außen- und Innenarchitektur mit allem Dekor samt Möblierung, vom Autodidakten
Franz von Stuck entworfen, sind ein eigen-
williges Gesamtkunstwerk, das Kunst und
Leben in eins setzt. Das Malen wird zele-
briert: Stuck arbeitet der Überlieferung nach
vor dem sogenannten ›Künstleraltar‹ in seinem kostbar ausgestatteten Atelier im ele-
ganten schwarzen Gehrock.
Die Villa ist nicht nur Spiegel des eklektisch
historisierenden Fin de siècle, sondern zugleich eine Neuschöpfung mit zeitgemäßen
Tendenzen, die von Architekten, die die Moderne einleiten – wie Peter Behrens, Otto
Wagner, Josef Hoffmann, Josef Maria
Olbrich und anderen – weiterentwickelt
werden.
In der Mitte der sechziger Jahre erwirbt Hans
Joachim Ziersch die Villa und übergibt diese
1967 in ausgebautem und renoviertem Zustand dem neugegründeten Stuck-Jugendstil-Verein; seitdem wird die Villa für vielfältige kulturelle Aktivitäten mit regem Publi-
kumszuspruch genutzt.

Baubeschreibung

Die Villa (1897/98) Der flachgedeckte Bauku-
bus mit den turmartigen Eckrisaliten wird
durch Fenster, glatte ockergelbe Relieffelder,
Lisenen und Gesimse gegliedert. Den Eingang bildet ein Portikus mit dorischen Säu-

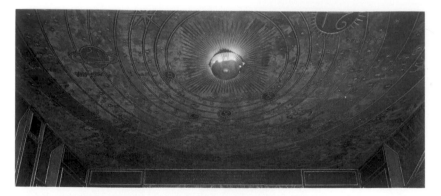

len. Er trägt die Terrasse, deren Balustraden den achtstrahligen Stern der Vorgartenmauer aufgreift. Hier mündet das geschoßhohe, durch kleine und große Sprossenquadrate unterteilte Atelierfenster mit den beiden schmalen Seitenfenstern. Die Eckrisallte werden in Erd- und Obergeschoß von fast quadratischen, in neun Felder aufgeteilten Fenstern eingenommen. Die Lisenen verbinden mit Hauptgesims und Zahnschnittband unter dem mezzaninartigen Aufsatz. Seine beiden Reliefs zeigen zwei aufeinanderzuschreitende Götterzüge. Die Dachbalustrade mit vier überlebensgroßen Statuen fehlt seit dem Krieg.

Der **Atelierbau** (1913/14), fast so groß wie das Wohngebäude und mit diesem durch einen niedrigen Zwischentrakt verbunden, ist im Rhythmus der Villa gegliedert, besitzt aber nur zwei Geschosse: ein Erdgeschoß für die Bildhauerwerkstatt, ein Obergeschoß für ein zweites größeres Malatelier mit einer Kuppel von 16,5 m Spannweite und 7 m Höhe (seit 1983 Ausstellungsraum). Die hohen Atelierfenster von Erd- und Obergeschoß, die oben mit achtstrahligem Sprossenwerk abschließen, werden von einer Kolossalordnung von vier Pilastern straff in einen breiten Mittelteil und schmäleren Flanken zusammengefaßt. Ein Flachgiebel betont die Mitte. Die Front an der Ismaninger Straße ist ohne Fenster ähnlich gegliedert wie die Schausei-

Links: Planetarium,
Plafond im Empfangs-
zimmer und
Durchblicke vom
Musiksalon ins
Empfangszimmer

Rechts: Franz von
Stuck, *Der Künstler
und seine Frau Mary
im Atelier*, 1902,
Privatbesitz

te. Hof- und Gartenseite mit Loggia, Erker und Torhalle aus Rundbögen sind intim und kleinteilig gestaltet. Die Westseite schmückt eine Pergola.

Geschichte

Die beispiellose Karriere Franz Stucks (1863 bis 1928), des Sohns eines Müllers aus dem kleinen niederbayerischen Dorf Tettenweis, beginnt früh. Er erhält sechsundzwanzigjährig 1889 auf der Internationalen Glaspalast-Ausstellung in München die mit 60 000 Goldmark dotierte Goldmedaille. Zum Ritterschlag von 1905 kommen zahlreiche öffentliche Ehrungen und Auszeichnungen. Seine Künstlerresidenz errichtet er 1898, zehn Jahre nach dem Bau der Lenbach-Villa. Vom Künstler bis zu seinem Tode und danach von den Erben bewohnt, bietet die Villa, obwohl auch sie im Krieg beschädigt wurde, unter anderem der ausgebombten Akademie der Tonkunst von 1945 an eine provisorische Unterkunft. Dann steht das Haus zum Verkauf und kann im Einverständnis mit der Stadt von Hans Joachim Ziersch erworben werden. Kurze Zeit danach entsteht der gemeinnützige Stuck-Jugendstil-Verein e.V. Drei Jahre dauern der partiell notwendig gewordene Wiederaufbau und die Restaurierungsarbeiten, die von Stadt und Staat unterstützt werden. 1967 wird die Schenkung an den Verein vollzogen, dessen ersten Vorsitzenden der jeweilige Kulturreferent der Landeshauptstadt stellt. Durch Vermietungen im Keller, im umgebauten Dachgeschoß und bis 1982/83 im Atelierbau finanziell gesichert, soll die Villa einmal in den Besitz der Stadt übergehen. Die Eröffnung des Museum Villa Stuck als Denkmal der Architektur- und Innenraumgestaltung Franz von Stucks erfolgt 1968 mit zwei Ausstellungen zu Hermann Obrist und Franz von Stuck.

Die Sammlung von Stucks eigenen Bildern, Skulpturen, Möbeln und Antikenkopien, soweit sie sich im Haus oder in seinem Nachlaß erhalten haben, ist ständig in den Repräsentationsräumen zu sehen. Das Angebot wird durch Wechselausstellungen erweitert, die die Kunst vom Symbolismus über den Jugendstil bis zum Expressionismus vorstellen. Von 1968 bis heute sind mehr als fünfzig Ausstellungen gezeigt worden, u.a. Mackintosh, Loetz-Gläser, Orlik-Zeichnungen, Burne-Jones, Art deco, Hodler, die Stuck-Schüler Albers und Purrmann, Guimard, Endell, van de Velde, Segantini, Klinger, Schiele, Boccioni und wiederholt Stuck selbst.

Rundgang

Vor der Auffahrt der Villa befand sich einst die Kopie eines herkulaneischen Bronzerehs. Nach dem Krieg wurde es durch Stucks speerschleudernde Amazone zu Pferd ersetzt. Die Kopie der Kapitolinischen Wölfin auf der Pergola blieb erhalten. Reh und Wolf, typisch römische Tiere, wählte Stuck zu Symbolen des Gartenbezirks.

Die Wasserspeiermaske des Brunnenbeckens an der Auffahrtsrampe, das archaische Gorgonenhaupt an der bronzenen Eingangstür, die Kopie der ›Medusa Rondanini‹ an der Wand des *Vestibüls* (nach Buschor Schreckgestalt und Lebenssymbol), Schlange, Löwe und Adler im Marmormosaik des Fußbodens haben apotropäische Bedeutung. In die Wände des Vestibüls sind Gipsabgüsse griechischer Reliefs eingelassen, die Franz von Stuck eigenhändig farbig getönt hat. Ihre Themen weisen auf Gastfreundschaft, Geselligkeit, Symposion, Tanz und Wein hin. In den beiden ädikulaähnlichen, von Pilastern gerahmten Nischen stehen Kopien der ›Mediceischen Venus‹ (Original in den Uffizien) und des ›Idolino‹ (Original ebenfalls in Florenz).

Vom Vestibül führt die erste Tür neben der Treppe in den *Musiksalon*. Er ist vom Künstler nicht nur entworfen, sondern auch zum großen Teil ausgemalt worden. Auf den beiden gegenüberliegenden Wänden malte Stuck die illusionistische Konstruktion eines offenen roten Dachstuhls (von pompejanischer und etruskischer Wandmalerei inspiriert), durch den das tiefe Blau der Decke mit goldenen Sternen und Sternzeichen als Symbol der Sphärenharmonie zu sehen ist. In die Wände sind kleinere Wiederholungen seiner bekanntesten Bilder eingefügt, wie ›Schlafender Faun‹, ›Wippe‹, ›Ringeltanz‹, ›Tänzerinnen‹. Schwarze Felder tragen Namen berühmter deutscher Komponisten von Bach bis Wagner. In einer der über Eck gestellten Nischen beim Fenster Kopie der Athena vom Westgiebel des Aphaiatempels in Ägina (heute Glyptothek, s. S. 119).

Vom Musiksalon führt ein offener Durchgang in den *Empfangssalon*. Auch hier das gleiche kostbare Parkettmosaik aus verschieden gefärbten Holzplättchen. Mit den Wänden und Nischen aus venezianischem Goldmosaik korrespondieren Sockelverkleidungen, Tür-, Kamin- und Spiegelrahmen aus sanft rotem und weiß geädertem grünen Marmor. Die bronzefarbene Kassettendecke dämpft das Tageslicht, das früher durch ein transparentes Tiffany-Glasfenster fiel. Auch hier Antikenkopien. Das barocke italienische Gemälde ›Die Enthauptung Johannes des Täufers‹ wurde von Stuck übermalt. Das Selbstbildnis ist eine Wiederholung jenes Porträts, das 1905 von den Uffizien erworben wurde. Die rotbraunen Mahagonimöbel mit Elfenbeinintarsien und vergoldeten Bronzebeschlägen erhielten auf der Pariser Weltausstellung 1900 eine Goldmedaille. Durch den soge-

nannten Bibliotheksgang geht es von hier in die privaten Wohnräume auf der Gartenseite: Boudoir, Speisesaal und Rauchkabinett. Der *Speisesaal* liegt einige Stufen tiefer als die beiden Kabinette und öffnet sich nach Süden auf die große Terrasse. Auf der weißen Wand zwischen dunkler Balkendecke und den heute nicht mehr erhaltenen dunklen, grünbraunen Wandvertäfelungen hingen zu Stucks Zeiten Bilder. Heute wird hier die hauseigene Sammlung von Gemälden Stucks gezeigt. Von der reichen Raumausstattung ist außer den beiden Lampen kaum noch etwas erhalten. Durch die breiten Türöffnungen bilden die beiden Kabinette mit dem Saal eine Einheit. Das *Boudoir* schmückt an antiker Götterhimmel mit graublauen Reliefszenen aus der griechischen Mythologie in geometrischen, altgold gefaßten Rahmungen.

Über der Treppe, die vom Vestibül ins Atelier im Obergeschoß führt, wölbt sich eine goldene Muschel. Das *Atelier* nimmt beinahe die Hälfte des Obergeschosses ein. Zwischen marmornen Pilasterpaaren hängen auch heute noch Gobelins, wenn die Wände nicht als Ausstellungsfläche benötigt werden. Unter der prunkvollen, reich verzierten und profilierten Kassettendecke läuft ein schmaler, von Stuck eigenhändig gemalter Kentaurenfries. Ein Rest des ursprünglichen Spiralfrieses, der zu einer Balkendecke gehörte, ist noch beim Fenster zu sehen, wo einmal der ›Altaraufbau‹ stand, den Stuck dreimal verändert hat (Rekonstruktion von 1982). Heute befindet sich dort die Tür, die den Rundgang durch die beiden Schlafzimmer und das dazwischenliegende ehemalige Bad ermöglicht (heute Räume für Wechselausstellungen). Auch im Atelier ein Mosaikboden aus quadratischen roten und schwarzen sowie dreieckigen weißen Holzplättchen.

Sog. Bibliotheksgang zwischen Empfangssalon und Boudoir

25 Neue Pinakothek

40, Barer Straße 29, Eingang Theresienstraße, Telefon 2 38 05/1 95
Geöffnet: Dienstag bis Sonntag 9-16.30 Uhr, Dienstag auch 19-21 Uhr
Abweichend von der Feiertagsregelung (s. S. 10) geöffnet am: 1.1., 6.1., Ostersonn-
tag und -montag, Christi Himmelfahrt, Pfingstmontag, 17.6., 15.8., Buß- und Bettag,
26.12.; Faschingssonntag und -dienstag sowie 31.12. nur 9-12 Uhr. – Am 24.12. ganz-
tägig geschlossen.
Leitung: Generaldirektor der Bayerischen Staatsgemäldesammlungen Prof. Dr. Erich
Steingräber, 40, Barer Straße 29, Telefon 23 80 50
Wissenschaftliche Mitarbeiter: Dr. Christoph Heilmann, Dr. Christian Lenz

Träger: Freistaat Bayern
Fördererverein: Galerie-Verein München e.V. zur Förderung der Neuen Pinakothek, der
Staatsgalerie moderner Kunst und der Staatlichen Graphischen Sammlung

Präsenzbibliothek

Sammlung: Auswahl 550 europäischer Gemälde und 50 Plastiken vom Ende des 18. bis
zum Anfang des 20. Jh., Schwerpunkte Blechen, Böcklin, Friedrich, Kaulbach, Koch,
Leibl, Marées, Menzel, Rottmann, F. W. von Schadow, Schleich d. Ä., Schwind, Spitzweg,
Waldmüller

Geschichte: Gründung der Sammlung durch König Ludwig I., der auch das Sammlungsgebäude finanziert, das Architekt August von Voit zwischen 1846 und 1853 errichtet.
Anstelle des 1944/45 zerstörten Baus 1975-81 Neubau durch Alexander von Branca

Aktivitäten: Sonderausstellungen im Untergeschoß im Wechsel mit der Staatlichen
Graphischen Sammlung (s. S. 259), Kurse des Museumspädagogischen Zentrums in
eigenen Unterrichtsräumen im Untergeschoß
Service: Regelmäßige Führungen während der Abendöffnungen, tagsüber Gruppenführungen nach Vereinbarung, Rollstuhlrampen, Buchstand, Café-Restaurant Dienstag
bis Sonntag von 9-23 Uhr geöffnet

Publikationen: Erich Steingräber (Hrsg.), Die Münchner Pinakotheken, München 1972;
Erich Steingräber (Hrsg.), Festgabe zur Eröffnung der Neuen Pinakothek in München am
28. März 1981, Geschichte – Architektur, Sammlung, München 1981; Bayerische Staatsgemäldesammlungen (Hrsg.), Katalog der Neuen Pinakothek, München 1981; Bayerische Staatsgemäldesammlungen, Wegweiser durch die Neue Pinakothek München,
München 1981
Literatur: Werner Mittlmeier, Die Neue Pinakothek in München 1843-54, Planung, Baugeschichte und Fresken, München 1977

Kurzinformation

Die Neue Pinakothek ist, wie sie sich heute
präsentiert, der größte und jüngste deutsche
Museumsneubau nach dem Krieg. Mit der
Bausumme von 105 Millionen DM hat der
Freistaat Bayern dafür gesorgt, daß das Jahr-
hundertbauwerk mit 11 500 m² Nutzfläche zukünftigen Expansionen gewachsen sein
wird. Alexander von Brancas Entwurf, der im
internationalen Architektenwettbewerb mit
278 Einsendungen den ersten Preis gewann
und anschließend einem veränderten Konzept Rechnung tragen mußte, hat eine Welle
von Begeisterung und kontroversen Diskussionen ausgelöst. Der Beweis für das große

Interesse, das der neue Museumsbau erregt, ist der Millionste Besucher, der nach einem Jahr begrüßt werden konnte.

Der Gesamtbesitz der Neuen Pinakothek, seit den Zeiten des Gründers, König Ludwig I., von 500 auf 4500 Objekte angewachsen, gehört neben dem der Berliner Nationalgalerie zu den bedeutendsten Sammlungen europäischer Gemälde des 19. Jh. Rund ein Zehntel des Bestandes ist ausgestellt. Auch der neue Bau wird der historischen Pioniertat Ludwigs I. gerecht, dessen Gründung des ersten repräsentativen zeitgenössischen Museums den Anstoß zu allen weiteren zeitgenössischen Museen gegeben hat.

Baugeschichte von 1843 bis 1949

Die Neue Pinakothek sollte ursprünglich am Gasteig entstehen. Die seit 1843 laufenden Planungen finden ihr Ende, als 1845 der Kaufvertrag für das Grundstück nördlich der Alten Pinakothek (s. S. 12) abgeschlossen wird. Der Grundstein wird am 12. Oktober 1846, dem Jahrestag der Vermählung König Ludwigs I. mit Therese von Hildburghausen

gelegt. Die Erstentwürfe des Gärtner-Schülers August von Voit (1801-70) sind seit einer Ausstellung von 1872 im Glaspalast verschollen, und die Frage, welcher von beiden Architekten den Hauptanteil an der Konzeption der Neuen Pinakothek hat, ist noch nicht endgültig geklärt. Fest steht, daß Voit die Pläne von 1845 an und noch während des Baus mehrmals ändern mußte, um die Wandflächen des Hauptgeschosses den Kaulbachschen Fresken anzupassen. 1847 wird das Richtfest gefeiert. 1850 beginnt Friedrich Nilson, die Ölskizzen Kaulbachs – an denen er 1847 bis 1853 arbeitet – auf die Außenwände der Neuen Pinakothek zu übertragen. Am 25. Oktober 1853 erstmals für das Publikum zugänglich, am 27. Juli 1854 sind die Fresken ausgeführt. 1944/45 wird der Bau schwer beschädigt, 1949 die Ruine abgetragen.

Die Neue Pinakothek von 1960 bis 1981

Ein erster Ideenwettbewerb für einen Neubau der Neuen Pinakothek von 1960 bringt unbefriedigende Lösungen. 1966 gewinnt Alexander von Branca den zweiten Architek-

A, B	Wechselausstellung Graphik	13, 13a	Historien- und Gesellschaftsmalerei
1, 2, 2a	Internationale Kunst um 1800	14, 14a	Malerei der Gründerzeit
3, 3a	Frühromantik	15	Hans von Marées
4, 4a	Hofkunst unter König Ludwig I.	16	Böcklin, Feuerbach, Thoma
5, 5a	Deutsche Klassizisten in Rom	17	Leibl und sein Kreis
6	Sammlung Georg Schäfer	18	Französische Impressionisten
7	Nazarener	19	Cézanne, Gauguin, van Gogh
8, 9	Biedermeier	20	Sozialer Realismus
10, 10a	Französische Spätromantiker und Realisten	21	Deutsche Impressionisten
11, 11a	Deutsche Spätromantiker und Realisten	21a	Sezessionisten
12	Kaulbach-Entwürfe	22, 22a	Symbolismus und Jugendstil
		R	Restaurant, Café (im Untergeschoß)

Jacques Louis David, *Marquise de Sorcy de Thélusson*, 1790

tenwettbewerb. 1973/74 wird mit der eigentlichen Entwurfsplanung begonnen, da sich das ursprüngliche Konzept geändert hat. Anstelle von Staatsgalerie moderner Kunst (s. S. 302) und Staatlicher Graphischer Sammlung (s. S. 259) soll nun die Generaldirektion der Bayerischen Staatsgemäldesammlungen (siehe Vorspann) mit wissenschaftlicher Verwaltung, Doerner-Institut, Restaurierungsabteilungen, Werkstätten und Bibliothek im Bau der Neuen Pinakothek untergebracht, das heißt dem reinen Museumsbau ein Zweckbau angegliedert werden. Auf die Grundsteinlegung 1975 folgt 1976 das Richtfest. Die Rohbauarbeiten sind 1978, die Ausbauarbeiten 1980/81 fertiggestellt. Am 28. März 1981 wird das neue Haus feierlich eröffnet.

Friedrich Overbeck, *Italia und Germania*, 1828

Joseph Mallord William Turner, *Ostende,* 1844

Baubeschreibung der Neuen Pinakothek von 1854

Die unter Ludwig I. erbaute Neue Pinakothek in ›neuromantischem Baustil‹ folgte in der Rasterung des Grundrisses und der Gliederung des Baukörpers (Basilikaschema) der Alten Pinakothek Leo von Klenzes und wurde ihr auf dem nördlich angrenzenden Grundstück parallel zugeordnet. Der zweigeschossige queroblonge Bau wies im Obergeschoß fünf große hohe, fast quadratische Mittelsäle

mit Oberlicht auf, denen sich an der Nordseite fünfzehn kleine Kabinette mit je einem Fenster und im Süden fünf schmale Räume mit Oberlicht anschlossen.

Die *Fresken* auf den Außenwänden des südlichen, östlichen und westlichen Obergeschosses hatten die Entwicklung der Künste unter ihrem Förderer Ludwig I. zum Thema. Auf der Nordseite wurden zwischen den Fenstern vierzehn von Ludwig bevorzugte Künstler dargestellt. Kaulbachs humforisti-

Karl Blechen, *Bau der Teufelsbrücke,* um 1830

Wilhelm von Kobell, *Isarlandschaft bei München,* 1819

scher, spöttisch karikierender Tenor machte
vor Ludwigs Mäzenatentum und vor den Malerkollegen nicht halt. Neunzehn Ölskizzen
sind erhalten und werden jetzt in Saal 12 des
Neubaus ausgestellt. Die kolossalen Fresken,
von F.Ch. Nilson in Stereochromietechnik
ausgeführt, lösten während der Entstehung
Proteste der Zeitgenossen aus, verwitterten
aber bald und waren in ihrem Verfall der
Neuen Pinakothek, deren Architektur von ihrer Farbenpracht gelebt hatte, abträglich.

Die Neue Pinakothek von 1981

Der Neubau setzt sich mit seinem aufgelok-
kerten Grund- und Aufriß gegen die symme-
trische Palastarchitektur der Alten Pinakothek ab. Die Neue Pinakothek beherbergt im
östlichen Baukomplex die Schausammlung,
im westlichen die Verwaltung. An der südlichen Nahtstelle liegt die Eingangshalle mit
ihrer von Doppelpfeilern asymmetrisch gegliederten Glaswand. Der Verwaltungstrakt
nimmt etwas mehr als die Hälfte der südli-

Ferdinand Georg Waldmüller, *Frühling im Wienerwald* (Ausschnitt), 1860-65

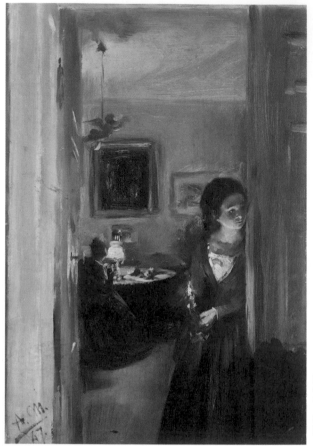

Links: Adolph von Menzel, *Wohnzimmer mit Menzels Schwester*, 1847

Links unten: Carl Spitzweg, *Der arme Poet*, 1839

Rechts unten: Arnold Böcklin, *Im Spiel der Wellen*, 1883

chen Hauptfassade ein. Er dominiert im Ge-
samteindruck, zumal er im Eingangsbereich
risalitartig vorgezogen ist. In Stützbauweise
konstruiert, ist er mit historisierenden Fassa-
denelementen verkleidet worden: Halbsäulen ohne tragende Funktion und vorkragen-
den schwellenartigen Zonen. Über mittelal-
terlich anmutenden fünfteiligen Bogenfen-
stern deuten Kupferblechschürzen Satteldä-
cher an. Die Größe des Museumsteils ist auf
der Nordseite erkennbar, wo er, entsprechend der Grundfläche, zwei Drittel der Fassade einnimmt. Seine kubisch gegliederte,
geschlossene Bauweise besitzt plastische
Qualitäten. Um zwei Innenhöfe gruppiert, bildet der Museumstrakt im Grundriß eine dia-
gonal liegende Acht. Anfang und Ende der
Führungslinie ist das große Vestibül. Die 22
Ausstellungssäle, die von elf Kabinetten begleitet werden, liegen auf verschiedenen
Ebenen, so daß der Besucher über Treppen
geführt wird. Ihre Gestaltung lehnt sich eng
an die Innenarchitektur der Alten Pinakothek
an. Alle Schauräume erhalten ihr Licht von
oben durch Staubdächer in grünstichfreiem
Mattglas. Die darübergesetzten Shedglasdä-
cher schaffen ein drei Meter hohes Luftpol-
ster, das wie bei der Alten Pinakothek Sonne
und Hitze filtert. Zwischen Oberlicht und
Wänden wölbt sich eine weiß gestrichene
Voute (Viertelkreistonne), die das Reflexlicht
sanft widerstrahlt. Im Gegensatz zu den
leicht und elegant konzipierten Ausstellungssälen wirken die Rampengänge um die Innenhöfe und die Eingangshalle mit ihren
wuchtigen hohen Steinwänden und grünge-
beizten eichenen Deckenbalken rauh und
burgähnlich wie die kleinen Erker und Flucht-
treppen an den Außenfassaden, die ebenfalls mit grünen Abbacher Sandsteinplatten
verkleidet sind.

Sammlungsgeschichte

Fünf Jahre nach seiner Abdankung eröffnet
Ludwig I. 1853 nach Glyptothek (1830), Alter
Pinakothek (1836), Kunst- und Industrie-Ausstellungsgebäude (1848) das vierte und letzte
in der Reihe der Gebäude, die er für die
Kunst errichtete. Die Neue Pinakothek, aus
Privatmitteln finanziert, nimmt Ludwigs Privatsammlung zeitgenössischer Bilder auf.
Als Kronprinz hatte Ludwig mit dem Sammeln von Gegenwartskunst begonnen und
auf seinen Rom-Reisen von 1804 und 1818
persönliche enge Bekanntschaften mit den
dort lebenden deutschen Künstlern geschlossen, vor allem mit den Nazarenern Peter von Cornelius und Julius Schnorr von Carolsfeld, die einige Jahre später nach München berufen wird, mit Friedrich Wilhelm
von Schadow, Philipp Veit, Heinrich Hess,
Franz Ludwig Catel, Friedrich Overbeck, aber
auch mit dem klassizistischen Landschafts-
maler Joseph Anton Koch und seinem Kreis.
Die eigentliche zeitgenössische Sammeltätigkeit Ludwigs setzt in den dreißiger Jahren
nach der Eröffnung der Alten Pinakothek ein.
Ludwig kauft große Historienbilder, die sogenannte offizielle Malerei, von den Malern
der Akademie der Bildenden Künste, deren
Direktor Peter von Cornelius von 1825 bis
1840 ist, und Genre-, Porträt- und Land-
schaftsbilder von den sogenannten Fachma-
lern, die sich seit 1823 im Kunstverein
(s. S. 135) zusammengeschlossen hatten.
Später nimmt er mit Kunsthändlern, die in
München langsam an Bedeutung gewinnen,
und mit Privatsammlern Verbindung auf.
1841 erwirbt er die Sammlung seines Hofarchitekten Leo von Klenze mit über hundert
zeitgenössischen Kunstwerken, u.a. von
Koch, Rottmann, Quaglio und Catel. Auch in

diesem Sammelbereich arbeitet der König eng mit seinem Galeriedirektor Johann Georg von Dillis zusammen.

Zwar fehlen international bedeutende Künstler wie Caspar David Friedrich oder Adolph von Menzel unter seinen Ankäufen, die hauptsächlich der Münchner Schule gelten. Dafür ist letztere mit Historienbildern wie Kaulbachs *Zerstörung Jerusalems* (1836-46), das im Hauptsaal der Neuen Pinakothek von 1854 ausgestellt wird, Pilotys *Astrolog Seni vor der Leiche Wallensteins* von 1855 (beide heute Saal 13) und den romantischen beziehungsweise realistischen Landschaftsgemälden von Dillis, W. von Kobell, Rottmann, Fries u. a. in ihrer ganzen Spannbreite vertreten. Overbecks *Italia und Germania* (heute Saal 7), ein Programmbild der Nazarener, gehört heute zu den bekanntesten Werken der Neuen Pinakothek. Mit dem Ankauf von Böcklins *Pan im Schilf* von 1859 (heute Saal 16) dokumentiert Ludwig seine Aufgeschlossenheit für neueste Tendenzen der Malerei und verhilft gleichzeitig dem Künstler zu internationalem Ansehen. Unter den wenigen Werken ausländischer Künstler hat besonders die *Testamentseröffnung* des Schotten David Wilkie Gewicht. Ludwig hatte die Neue Pinakothek am 25. Oktober 1853 mit rund 300 Werken eröffnet. Als er 1868 stirbt, ist der Gemäldebestand auf fast 400 Exponate angewachsen. Im Erdgeschoß waren verschiedene Sammlungen untergebracht, die Sammlung Porzellangemälde, Sammlung Gipsbüsten von Künstlern und Gelehrten mit dem Gipsmodell der Quadriga vom Siegestor, die Sammlung photographischer Abbildungen von Gebäuden und antiken Ruinen Venedigs, Roms und Griechenlands und die Sammlung antiker Kleinkunst. Nach 1915, als die Neue Pinakothek in Staatseigentum übergegangen war, zog auch die Staatliche Graphische Sammlung aus der Alten in die Neue Pinakothek um.

Die Neue Pinakothek nach Ludwig I.

König Maximilian II. (reg. 1848-64), der das Bayerische Nationalmuseum gründet und das Maximilianeum mit monumentalen Historienbildern ausmalen läßt, Ludwig II. (reg. 1864-86), der sich Richard Wagners Musikdramen und seinen zahlreichen Schloßbauten zuwendet, tun wenig für die Sammlung der Neuen Pinakothek, obwohl Ludwig II. aus dem Nachlaß Ottos von Griechenland u. a. Feuerbachs *Medea* (von 1870) und Schwinds *Symphonie* (von 1852) erwirbt. Von den achtziger Jahren an kauft auch der Staat parallel zum König Bilder für die Neue Pinakothek. Aber von den internationalen Künstlern wie Courbet, von den Meistern von Barbizon, von Manet, die im Münchner Glaspalast ausstellen, ist außer Leibl (*In der Bauernstube*, von 1890, erworben 1890) keiner unter den Staatsankäufen vertreten. Spitzwegs *Armer Poet* (von 1835) und Böcklins *Spiel der Wellen* (von 1883) kommen 1887 und 1888 als Schenkungen in die Sammlung.

Die Fiedler-Stiftung

Die Schenkung des Kunstästhetikers Conrad Fiedler (1841-95) bringt in der nachludovizianischen Ära den ersten bedeutenden Zuwachs für die Neue Pinakothek. Fiedler, langjähriger Freund und Mäzen Hans von Marées (gest. 1887), stiftet 1891 fünfzehn Gemälde, zwei Pastelle und zwei Kartons und regt vier weitere Besitzer von Marées-Werken zu Stiftungen an. Der so entstandene Komplex, darunter drei große Triptychen, von Hans von Marées, einem Bahnbrecher der Moderne, hätte die Neue Pinakothek schlagartig an die Spitze der zeitgenössischen Gemäldegalerien setzen können, wenn er nicht im Schloß Schleißheim, also abseits vom allgemeinen Kunstbetrieb, untergebracht worden wäre.

1893 veranstaltet die Sezession, die sich ein Jahr zuvor konstituiert hatte, zum ersten Mal ihre internationale Ausstellung, und bald gelangen Werke des Symbolismus und des Jugendstils in die Sammlung, 1893 F. Khnopffs *I lock my door upon myself* von 1891, 1895 eine Fassung von Stucks *Sünde* von 1893, Segantinis *L'Aratura* von 1886-90. Mit der Unterstützung des liberalen Prinzregenten Luitpold (reg. 1886-1912) kauft Franz von Reber (Direktor der Staatssammlungen von 1883 bis 1909) trotz bestehender Widerstände von einigen Münchner Malern in der Ankaufskommission 1901 zwei Hauptwerke des sozialen Realismus, Meuniers Bronze *Der Hüttenarbeiter* von 1890 und Slevogts *Feierabend* von 1900/01. 1907 erwirbt er Monets *Felsen von Saint'Adresse* (von 1864) (das allerdings in den dreißiger Jahren wieder veräußert werden mußte). 1908 bietet Menzels Nichte Margarethe Krigar-Menzel der Direktion rund zwanzig Arbeiten aus dem Nachlaß an. Sie verliert den Prozeß, den die Verwandtschaft wegen Unzurechnungsfähigkeit in die Wege leitet, aber 1937 können wenigstens sechs dieser Menzel-Bilder, darunter die berühmte Wohnzimmerstudie mit Menzels Schwester von 1847, angekauft werden.

1808 erwirbt Reber aus der Jubiläumsausstellung Spitzwegs fünf Werke, darunter die *Irrlichter*, die, unter dem Einfluß der Barbizon-Schule entstanden, zu seinen bedeutendsten Landschaften gehören.

Die Tschudi-Spende

Hugo von Tschudi, der zum römischen Kreis von Marées zählte, hatte 1896 als Leiter der Berliner Nationalgalerie begonnen, die veraltete Sammlung mit Werken von Daumier, Courbet, Manet, Degas, Cézanne (der noch in keinem Museum hing) zu erneuern. Vom Widerstand der einheimischen Künstler und Kaiser Wilhelms II. entmutigt, beantragt er 1909 seine Entlassung und wird im gleichen Jahr nach München berufen. Vorsichtiger als in Berlin versucht er nun die Neue Pinakothek zu modernisieren. Zunächst widmet er sich der Neuordnung der Alten Pinakothek, für die er ebenfalls zuständig ist, und plant Verbindungsbauten zwischen beiden Pinakotheken. Dann setzt er sich für Leibl (u. a. Schuchs Bildnis von 1876), Schuch (u. a. *Apfelstilleben* um 1876), Trübner und Sperl ein

Rechts: Edgar Degas,
Die Büglerin, um 1869

Unten: Edouard Manet,
Frühstück im Atelier,
1868

und geht allmählich an die Einrichtung einer Abteilung moderner französischer Malerei. 1910 schlägt er Vorläufer des französischen Impressionismus wie Géricault (*Auffahrende Artillerie*, 1814) und Courbet (*Steinbruch von Optevoz*, 1854?) für den Ankauf vor, um dann alles zu wagen. Er holt die von Berlin abge-lehnten Bilder nach München und findet seinen ersten Stifter für Manets *Le Déjeuner* von 1868. Hugo Reisinger aus New York schenkt ihm ein Werk von Georges Michel, dem Vorläufer der Schule von Barbizon, aus Budapest werden ein *Frauenbildnis* und das *Apfelstilleben* (von 1871) von Courbet gestif-

Claude Monet, *Nymphéas,* 1918-21

tet. Tschudi erweitert sein Programm und bezieht auch die Überwinder des Impressionismus in seine Ankaufspläne ein, Gauguin, van Gogh, die ›Nabis‹, Hodler, Matisse. Aber auch in München erwachsen Tschudi dieselben Widerstände wie in Berlin in Gestalt des Malers Holmberg, der als Verwalter des königlichen Privateigentums in den Münchner Museen und Sammlungen die einheimischen Künstler der Ankaufskommission hinter sich hat. Sie verhindern Tschudis Neuordnung der Neuen Pinakothek und boykottieren die französische Abteilung. Krank und resigniert zieht sich Tschudi 1911 in ein Sanatorium zurück, wo er nach wenigen Monaten stirbt. Kurze Zeit vorher war auch Holmberg gestorben. Was Tschudi nicht gelungen war, gelingt seinem jungen Assistenten Heinz Braune, der mit der kommissarischen Leitung der beiden Pinakotheken betraut wird. In wenigen Monaten gewinnt er Freunde des Verstorbenen, die von Tschudi vorgesehenen 37 Bilder, die dieser beim Handel reserviert und im Keller der Neuen Pinakothek deponiert hatte, zu kaufen und der Sammlung im Rahmen einer »Tschudi-Spende« zu stiften. Darüber hinaus bringt Braunes persönliche Sammelaktion so viel Geld, daß er noch eine Anzahl von Bildern hinzuerwerben kann, u.a. Pissarros *Straße in Upper Norwood* von 1871, Gauguins *Bretonische Bäuerinnen* von 1886, Daumiers *Drama* um 1860, Manets *Barke* von 1874. Holmbergs Nachfolger, der Maler Toni Stadler, hält nach Braunes eigenen Worten, schützend die Hand über ihn. Unter den Stiftern sind die Schriftsteller Carl Sternheim und Franz Blei, die Pariser Kunsthändler Bernheim Jeune, Paul Durand-Ruel, Ambroise Vollard, die französischen Künstler Rodin und Bonnard, Berliner Bankiers, Universitätsprofessoren, Kunsthi-

storiker. Braune wendet sich mit der Tschudi-Spende direkt an den Prinzregenten Luitpold, an Ministerium und Landtag, die endlich ihre Zustimmung geben, da keine Staatsgelder beansprucht worden waren. Aber – die Tschudi-Spende muß auf Anordnung des Ministeriums vom 14. März 1912 nach Schloß Schleißheim gebracht werden, wohin schon seinerzeit Marées' Bilder verbannt worden waren. 1913 holt Braune wenigstens einige Marées in die Pinakothek und richtet auch einen Saal für den Leibl-Kreis ein. Im Rahmen der begonnenen Neuordnung darf er nun auch Bilder aus der Tschudi-Spende zeigen. Als Heinz Braune, in dem alle den designierten Nachfolger Tschudis sehen, 1914 Friedrich Dornhöffer als Direktor der Sammlungen vorgezogen wird, geht Braune nach Breslau, später nach Stuttgart, und hinterläßt München die »beste, modernste Franzosensammlung der (damaligen) Welt«.
1915 gehen nach jahrzehntelangem Zögern Gelände, Bau und Sammlung der Neuen Pinakothek aus königlichem Privateigentum in Staatsbesitz über, nachdem sie schon lange von staatlichen und königlichen Beamten gemeinsam betreut worden war. Braunes kritische Sichtung der überladenen Ausstellungssäle, seine verbesserte Hängung hatten die Neue Pinakothek, für die schon Abbruchpläne erwogen worden waren, wieder attraktiv gemacht. Dornhöffer, der erste Direktor der Staatlichen Zentralgemäldegalerie, schafft weiteren Platz in der Neuen Pinakothek. Er nimmt die zeitgenössische Malerei Frankreichs und Deutschlands aus der Sammlung heraus und bringt sie 1919 als Neue Staatsgalerie (heute Staatsgalerie moderner Kunst s. S. 302) im ehemaligen »Kunst- und Industrieausstellungsgebäude« am Königsplatz unter.

Vincent van Gogh, *Blick auf Arles*, 1889

Nach dem Vorbild der Berliner Jahrhundert-
ausstellung von 1906 beginnt die Neue Pinakothek nun mit der Kunst des Nach-Barock
und des Klassizismus – Kunstrichtungen, die
bis dahin in den Sammlungen vernachlässigt
worden waren. Nach dieser tiefgreifenden
Neuordnung, die die zuletzt permanente
Raumnot beseitigte, erwirbt Dornhöffer vor
allem Werke deutscher und französischer
Romantiker (Friedrich, Catel, Rottmann, Corot), der Deutschrömer (Böcklin, Feuerbach),
des Leibl-Kreises und der deutschen Impressionisten Liebermann und Slevogt. Ankäufe
von van Gogh, Kokoschka, Heckel, Marc,
Campendonk und anderer (nach 1937) ›Ent-
arteter‹ kosten ihn 1933 sein Amt. Ernst
Buchner wird sein Nachfolger als Generaldirektor der Bayerischen Staatsgemäldesammlungen.
In den folgenden Jahren muß die Neue Pinakothek regelmäßig ausgeräumt werden, um
anstelle des 1931 abgebrannten Glaspalastes
die jährliche »Große Münchner Kunstaus-
stellung« aufzunehmen, bis 1937 das Haus

Paul Gauguin, *Die Geburt Christi*, 1896

der Deutschen Kunst (s. S. 126) eröffnet werden kann.

Eine Auswahl aus der Sammlung der Neuen Pinakothek, die vor der Zerstörung des Baus vollständig evakuiert worden war, wird von 1948 an zusammen mit Bildern der Neuen Staatsgalerie im Haus der Kunst ›provisorisch‹ ausgestellt. In den 50er und 60er Jahren werden unter den Generaldirektoren Kurt Martin (Amtszeit 1957-65) u. a. Werke von Delacroix, Degas, Bonnard und Ensor, unter Halldor Soehner (1965-68) Goya und David erworben. Seit 1968 werden englische Gemälde (u. a. Gainsborough, Wilson, Raeburn, Turner) in die Ankaufspolitik einbezogen. Außerdem kommen Bilder von David, Goya, Géricault, Constable, Corot, Millet, Degas, Kersting, Marées, Klinger, Liebermann hinzu. Unter den Bildern der Schenkung *Theodor und Woty Werner* befinden sich Corot, Delacroix, van Gogh, unter jenen der Schenkung *Elly Koehler* u. a. Renoir.

Im Neubau, der 1981 auf dem angestammten Platz der Voitschen Neuen Pinakothek von 1854 dem Provisorium im Haus der Kunst ein Ende setzt, wird als ältestes Werk Thomas Gainsboroughs *Bildnis des Sir Uvedale Tomkyns Price* von 1760, als jüngstes Max Slevogts *Sonnige Gartenecke* von 1921 gezeigt. Die Schausammlung umfaßt damit einen Zeitraum von zwei Jahrhunderten, wobei sich in Einzelfällen Überschneidungen mit der Alten Pinakothek und der Staatsgalerie moderner Kunst ergeben. In Zukunft wird die Neue Pinakothek alle historisch gewordenen Bilder aus der Staatsgalerie moderner Kunst aufnehmen, die damit den jeweiligen Zeitgenossen vorbehalten bleiben soll.

Rundgang

Die Konzeption der Ausstellungsräume geht von der Vielfalt der einzelnen Malerschulen des 19. Jh. aus und will Gegensätze und Zusammenhänge deutlich machen. So sind beispielsweise im ersten Saal richtungweisende Beispiele englischer Malerei des ausgehenden 18. Jh. gleichzeitigen Bildern Jacques-Louis Davids bzw. Goyas gegenübergestellt, wozu im zweiten Saal noch Vergleichsbeispiele deutscher Maler hinzukommen. Oder: den beiden Sälen mit Malerei des deutschen Biedermeiers folgt in Saal 10 die zeitgleiche, aber ausgeprägt avantgardistische Malerei der französischen Romantiker und Realisten. Bereits im Mittelsaal mit den Historienmalern der Jahrhundertmitte zeigen sich deutliche Tendenzen der Einflußnahme französischer Vorbilder (H. Vernet, F. Winterhalter) bei der jungen Münchner Malergeneration (Piloty!), wobei die bestimmende Rolle der Franzosen zunimmt. Im internationalen Jugendstil und den Symbolisten in Raum 22 schließlich ist bei sehr eigenständiger individueller Ausprägung ein Netz von gegenseitigen Bezugnahmen festzustellen. Im folgenden werden die wichtigsten Künstler in den einzelnen Sälen und Kabinetten nicht nach der Hängung, sondern alphabetisch aufgeführt.

Internationale Kunst um 1800
Saal 1
Antonio Canova (1757-1822), *Statue des Paris* 1807-16; Jacques-Louis David (1748 bis 1825), *Marquise de Sorcy de Thélusson* 1790; Thomas Gainsborough (1727-88), *Bild-*

Rechts oben:
Max Liebermann,
*Frau mit Geißen
in den Dünen*, 1890

Links: Lovis Corinth,
Rittersporn, 1924,
zur Zeit noch Staatsgalerie
moderner Kunst

nis *Mrs. Thomas Hibbert* 1786; Richard Wilson (1714-82), *Blick über die Themse bei Kew Gardens auf Syon House* um 1760/70

Saal 2
Francisco José Goya y Lucientes (1746 bis 1828), *Die Landpartie* 1776/88; Anton Graff (1736-1813), *Heinrich XIII. Graf Reuss ä.L.* 1775; Sir Thomas Lawrence (1769-1830), *Lady Orde mit Tochter Anne* 1810/12; J.M.W. Turner (1775-1851), *Ostende* 1844

Kabinett 2 a
Philipp Jacques Loutherbourg (1740-1812), *Hirten mit Herde auf einer Paßhöhe* 1766

Frühromantik
Saal 3
Karl Blechen (1798-1840), *Bau der Teufelsbrücke* um 1830; J.Ch.C. Dahl (1788-1857), *Schlucht in der Sächsischen Schweiz* 1820; C.D. Friedrich (1774-1840), *Der Sommer* 1807; Wilhelm von Kobell (1766-1853), *Belagerung von Kosel* 1808; Carl Rottmann (1797-1850), *Kopaissee* aus dem Griechenlandzyklus um 1839; Georg Friedrich Kersting (1785-1847), *Junge Frau beim Schein einer Lampe nähend* 1825

Kabinett 3 a
Johann Georg Dillis (1759-1841), *Trivaschlößchen* 1797

Hofkunst unter Ludwig I. von Bayern
Saal 4
Franz Ludwig Catel (1778-1856), *Kronprinz Ludwig in der spanischen Weinschenke zu Rom* 1824; Peter von Hess (1792-1871), *Einzug König Ottos von Griechenland in Nauplia am 6. Februar 1833* 1835; Joseph Karl Stieler (1781-1858), *Bildnis Johann Wolfgang von Goethe* 1828; Berthel Thorvaldsen (1770 bis 1844), *Statue des Adonis* 1808-32

Kabinett 4 a
Heinrich Bürkel (1802-69), *Regenschauer in Partenkirchen* 1838

Deutsche Klassizisten in Rom
Saal 5
Ernst Fries (1801-33), *Blick von Kleingemünd auf Neckargemünd bei Heidelberg* 1828; Jacob Philipp Hackert (1737-1807), *Lago d'Averno* 1794; Joseph Anton Koch (1768 bis 1839), *Schmadribachfall* 1821/22

Kabinett 5 a
Johann Christian Reinhart (1761-1847), *Vier Ansichten von der Villa Malta auf Rom* 1829 bis 1835

Sammlung Georg Schäfer
Saal 6
Blechen – Carus – Friedrich – Leibl – Menzel – Thoma – Waldmüller – Wasmann

Europäische Kleinplastik des 19. Jh.
Kabinett 6 a
Barye – Begas – Carpeaux – Degas – Maillol – Rodin – Stuck

Nazarener Saal 7
Ferdinand Olivier (1785-1841), *Elias in der Einöde* 1830/31; Friedrich Olivier (1791 bis 1859), *Das Loisachtal* 1842/45; Friedrich Overbeck (1789-1869), *Italia und Germania* 1828; Friedrich Wilhelm von Schadow (1788 bis 1862), *Bildnis einer jungen Römerin* 1818; Rudolph Schadow (1786-1822), *Statue einer Sandalenbinderin* 1813/17

Biedermeier
Saal 8
Domenico Quaglio (1787-1837), *Nordostseite der Königlichen Residenz mit der Hofapotheke im Jahre 1828*; Moritz von Schwind (1804 bis 1871), *Der Besuch* um 1855

Saal 9
Rudolph von Alt (1812-1905), *Am Fenster* um 1840; Friedrich von Amerling (1803-87), *Junges Mädchen mit Strohhut* um 1835; Ferdinand Georg Waldmüller (1793-1865), *Frühling im Wienerwald* 1860/65

Französische Spätromantiker und Realisten
Saal 10
Honoré Daumier (1808-79), *Das Drama* um 1860; Théodore Géricault (1791-1824), *Auffahrende Artillerie* um 1814; Jean-François Millet (1814-75), *Bauer beim Pfropfen eines Baumes* 1855; Eugène Delacroix (1798-1863), *Chlorinde befreit Olindo und Sofronia vom Scheiterhaufen* 1853/65

Kabinett 10a
Camille Corot (1796-1875), *Brücke und Mühle in Mantes* um 1860/65

Deutsche Spätromantiker und Realisten
Saal 11
Adolph von Menzel (1815-1905), *Wohnzimmer mit Menzels Schwester* 1847

Kabinett 11a
Eduard Schleich d. Ä. (1812-74), *Der Ammersee mit Blick auf das Gebirge* nach 1865; Carl Spitzweg (1808-85), *Der arme Poet* 1839

Kaulbachs Entwürfe für die Außenfresken der Neuen Pinakothek
1848-54 (die die neuere Entwicklung der Kunst zum Thema haben, »wie sie durch seine Majestät den Koenig hervorgerufen, von München ausgegangen«) Saal 12

Historien- und Gesellschaftsmalerei
Saal 13 und Kabinett 13a
Karl Theodor von Piloty (1824-86), *Seni vor der Leiche Wallensteins* 1855

Malerei der Gründerzeit
Saal 14
Franz von Defregger (1835-1921), *Der Besuch* 1875; Hans Makart (1840-84), *Die Falknerin* um 1880; Mihály von Munkácsy (1844-1900), *Besuch bei der Wöchnerin* 1879; Joseph Wenglein (1845-1919), *Kalksteinsammlerinnen im Isarbett bei Tölz* 1883

Kabinett 14a
Albert von Keller (1844-1920), *Chopin* 1872; Franz von Lenbach (1836-1904), *Bauernbub* um 1860; Gabriel von Max (1840-1915), *Affen als Kunstrichter* um 1889

Deutschrömer
Saal 15 (Marées-Saal)
Hans von Marées (1837-87), *Das Goldene Zeitalter I* 1879/85; *Das Goldene Zeitalter II* 1880/83; *Die Hesperiden* 1884/85; *Die drei Reiter* 1885/87

Saal 16
Arnold Böcklin (1827-1901), *Pan im Schilf* 1859; *Im Spiel der Wellen* 1883; Anselm Feuerbach (1829-80), *Medea* 1870; Hans Thoma (1839-1924), *Taunuslandschaft* 1890

Leibl und sein Kreis
Saal 17
Wilhelm Leibl (1844-1900), *Leibls Nichte Lina Kirchdorffer* 1871; Karl Schuch (1846-1903), *Stilleben mit Spargel* um 1885/90; Wilhelm Trübner (1851-1917), *Wirtschaftsgebäude auf der Herreninsel im Chiemsee* 1874

Französische Impressionisten und Nachimpressionisten
Saal 18
Edgar Degas (1834-1917), *Nach dem Bade* um 1882/92; Edouard Manet (1832-83), *Frühstück im Atelier* 1868; Claude Monet (1840 bis 1903), *Seinebrücke in Argenteuil* 1874; Camille Pissarro (1830-1903), *Straße in Upper Norwood* 1871; Auguste Renoir (1841 bis 1919), *Bildnis des Herrn Bernard* um 1880

Saal 19
Paul Cézanne (1839-1906), *Stilleben mit Äpfeln* um 1885; Paul Gauguin (1848-1903), *Die Geburt Christi* 1896; Auguste Rodin (1840 bis

Links: Ferdinand Hodler,
Jenenser Student 1813, 1908

Rechts: Gustav Klimt,
Bildnis Margarete Stonborough-
Wittgenstein, 1905

1917), Statue *des ehernen Zeitalters* 1876;
Vincent van Gogh (1853-90), *Blick auf Arles*
1889

Sozialer Realismus
Saal 20
Max Liebermann (1847-1935), *Frau mit Gei-*
ßen in den Dünen 1890; Constantin Meunier
(1831-1905), *Bronze eines Hüttenarbeiters*
um 1890; Max Slevogt (1868-1932), *Feier-*
abend 1900/01; Fritz von Uhde (1848-1911),
Zwei Mädchen im Garten 1892

Deutscher Impressionismus
Saal 21
Lovis Corinth (1858-1925), *Homerisches Ge-*
lächter 1909; Heinrich von Zügel (1850-1941),
In Erwartung um 1906

Sezessionisten
Kabinett 21 a
Ludwig Dill (1848-1940), *Pappeln in den Am-*
perauen des Dachauer Mooses 1901; Hugo
von Habermann (1849-1929), *Damenbildnis*

in Grau und Rosa 1900; Fritz Overbeck (1868
bis 1909), *Im Moor bei Worpswede* um 1904;
Leo Putz (1869-1940), *Frau Putz im Garten* 1907

Symbolisten und Jugendstil
Saal 22
Ferdinand Hodler (1853-1918), *Jenenser Stu-*
dent 1813 1908; Fernand Khnopff (1858
bis 1921), *Ich schließe mich selbst ein* 1891;
Gustav Klimt (1862-1918), *Bildnis Margarethe*
Stonborough-Wittgenstein 1905; Egon
Schiele (1890-1918) *Agonie;* Max Klinger
(1857-1920), *Büste Elsa Asenijeff* um 1900;
Franz von Stuck (1863-1928), *Die Sünde* 1893

Kabinett 22 a
Pierre Bonnard (1867-1947), *Dame vor dem*
Spiegel um 1905; Maurice Denis (1870-1943),
Gallische Herdengöttin um 1890, Paul Si-
gnac (1863–1935), *An der Seine* (Vier Studien) um 1900?; Henri de Toulouse-Lautrec
(1864–1901), *Bildnis einer Dame* 1897;
Edouard Vuillard (1868-1940), *Das Speise-*
zimmer 1902

26 Prähistorische Staatssammlung
Museum für Vor- und Frühgeschichte

22, Lerchenfeldstraße 2, Telefon 29 39 11
Geöffnet: täglich außer Montag 9.30-16 Uhr, Donnerstag bis 20 Uhr
Abweichend von der Feiertagsregelung (s. S. 10) geöffnet am: 6.1., Ostersonntag und
-montag, Christi Himmelfahrt, Pfingstsonntag und -montag, 17.6., 15.8., 1.11., Buß- und
Bettag, 26.12.; Faschingsdienstag und 31.12. nur 10-12 Uhr. – Ganztägig geschlossen
am 24.12.

Leitung: Dr. Hermann Dannheimer (Frühes Mittelalter)
Wissenschaftliche Mitarbeiter:
Dr. Hans Peter Uenze (Neolithikum bis Latène), Dr. Jochen Garbsch (Römische Provinzial-
archäologie), Dr. Gisela Zahlhaas (Archäologie des Mittelmeerraums), Michael Egger
(Numismatik, Öffentlichkeitsarbeit, Museumspädagogik)

Träger: Freistaat Bayern
Fördererverein: Freunde der Bayerischen Vor- und Frühgeschichte

Präsenzbibliothek mit rund 5000 Bänden zur Vor- und Frühgeschichte Bayerns, 190
deutsche und rund 100 fremdsprachige laufende Zeitschriften, rund 5000 Sonderdrucke,
Lesesaal, Kopiermöglichkeit, Benutzung Montag mit Freitag 8-16 Uhr

Sammlung: Bodenfunde der Vor- und Frühgeschichte Bayerns; Stein-, Bronze-, Urnen-
felder-, Hallstatt- und Latènezeit, Römische Kaiserzeit, Frühes Mittelalter; Vorgeschichte
des Mittelmeerraums und des Vorderen Orients

Geschichte: Gründung 1885 durch den Anthropologen Johannes Ranke, Neubau 1975,
Wiedereröffnung 1976/77

Zweigmuseen: Burg Grünwald, Zeillerstraße 3, Grünwald, Telefon 6 41 32 18, geöffnet
Mittwoch mit Sonntag 10-16 Uhr (1. März bis 30. November), vorgeschichtliche, römische und frühmittelalterliche Funde der Münchner Gegend; Römersteine; Dokumente
zur Burggeschichte; Sonderausstellungen; Zweigmuseen in Neuburg a.D., Weißenburg
i.B., Amberg, Bad Windsheim, Bad Königshofen im Grabfeld in Planung

Aktivitäten: Wechselausstellungen
Service: Jeden Donnerstag 18 Uhr Führungen (Thema siehe Tagespresse), Schülerpro-
gramme in Zusammenarbeit mit dem Museumspädagogischen Zentrum (MPZ), Barer
Straße 29, Telefon 2 38 05/1 20, Blindenführungen (Funde können betastet werden), Frei-
zeitprogramme für Kinder, Wochenendveranstaltungen (›Kinder lernen ein Museum
kennen‹), Tonbildschauen und Diavorführungen; Aufzüge zu jedem Ausstellungsraum
für Rollstuhlfahrer und Behinderte

Publikationen: Hermann Dannheimer, Prähistorische Staatssammlung München, in:
Bayerische Vorgeschichtsblätter, 40, 1975, S. 1-33; H. Dannheimer, Die Prähistorische
Staatssammlung. Die Funde aus Bayern, München 1980²; Führer durch die Abteilungen:
H.-J. Kellner, Römerzeit, München 1976; H. Dannheimer, Frühes Mittelalter, München
1976; H. Koschik, Vorgeschichte I (Steinzeit, Bronzezeit, Urnenfelderzeit), München
1977; H.P. Uenze, Vorgeschichte II (Hallstatt-Latènezeit), München 1977; J. Wild, Prähistorische Staatssammlung, Burg Grünwald, München 1979; Ausstellungskataloge

Die Prähistorische Staatssammlung ist eines der größten vorgeschichtlichen Museen der Bundesrepublik. In dem 1976/77 eröffneten ersten Bauabschnitt des Neubaukomplexes kann das Museum erstmals nach Kriegsende wieder Ausstellungstätigkeiten entfalten.

Der Rundgang durch die Abteilungen mit den jahrtausendalten Geräten, Werkzeugen, Waffen, Schmuckstücken, Idolen, keramischen Objekten, Gläsern, Skulpturen und Mosaiken wird zur kurzweiligen Entdeckungsreise, das Museum zum Zeitraffer. Die Begegnung mit den Ur-Anfängen der Menschheit vor über 100000 Jahren in Süddeutschland bis zur Zeitwende vertiefen Bilddokumente der Ausgrabungen.

Die keltischen Stämme sind die ersten Volksstämme auf bayerischem Boden, die namentlich benannt werden können (z. B. die Vindeliker). Nach der römischen Besetzung drängen germanische Stämme in das bayerische Gebiet, wie dies die alamannischen, fränkischen und thüringischen Fundstücke in frühmittelalterlichen Gräberfeldern Bayerns zeigen. Chorschranken und Rekonstruktionen karolingischer Kirchenbauten repräsentieren die jüngste im Museum ausgestellte Zeitepoche, ergänzt durch die aus dem Münchner Stadtkern stammenden mittelalterlichen Funde.

Baugeschichte und -beschreibung

Von 1973 bis 1975 erstellt das Münchner Architektenteam Helmut von Werz, Johann Christoph Ottow, Erhard Bachmann und Michel Marx in der Lerchenfeldstraße, nördlich vom Bayerischen Nationalmuseum, einen fast fensterlosen Flachbau in Skelettbauweise, verkleidet mit großen Cor-Ten-Platten, einem wetterfesten Stahl, der selbständig eine schützende Rosthaut bildet.

Der Bau ist nach außen sichtbar in zwei Bereiche gegliedert. In der linken Hälfte mit der Eingangshalle befinden sich ein großer Saal für Wechselausstellungen und ein kleiner für Vorträge, außerdem Werkstätten, Magazine, Depots, Verwaltungsräume und Büros für die wissenschaftlichen Mitarbeiter.

Die eigentliche Schausammlung ist rechts davon in sechs 11 x 11 Meter großen Raumkuben untergebracht. Die Kuben sind, wie

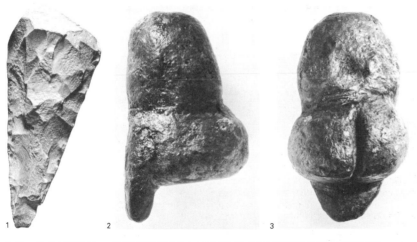

1   2   3

1 Faustkeil, 40000 bis 30000 v. Chr., Silex, Klausenhöhlen bei Neuessing (Kelheim)
2/3 Fruchtbarkeitsidol (Vorder- und Seitenansicht), Jungpaläolithikum, Kalkstein, Weinberghöhlen bei Mauern (Neuburg an der Donau)
4 Tongefäß in Gestalt eines Stieres, um 4000 v. Chr., Linearbandkeramik, Hienheim (Kelheim)

4

1 Gußform (Sandstein) für eine Lanzenspitze (Bronze), Bronzezeit um 1800/1700 v. Chr., Margarethenberg an der Alz und Langquaid
2 Armreif, 1500/1400 v. Chr., Bronze, Oberfranken
3 Bernsteinkette, 6. Jh. v. Chr., Waltershausen
4 Kanne mit Hörnergriff, Tasse mit ohrförmigem Bandhenkel, Jüngere Hallstattzeit 800/700 v. Chr., Bronze, Au (Aichach)

der Eingangsbau, schachbrettartig versetzt, so daß zwei Innenhöfe entstehen. Die rückwärtige Reihe mit drei Kuben liegt um ein halbes Stockwerk höher. Durch diesen Niveauunterschied ergeben sich für Erd-, Ober- und Untergeschoß wechselnde Ebenen und nach jeweils drei Räumen Zäsuren.

So kann die Sammlung sinnvoll und deutlich nach ihren chronologischen Themenbereichen gruppiert werden.

Sammlungsgeschichte

Die Geschichte der Prähistorischen Staatssammlung beginnt – wie die vieler Münchner Museen – mit der Gründung der ›Bayerischen Akademie der Wissenschaften‹ 1759. Sie wird von König Max I. Joseph 1807 auch zur ›Centralstelle für Untersuchung und Aufsammlung der im ganzen Lande gefundenen urgeschichtlichen Alterthümer‹ bestimmt. Wie in den überall neu entstehenden ›Vereinen vor- und frühgeschichtlicher Befunde Bayerns‹ besteht ihre Arbeit im Sammeln und Registrieren. Gleiche Arbeit leisten einzelne Mitglieder des 1837 gegründeten ›Historischen Vereins von Oberbayern‹, die aber ohne große fachmännische Kenntnisse graben und sammeln.
Das Bayerische Nationalmuseum (s. S. 43) nimmt 1867 alle diese Sammlungen, auch die frühgeschichtlichen Funde des Antiquariums, auf. Hier fungiert die vor- und frühgeschichtliche Abteilung mehr oder weniger als Nebenabteilung, die zeitweise nur zum Teil zugänglich ist.
Als gegen Ende des 19. Jh. die eiszeitlichen Höhlen Westeuropas entdeckt werden, entsteht in München die ›Gesellschaft für Anthropologie, Ethnologie und Urgeschichte‹. In Zusammenarbeit mit der Bayerischen Akademie der Wissenschaften will sie prähistorische Forschungsarbeiten in Bayern aktivieren. Gründungsmitglied und treibende Kraft ist Professor Johannes Ranke. 1885 kommt seine Sammlung vor- und frühgeschichtlicher Altertümer als Schenkung an den Staat. Ihr Domizil wird die Alte Akademie in der Neuhauser Straße. Die Sammlung – teils Originale, teils Kopien – wird zunächst selbständige Abteilung der ›Paläontologischen Sammlung‹ mit Ranke als Leiter.
1889 kann sie sich als Conservatorium der Prähistorischen Sammlungen bereits ›Cen-

tralmuseum für vorgeschichtliche Alterthümer Baierns mit Ausschluß des speziell Römischen‹ nennen, obwohl der Historische Verein von Oberbayern und das Bayerische Nationalmuseum ihre vorgeschichtlichen Bestände behalten. Erst mit deren Übergabe 1934 und 1937 werden die Vorläufer der Prähistorischen Staatssammlung zusammengeführt.

1944 wird die Alte Akademie in der Neuhauser Straße zerbombt. Die wichtigsten Teile waren ausgelagert, die römischen Steindenkmäler allerdings fallen dem Luftkrieg zum Opfer. Der Rest kann aus den Erdgeschoßräumen der Ruine gerettet werden. 1949 findet die Sammlung ein Unterkommen im sogenannten Bestelmeyerbau, dem ›Studiengebäude‹ des Bayerischen Nationalmuseums (s. S. 43). Sie wird damit aus dem naturwissenschaftlichen Zusammenhang herausgelöst und in den kulturgeschichtlichen Bereich gestellt, in den sie längst hineingewachsen war.

Im Herbst 1974 hat die Sammlung, nach 90jährigen Provisorien, Gastrollen und Magazinierungen, in einem auf die Objekte zugeschnittenen Neubau am Rande des Englischen Gartens ihren endgültigen Standort gefunden.

Oben: Stier von Weltenburg, Latènezeit 5. Jh. v. Chr., Bronze

Unten: Augenperlen, 4./3. Jh. v. Chr., Glas, Roseninsel

Rundgang durch die Schausammlung

Der folgende Text versucht, in Verbindung mit einer Kurzführung einen geschichtlichen Abriß zur Entwicklung der vorgeschichtlichen Kulturen zu geben.

Prähistorische Abteilungen
Saal I bis VI
Steinzeit (etwa 100 000-2000 v. Chr.)
Die ältesten Funde Bayerns reichen bis in die Kulturepoche der *Altsteinzeit* (Paläolithikum) um rund 100 000 v. Chr. zurück. Die wichtigsten Fundstellen in den Tälern der Ur-Donau und der Altmühl sind die Klausenhöhlen bei Neuessing und die Weinberghöhlen von Mauern. Neben Faustkeilen und Blattspitzen sind hier auch Knochenritzungen und das anthropomorphe Idol (Mauern) gefunden worden. Im Fundstoff der mesolithischen, also mittelsteinzeitlichen Siedlungen (u.a. Schwimbach bei Roth in Mittelfranken und auf dem Speckberg bei Eichstätt) zeigt sich die Entwicklung vom groben Werkzeug zur extrem feinen Abschlagtechnik der *Mittelsteinzeit*. Die Mikrolithen (winzige Silexgeräte) dienten den Sammlern und Jägern als Pfeilspitzen und Harpuneneinsätze.

In der *Jungsteinzeit* (Neolithikum) tritt anstelle der Abschlagtechnik das Schleifen der Steinwerkzeuge. Zum ersten Mal werden jetzt Werkzeuge auch durchbohrt. Ebenfalls neu ist in dieser Zeit die Herstellung von Keramik im mitteleuropäischen Bereich. Altheim, Hienheim, Straubing und Wallerfing sind u.a. wichtige Fundplätze dieser neolithischen Gruppen. Pläne ausgegrabener bandkeramischer Siedlungen vermitteln einen Eindruck von den frühen Hausformen bayerischer Ackerbauern und Viehzüchter vor 6000 Jahren.

Bronzezeit (etwa 2000-1400 v. Chr.)
Am Ende des 3. Jt. v. Chr. wandelt sich die Kultur Mitteleuropas. Aus dem Mittelmeergebiet bringen die ›Glockenbecherleute‹ die Methode der Gewinnung und Verarbeitung von Kupfer als neuen Werkstoff mit. Aus dieser Zeit stammen in Bayern sehr viele Funde, die unter anderem auch die rasche Weiterentwicklung der Metallverarbeitung zeigen: Rohbarrenhorte, Metallbearbeitungswerkzeuge, Gußformen, Schmelzofenreste, Vollgriffschwerter, reich verzierte Schmuckbeigaben wie Gewandnadeln, Armringe und Anhänger. Die neue Technik und die damit verbundene Massenproduktion bahnen ausgedehnte Handelsbeziehungen an.

Urnenfelderzeit (etwa 1400-800 v. Chr.)
Die Gräber der urnenfelderzeitlichen Epoche in Bayern lassen religiöse Vorstellungen, soziale Strukturen und unterschiedliche Bestattungsriten erkennen. Bei der Brandbestattung wird der Tote zusammen mit den Opfergaben – wie Gefäßen, einem Wagen und der übrigen persönlichen Habe – auf dem Scheiterhaufen verbrannt, die Reste werden in einer Grabgrube beigesetzt (*Aschenurne* aus Hart an der Alz). Gelegentlich wird über einem solchen Grab ein Hügel (Tumulus) aufgeschüttet und mit Steinen eingefaßt. Im Mark-Forst bei Bayersdorf ist auf jedem der

60 den Hügel umgebenden Sandsteinblöcke ein anderes, bis heute nicht enträtseltes Zeichen eingeritzt.

Der *Goldkegel von Etzelsdorf* (Nachbildung, Original im Germanischen Nationalmuseum in Nürnberg), *Prunkäxte, Schwerter* und *Lanzen* sind Beispiele für das Können der urnenfelderzeitlichen Metallhandwerker.

Hallstattzeit (800-500 v.Chr.)

Die Entdeckung des Eisens fällt in die Epoche der Hallstattzeit. Die nun einsetzende soziale Differenzierung manifestiert sich in Höhenbefestigungen nach mediterranem Vorbild und reichen Grabhügelbestattungen mit Grabbeigaben aus Importgütern, wie griechischer Keramik, italischen Bronzegefäßen und – in einzelnen Fällen – importierter Seide. Es bilden sich neue Herrschaftsbereiche und – damit verbunden – Regionen mit variationsreich verzierten Gegenständen heraus. Kennzeichnet den reichen Schmuck – *Goldringe*, verzierte *Bronzegürtel, Bernsteinketten* – Einheitlichkeit, so lassen sich anhand der Keramikdekore regionale Gruppen unterscheiden. 600 Keramikgefäße aus dem *Schirndorfer Gräberfeld* führen die Formenvielfalt einer einzigen Region vor. Der Vergleich der verschiedenen Schmuckzeichen, Symbole und menschlichen Darstellungen ermöglicht vielleicht die Aufschlüsselung der rätselhaften Symbolik.

Importiert werden u.a. auch große *Situlen* (Bronzekessel) für den Weintransport. Der Handel mit Salz und Eisen blüht.

Latènezeit
(etwa 500 v.Chr. bis um Christi Geburt)

Vom 5.Jh. v.Chr. an treten in weiten Teilen Mitteleuropas die Stämme der *Kelten* mit einem völlig neuen Formenschatz auf. Statt mit streng geometrischen Ornamenten wie in der vorausgegangenen Hallstattzeit, werden jetzt die Schmuckstücke plastisch mit abstrahierten Tierköpfen und menschlichen Fratzen verziert. Die Keramik wird sehr viel feiner dank der in Mitteleuropa eingeführten Töpferscheibe. Die Form wird ästhetischer, einfache Stempel ersetzen die reichen Ritz- und Kerbverzierungen der Hallstattzeit.

Goldsolidus des Magnentius, um 350 v.Chr., Römerschanze bei Grünwald

Stilisierte Tierplastiken aus Bronze (*Stier* von Weltenburg, *Widder* von Sempt, *Eber* von Lindau) und die farbenprächtigen *Glasperlen* und *Glasarmringe* – Glas kommt jetzt in Europa in großen Mengen vor – gehören zu den keltischen Kostbarkeiten. Das *Obermenzinger Arztgrab* mit einem kompletten Satz chirurgischer Instrumente ist das älteste bekannte Arztgrab Süddeutschlands. Neu für den europäischen Kulturraum sind die stadtartigen Siedlungen (bei Caesar ›Oppida‹ genannt), die eine regelrechte Stadtplanung vermuten lassen (Handwerkerviertel, Händlerquartiere). Die Größe solcher Siedlungen zeigen graphische Vergleiche: So erreicht das spätkeltische *Oppidum von Manching* bei Ingolstadt (Saal VI) etwa die zweieinhalbfache Größe Münchens im 18.Jh. Sieben Kilometer lang ist die steinerne Stadtmauer, (eine Tonbildschau erläutert die Ausgrabung von Manching). Fotos von keltischen *Viereckschanzen* und *Höhenbefestigungen*, Rekonstruktionszeichnungen von *Toranlagen* illustrieren die keltische Bauweise.

Die Kelten führen auch das Münzgeld in Mitteleuropa ein. Angeregt durch die Münzprägung Philipps II. von Makedonien prägen sie *Gold-, Silber- und Potinmünzen*, deren vielfältige künstlerische Gestaltung auf einzelne Stammesgruppen schließen lassen (z.B. Münzen der Vindeliker). Wie groß keltische Schatzfunde sein können, zeigen die im vorigen Jh. entdeckten, ursprünglich über 1000 goldenen *Regenbogenschüsselchen* von Irsching ebenso wie ein kürzlich gefundener Münzschatz von Neuses (Landkreis Forchheim). Die Irschinger Münzen sind aus Unkenntnis im vorigen Jh. bis auf wenige Exemplare eingeschmolzen worden.

Das Ende der keltischen Kultur wird mit der Okkupation Rätiens durch die Römer etwa 15 v.Chr. gleichgesetzt.

Römische Abteilung
Saal VII bis IX
Römerzeit (etwa 15 v.Chr. bis 400 n.Chr.)

Die verschiedenen Stadien der römischen Besetzung der Provinz Rätien (Südbayern) werden in drei Sälen vorgestellt. Die Veränderung der zivilisatorischen und kulturellen Verhältnisse ist tiefgreifend. Fotos zeigen die exponierte und dadurch geschützte Lage des römischen *Epfach,* der Nachschubstation auf dem Auerberg bei Schongau, Landkarten die Entwicklung des Grenzverlaufs (Limes) und des Straßennetzes, Rekonstruktions- und Grabungszeichnungen die Grund- und Aufrisse früher römischer Lager.

Von den römischen und romanisierten Provinzbewohnern zeugen römische *Münzen,* römische *Waffen* (Waffenkammer aus dem Kastell Künzing an der Donau), einer der schönsten römischen *Mosaikfußböden* mit Jagd- und Meermotiven nördlich der Alpen (Westerhofen bei Ingolstadt) und die größte erhaltene *Bauinschrift* aus Regensburg (Kopie). Viele private und öffentliche Bauten sind aus Stein, mit Fresken, Reliefs und Mosaiken ausgestattet. *Metallgeschirr,* römisches ›Porzellan‹, die sogenannte *Terra Sigil-*

1 Maske, orientalischer Typus, Bronze und Glasfluß, Mittlere Kaiserzeit, Eining (Kelheim)
2 Kaltwasserbecken mit Tonnengewölbe und Fresken, 3. Jh. n. Chr., Schwangau
3 Schrifttafel, ›Soldbuch‹ eines römischen Offiziers, Bronze, Geiselbrechting
4 Reiterhelm, Mittlere Kaiserzeit, Messingbronze und Weißmetall, Theilenhofen (Gunzenhausen)
5 Römisches Fußbodenmosaik (Detail), 3. Jh. n. Chr., Marzoll
6 Minerva, Frühe Kaiserzeit, Bronze und Silber, 14,5 cm hoch, Putzmühle (Fürstenfeldbruck)

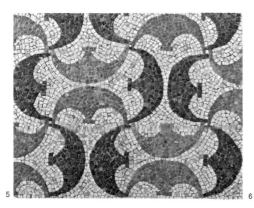

lata, *Wagenbeschläge* und wertvolle *Gläser* lassen römischen Handel und Verkehr im Museum lebendig werden.

Fotos von Grabsteinen mit Szenen des täglichen Lebens ergänzen die Rekonstruktion eines der reichsten römischen Frauengräber nördlich der Alpen, das *Grab aus Wehringen*, wenige Kilometer vor der römischen Provinzhauptstadt Augusta Vindelicum (Augsburg) gelegen. Rund 100 Tongefäße, viele Bronzegefäße, ein Klappstuhl und Stoffreste aus dem steinernen Grabmal von fast 16 m Höhe weisen die Bestattete als Mitglied einer hochstehenden römischen Familie aus.

Der wiederaufgebaute, mit Fresken geschmückte Baderaum einer römischen *Badeanlage aus Schwangau* gibt eine Vorstellung vom Komfort einer römischen Villenanlage.

Wichtige *Schatzfunde* wie die von *Straubing* und *Eining* mit ihren Gesichtsmasken und Paraderüstungsteilen dokumentieren den Höhepunkt der römischen Kunst in den Provinzen wie den beginnenden Niedergang, bedingt durch die germanischen Angriffe, die die Römer zwangen, wertvolles Gut im Boden zu verstecken. Von germanischen Angriffen in Bayern legen auch die zahlreichen römischen *Münzschätze* und *Schmuckhorte* Zeugnis ab.

Modelle, Rekonstruktionszeichnungen kleiner römischer Befestigungsanlagen und die nun bescheiden werdenden Schmuckformen verdeutlichen die reduzierten römischen Aktivitäten im 4. Jh. in unserem Gebiet und das Eindringen germanischen Kulturgutes (Friedenhain, Bergheim, Gelbe Bürg bei Dittenheim).

Frühmittelalterliche Abteilung
Saal X bis XII
Frühes Mittelalter (400 bis etwa 800 n. Chr.)
Für das frühe Mittelalter sind Friedhöfe Hauptquellen archäologischen Fundstoffes.

Bestattungsplätze mit 1000 und mehr Gräbern (sogenannte Reihengräberfriedhöfe) sind keine Seltenheit. Die Toten wurden mit ihrer persönlichen Habe, Waffen, Schmuck (wie etwa Fibeln, die wie Sicherheitsnadeln funktionierten), Keramik und Glasgefäßen bestattet. Einer der wichtigsten Funde des frühen Mittelalters in Bayern ist der *Grabfund von Fürst* mit goldenen Schließen und einem goldenen Armring aus dem beginnenden 5. Jh. Die Ausstellung zeigt ferner die typischen Grabbeigaben der Alamannen, Franken und Baiuwaren, die sich in Form und Verzierung der einzelnen Gegenstände deutlich unterscheiden.

Ausgehendes Heidentum und beginnendes Christentum lassen auf eine Zeit der Unruhe und des Umbruchs schließen. Das berühmte *Fürstengrab von Wittislingen* mit seinem Goldblattkreuz, der Goldscheibenfibel aus einer alamannischen Werkstatt und einer der schönsten Bügelfibeln (mit rückseitiger lateinischer Inschrift ... Uffila lebe glückselig in Gott ...) repräsentiert eine der aufwendigsten christlichen Bestattungen des frühen Mittelalters.

Kirchenmodelle und eine bedeutende Sammlung karolingischer *Chorschranken* (Ilmmünster) geben einen aufschlußreichen Überblick über Baukunst und Steinmetzarbeiten frühester bayerischer Kirchen der Karolingerzeit.

Mit einem Modell des frühmittelalterlichen Dorfes *Kirchheim,* mittel- und hochmittelalterlichen Funden aus dem Stadtkern *München,* einer Reihe von *Einbäumen* aus bayerischen Gewässern und einer erst kürzlich dem Museum überlassenen weiblichen *Moorleiche* endet der Rundgang durch die Schausammlung.

Die *Abteilung Vorgeschichte des Mittelmeerraumes und des Vorderen Orients* verfügt zur Zeit über keine eigenen Ausstellungsräume.

Bügelfibel, Jüngere Merowingerzeit, Silber, vergoldet und nielliert, Almandin- und bunte Glaseinlagen, Rückseite lateinische Inschrift, Wittislingen (Dillingen)

27/28 Residenz und Residenzmuseum mit Schatzkammer

2, Max-Joseph-Platz 3, Telefon 22 46 41
Geöffnet: Residenzmuseum Dienstag bis Samstag 10-12.30 (Vormittagsrundgang) und
12.30-16.30 Uhr (Nachmittagsrundgang mit großenteils veränderter Führungslinie)
Sonntag 10-13 Uhr nur Vormittagsrundgang
Abweichend von der Feiertagsregelung (s. S. 10) geöffnet am: 6.1., Ostermontag, Christi
Himmelfahrt, Pfingstmontag, Fronleichnam, 17.6., 15.8., Buß- und Bettag sowie 26.12. –
Ganztägig geschlossen am Faschingsdienstag, 24. und 31.12.

Schloßverwaltung: Bayerische Verwaltung der staatlichen Gärten, Schlösser und Seen,
19, Schloß Nymphenburg, Telefon 17 90 81, Präsident Hanns-Jürgen Freiherr von
Crailsheim
Leitung: Museumsdirektor Dr. Gerhard Hojer
Wissenschaftliche Referenten: Dr. Horst H. Stierhof, Dr. Lorenz Seelig (Schatzkammer)
Örtliche Verwaltung: Verwaltung der Residenz München 2, Residenzstraße 1,
Telefon 22 46 41

Träger: Freistaat Bayern

Sammlung: Skulpturen und Reliefs in Stein, Bronze und Holz; Gemälde; Reliquiare und
Paramente; Tafelsilber; Glas und Majolika; ostasiatische und europäische Porzellane;
europäische Wirk- und Knüpfteppiche; Möbel; Uhren und Leuchter in prunkvollen Stil-
räumen der Spätrenaissance, des Barocks und Rokokos sowie des Klassizismus. Die
Schatzkammer gilt als eigene Sammlung

Geschichte: 1897 Eröffnung der Schatzkammer; 1920 Gründung des Residenzmuseums
in der ehemaligen Residenz der Wittelsbacher; der heutige Residenzkomplex erwächst
aus der Neuveste (Baubeginn 1384, Umbau zur vierflügeligen Wasserburg 1470-1500),
die in den folgenden Jahrhunderten ständig erweitert wird und im 19. Jh. schließlich
dem Festsaalbau weichen muß: Antiquarium 1569-71; Grottenhoftrakte 1581-88; Maximilianische Residenz 1611-19; Reiche Zimmer (1730-37) mit ›Grüner Galerie‹ (1733),
Cuvilliés-Theater (1751-55); Kurfürstenzimmer (1760-63); Kgl. Hof- und Nationaltheater
(1811-18); Königsbau (1826-35), Festsaalbau (1832-42), Allerheiligen-Hofkirche (1826-37)
Institutionen in der Residenz: Altes Residenztheater (Cuvilliéstheater), Bayerische Aka-

demie der Schönen Künste, Bayerische Akademie der Wissenschaften, Schatzkammer (s. S. 223), Staatliche Münzsammlung (s. S. 267), Staatliche Sammlung Ägyptischer Kunst (s. S. 270), Neuer Herkulessaal (Konzerte und Veranstaltungen)

Aktivitäten: Wechselausstellungen. – Brunnenhof-Konzerte verschiedener Konzertdirektionen in den Sommermonaten

Service: Führungen

Publikationen: Herbert Brunner und Gerhard Hojer, Residenz München, Amtlicher Führer, München 1982 (mit ausführlichem Literaturverzeichnis); Gerhard Hojer und Horst H. Stierhof, Schatzkammer der Residenz München, Amtlicher Führer, 2. Auflage München 1981; Herbert Brunner, Chinesisches Porzellan im Residenzmuseum München, München 1966

Kurzinformation

Der Besucher der Münchner Residenz sollte sich einen Tag Zeit nehmen, um sich ohne Hast von der Stille der Höfe und ihren sanft plätschernden Brunnen verzaubern und sich vom Luxus der sie umgebenden Zimmerfluchten, Galerien und Festsäle aus Renaissance, Barock, Rokoko und Klassizismus verführen zu lassen, 400 Jahre Kultur- und Kunstgeschichte zu studieren. Die frühe Renaissancearchitektur des Antiquariums, des größten Profanraumes jenes Stils und ältesten Museumsbaus nördlich der Alpen; der intime Grottenhof mit seinem manieristischeleganten Perseusbrunnen als eine der schönsten Realisierungen des italienischen Giardino segreto in Deutschland; die für ihre Zeit (1611-19!) erstaunlich großartige Raumkonzeption der Maximilianischen Residenz um den weiten Kaiserhof mit den prachtvollen Steinzimmern; als Höhepunkt europäischen Rokokos die Reichen Zimmer und die Grüne Galerie von Cuvilliés; oder die klassizistischen Appartements Ludwigs I. mit ihrer unprätentiösen festlichen Heiterkeit – das sind nur einige Beispiele aus der Fülle jahrhundertelanger höfischer Wohnkultur, die die Residenz bietet. Zu den vielfältigen Innenausstattungen, von Meistern der verschiedensten kunsthandwerklichen Zweige geschaffen, kommen u. a. Prunkmöbel und vor allem die Gobelins aus fremden und der hauseigenen Manufaktur hinzu, die die Krönung der Ausstattungen bilden. Zahlreiche Zimmerfluchten nehmen heute Spezialsammlungen der Wittelsbacher auf, wie die früh begonnene der ostasiatischen Porzellane und die der europäischen Porzellane aus den Anfängen der verschiedenen Manufakturen, unter denen die Nymphenburger Manufaktur schwerpunktmäßig vertreten ist. Das französische Tafelservice aus Vermeilsilber in den Silberkammern dokumentiert ebenso eindrucksvoll wie das Porzellan königliche Prachtentfaltung. Die Teppich- und Porzellansammlungen aus Residenzmuseum und Bayerischem Nationalmuseum (s. S. 43), beide aus gleichen Quellen gespeist, machen München zu einem internationalen Zentrum dieser beiden Kunstgattungen.

Die Religiosität der Renaissance- und Barockzeit hat in den phantasievoll geschmückten Reliquiaren ihren Ausdruck gefunden. Die Frömmigkeit, von der Maximilian durchdrungen war, hat sich eindrucksvoll in seinem Privatoratorium, der Reichen Kapelle, manifestiert. Auch die allegorischen Bildprogramme der verschiedenen Repräsentationsappartements lassen die Dimension und Allgegenwart geistiger und religiöser Vorstellungen ahnen, die die vergangenen Epochen motivierten und beherrschten.

Die Kunstschätze der Münchner Residenz auch nur aufzählen zu wollen, würde den Rahmen dieses Führers sprengen. Deshalb ist hier dem Aspekt des ›Raumkunstmuseums‹, das die Residenz repräsentiert, der Vorrang gegeben worden und damit der knappen Erklärung der baugeschichtlichen und kulturellen Zusammenhänge. Für die Fülle der Ausstattungs- und Einzelobjekte wird auf den amtlichen Führer des Residenzmuseums verwiesen.

Baugeschichte

Nach der Landesteilung 1255 verlegen die wittelsbachischen Herzöge ihre Hofhaltung von Landshut nach München in den sog. ›Alten Hof‹ oder die ›Alte Veste‹. Diese damals aus Sicherheitsgründen im Nordosten der Stadt errichtete Burg wird von den Häusern der jungen wachsenden Stadt bald eingeschlossen. 1385 bauen die Herzöge eine Neue Veste an der Nordostecke des inzwischen erweiterten Stadtmauerrings, um die Randlage wiederzugewinnen. Diese zweite Veste wird 1470-1500 zu einer vierflügeligen Wasserburg ausgebaut und 1476 in die Stadtbefestigung einbezogen. 1570 erreicht die Neuveste ihre größte Ausdehnung. Der Komplex wird mehrmals, zuletzt 1750, von Bränden heimgesucht und geht sukzessive in den Überbauungen und Neubauten der folgenden Jahrhunderte auf. Die beim Wiederaufbau zwischen 1956 und 1960 freigelegten Grundmauern der Neuveste im Bereich des Apothekenhofs sind in der Pflasterung gekennzeichnet.

I. Bauperiode unter Herzog Albrecht V.
(reg. 1550-79)
Künstler: Hofbaumeister Wilhelm Egkl (gest. 1588).
Unter Herzog Albrecht V. erbaut Wilhelm Egkl, von Plänen Jacopo Stradas und Ideen Hans Jakob Fuggers ausgehend, südwestlich außerhalb der Neuveste das Antiquarium (1568/69-71). Seine diagonale Lage im Achsenkreuz der Residenz verursachte der ehemals schräg von Ost nach West verlaufende Burggraben. Mit dem Antiquarium, dem

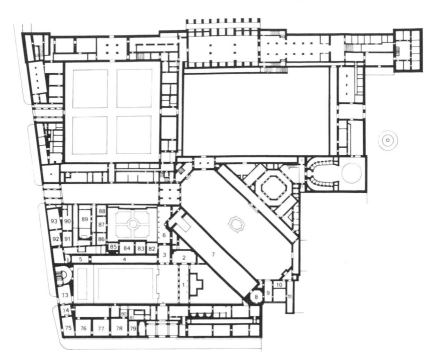

1 Vestibül am Königsbauhof, 2 und 3 Erster und Zweiter Gartensaal, 4 und 5 Ahnengalerie und Porzellankabinett, 6 Grottenhof, 7 Antiquarium, 8 Oktogon, 9 Torweg, 10 Raum mit Herkules-Relief, 11 Gang vor der Treppe zum Schwarzen Saal, 12 und 13 Treppe zum Schwarzen Saal und Schwarzer Saal, 14, 14a-14g Räume im Königsbau, 14 Gelbe Treppe, 14a-14c Schlachtensäle, 14d-14g Porzellankammern (19. Jh.), 15-21 Rückwärtige Kurfürstenzimmer mit ostasiatischer Porzellangalerie, 22-31 Kurfürsten-Zimmer, 32 Allerheiligengang, 33-37 Ehemalige Hofgartenzimmer, 38 Durchgang, 39-41 Charlottenzimmer, 42 Charlottengang, 43 und 44 Vorplatz und Breite Treppe, 46-53 Kaiserhoftrakte, 54 St. Georgs-Rittersaal, 55-62 Reiche Zimmer mit Grüner Galerie, 63 Chinesisches Kabinett, 64 und 65 Garderobe und Durchgang, 66-71 Päpstliche Zimmer und Herzkabinett, 72 Königin-Mutter-Treppe, 73 und 74 Durchfahrt zum Königsbauhof und Vorraum, 75-79 Nibelungensäle, 80 und 81 Durchgang und Haupttreppe an der Einfahrtshalle im Königsbau, 82-88 Porzellankammern 18. Jh., 89 Hofkapelle, 90 Unterer Vorplatz der Kapellentreppe, 91-93 Paramentenkammern, 94 Kapellentreppe, 95 Reliquienkammer, 96 Empore der Hofkapelle (Raum 89), 97 und 98 Vorraum und Reiche Kapelle, 99 Geweihgang, 100-103 Silberkammer, 104-111 Steinzimmer mit Theatinergang, 72, 112 bis 124 Königsbau, 112-119 Appartement der Königin, 120-124 Appartement des Königs

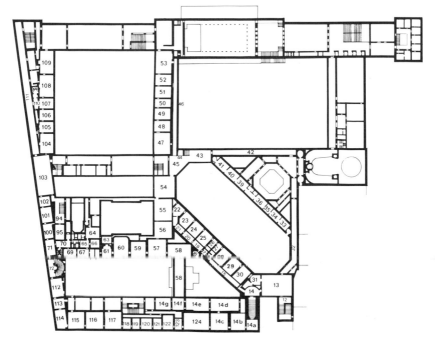

größten und bedeutendsten Profanraum der Renaissance nördlich der Alpen, beginnt der bis ins 19. Jh. andauernde Ausbau der Burg zum Stadtschloß, zunächst auf dem südlich, dann auf dem westlich benachbarten Areal der Neuveste.

II. Bauperiode unter Herzog Wilhelm V.
(reg. 1579-97)

Künstler: Hofbaumeister Friedrich Sustris (um 1540-99), Bronzebildner Hubert Gerhard (um 1550-1622/23).

Wilhelm V. läßt 1580/81 den zweigeschossigen sog. Witwenstock mit sieben Achsen (unter Maximilian I. umgebaut) an der ehemaligen Schwabinger Gasse (heute Residenzstraße) errichten. Zwischen Antiquarium und Witwenstock entstehen 1581-88 unter Leitung von Friedrich Sustris längs des Jägergäßls (heute Kapellenhof) die Grottenhoftrakte: vier zweigeschossige Flügel um einen rechteckigen Hof, und in den folgenden Jahren der westlich an das Grottenhof-Schloß anschließende Erbprinzentrakt mit der Hofkapelle (1591-93). Schwabinger Gasse und Jägergäßl bleiben in Zukunft für die Nordsüdrichtungen der Gebäudeachsen bestimmend. Der Herzog bewohnt seit 1581 das Obergeschoß des Antiquariums (aus dem die Bibliothek verlegt worden war), bis die neuen Schloßtrakte am Grottenhof bewohnbar werden. Am östlichen Ende des Antiquariums entsteht um 1590 der Schwarze-Saal-Trakt, der eine der Schmalseiten des späteren langgestreckten, achtseitigen Brunnenhofes bilden wird. Die Schwarze-Saal-Treppe ist eine der frühesten gegenläufigen Treppenanlagen nördlich der Alpen.

III. Bauperiode unter Maximilian I.
(reg. 1597-1651)

Künstler: Hofkunstintendant Hans Krumper (Bildhauer, um 1570-1634), Baumeister Hans Reifenstuel und Heinrich Schön, Hofmaler Peter Candid (um 1548-1648), Bronzebildner Hubert Gerhard (um 1550-1622/23).

Den entscheidenden Ausbau und die übergreifende Struktur erfährt die Residenz unter Maximilian dem Großen (seit 1623 Kurfürst), von dem die wesentlichen Bauideen zu stammen scheinen, da aus dieser Periode keine eigentlichen Architekten bekannt sind. Zunächst erneuert Maximilian die Hofkapelle, die 1603 geweiht wird (Erweiterung 1630). Im Obergeschoß baut vermutlich Krumper östlich vom Kapellenchor die Reiche Kapelle als Privatoratorium Maximilians I. ein. Gegenüber auf der nördlichen Seite des Kapellenhofs wird der Hofdamenstock errichtet. Zwischen 1610 und 1620 erfolgt die Umbauung des längsoktogonalen Brunnenhofs mit dem ›Khürngang‹ (später Charlottentrakt) parallel zum Antiquarium, und den Giebelbauten der Hofschmalseiten mit dem Uhrturm (1612) im Nordwesten. Anlage der ›Breiten Treppe‹ nach 1600 mit Durchgang zum ›Alten Herkulessaal‹ Albrechts V. (Raum 44). Im Brunnenhof der Wittelsbacher-Brunnen von Hubert Gerhard (um 1600).

Aus dem zweiten Jahrzehnt des 17. Jh. datiert Maximilians großzügige Neuplanung

der Kaiserhoftrakte, eine regelmäßige Vierflügelanlage im Stil der Spätrenaissance, die die Residenz zu einer der größten ihrer Zeit werden läßt. Um das Geviert des Kaiserhofs entsteht 1611 zuerst der Südflügel, der den Hofdamenstock (von 1605) und Alten Herkulessaal am Kapellenhof einbezieht, dann der Osttrakt oder später sog. Triertrakt, anschließend der ›Westliche Gang‹ an der Schwabinger Gasse, der den hier schon vorhandenen Bauten mit den Steinzimmern an der Hofseite vorgelegt wird, und zuletzt der nördliche Flügel mit Kaisertreppe und Kaisersälen, die 1616 und 1619 fertiggestellt sind. Diese neue Schloßanlage verbinden die südliche Charlottengang (1612) und der nördliche ›Große Hirschgang‹ (1614) mit den Osttrakten der Neuveste, die zu diesem Zeitpunkt von der alten Vierflügelburg übriggeblieben sind. Sie bilden den Küchen- oder Apothekenhof. Von 1613 bis 1617 wird der Hofgarten an der Nordseite der Residenz angelegt. Unter Maximilian erhält die Westfront, mit ihren 33 Achsen, bis zum 19. Jh. die einzige Schauseite der Residenz, ihre architektonische Fassadenmalerei.

IV. Bauperiode –
von Kurfürst Ferdinand Maria (reg. 1651-79)
bis König Max I. Joseph (reg. 1799-1825)

Künstler: die Baumeister Enrico Zuccalli (um 1642-1724), Joseph Effner (1687-1745), Johann Baptist Gunetzrhainer (1692-1763), François de Cuvilliés d. Ä. (1695-1768), Charles Pierre Puille (1731-1805), Karl von Fischer (1782-1820); der Stukkateur Johann Baptist Zimmermann (1680-1758); die Holzbildhauer Wenzeslaus Miroffsky (gest. 1759), Joachim Dietrich (1736-53) und Johann Adam Pichler (gest. 1761).

Der Umfang der Maximilianischen Residenz, um 1619 vollendet, sollte bis ins 19. Jh. maßgebend bleiben. Der nachfolgende Kurfürst Ferdinand Maria (reg. 1651-79) gestaltet Raumfolgen (u. a. die Päpstlichen Zimmer) im italienischen Barockstil neu und stellt die im Residenzbrand von 1674 zerstörten Teile der Stein- und Kaiserzimmer wieder her. Unter Max Emanuel (reg. 1679-1726) beginnen 1726 die Umbauten der Grottenhoftrakte (Fassaden) nach Plänen von Joseph Effner und Enrico Zuccalli, die unter Karl Albrecht (reg. 1726-45) fortgesetzt werden. Nach dem Residenzbrand von 1729 entwirft Cuvilliés die Innenausstattung der ausgebrannten Räume, heute ›Reiche Zimmer‹ genannt, das Porzellankabinett westlich der ›Ahnengalerie‹, die ›Grüne Galerie‹ (in einem neuen südlichen Trakt mit eigener Fassade, 1730-37), ein Hauptwerk des süddeutschen Rokokos (heute Ostseite des Königsbauhofs).

Unter Max III. Joseph (reg. 1745-77) richtet Gunetzrhainer 1746-48 die Kurfürstenzimmer über dem Antiquarium neu ein. Als 1750 die letzten Bauten der Neuveste, unter ihnen auch der große Georgsaal, in dem seit 1700 Theateraufführungen stattfanden, abbrennen, entsteht 1751-53 im Südosten des Residenzareals (an der Stelle des heutigen modernen Residenztheaters) ein ›Neues Opera-Haus‹ nach Plänen von Cuvilliés. Weitere Pläne Cuvilliés' zu einer großzügigen Arrondierung der Residenz im Norden und Osten werden nicht ausgeführt (vgl. das Modell im St.-Georgs-Rittersaal, 53).

Der kurpfälzische Kurfürst Karl Theodor, der 1777 das bayerische Erbe antritt, verändert nichts an der Residenz. Kurfürst Max IV. Joseph und späterer König Max I. Joseph (reg. 1799-1825) läßt zwischen 1799 und 1801 Charles Pierre Puille das Obergeschoß im westlichen Nordflügel (Kaisersäle) zu seinem Wohnappartement, den sog. Hofgartenzimmern, umbauen (die im letzten Weltkrieg geretteten Stücke heute in den Räumen 33-37 des Charlottentrakts), Andreas Gärtner gestaltet bis 1809 den Alten Herkulessaal im Hofdamenstock, bis 1814 die Charlottenzimmer (38-41) neu. Karl von Fischer beginnt 1811 südlich des Alten Residenztheaters von Cuvilliés das Kgl. Hof- und Nationaltheater. Leo von Klenze errichtet 1817-22 die Hofreitschule (heute Marstalltheater).

V. Bauperiode unter König Ludwig I.
(reg. 1825-48)
Künstler: Architekt Leo von Klenze (1784 bis 1864), Maler Julius Schnorr von Carolsfeld (1794-1872), Bildhauer Ludwig von Schwanthaler (1802-48).
Zur Realisierung seiner Neubaupläne läßt Ludwig I. die nach dem Brand von 1750 nur notdürftig hergerichteten Überreste der Neuveste im Osten und den Witwenstock im Westen abbrechen. Die Bauten seines Hofarchitekten Leo von Klenze, im Süden der Königsbau (1826-35), im Norden der Festsaalbau mit Thronsaal (heute Neuer Herkulessaal), Ballsaal, Schlachtensaal und Schönheitengalerie (jetzt in Schloß Nymphenburg), der mit einem östlichen Quertrakt, dem Apothekentrakt (1835-42), den Apothekenhof schließt und die Verbindung zur Allerheiligen-Hofkirche (1826-37, heute Ruine) herstellt.
Durch diese Neubauten erhält die Residenz im Norden und Süden klassizistische Schaufassaden.
König Maximilians II. (reg. 1848-64) südlicher Wintergarten über dem Eingangstrakt zum einstigen Residenztheater und Ludwigs II. (reg. 1864-86) Wintergarten über dem nordwestlichen Trakt am Hofgarten, den E. Riedl und F. Seitz 1866-68 zum Wohnappartement umgestalteten, sind nicht erhalten. Nach der Flucht des Bürgerkönigs Ludwig III. 1918 wird 1920 das Residenzmuseum eröffnet.

VI. Die Wiederaufbauperiode
(1946 bis Mitte der 80er Jahre)
Im Zweiten Weltkrieg wird die Residenz in den Jahren 1944/45 weitgehend zerstört (von 23500 m² Dachfläche bleiben nur 50 m² erhalten). Einrichtungen, Ausstellungsobjekte, Wand- und Deckenverkleidungen waren zum größten Teil rechtzeitig ausgelagert worden.
1953 erfolgt die Eröffnung des Konzertsaals ›Neuer Herkulessaal‹ im Thronsaal des ehemaligen Festsaalbaus; 1958 die Wiedereröffnung des in den Apothekenstock verlegten ›Alten Residenztheaters‹ von Cuvilliés; 1958 gibt es wieder einen Museumsrundgang, der 1966 erweitert werden kann und seit 1973 die Stein- und Trierzimmer, seit 1974 die Schlachtensäle, Porzellankammern und 1980 die Repräsentationsräume Ludwigs I. im Königsbau einbezieht; seit 1974 sind die Silberkammern in den ehemaligen Staatsratszimmern des Westflügels eingerichtet. Mitte der achtziger Jahre wird auch die Folge der ehemaligen Kaisersäle im Obergeschoß des Nordflügels wieder zugänglich sein.

Außenfassaden der Residenz

Westfront Schauseite der sog. Maximilianischen Residenz von 1611 an der Residenzstraße mit 33 Achsen und zwei Hauptgeschossen mit rechteckigen und runden Oberlichtfenstern, Mezzaninfenstern und Satteldach; die heutige Fassadenmalerei (1958 von Karl Kaspar entworfen) ist dem historischen Original nachempfunden.
Im Zentrum der Fassade Marmornische und Bronzefigur der ›Patrona Boiariae‹ von Hans

Grottenhof, 1581-86 von Friedrich Sustris im Auftrag von Herzog Wilhelm V. errichtet, später teilweise umgebaut

Antiquarium (1568-71/1586-1600) für die Antikensammlung Herzog Albrechts V. (7)

Krumper (Guß 1615 von Bartel Wenglein). In der Pilasterädikula darunter Ewiges Licht und Weihinschrift von 1616. In der jeweils siebten Achse von der Mitte ein Marmorportal mit liegenden Figuren auf den Giebelflanken, Allegorien der vier weltlichen Kardinaltugenden, am nördlichen Portal *Weisheit* und *Gerechtigkeit*, am südlichen *Tapferkeit* und *Mäßigung*. Über den Seitentüren beider Portale von Löwen bzw. Greifen gehaltene Wappenschilder Bayerns und Lothringens (Maximilians I. Gemahlin war eine lothringische Prinzessin) von Carlo Pallago. Die flankierenden Löwenpaare von Hubert Gerhard (ursprünglich für das Grabmal Herzog Wilhelms V. in St. Michael gedacht) halten Reliefwappen (1616) von Hans Krumper. Im Norden wird die Maximilianische Fassade vom Eckpavillon der Klenzeschen Fassade (1835), im Süden von drei Achsen des ›Goldenen Saal-Trakts‹ von 1665-67 und der Schmalseite des Klenzeschen Königsbaus (1826) begrenzt.

Südfront Fassade und Nibelungensäle im Erdgeschoß des Königsbaus (1826) am Max-Joseph-Platz haben den Krieg überstanden. Leo von Klenze folgte hier der Fassadengestaltung florentinischer Frührenaissance-Paläste. Vom Palazzo Pitti, den er aus Zeichnungen Karl von Fischers kannte, läßt Klenze sich zu dem hochgezogenen Mittelteil und der kräftigen, die Breite des Baus betonenden Horizontalgliederung der Konsolbänder anregen, von Albertis Palazzo Ruccelai zur vertikalen Gliederung der Geschosse durch die Pilaster, die auf den Konsolbändern aufstehen. Die mächtigen bossierten Sandsteinquader sind in der Sockelzone diamantiert. Die drei zentralen Portale sind ebenso rundbogig wie die Fenster und bilden heute den Haupteingang des Residenzmuseums und der Schatzkammer.

Rundgang durch das Residenzmuseum

Sowohl Vor- wie Nachmittagsrundgang berühren das Erd- und Obergeschoß. Sie sind in beiden Grundrissen entsprechend numeriert, so daß die Raumnummern 1-11 und 73 bis 93 das Erdgeschoß, 12-72 und 94-124 das Obergeschoß betreffen. Die Räume 1-6 (Ahnengalerie), 55-62 (Reiche Zimmer mit Grüner Galerie) und die Nibelungensäle (74-79) sind vor- und nachmittags zugänglich.

VORMITTAGSRUNDGANG (10-12.30 Uhr)

1 *Vestibül am Königsbauhof:* Erdgeschoßhalle im Trakt der ›Grünen Galerie‹ von François de Cuvilliés d. Ä., 1733. Aus den sieben rundbogigen Fenstertüren Blick in den ehemaligen ›Großen Residenzgarten‹ aus dem späten 16. Jh., der vom Bau der ›Grünen Galerie‹ in den östlichen Küchenhof und in den westlichen, seit dem 19. Jh. ›Königsbauhof‹ genannten Garten geteilt wurde.

2 *Erster Gartensaal*

3 *Zweiter Gartensaal:* Durch die Fenstertüren Blick auf die Fassade der ›Grünen Galerie‹ von Cuvilliés.

4 *Ahnengalerie:* Ehemals Gartensaal des Grottenhofschlosses am ›Großen Residenzgarten‹ (heute Königsbauhof), 1726-31 unter Leitung von Joseph Effner zur Ahnengalerie mit 121 Bildnissen von Ahnen und Verwandten des Hauses Wittelsbach umgestaltet. Die Gemälde, zum Teil nach alten Vorbildern aus den zeitgenössischen Werkstätten Jacopo Amigonis und Georges Desmarées sowie aus dem späteren 18. Jh. bis 1913, sind in die geschnitzte und vergoldete Wandvertäfelung (1729/30) von Wenzeslaus Miroffsky eingesetzt. Die vergoldeten Stukkaturen des Tonnengewölbes von Johann Baptist Zimmermann sind von 1728 bis 1730, das erhaltene von ursprünglich drei Deckengemälden von Balthasar Augustin Albrecht zeigt *Die Er-*

neuerung des Georgiritterordens durch Kurfürst Karl Albrecht (1729).

5 *Porzellankabinett:* Nach Entwurf Cuvilliés' 1731-33 als kurfürstliche Schatzkammer eingerichtet, die vergoldeten Schnitzarbeiten an Tür, Sockel, verspiegelten und verglasten Wandschränken sowie Spiegeln von Joachim Dietrich 1733, die vergoldeten Stukkaturen der Decke von J. B. Zimmermann; seit 1911 Porzellankabinett.

■ Im Vormittagsrundgang folgt der Grottenhof (6). Im Nachmittagsrundgang folgen die Porzellankammern des 18. Jh. (82 f.).

6 *Grottenhof:* Im Anschluß an das Antiquarium 1581-86 Bau der Vierflügelanlage mit Renaissance-Binnengarten von Friedrich Sustris, »einer der kostbarsten fürstlichen Freiräume seiner Zeit« (Lieb). Ursprünglich je eine offene Bogenhalle an den Schmalseiten, die östliche sog. Grottenhalle noch erhalten. Im Erdgeschoß der Ostfassade sieben Arkaden auf toskanischen Marmorsäulen, im Obergeschoß Nischen zwischen den Fenstern mit Nachgüssen von Standbildern aus der zweiten Hälfte des 16. Jh. (alle sechs ›Stein‹-Figuren heute in Raum 8). Die Obergeschosse der Ost- und Westfassade entsprechen sich. Die Westfassade wird in der Dachzone von einem Zwerchgiebel zentriert, die westliche Bogenhalle im Erdgeschoß wurde um 1730 von Cuvilliés geschlossen und durch Pilaster gegliedert, wie die neuen Fassaden, ebenfalls von Cuvilliés, die den Längsseiten des Hofes vorgeblendet wurden. Im Zentrum des Gartens der Perseus-Brunnen von Hubert Gerhard, um 1595, nach Vorentwurf von Friedrich Sustris, die vier Putti mit Fabeltieren kurz vor 1600 in München gegossen.

Die Grottenwand in der östlichen Grottenhalle, 1944 weitgehend zerstört und 1956-58 wieder instandgesetzt, nimmt die hier herausragende Mauerecke des Antiquariums ein. Aus Tuff, Tropfsteinen, Kristallen und farbig gefaßten Muscheln ist ein phantastisches, von Wasser belebtes ›Naturgebilde‹ entstanden. Die Karyatiden mit Rundbogen, die Mohren mit den bayerischen Herzogswappen rahmen die mittlere Brunnennische und die vergoldete Bronzefigur des Merkur von etwa 1580, vermutlich aus der Florentiner Werkstatt Giovanni da Bolognas. In den Nischen der Schrägseiten weibliche Halbfiguren, die je eine Brunnenschale halten. Die Marmorbüsten der Bacchanten und Bacchantinnen zum Teil Repliken von Antiken unter Verwendung antiker Bruchstücke.

7 *Antiquarium:* Zweistöckiger, ursprünglich freistehender Bau von 1568-71, der im Obergeschoß bis 1581 die 1558 gegründete Bibliothek Herzog Albrechts enthielt. Im Erdgeschoß das Antiquarium, von Wilhelm Egkl in Zusammenarbeit mit Jacopo Strada und Hans Jakob Fugger für die Antikensammlung Herzog Albrechts V. konzipiert. Der langgestreckte Saal wird von einer halbkreisförmigen Tonne überwölbt, deren tief heruntergezogene Kämpferzonen von Wandpfeilern (nach innen gezogenen Strebepfeilern) abgestützt werden. Zwischen den Wandpfeilern auf beiden Längsseiten 16 Stichkappen, deren waagrechte Scheitel wie Quertonnen im Gewölbescheitel ansetzen. Die hoch hinaufreichenden rundbogigen Fenster enden oberhalb der Kapitelle.

Zwischen 1586 und 1600 erhält das Antiquarium im Auftrag Herzog Wilhelms V. unter Leitung von Friedrich Sustris die festlichen Dekorationen. Im Gewölbescheitel malten Peter Candid und Antonio Maria Viani in abwechselnd runden und rechteckigen Feldern Allegorien der fürstlichen Tugenden, in den Zwickeln Engelsdarstellungen. In den Stichkappen und Fensterlaibungen über 100 zwischen 1588 und 1596 von Hans Donauer ge-

Dietrich Monten, *Gefecht bei Saarbrücken*, 1814, Öl auf Leinwand

malte Veduten von Städten, Märkten, Burgen Altbayerns (früheste topographische Malereien in Bayern) zwischen Grotesken nach Entwürfen von Friedrich Sustris. – Die Wandfelder zwischen den mit Nischen und Terrakottakapitellen gegliederten Wandpfeilern sind so gestuft, daß hier jeweils sechs Skulpturen, Büsten und Statuen, Aufstellung finden. Stuckdekor der Wände und des Gewölbes von Carlo Pallago. Sustris legte im mittleren Teil den Fußboden tiefer, so daß an beiden Schmalseiten Estraden entstanden, die bei festlichen Banketten Musikkapelle und herzogliche Tafel aufnahmen (die Kredenzen für das herzogliche Prunkgeschirr).

Unter den ausgestellten Skulpturen, die Kunstagenten Herzog Albrechts V. 1566/67 in Italien, vor allem in Rom, erwarben, sind antikisierende Wiederholungen des 16. Jh., stark ergänzte Antiken (meist römische Kopien aus der Kaiserzeit nach griechischen Vorbildern), und römische Porträtköpfe. Die Bruststücke sind Ergänzungen der Renaissance. Die Inschriften unter den Büsten aus der Erbauungszeit des Antiquariums können »mit wenigen Ausnahmen keinen Anspruch auf historische Richtigkeit erheben«. (1944 stürzten die mittleren Gewölbejoche ein und wurden 1958 wieder aufgebaut, die Deckengemälde durch Kopien aus dem 17. Jh. ersetzt.)

8 *Oktogon:* Achteckiger gewölbter Raum mit acht Ovalfenstern, Stuckdekoration 1600 bis 1610, als Verbindungsbau zwischen Antiquarium und Schwarzem-Saal-Bau aus der Zeit von 1590.

9 Torweg mit Blick in den Brunnenhof; **10** Durchgangsraum; **11** Gang vor der Treppe; **12** Die gegenläufige Treppe führt vor das schwarze Stuckmarmorportal zum

13 *Schwarzen Saal* im Obergeschoß (der Name entstand aufgrund der ursprünglich dunklen Ausmalung). Das von den Zeitgenossen bestaunte Deckengemälde nach Entwürfen von Christoph Schwarz (um 1548-92) wurde 1602 von Hans Werl ausgeführt und öffnet den Deckenspiegel mit einer illusionistischen Architekturmalerei (1944 zerstört und heute rekonstruiert), Vorläufer frühbarocker Deckenmalerei nördlich der Alpen.

14, 14 a-g *Königsbau* (Der Rundgang verläuft hier zunächst nur durch den östlichen Teil des Obergeschosses im Königsbau, der 1826-35 von Leo von Klenze für die Repräsentationsräume Ludwigs I. geschaffen wurde, vgl. 112-124).

14 *Gelbe Treppe* zu den Gemächern König Ludwigs I.

14 a-c *Schlachtensäle:* Ehemals erstes und zweites Vorzimmer mit Servicesaal; Wandbilder nach Entwürfen von L. Schwanthaler und J. Schnorr von Carolsfeld zerstört, seit 1974 hier vierzehn große Schlachtengemälde u.a. von Wilhelm von Kobell (aus dem ehemaligen Schlachtensaal im Hofgartentrakt, heute Bayerische Akademie der Wissenschaften) mit Ereignissen aus den Napoleonischen Kriegen von 1805 bis 1814, an denen König Ludwig I. als Kronprinz teilgenommen hatte sowie aus den Kämpfen in Tirol.

14 d-g *Porzellankammern:* In den Räumen,

die parallel zu den königlichen Repräsentationsräumen verlaufen, wird seit 1974 der vollständige Museumsbestand an Servicen des 19. Jh. gezeigt.

■ Der Rundgang führt wieder zurück und hinunter zum Schwarzen Saal (13) und von dort in das Geschoß über dem Antiquarium.

15-21 *Rückwärtige Kurfürstenzimmer:* Räume für Dienerschaft, Nebenkabinette, Boudoirs zur Bewirtschaftung des Appartements Kurfürst Max III. Joseph in den vorderen Kurfürstenzimmern mit ostasiatischen Porzellanen (seit 1920) und den sog. Polenteppichen (seit 1966).

Die sog. Polenteppiche an den Wänden der Porzellangalerie stammen aus dem Heirats-

gut der Tochter König Sigismunds III. von Polen, die sich 1642 mit dem späteren Kurfürsten Philipp Wilhelm von der Pfalz vermählte, sie gelangten in die Residenz, als 1777 die pfälzische Nebenlinie das Wittelbachische Erbe antrat.

Porzellangalerie

15-17, 19 *Räume der Ostasiensammlung:* Chinesisches Porzellan.

18 *Holländisches Kabinett:* Japanisches Porzellan.

20-21 *Räume der Ostasiensammlung*

22-31 *Kurfürstenzimmer:* Johann Baptist Gunetzrhainer entwickelte bei der Neugestaltung der Zimmer über dem Antiquarium 1746-48 folgende Raumfolge für Kurfürst Max III. Joseph und seine Gemahlin Maria Anna: von Nordwesten für den Kurfürsten Antichambre, Audienz- oder Konferenzzimmer, Paradeschlafzimmer, Kabinett, dieselbe Anzahl Zimmer in umgekehrter Reihenfolge gegen Südosten für die Kurfürstin.

1760-63 wurde die Ausstattung von Cuvilliés teilweise erneuert oder ergänzt. Nach der Zerstörung des Zweiten Weltkriegs konnten die Räume mit ihren Vertäfelungen im wesentlichen wiederhergestellt und mit dem ausgelagerten Mobiliar eingerichtet werden.

22 *Vorzimmer* (Kleine Ritterstube); **23** *Vor- und Speisezimmer;* **24** *Konferenzzimmer;*

Rechts: November, Sauhatz in bewaldeter Landschaft (Ausschnitt) aus der Folge ›Die Monate‹ nach Kartons von Peter Candid für die erste Münchner Teppichmanufaktur (1604-15) unter Hans van der Biest, Wirker Hans van der Bosch (53)

Links: Krater mit Silen aus der Onyx-Serie der Nymphenburger Porzellanmanufaktur 1834-48, 717 Teile nach Entwürfen des Architekten Friedrich von Gärtner im Auftrag König Ludwigs I. (14e)

25 *Schlafzimmer des Kurfürsten;* **26** *Blaues Kabinett;* **27** *Gelbes Kabinett;* **28** *Ehemaliges Schlafzimmer der Kurfürstin;* **29** *Audienzzimmer;* **30** *Vorzimmer;* **31** *Garderobe*
32 *Allerheiligengang* (ehemals Zugang zur Allerheiligen-Hofkirche), heute Verbindungsgang zwischen Schwarzem Saal und Apothekenstock (jetzt Cuvilliéstheater), er bildet mit den ersten sechs Achsen die Südostseite des Brunnenhofs. Hier hängt der Zyklus der 18 italienischen Landschaften, 1830-33 von Karl Rottmann für die Hofgartenarkaden gemalt.
33-37 *Ehemalige Hofgartenzimmer:* Das überwiegend Pariser Mobiliar und die Kunstobjekte aus dem von den Franzosen niedergebrannten Pfalz-Zweibrückener Schloß Carlsberg wurden 1799 in der von Ch. P. Puille neu geschaffenen Raumflucht der Kurfürstin Caroline (an der Stelle des damals ruinösen Kaisersaals im Nordtrakt am Hofgarten) in der ihnen gemäßen Dekoration des Louiseize-Stils neu arrangiert. Die Hofgartenzimmer brannten 1944 aus. Da sich die Rekonstruktion des Kaisersaals realisieren ließ, wurden die Hofgartenzimmer 1966 in fünf Räumen des Charlottentrakts neu zusammengestellt. Hier sei auf das vollständig erhaltene sog. Puillekabinett in Raum 37 hingewiesen, mit Teilen des geschnitzten Rahmenwerks aus Schloß Carlsberg, das Füllwerk stammt von Puille um 1799/1800.

39-41 *Charlottenzimmer:* Der Nordosttrakt des Brunnenhofs war im frühen 17.Jh. zunächst ein langer Gang, der 1612 in kleine Räume unterteilt wurde. (In Raum 38 ist die Gewölbestukkatur von 1612 wiederhergestellt.) – 1814 wurde hier die Wohnung für Prinzessin Charlotte Auguste, die Tochter König Max I. Joseph und in zweiter Ehe Gemahlin Kaiser Franz I. von Österreich, eingerichtet. Heute sind noch drei Räume mit Mobiliar aus dem ersten Viertel des 19.Jh. von der gesamten Zimmerflucht zu sehen (39 Schlaf-, 40 Musik-, 41 Empfangszimmer).
42 *Charlottengang:* Ehemals Verbindungsgang von den Residenzbauten zur mittelalterlichen Neuveste, heute zum Cuvilliéstheater im ehemaligen Apothekenstock Klenzes. Die wiederhergestellten Stukkaturen sind aus der Erbauungszeit 1613. Durch die Fenster Blick nach Norden in den Apothekenhof, dem ehemaligen Areal der Neuveste.
43 *Vorplatz zur Breiten Treppe:* Wirkteppiche aus der II. Gobelinmanufaktur München unter L.A. d'Arondeau, zwischen 1730 und 1770, aus einer Folge *Geschichte der bayerischen Herzöge,* Kartonentwürfe von B.A. Albrecht nach Gemälden von Hans Werle, ehemals Alter Herkulessaal, vgl. Raum 45.
44 *Breite Treppe* (erbaut 1610-15).
45 *Vorraum zum St.-Georgs-Rittersaal.*

Die Kaiserhoftrakte der sogenannten Maximilianischen Residenz

Von 1606 an hatte Herzog Maximilian an der nördlichen Residenzstraße mehrere Grundstücke erworben, ehe hier unter Leitung von Hans Krumper und Mitarbeit von Peter Candid in der kurzen Bauzeit von 1611-19 die regelmäßige, einheitliche und in ihrer Zeit größte Vierflügelanlage entsteht. Der neue Schloßbautypus, durch die Architekturtheoretiker des späten 16. Jh., Jean Androuet Ducerceau und Heinrich Schickhardt, vorbereitet, erlaubte eine klare Trennung der Logis in zwei Festsaaltrakte, im Süden mit dem Alten Herkulessaal Herzog Albrechts V., im Norden mit dem mächtigen Kaisersaal und der ersten monumentalen gegenläufigen Schachttreppe, der sog. Kaisertreppe, nördlich der Alpen, und zwei Wohntrakte, die im Obergeschoß die Hauptappartements enthalten, der Westflügel die ›Steinzimmer‹ genannten Wohnräume (104-109) Herzog Maximilians, der Ostflügel die ›Trier-Zimmer‹, Repräsentations- und Gasträume (47-53). Langgestreckte Gänge begleiten die Zimmerfolgen an den Außenseiten der Baukörper.

Nach dem Zweiten Weltkrieg standen streckenweise nur noch die Umfassungsmauern. Die Deckengemälde und das mobile Inventar waren ausgelagert gewesen. Der Wiederaufbau des ›Alten Herkulessaals‹ im Zustand von 1803 war 1961, der Trier- und Steinzimmer 1973 abgeschlossen. Der nördliche Festsaaltrakt ist bis auf die innenarchitektonischen Rekonstruktionsarbeiten des Obergeschosses fertiggestellt.

46-53 *Trierzimmer:* Die Trierzimmer sind durch axial angeordnete Durchgänge zur Enfilade verbunden und im streng symmetrischen Rhythmus geordnet. Aus dem begleitenden Korridor (Triergang) führt in regelmäßigen Abständen je ein Portal in den mittleren Haupteingangsraum, an den sich jeweils drei Zimmer in spiegelgleicher Anordnung

nach Süden und Norden anschließen, und in die beiden äußeren Räume. Das Grundrißschema der symmetrischen Enfilade wird für die Barockzeit und darüber hinaus verbindlich.

Der Name des Ostflügels geht auf den häufig zu Gast weilenden, mit den Wittelsbachern verschwägerten Bischof Kurfürst Clemens Wenzeslaus von Trier (gest. 1823) zurück.

46 *Triergang* (Der ehemals offene Laubengang erhielt unter Prinzregent Luitpold, reg. 1886-1912, Fensterwände).

47 *Ritterstube:* Die Deckenbilder von Peter Candid, um 1611-16, stellen hier und in den weiteren Räumen in Allegorien die Aufgaben des Fürsten als höchste weltliche Instanz dar, die Friesbilder sind Gehilfenarbeit, das Generalthema dieses Raumes ist ›Krieg und Frieden‹.

Die golddurchwirkten Wandteppiche der Kaisertrakte entstanden in dem eigens von Maximilian I. 1604 an seinem Hof gegründeten Teppichwirkatelier, für das Fachkräfte aus den Niederlanden geholt wurden, die Kartons entwarf Peter Candid. In den Trierzimmern ist die Folge der *Monate* mit den jeweils typischen Szenen aus dem bäuerlichen und höfischen Leben zu sehen. Alle charakterisiert eine aus Baumstämmen gebildete Zweiteilung und Rahmung des Bildfeldes, weiter die Wappen Bayerns und Lothringens, Kartuschen mit lateinischen Hexametern, die sich auf die jeweiligen Monate beziehen (Marken der Stadt München, des Manufakturleiters Hans van der Biest und die Wirkermarke Hans van der Boschs).

48 *Saal des Rechts* (Audienzzimmer); **49** *Südliches Vorzimmer;* **50** *Eingangsraum;* **51** *Nördliches Vorzimmer;* **52** *Saal der Entscheidung* (Audienzzimmer); **53** *Saal des Rates.*

■ Rückweg durch den Triergang (42).

54 *St.-Georgs-Rittersaal:* Wirkteppiche aus der Folge *Geschichte der bayerischen Herzöge,* vgl. Raum 43, und Holzmodell der Residenz von Cuvilliés von 1764/65.

■ Aus dem Geweihgang mündet hier der Nachmittagsrundgang.

55-62 *Reiche Zimmer:* Nach dem Brand der Reichen Zimmer 1729 gab Karl Albrecht, seit drei Jahren regierender Kurfürst, den Umbauplänen seines Vaters Max Emanuel und Effners eine entscheidende Wendung, indem er seinem Lieblingsmeister Cuvilliés die neue Planung der Reichen Zimmer übertrug und damit dem frühen Münchner Rokoko den Weg ebnete. Die unter Effner 1726 fertiggestellten und vom Brand verschonten Zimmer im Obergeschoß des Osttrakts, Antichambre (55) und Äußeres Audienzzimmer (56), werden von Cuvilliés ergänzt. An den Seitenwänden des Audienzzimmers (56) kündigt sich bereits der Stilwandel vom Régence zum Rokoko an, das sich im Inneren Audienzzimmer, dem Thronsaal der Suite (bis 1734) durchsetzt (57) und nach dem Konferenz- und Arbeitszimmer von 1730-33 (59) im 1735 fertiggestellten Paradeschlafzimmer (60) seinen Höhepunkt erreicht. Spiegel- und Minia-

Rechts: Grüne Galerie, 1733/34, von François Cuvilliés d. Ä. (58)

Links: Stutzuhr mit zwei Mohren, chinesisches Porzellan der K'ang-hsi-Zeit (1662-1722) in vergoldeter Bronzefassung, Paris, um 1730 (60)

Unten: Paradeschlafzimmer der Reichen Zimmer nach Entwurf von F. Cuvilliés d. Ä., 1730 (60)

turenkabinett (60 und 61) waren 1731 in Auftrag gegeben worden. Zu den Reichen Zimmern ist die Grüne Galerie (58) hinzuzuzählen, wie das Antiquarium als höfischer Kunst- und Festraum gestaltet. Johann Adam Pichler, Joachim Dietrich und Wenzeslaus Miroffsky, Kistler, Schnitzer und Bildhauer in einem, führten die Wandschnitzereien aus, die mit Stoffbespannungen, Spiegeln und gefaßten Vertäfelungen hinterlegt wur-

den. Johann Baptist Zimmermann stuckierte die Decken. Die Farben beschränken sich auf das Rot und Gold der Wände und Weiß-Gold der Decken, in der Grünen Galerie auf Grün-Gold-Weiß, das Spiegelkabinett bietet den weißblauen Porzellanen einen weiß-goldenen Fond. Alle Räume wurden 1944 nahezu zerstört. Teile der ausgelagerten Wandvertäfelungen und der beweglichen Einrichtung blieben erhalten. Die Deckenstukkaturen sind

Nibelungensäle, Saal des Verrats, Wandbilder von J. Schnorr von Carolsfeld, Innendekoration nach Entwürfen von Leo von Klenze (77)

nach den alten Vorbildern rekonstruiert. Unter den einzelnen Raumnummern werden die wichtigsten erhaltenen Originaldekorationen angesprochen.

55 *Antichambre:* Entwurf Joseph Effner 1729, Überarbeitung von Cuvilliés nach 1730.

56 *Äußeres Audienzzimmer:* Entwurf Joseph Effner 1729, Überarbeitung von Cuvilliés nach 1730.

57 *Inneres Audienzzimmer:* Umgestaltung nach dem Brand von 1729 unter Leitung von Cuvilliés (Täfelungen sind zum großen Teil, an der Fensterwand alle, original von J. Dietrich).

58 *Grüne Galerie:* Der von Cuvilliés 1733/34 erbaute Seitenflügel der Grünen Galerie verlor 1764 das Prunktreppenhaus und 1826, bei der Errichtung des Königsbaus, den südlichen Raumannex des ursprünglich H-förmigen Grundrisses.
Über den Zweiten Weltkrieg werden Teile der Schnitzereien vor allem im Annexraum (Lamberie, Spiegelrahmen, wandfeste Bilderrahmen) von Dietrich und Miroffsky gerettet. Der Gemäldebestand in den originalen Rahmen und die bewegliche Einrichtung sind komplett.

59, 60 *Konferenz- und Paradeschlafzimmer:* Entwürfe von Cuvilliés 1730-33 bzw. 1735

61 *Spiegelkabinett:* Entwurf von Cuvilliés 1731, Schnitzarbeiten von Miroffsky 1731/32.

62 *Miniaturenkabinett:* Entwurf von Cuvilliés 1731, Schnitzarbeiten von Dietrich 1732.

63 *Chinesisches Kabinett:* Vermutlich einer der privaten Räume Karl Albrechts, später ›Marterzimmer‹ genannt, weil hier die Leichen der Herzöge seziert wurden, um ihre Herzen traditionsgemäß in die Wallfahrtskapelle von Altötting überführen zu können.

64 Garderobe; **65** Durchgangsraum.

66-71 *Päpstliche Zimmer:* Nach dem Tod von Maximilians I. zweiter Gemahlin Maria Anna bezog Kurfürstin Henriette Adelaide, die Gemahlin Ferdinand Marias, die Trakte an der Nordwestseite des ›Großen Residenzgartens‹ (heute Königsbauhof). Die Lücke zwischen dem Westflügel der Maximilianischen Residenz und dem Witwenbau Maria Annas wurde durch einen dreiachsigen, dreigeschossigen Verbindungsbau, den Goldenen-Saal-Trakt, geschlossen und durch einen südlichen Annex am Witwenbau vergrößert (heute dort der Westflügel des Königsbaus).
Die alten und neuen Wohnräume Henriette Adelaides erhielten 1665-69 unter Leitung des Architekten Agostino Barelli und des Innenarchitekten Antonio Francesco Pistorini eine prunkvolle Ausstattung im Stil des italienischen Hochbarocks. Seit dem Besuch Papst Pius VI. 1782 trägt das Appartement die Bezeichnung ›Päpstliche Zimmer‹. 1944 sind die Päpstlichen Zimmer und ihre Ausstattungen, soweit sie noch bestanden, größtenteils zerstört worden.

66 *Josephskapelle* von 1665 bis 1667.

67 *Rotes Zimmer* (ehemals Paradeschlafzimmer).

68 *Herzkabinett:* An das ehemalige Schlafgemach grenzt der originellste und am besten erhaltene Raum des Appartements, das barocke Liebeskabinett. Angeregt durch den 1654 erschienenen Roman ›Clélie‹ von Madame de Scudéry, ließ Henriette Adelaide 1669 Stefano Catani Wände, Frieszonen und Decke mit Darstellungen zum *Kult des Herzens* und der *Wege der irdischen Liebe* ausmalen. Die Kaminwand mit Stuckmarmor und Scagliola-Einlagen (vgl. Steinzimmer) von 1640 wurde belassen.

69 *Grünes Zimmer* (ehemals Grottenzimmer).

Oben links: Nymphenburger Porzellanmanufaktur, Apfelmädchen (85)
Oben rechts: Dreibeiniger Warmwasserkessel aus einem Goldfond-Service, Meißen

70 Durchgangsraum.
71 *Ehemaliger Goldener Saal:* Audienzsaal des Kürfürsten, heute *Silbersammlung.*

■ Im Nachmittagsrundgang folgen die Räume 100-111-(71-72)-112-124 (12.30-16.30 Uhr)

72 *Königinmutter-Treppe* im Königsbau Leo von Klenzes, 1827-35, westlicher Aufgang zu den Gemächern der Königin im Hauptgeschoß (vgl. 14ff.); **73** Durchfahrt zum Königsbauhof; **74** Vorraum.
75-79 *Nibelungensäle:* Die drei großen und zwei kleinen flankierenden Säle im westlichen Erdgeschoß des Königsbaus gestaltet Klenze nach italienischen Vorbildern. Im Auftrag König Ludwigs I. malte Julius Schnorr von Carolsfeld mit Hilfe Friedrich von Oliviers und Wilhelm Hauschilds Szenen aus dem Nibelungenlied (1827-34 und 1843-67).
75 *Saal der Helden;* **76** *Saal der Hochzeit* Siegfrieds und Kriemhilds als Ritterfest der hohen Stauferzeit, Brunhilds Bezwingung; **77** *Saal des Verrats* mit dem Streit der Königinnen vor dem Wormser Dom, der Ermordung Siegfrieds im Wald, dem nächtlichen Schmerzausbruch Kriemhilds über der Leiche, der Anklage des Mörders an der Bahre im Dom; **78** *Saal der Rache* mit dem Kampf in König Etzels brennender Burghalle, von oben schauen die Donaunixen auf die Erfüllung ihres Traumgesichts, den Untergang der Burgunder; **79** *Saal der Klage* über den Untergang der Nibelungen, der Dichter des Nibelungenliedes trägt die Züge Ludwigs I., rechts hinter ihm sein Enkel, Ludwig II., unter dessen Regierung die Ausmalung abgeschlossen worden ist.
80 Durchgangsraum zur **81** Haupttreppe im Königsbau mit der großen Einfahrtshalle.

NACHMITTAGSRUNDGANG

■ Der Nachmittagsrundgang beginnt in den Räumen 1-5 des Vormittagsrundgangs und setzt sich in den Räumen 82-93 des Erdgeschosses und 94-99 des Obergeschosses fort. Hier mündet er in die Räume 55-71 des Vormittagsrundgangs, setzt sich fort in den Räumen 100-124 und endet in den Räumen 72-81 des Vormittagsrundgangs im EG.

1 Vestibül am Königsbauhof, **2** Erster Gartensaal, **3** Zweiter Gartensaal, **4** Ahnengalerie, **5** Porzellankabinett.
82-88 *Porzellankammern:* Europäisches Porzellan des 18. Jh. Auch die der Hofseite zugewandten Renaissanceräume des Grottenhofsüdflügels wurden 1730 durch François Cuvilliés d. Ä. neu gestaltet. Die Ausstattung

Kopfreliquie, München, um 1620 (95)

dieser sog. ›Gelben Zimmer‹ ging im 19. Jh. verloren. Die hier gezeigten Porzellane und Tafelservices stammen aus der königlichen Hofhaltung. Alle figürlichen Stücke sind Eigentum der Wittelsbachischen Landesstiftung.

89 *Hofkapelle:* Westlich des Grottenhofschlosses ließ Wilhelm V. für seinen Sohn Maximilian 1590/91 den sog. Erbprinzenbau errichten, in dem sich eine 1593 geschaffene kleine Kapelle befand. Sie wurde 1600/01 im Auftrag Maximilians I. von Hans Krumper über vergrößertem Grundriß zweigeschossig neu aufgeführt. Aus dieser Zeit stammen die architektonischen Stukkaturen der Langhauswände und das Altargemälde *Maria als Himmelskönigin der Heiligen* von Hans Werle. Die Deckenstukkaturen waren 1614 vollendet. 1630 erhielt die Hofkapelle einen Chor, deren Stuckreliefs Mariensymbole darstellen. Entwurf und Ausführung der Gemälde und Stukkaturen der Rokoko-Seitenaltäre von J. B. Zimmermann 1748. Die 1944 schwer beschädigten Renaissancegewölbe und der Chor wurden 1956-58 wiederhergestellt.

90 *Unterer Vorplatz der Kapellentreppe.*

91-93 *Paramentenkammern:* Die ausgestellten Antependien und kirchlichen Gewänder stammen aus den wittelsbachischen Hofkirchen, vor allem aus der Reichen Kapelle (Eigentum des Wittelsbacher Ausgleichsfonds) und der Hofkapelle der Residenz.

94 *Oberer Raum der Kapellentreppe:* Wandteppiche aus der Groteskenfolge (vgl. Raum 90).

95 *Reliquienkammer:* Herzog Wilhelm V. erhält 1577 die päpstliche Erlaubnis, Reliquien zu erwerben, die nun in protestantischen Gebieten leicht zu bekommen sind. Sein Sohn Maximilian I. erweitert diesen ›Heiltumsschatz‹ beträchtlich. Die Sammlung dieser – überwiegend von Münchner und Augsburger Goldschmieden kostbar gefaßten – Reliquien wird in der 1607 geweihten Reichen Kapelle aufbewahrt. Die meisten der zwischen dem 16. und frühen 19. Jh. entstandenen Reliquiare sind Eigentum des Wittelsbacher Ausgleichsfonds und werden seit der dreißiger Jahren in der heutigen Reliquienkammer gezeigt.

96 *Empore der Hofkapelle:* Die dreigeschossige Gliederung der Hofkapelle entsprach dem Bedarf des Hofes, die erste Empore diente der Orgel und den Chören, die zweite Empore dem Hofstaat.

97 *Vorraum zur Reichen Kapelle.*

98 *Reiche Kapelle:* Der kleinste und kostbarste Raum der Maximilianischen Residenz, 1607 geweiht, war die Kammer-Kapelle, das Privatoratorium des Herzogspaares. Prunkvoll ausgestattet mit dem farbigen Marmorpflaster und der Amethystrose in der Mitte, den rötlichen, zart geäderten Stuckmarmorwänden mit den eingesetzten geometrisch ornamentierten Tafeln aus farbiger Scagliola, Meisterwerken von Blasius Pfeiffer, genannt Fistulator. Die großen Bildfelder mit figürlichen Szenen nach Dürers ›Marienleben‹ schuf der Sohn des ersten Scagliola-Meisters, Wilhelm Fistulator, sie wurden 1632

eingesetzt. Das azuritblaue Gewölbe trägt vergoldete Terrakotta-Reliefplatten und vergoldeten Rankendekor aus Stuck. Der ovale Tambour erhält Licht aus acht bemalten Glasfenstern; darüber erhebt sich die Laternenkuppel. Der Altar aus schwarzem Ebenholz und silbergetriebenem Relief mit dem Gekreuzigten des Augsburgers Jakob Anthoni – anstelle des Altarbilds – war einst von ähnlich reich dekorierten Reliquienschränken flankiert. Die automatenbetriebene Prunkorgel (1611-23) zwischen den Fenstern und der Heiltumskasten an der Wand gegenüber, den Wilhelm V. 1596 für die Kapelle der Neuveste gestiftet hatte, bilden die bewegliche Ausstattung, die den Krieg bis auf die seitlichen Altarschränke und die Betstühle links und rechts vom Eingang überdauert haben. Erhalten haben sich außerdem die Glasfenster des Tambours, Scherben der Kuppelreliefs, Stücke des Bodens und der Wände, vor allem fünf figürliche Scagliolaszenen an der Fensterwand und eine an der Rückwand, die vergoldete Terrakottafigur nach Michelangelos *Christus mit dem Kreuz* in S. Maria sopra Minerva zu Rom und die beiden vergoldeten Terrakottaputti an der Innenseite des (rekonstruierten) Stuckmarmorportals mit Scagliolaeinlagen. Mit der bewundernswerten Rekonstruktion des schwer zerstörten Raumes ist der optische Eindruck dieses Gesamtkunstwerks der Spätrenaissance weitgehend wiedergewonnen.

99 *Geweihgang.*

■ Der Nachmittagsrundgang mündet hier in die auch am Vormittag zugänglichen Reichen Zimmer 55-71.

Rechts: Reiche Kapelle, Privatorium Maximilians I., vermutlich nach Entwürfen von Hans Krumper, 1607 geweiht

Links: Blick durch die Stein- zimmer Maximilians I., entstan- den 1612-17, nach dem Brand von 1674 erneuert

100-103 *Silberkammern und Hartschiersaal.* Die heutigen Silberkammern und der Hart- schiersaal gehörten zusammen mit den Päpstlichen Zimmern zum Appartement der Kurfürstin Henriette Adelaide, einer Raum- folge, deren barocke Einrichtung 1674 vom Brand zerstört wurde. Bis 1918 tagte hier un- ter dem Vorsitz des Königs der bayerische Staatsrat (Staatsratszimmer). Einige Stich- worte zur wechselvollen Geschichte der Sil- berkammer des Hauses Wittelsbach: Bereits Mitte des 15. Jh. ›Silberturm‹ in der Neu- veste; 1558 Silberkammerverordnung; 1585 Silberinventar; 1632 beträchtliche Verluste durch den ›Schwedenraub‹, 1648 weitere Verluste durch das im Inn gesunkene Schiff, das die Reste nach Braunau bringen sollte; 1706 nahezu totaler Verlust aufgrund des Er- lasses Kaiser Josephs I., das gesamte Silber des inzwischen mit der Reichsacht belegten Kurfürsten Max Emanuel zu vermünzen; 1751 Erlaß Kurfürst Max III. Joseph, ältere Silberbestände einzuschmelzen; Zuwachs (Straßburger Silber von J. J. Kirstein) durch Max IV. Joseph aus der Linie Pfalz-Zweibrük- ken (seit 1806 König Max I. Joseph), der aller- dings 1799 zur Hälfte in die Kriegskasse wan- dert; letzter großer Zuwachs durch das Pari- ser Vermeilservice, das König Max I. Joseph in Auftrag gegeben hatte. Seit 1974 wird das gesamte Tafelsilber, rund 3500 Stücke, des Hauses Wittelsbach, heute zum größten Teil Eigentum des Wittelsba- cher Ausgleichsfonds, vollständig gezeigt. **103** *Hartschiersaal.* **104-111** *Steinzimmer:* Die Kaiserzimmer im Westflügel der Maximilianischen Residenz – 1612-17 gleichzeitig mit den Trierzimmern im

Ostflügel entstanden und wegen der reichen Ausstattung mit Marmor, Stuckmarmor und Scagliola Steinzimmer genannt – präsentie- ren in den Themen der Deckengemälde, die in kassettierte Holzdecken eingesetzt sind, die weltlichen und religiösen Vorstellungen Maximilians I. Von den ursprünglichen Deckengemälden Peter Candids und seiner Gehilfen blieb nach dem Brand von 1674 wenig übrig. Sie wur- den im Auftrag Max Emanuels zwischen 1692 und 1696 von Giovanni Trubillio, Jo- hann Anton Gumpp und Francesco Rosa er- neuert. Auch die zerstörten Teile der Portal- und Kaminaufbauten sind bis 1701 erneuert oder ergänzt worden. 1944 gingen sämtliche Mittelbilder und ihre Rahmungen zugrunde. Die prächtigen und raumbeherrschenden Türrahmungen und Kaminaufbauten von 1612 bzw. ihre Rekonstruktionen um 1700 wurden wiederhergestellt. Erhalten geblie- ben waren sämtliche Türen und ein großer Teil des Inventars, u.a. Tafelbilder, Klein- bronzen, Wirkteppiche und Prunkmöbel aus der Zeit Maximilians I., Ferdinand Marias und Max Emanuels. **104** *Zimmer der Kirche;* **105** *Zimmer der Re- ligion;* **106** *Zimmer der Ewigkeit;* **107** *Zim- mer der Jahreszeiten:* Wandteppiche aus der Folge der *Taten des Pfalzgrafen Otto von Wittelsbach* nach Entwürfen von Peter Can- did, 1604-15 in der Ersten Münchner Gobe- linmanufaktur gewirkt. **108** *Zimmer der Welt;* **109** *Zimmer der Ele- mente;* **110** *Durchgangsraum;* **111** *Theati- nergang* an der Residenzstraße, begleitet die Steinräume, die Maximilian auch bewohnt haben soll. Der Gang weicht wie der Stra-

Schreibkabinett aus dem Appartement der Königin im Königsbau, 1825 von Leo von Klenze begonnen, Wandbilder mit Szenen aus Dichtungen Schillers von W. Lindenschmit und Ph. Foltz (118)

ßenverlauf im spitzen Winkel vom Viereck der Hoftrakte ab. In dem so entstehenden Zwickel Nebenräume und im Norden die (nicht zugängliche) Hans-Steininger-Treppe. Hier, am Nordende des Gangs, ein Portal in der Fensterwand, das von 1670 bis 1700 auf den Wehrgang der Stadtmauer und zum Theatinerkloster hinüber führte. Die Stukkaturen des 16achsigen Galerieraums (1611 bis 1616) nach Entwürfen von Hans Krumper.

■ Der Nachmittagsrundgang führt in den Räumen entlang der Residenzstraße zurück zu den Appartements des Königs und der Königin im Königsbau am Max-Joseph-Platz.

72, 112-124 *Königsbau:* Das Königspaar bezog die königlichen Appartements im Königsbau 1835, am Tag seiner Silberhochzeit. Entsprechend der neuen Hofetikette der napoleonischen Ära sind die traditionellen Gemächer der Königin (im Westen) und des Königs (im Osten) nicht mehr wie zur Zeit des Absolutismus getrennt, sondern grenzen in einer neuen Anordnung aneinander: Die privateren treffen in der Mitte zusammen, die Empfangsräume liegen an den äußersten Enden. Sie sind hier, auch das ist neu, durch eine große Treppe (Gelbe Treppe und Königin-Treppe) zugänglich. Die zentrale Schachttreppe führte nur zu den privaten Räumen an der Hofseite. Neu ist auch, daß die königlichen Appartements nun in unmittelbarer Nachbarschaft der Bürgerhäuser liegen.
Leo von Klenze entwarf und leitete nicht nur Bau und Bauarbeiten, sondern auch die gesamte Innengestaltung der königlichen Gemächer bis hin zum Mobiliar. Das Bildprogramm wählte der König aus. Den Darstellungen in den Räumen der Königin wurden Dichtungen des Mittelalters von Wolfram

von Eschenbach und Walther von der Vogelweide sowie der Zeitgenossen Bürger, Klopstock, Wieland, Goethe, Schiller und Tieck zugrundegelegt, in denen des Königs Dichtungen und Sagen der griechischen Antike, Theokrit, Aristophanes, Sophokles, Pindar. Für den Servicesaal (14c) und die beiden Vorzimmer (14b und a), die nur im Vormittagsrundgang zugänglich sind, hatten Schwanthaler und Schnorr von Carolsfeld Szenen aus der Argonautensage und den Epen Hesiods und Homers entworfen (alle zerstört).
Ein beschreibendes Rauminventar von 1835 erlaubte trotz späterer Veränderungen nach den Zerstörungen des Zweiten Weltkriegs die weitgehende Wiederherstellung der ursprünglichen Raumausstattung und die genaue Plazierung der nahezu vollständig erhaltenen Möblierung, die 1980 beendet war. Das wiedererstandene Ensemble aus enkaustischen Wandmalereien, Deckenfresken, Stuckdekorationen, eingelegten Holzfußböden, weißgoldenem Mobiliar, Lüstern, Kandelabern, Textilien und Skulpturen ist für das München des frühen 19. Jh. einzigartig.

Appartement der Königin
112 *Erstes Vorzimmer;* **113** *Zweites Vorzimmer;* **114** *Servicesaal;* **115** *Thronsaal;* **116** *Salon;* **117** *Schlafzimmer;* **118** *Schreibkabinett;* **119** *Bibliothekszimmer.*

Appartement des Königs
120 *Schlafzimmer;* **121** *Ankleidezimmer;* **122** *Arbeitszimmer;* **123** *Empfangszimmer;* **124** *Thronsaal.*

■ Durch die königlichen Appartements über die Königstreppe zurück zu den Nibelungensälen im Erdgeschoß (Raum 73-81), dem Abschluß des Nachmittags- und Vormittagsrundgangs.

28 Schatzkammer der Residenz

2, Max-Joseph-Platz 3, Telefon 22 46 41

Geöffnet: Dienstag bis Samstag 10-16.30, Sonntag 10-13 Uhr
Abweichend von der Feiertagsregelung (s. S. 10) geöffnet am: 6.1., Ostermontag,
Christi Himmelfahrt, Pfingstmontag, Fronleichnam, 17.6., 15.8., Buß- und Bettag sowie
26.12. – Ganztägig geschlossen am Faschingsdienstag, 24. und 31.12.

Verwaltung: Bayerische Verwaltung der staatlichen Schlösser, Gärten und Seen,
München 19, Schloß Nymphenburg, Telefon 17 90 81

Service: Führungen

Publikationen: Gerhard Hojer und Horst H. Stierhof, Schatzkammer der Residenz München, Amtlicher Führer, 2. Auflage München 1981; Herbert Brunner (Hrsg.), Schatzkammer der Residenz München, [wissensch.] Katalog, 3. Auflage München 1970

Kurzinformation

Die Schatzkammer der wittelsbachischen Herzöge, Kurfürsten und Könige stellt eine der bedeutendsten europäischen Sammlungen von Juwelen, Gold-, Email-, Kristall- und Elfenbeinarbeiten aus der Antike und dem frühen Mittelalter bis zum Klassizismus dar und umfaßt Schmuck, Kroninsignien, Pokale, Tafelaufsätze, Waffen, liturgische Geräte, sakrale Kleinkunst und Reliquien.

Geschichte

Die Sammlung beginnt mit der Schatzkammer Herzog Albrechts V., der sie 1565 testamentarisch zum unveräußerlichen Besitz des Hauses Wittelsbach bestimmt und den Verbleib in der Residenz anordnet. Sie wird von den Wittelsbacher Kurfürsten im Laufe von 300 Jahren ständig erweitert. Die im späten 18. Jh. aus Heidelberg, Düsseldorf und Mannheim nach München überführten ›Pfälzer Schätze‹ und die in Folge der Säkularisa-

1 Bildnismedaillon (Anhänger) burgundisch, um 1440, Chalzedon und Gold. – 2 Doppeladler, Wien oder Italien, um 1550, Gold, Diamanten, Rubine, Perlen. – 3 Kreuz der Königin Gisela, wohl Regensburg, nach 1006, Gold, Zellenschmelz, Perlen, Seide

Links: Krone des Königreichs Bayern von M.-G. Biennais (Werkstatt), Paris, 1806, Gold, Silber, Stahl, Diamantrosen, Brillanten, Edelsteine, Perlen, Email

Rechts: St.-Georg-Reiterstatuette (Reliquiar), Entwurf vermutlich Friedrich Sustris, Ausführung Augsburger und Münchner Meister, zwischen 1586 und 1597 (Sockel zwischen 1638-41 umgestaltet)

tion von 1802/03 aus Kirchen und Klöstern in die Schatzkammer gelangten sakralen Kleinodien bilden zusammen mit den Kroninsignien des 1806 begründeten Königreichs die letzten umfangreichen Neuzugänge. Noch im späten 16. Jh. werden die Schätze im sogenannten Silberturm der mittelalterlichen Neuveste verwahrt. 1731 läßt Kurfürst Karl Albrecht ein eigenes Schatzkabinett (heute Porzellankabinett) in unmittelbarer Nachbarschaft der Ahnengalerie einrichten. Von 1897 an ist der Hausschatz in einem eigens gebauten Gewölbe östlich vom Vestibül des Königsbauhofs zunächst nur mit besonderer Genehmigung zugänglich. Erst 1931 nur für wenige Monate der öffentlichen Besichtigung freigegeben, wird die Schatzkammer endgültig 1937 zugänglich gemacht, schließt jedoch bei Kriegsausbruch 1939 wieder: Die Schätze werden ausgelagert und überstehen den Krieg ohne Verlust. 1958 kann die Schatzkammer zusammen mit dem ersten wiederaufgebauten Teilkomplex der Residenz wiedereröffnet werden.

Die neue Ausstellung im westlichen Erdgeschoß des Königsbaus nimmt bis auf die Reliquien auch die Schätze aus der Reichen Kapelle auf. Die Schatzkammer mit ihren 1200 materiell und künstlerisch bedeutenden Stücken gehört zu den reichsten Europas.

Rundgang

Raum I Goldschmiedearbeiten des frühen und späten Mittelalters, u.a. karolingisches *Gebetbuch Kaiser Karls des Kahlen* (4), Schrift und Miniaturen vermutlich aus Reims, entstanden zwischen 846 und 869; Reimser *Altarciborium König Arnulfs von Kärnten* (5), 890; *Wiener Dose* (11) des frühen 18. Jh. mit der größten bis jetzt bekannten staufischen Adler-Kamee aus Onyx um 1230; beachtenswert die *Krone der Kaiserin Kunigunde* (10), um 1010-20, die sog. *Heinrichskrone* (13), um 1280 und die *Krone einer englischen Königin* (16), um 1370-80.

Raum II Hier sind deutsche, flämische und italienische Sakralarbeiten der Spätgotik und der Frührenaissance vorherrschend: *Strau-*

ßenei-Gefäß (18), von 1410-20; *Bildnismedaillon* (19), um 1440; *Betnüsse* (28-31) aus Buchsbaum, um 1500; sog. *Holbein-Schale* (40), um 1540; *Rappoltsteiner Pokal* (43), um 1543.

Raum III Die *St.-Georgs-Reiterstatuette,* das Prunkstück der Schatzkammer; eine Münchner Arbeit von 1586-97, vermutlich nach einem Entwurf von Friedrich Sustris.

Raum IV Kirchliche Kunst des 16. bis 18. Jh., darunter der typenbildende *Hausaltar Herzog Albrechts V.* (59), 1573/74; *Kruzifixe, Kußtafeln;* das früheste bis jetzt bekannte Beispiel einer *Strahlenmonstranz* (104), um 1600; *Elfenbeinschnitzereien* von Christoph Angermair (156) und Georg Petel (157); *Rosenkränze.*

Raum V Insignien und Orden, u.a. *Zeremonialschwerter* des 15. bis 17. Jh.; die *Kroninsignien* der bayerischen Könige (245-251), Paris 1806; der *Rubinschmuck* der Königin Therese (255-261), 1830; *Insignien* des Georgirritterordens (262-291).

Raum VI Bergkristallschnitte u.a. so berühmter Mailänder Glyptiker wie Fontana und Sarachi aus der zweiten Hälfte des 16. Jh. und der Prager Hofwerkstatt aus der ersten Hälfte des 17. Jh. (321, 322, 328, 329, 346-347).

Raum VII Eine Sammlung geschnittener Steine u.a. aus Quarzen, Achaten, Jaspis, Lapislazuli, Granat, geschnittene Gefäße und Figuren (377, 393, 459, 480-481), Pietra dura (519).

Raum VIII Prunkpokale, Ziergefäße, Schmuck und Goldschmiedearbeiten der deutschen Hoch- und Spätrenaissance, u.a. von Hans Reimer (561-563) und Wenzel Jamnitzer (565-567, 614); *Radziwill-Schale* (592), nach 1600.

Raum IX Goldschmiedearbeiten wie Tafelgeräte, u.a. das *Reiseservice* der Kaiserin Marie Louise (939-1061), Paris 1810, Toilettengarnituren, Statuetten, Kleinkunst und Schmuck des Barock, Rokoko und Klassizismus.

Raum X Außereuropäisches Kunsthandwerk aus Vorderasien (Türkei, Persien, Ceylon, Ostasien und Mittelamerika).

Radziwill-Schale, Nürnberg oder Salzburg, Hans Karl zugeschrieben, nach 1600, Gold, Rubine, Diamanten, Smaragde

29 Schack-Galerie

22, Prinzregentenstraße 9, Telefon 22 44 07
Geöffnet: Außer Dienstag täglich 9-16.30 Uhr
Abweichend von der Feiertagsregelung (s. S.10) geöffnet am: 6.1., Ostermontag,
Christi Himmelfahrt, Pfingstmontag, 15.8., Buß- und Bettag, 26.12., Faschingssonntag
und 31.12. nur 9-12 Uhr. – Am 24.12. ganztägig geschlossen

Leitung: Generaldirektor der Bayerischen Staatsgemäldesammlungen Prof. Dr. Erich
Steingräber, 40 Barer Straße 29, Telefon 23 80 50
Wissenschaftlicher Mitarbeiter: Dr. Christian Lenz

Träger: Freistaat Bayern

Sammlung des Grafen Schack (1815-94) von rund 270 Malern der Romantik, des Klassizismus und des Realismus (Genelli, Schwind, Spitzweg, Lenbach, Feuerbach, Böcklin,
Marées) und 85 Kopien u.a. Lenbachs und Marées von venezianischen Renaissance-,
niederländischen und spanischen Barockgemälden

Geschichte: Aufbau der privaten Sammlung zwischen 1857 und 1880, seit 1862 eigenes
Galeriegebäude Brienner Straße 19, zwischen 1865 und 1874 immer wieder erweitert
und öffentlich zugänglich, seit 1894 im Besitz des Deutschen Kaisers, 1907-09 Neubau
der Schack-Galerie in der Prinzregentenstraße (Bauherr Königreich Preußen, Architekt
Max Littmann), seit 1939 den Bayerischen Staatsgemäldesammlungen eingegliedert

Service: Führungen

Publikationen: Eberhard Ruhmer (u.a.), Schack-Galerie, Band II der Gemäldekataloge
der Bayerischen Staatsgemäldesammlungen, München 1969; Christoph Heilmann, Führer durch die Schack-Galerie, München 1982

Kurzinformation

Die Sammlung des Grafen Adolf Friedrich
von Schack ist das private Werk eines ideali-
stischen, leidenschaftlichen und zugleich
empfindsamen Mannes. Aus eigenen Mitteln
fördert er entschlossen und mutig junge zeitgenössische Maler, auch wenn sie die Öffentlichkeit und die Museen nicht anerken-
nen. Darunter sind für die damalige Zeit so
progressive Künstler wie Böcklin, Feuerbach
und Marées. In der liberalen Konzeption seiner Sammlung unterstützen ihn der Kunstge-
lehrte Karl Eduard von Liphart und der
Schriftsteller Paul Heyse. Der junge, noch
nicht geadelte Franz Lenbach ist sein vertrau-

Moritz von Schwind, *Im Walde*
(*Des Knaben Wunderhorn*),
eines der 25 nach 1847 entstandenen Reisebilder

Johann Georg von Dillis, *Blick auf den Quirinal (von der Villa Malta in Rom)* 1818

tester Berater. Schack nennt ihn seinen
»Kunstintendanten«.

Qualitätsdifferenzen der Sammlung haben
sich im Laufe des hundertjährigen Bestehens
herauskristallisiert. Die Schack-Galerie bietet
einen überzeugenden Spiegel der Leistungen des Sammlers Schack und zugleich des
Niveaus Münchner Künstler des 19. Jh.

Die Bayerischen Staatsgemäldesammlungen
zeigen derzeit im zweiten Obergeschoß auch
die Künstler der sogenannten späten Phasen
der Romantik, des Klassizismus und des Realismus, um damit der Toleranz des »aristo-
kratischen Bildungseuropäers« Schack in
seiner historischen Perspektive gerecht zu
werden.

Franz von Lenbach,
*Bildnis Adolf Friedrich
von Schack,* 1875

Moritz von Schwind, *Die Morgenstunde*, Reisebild

Baubeschreibung

Die Schack-Galerie ist zwischen 1907 und 1908 als Annex des ehemaligen Palais der Preußischen Gesandtschaft (heute Bayerische Staatskanzlei) von dem Münchner Architekten Max Littmann im sezessionistisch versachlichten Klassizismus erbaut worden. Als Vorbild mag Littmann Andreas Schlüters ›Preußische Königspforte‹ am Berliner Schloß gedient haben. Die Straßenfront der Galerie an der südwestlichen Flanke des Palais wird von einem Portalrisalit gebildet. Auf einem sockelartigen gebänderten Erdgeschoß steht ein eingezogener Portikus mit zwei kolossalen ionischen Säulen und rahmenden Eckpilastern. Auf dem mächtigen glatten Gebälk die Inschrift »Kaiser Wilhelm II. der Stadt Muenchen zur Mehrung/ ihres Ruhmes und grossen Kuenstlern zum Gedaechtnis«. Der Giebel mit dem preußischen Wappen ragt über die geschlossene Attika hinaus. Die Fenster bzw. Wandfelder mit Amphorenreliefs greifen den Rhythmus der Palaisfront auf, die sich mit Kolossalpilastern, Mezzaninfenstern (in der Höhe des Gebälks der Galerie) und den Balustern der Vasenattika von der Galerie absetzt.

Sammlungsgeschichte

Adolf Friedrich von Schack, mecklenburgischer Baron und Gutsbesitzer, Übersetzer, Literat und Kunstsammler, ist aufgrund seines juristischen Staatsexamens an der Berliner Universität acht Jahre lang Legationssekretär in Frankfurt am Main. Seine eigentliche Liebe gilt den südeuropäischen und orientalischen Sprachen (Spanisch, Sanskrit, Ara-

bisch, Persisch) und ihrer Literatur. Er erforscht sie auch auf zahlreichen Reisen, die ihn bis Ägypten führen und seine gesundheitliche Konstitution stärken sollen. Bereits 1840 bewundert er den damals noch in Frankreich umstrittenen Delacroix und äußert, solche (avantgardistische) Malerei müsse durch richtige Förderung auch in Deutschland durchzusetzen sein. Als ihn 1854 König Max II. zu seiner literarischen Tafelrunde nach München einlädt, hat er bereits wissenschaftliche Übersetzungen veröffentlicht, darunter die »Heldensagen des Firdursi« (1851), des größten persischen Dichters (gest. 1020), und 1852 mit der Arbeit zu »Poesie und Kunst der Araber in Spanien und Sizilien« begonnen (publ. 1865). In diesem Hofzirkel begegnet er neben Paul Heyse und Emanuel Geibel auch den Münchner Künstlern um Wilhelm von Kaulbach.

1857 erwirbt Schack das Haus Brienner Straße 19 bei den Propyläen. Im selben Jahr gibt er Genelli den ersten Auftrag *(Vision des Ezechiel)*. Bilder von Carl Morgenstern, Klenze und Neureuther gehören zu den frühen Erwerbungen. 1862 baut der Maler Eduard Gevhardt im Garten von Schacks Anwesen ein kleines Galeriegebäude für die rasch wachsende Sammlung. 1863 erwirbt Schack Lenbachs *Hirtenknaben* und durch Lenbachs Vermittlung sein erstes Bild von Böcklin. Lenbach wird für lange Jahre Schacks Kunstberater, selbst in so praktischen Details wie Rahmung und Hängung. Er beaufsichtigt die Kopiertätigkeiten der anderen Künstler, die für Schack arbeiten. Bald bestellt Schack das erste Bild bei Feuerbach, Böcklin erhält 1864 den Auftrag zur *Villa am Meer*. Zwi-

Franz von Lenbach, *Hirtenknabe,* 1860

schen 1864 und 1869 kommen 33 Gemälde
Schwinds hinzu, darunter zahlreiche sog. Reisebilder, die Schwind für sich gemalt hatte.
Von Lenbach existiert eine kritische, auf-
schlußreiche Schilderung aus späteren Jahren, als er sich schon von Schack distanziert
hatte: »Und doch hat der Graf sich um Künstler seiner Zeit unvergeßliche Verdienste erworben, indem er eine ganze Anzahl buch-
stäblich vor dem Verhungern rettete. Er zahl-
te elende Preise, aber er war der einzige, der
irgend etwas bezahlte, und obgleich kein
Künstler, der mit ihm zu tun gehabt, nicht
dann und wann Ursache hatte, ihm zu grol-
len, so darf doch nie vergessen werden, daß
er einzig und allein den Beutel auftat zu einer
Zeit, wo alle andern reichen Leute ihn fest
zuhielten und ruhig zugesehen hätten, wenn
Leute wie Arnold Böcklin, Anselm Feuerbach
und andere sich dem Steineklopfen oder einer ähnlich gesunden, aber mäßig einträgli-
chen Tätigkeit gewidmet hätten.«
1865 hält sich Schack zusammen mit dem
Großherzog Friedrich Franz von Mecklen-
burg-Schwerin, als dessen Reisebegleiter er
schon 1848 den sächsischen, österreichischen und bayerischen Hof besucht hatte,
am spanischen Hof auf. Gemeinsam mit dem
Großherzog reist er nach Ägypten weiter.
Danach lebt er überwiegend in Italien, weil er
aufgrund eines Nervenleidens das deutsche
Klima nicht mehr verträgt. 1867 veröffentlicht er eigene Gedichte. 1868 tifft er in Spanien mit Franz Lenbach und Ernst von Liphart zusammen, die dort für ihn kopieren.
1865 war die Galerie in München wesentlich
erweitert und für Besucher geöffnet worden.
Nachdem einige Bilder 1867 auf der Weltausstellung in Paris zu sehen waren, ordnen
1868 Victor Müller und Eduard von Schleich
die Bilder neu. 1871 wird Schack in Neapel
von einem schweren Augenleiden betroffen,
wendet sich verstärkt seinen literarischen Arbeiten zu, setzt aber sein Reiseleben fort. Ende 1871 beginnt der Architekt Lorenz Gedon
in der Brienner Straße einen Vergrößerungs-
bau, der die kurz zuvor erworbenen Nachbar-
häuser 19 und 21 über die Einfahrt zu Pilotys
Atelier (Nr. 20) hinweg verbindet. Eine Fassade im überladenen Stil der deutschen Spätrenaissance verbindet alle Häuser zu einem
einheitlichen Komplex (im Krieg zerstört).
Als 1874 die Umbauarbeiten beendet sind,
ist auch die Sammlung im großen und ganzen abgeschlossen. Die Besucher drängen
sich ebenso wie in der Alten und Neuen Pinakothek (s. S. 12 und 185). 1874 erscheint das
zweite und letzte Verzeichnis der Galerie zu
Schacks Lebzeiten. Der Deutsche Kaiser erhebt Schack aufgrund seiner Verdienste um
die zeitgenössische Kunst 1876 in den erbli-
chen Grafenstand. 1881 erscheint Schacks
»Meine Gemäldesammlung« in der ersten
Auflage und 1888 die erste Auflage seiner
Autobiographie »Ein halbes Jahrhundert«.
Nach Schacks Tod 1894 wird der Deutsche
Kaiser testamentarischer Erbe, auf dessen
Wunsch die Sammlung im angestammten
Galeriegebäude in München bleibt, das er
von den Erben erwirbt. 1895 wird das Gebäude von Emanuel von Seidl umgebaut und
verbessert, die Bilder werden restauriert und
die Sammlungsbestände neu geordnet. 1909
erhält die Galerie einen Neubau in der Prinzregentenstraße in Verbindung mit der Preußischen Gesandtschaft. 1932 wird die

Schack-Galerie Eigentum des Preußischen Staates und von der Verwaltung der Staatlichen Schlösser und Gärten Berlin betreut. Seit 1939 gehört sie zu den Bayerischen Staatsgemäldesammlungen.

1950 öffnet sich das im Krieg beschädigte und provisorisch instandgesetzte Gebäude wieder. Die Sammlung ist dank rechtzeitiger Evakuierung unbeschädigt. Nachdem die Galerie in den 70er Jahren auf unbestimmte Zeit geschlossen worden war und die Annektierung des Galeriegebäudes durch die unter permanenter Raumnot leidende Bayerische Staatskanzlei gedroht hatte, ist sie dank weltweiten Protestes seit 1979 erneut zugänglich. Die Räume präsentieren sich nun wieder so nobel, wie sie ursprünglich konzipiert waren. Der Bestand ist neu geordnet.

Rundgang

(Innerhalb der Räume werden die wichtigsten Künstler nicht nach der Hängung, sondern alphabetisch, die Werke chronologisch aufgeführt.)

Erdgeschoß
Raum 1   Frühromantik
Franz Ludwig Catel (1778-1856) *Das Theater von Taormina;* Johann Georg von Dillis (1759-1841) *Blick auf St. Peter* 1818, *Blick auf den Quirinal* 1818, *Blick auf das Kapitol* 1818; Bonaventura Genelli (1798-1868) *Die Vision des Ezechiel* 1857; Leo von Klenze (1784 bis 1864) *Der Palazzo Rufolo in Ravello* 1861; Joseph Anton Koch (1768-1839) *Ziegelhütte bei Olevano;* Joseph Rebell (1787-1828) *Ansicht von Casamicciola auf der Insel Ischia* 1813; *Küste von Capri bei Sonnenuntergang* 1817;

Ludwig Schnorr von Carolsfeld (1788-1853) *Erlkönig*

Raum 2   Spätromantik
Carl Rahl (1812-65) *Bildnis des Landschaftsmalers Ernst Willers* 1857; Carl Rottmann (1797-1850) *Der Kochelsee, Der Hohe Göll bei Alpenglühen,* drei späte griechische Landschaften, die im Zusammenhang mit dem Griechenlandzyklus für die Hofgarten-Arkaden stehen: *Die Quelle Kallirhoë bei Athen, Klippe im Ägäischen Meer* und *Griechische Küste bei Sturm*

Raum 3   Wiener Spätromantik
Joseph von Führich (1800-76) *Einführung des Christentums in den deutschen Urwäldern* 1864, *Der Tod des Johann Nepomuk* 1865; Edward Jacob von Steinle (1810-86) *Der Türmer* Entwurf, *Der Türmer* 1859, *Violinspieler* 1863 Entwurf, *Der Violinspieler* 1863 s. Treppenhaus, *Loreley* 1863 Entwurf, *Loreley* 1864

Raum 4 und 5
Moritz von Schwind (1804-71)
Reisebilder: *Der Traum des Gefangenen* 1836, *Der Traum des Erwin von Steinbach, Im Walde* (Des Knaben Wunderhorn), *Rübezahl, Nixen an der Waldquelle, König Krokus und die Waldnymphe, Abschied vom Tal, Ein Einsiedler führt Rosse zur Tränke, Wieland der Schmied* 1850, *Die Hochzeitsreise, Die Waldkapelle, Die Morgenstunde, Legende vom Bischof und dem Teufel, Erscheinung im Walde, Elfentanz im Erlenhain, Nächtlicher Zweikampf, Erlkönig;* Tageszeitenzyklus von vier Rundbildern um 1860; sog. Liebeszyklus von 1860/63: *Die gefangene Prinzessin* (Erfüllung), *Die Jungfrau* (Unnahbarkeit),

Arnold Böcklin, *Villa am Meer I,* 1864

Anselm Feuerbach, *Paolo und Francesca* (Ausschnitt), 1864

Hero und Leander (Liebestod), *Einsiedler in einer Felsengrotte* (Entsagung); *Vater Rhein spielt die Fiedel Volkers, Die Donau mit ihren Nebenflüssen* (Eingangshalle: *Die Rückkehr des Grafen von Gleichen*)

Raum 6   Spätromantik
Eugen Napoleon Neureuther (1806-82) *Blüte der Kunst in München* 1856, *Der Traum der Rezia* (aus Wielands Oberon) 1863, *Aussicht von der Villa Malta in Rom, Aus Goethes Hermann und Dorothea* 1864

Raum 7 und 8   Spätromantische Landschaftsmalerei und biedermeierliche Idylle
Eduard Schleich d. Ä. (1812-74) *Eine Alpe, Venedig bei Mondschein, Der Starnberger See mit Schloß Starnberg*
Carl Spitzweg (1808-85) *Der Abschied* um 1855, *Spanisches Ständchen* (Serenade aus dem ›Barbier von Sevilla‹ von Gioacchino Rossini), *Türken in einem Kaffeehaus, Einsiedler Violine spielend, Ein Hypochonder* um 1865

Bernhard Fries (1820-79) *Das Oreto-Tal bei Palermo, Die Mamellen bei Civitella;* Eduard Gerhardt (1813-88) *Der Löwenhof der Alhambra* 1860, *Der Palazzo Vendramin bei Nacht;* Christian Morgenstern (1805-67) *Küste von Helgoland* 1863; Carl Morgenstern (1811-93) *Ansicht von Villafranca bei Nizza* 1861, *Das Haus des Tasso in Sorrent* 1861, *Küste von Capri* 1862; Carl Friedrich Heinrich Werner (1808-94) *Das Innere einer Kirche in den Pontinischen Sümpfen* 1840

Raum 9   Fritz Bamberger (1814-73) *Ansicht von Toledo* 1862, *Abendglühen in der Sierra Nevada* 1863; Albert Zimmermann (1808-88) *Der Comersee bei Bellaggio*

Treppenhaus
Kopien Franz von Lenbachs nach Giorgiones *Konzert* aus dem Palazzo Pitti in Florenz, Tizians *Salome* aus der Galleria Doria in Rom, Murillos *Madonna* aus dem Palazzo Corsini in Rom und nach Velazquez *Philipp IV. im Jagdkostüm* aus dem Prado in Madrid

Erstes Obergeschoß
Raum 10 und 14   Arnold Böcklin (1827-1901) *Nymphe an der Quelle, Hirtin, Pan erschreckt einen Hirten, Der Einsiedler, Villa am Meer I* 1864, *Villa am Meer II* 1865, *Amaryllis* 1866, *Ideale Frühlingslandschaft* 1870/71, *Drachen in einer Felsenschlucht* 1870, *Die Furien* 1870, *Herbst und Tod* 1870/71, *Gang nach Emmaus* 1870, *Italienische Villa, Heiliger Hain* 1871, *Triton und Nereide* 1874

Raum 11   Franz von Lenbach (1836-1904) *Hirtenknabe* 1860, *Selbstbildnis* 1866, *Bildnis Anna Schubart* 1867, *Der Trocador de la Reina auf der Alhambra in Granada* 1868, *Die Alhambra in Granada* 1868, *Die Vega von Granada* 1868

Raum 12   Anselm Feuerbach (1829-80) *Der Garten des Ariost* 1862, *Bildnis einer Römerin (Nanna)* 1862, *Pietà* 1863, *Badende Kinder* 1863/64, *Paolo und Francesca* 1864, *Musizierende Kinder, von einer Nymphe belauscht* 1864, *Laura in der Kirche* 1864/65, *Hafis am Brunnen* 1866

Raum 13   Hans von Marées (1837-87) *Die Pferdeschwemme* 1864, *Donna Velata* (Kopie nach Raffael) 1865

Zweites Obergeschoß
Spätphasen der Romantik, des Klassizismus und des Realismus

30/31 Schloß Nymphenburg mit Marstallmuseum

München 19, Telefon 17 90 81
Geöffnet: Schloß und Amalienburg, Sommerhalbjahr: Dienstag bis Sonntag 9-12.30, 13.30-17 Uhr (1. Oktober bis 31. März: 10-12.30, 13.30-16 Uhr); Marstallmuseum im Südflügel des Schlosses, Sommerhalbjahr: Dienstag bis Sonntag 9-12, 13-17 Uhr (1. Oktober bis 31. März: 10-12, 13-16 Uhr); abweichend von der Feiertagsregelung (s. S. 10) geöffnet am: 6. 1., Karfreitag, Ostersonntag und -montag, 1. 5., Christi Himmelfahrt, Pfingstsonntag und -montag, Fronleichnam, 17. 6., 15. 8., Buß- und Bettag sowie 26. 12. – Ganztägig geschlossen am Faschingsdienstag, 24. und 31. 12.
Badenburg, Pagodenburg und Magdalenenklause, Sommerhalbjahr: Dienstag bis Sonntag 10-12.30, 13.30-17 Uhr (1. Oktober bis 31. März geschlossen); abweichend von der Feiertagsregelung (s. S. 10) geöffnet am: Karfreitag, Ostersonntag und -montag (wenn in den April fallend), 1. 5., Christi Himmelfahrt, Pfingstsonntag und -montag, Fronleichnam, 17. 6. und 15. 8.
Park zu allen Jahreszeiten vom Morgen bis zur Dämmerung durchgehend offen
Schloßverwaltung: Bayerische Verwaltung der staatlichen Schlösser, Gärten und Seen, Schloß Nymphenburg, München 19, Telefon 1 20 81; Präsident Hanns-Jürgen Freiherr von Crailsheim; Leitung Museumsdirektor Dr. Gerhard Hojer; Wissenschaftlicher Referent Dr. Elmar D. Schmid
Örtliche Verwaltung: Schloß- und Gartenverwaltung Nymphenburg, Schloß Nymphenburg, Telefon 1 79 08-265

Träger: Freistaat Bayern

Sammlung von Gemälden – Große und Kleine Schönheitengalerie Kurfürst Max Emanuels (um 1715) und Schönheitengalerie König Ludwigs I. (zwischen 1827 und 1850 von Joseph Stieler gemalt), Schau- und Prunkräume des 17.-19. Jh. in weitgehend erhaltener barocker Schloßarchitektur mit jeweils zeitgenössischer Ausstattung (Stuck, Vertäfelungen, Wandmalereien, Möbel und Gobelins); Marstallmuseum mit Hofwagenburg und Sattelkammer

Geschichte: Ehemalige Sommerresidenz der Wittelsbacher; 1664 Baubeginn des mittleren Pavillons unter A. Barelli, 1674 Übernahme der Bauleitung durch E. Zuccalli; ab 1702 Ausbau durch E. Zuccalli und A. Viscardi, nach 1715 durch J. Effner bis zur heutigen Größe; Architekten der Parkburgen Effner (1716 Pagodenburg, 1718-21 Badenburg, 1725-28 Magdalenenklause) und F. Cuvilliés d. Ä. (1734-36 Amalienburg), der 1755-57 auch den ›Steinernen Saal‹ umgestaltet; 1804-23 legt F. L. von Sckell anstelle des barokken Parks den englischen Landschaftsgarten an; 1826 architektonische Veränderungen im klassizistischen Geschmack durch Leo von Klenze; 1952 Einrichtung des Marstallmuseums

Institutionen in Schloß Nymphenburg: Bayerische Verwaltung der staatlichen Schlösser, Gärten und Seen, Herzogliche Verwaltung, Grundschule, Englische Fräulein, Zoologische Staatssammlung (im Nordflügel, s. S. 333), Siemens-Stiftung (Südliches Schloßrondell), Staatliche Porzellanmanufaktur Nymphenburg (Nördliches Schloßrondell)

Aktivitäten: Dauerausstellung der Zoologischen Staatssammlung von lebenden Schlangen im Gewächshaus. – Konzerte der ›Nymphenburger Sommerspiele e.V.‹ im ›Steinernen Saal‹ des Schlosses

Service Führungen, auch englisch und französisch; Café im Palmenhaus, Restaurant im Südflügel des Schlosses

Publikationen: Gerhard Hojer und Elmar D. Schmid, Nymphenburg, Schloß, Park und Burgen, Amtlicher Führer, 14. Auflage München 1981 (auch englisch und französisch); Luisa Hager und Elmar D. Schmid, Marstallmuseum in Schloß Nymphenburg, Hofwagenburg und Sattelkammer, Amtlicher Führer, 4. Auflage München 1980 (auch englisch und französisch)

Kurzinformation

Die 1664-75 entstandene ›Nymphenburg‹ hat sich unter Kurfürst Max Emanuel von einer herrschaftlichen Landvilla zur größten deutschen Schloßanlage des Hochbarocks entwickelt, die, auf die Architekten Barelli, Zuccalli und Viscardi zurückgehend, von Effner und Cuvilliés d. Ä. in den Stilen des Barocks und Rokokos ausgestattet wurde. Trotz seiner Ausdehnung von 685 Metern Gesamtlänge, die eine Hofhaltung von rund 1000 Personen erlaubte und im Marstall 500 Pferden Platz bot, hat das Schloß seinen ländlichen Charakter inmitten seiner weiten Parklandschaft bewahrt. Der Ehrenhof, den das Schloß nach holländischen Vorbildern aus locker gestaffelten kubischen Pavillons, langgestreckten Flügeln und quadratischen Höfen bildet, wird durch das Rondell auf einen Halbkreis von 500 Metern Durchmesser erweitert, was die Fortsetzung der Gartenanlage, der Kanäle und Wasserbecken vor dem Schloß erlaubt: eine neue Idee Effners, die ohne Vorbild ist. Von hier aus sollte sich einmal auf Wunsch Kurfürst Karl Albrechts innerhalb eines radialen Straßennetzes die neue Residenzstadt ›Carlstadt‹ entwickeln, von der aber praktisch nur der Kanal und die beiden von Linden bestandenen Auffahrtsalleen realisiert wurden. Für Kommunikation zwischen östlichem Ehrenhof und westlichem Gartenparterre sorgen die offenen Arkaden unter den Verbindungstrakten des Schlosses, die auch den Seitenkanälen Durchlaß gewähren, ebenfalls eine Besonderheit Nymphenburgs. Der Park mit seinen Parkburgen, Kanälen, Kaskaden, Seen, Alleen, Skulpturen und anderen Sehenswürdigkeiten auf einem 200 Hektar großen Gelände war schon zur Zeit seiner Entstehung im frühen 18. Jh. einer der größten Barockgärten Deutschlands. Er konnte nach F.L. von Sckells Umgestaltung zum englischen Landschaftsgarten auch im 19. Jh. seine Bedeutung behaupten.

Baugeschichte

Die Sommerresidenz Nymphenburg entsteht auf dem Gelände der Schwaige Kemnat, die Kurfürst Ferdinand Maria 1663 aus Anlaß der Geburt des langersehnten Thronfolgers Max Emanuel als Geschenk für seine Gemahlin Henriette Adelaide erworben hatte. 1664 wird der Bau nach Plänen von Agostino Barelli begonnen, 1675 ist die ›Villa suburbana‹ in den Ausmaßen des heutigen Mittelbaus, seit 1673 unter Leitung von Enrico Zuccalli, unter Dach. Zusammen mit dem Bau entsteht im Westen ein geometrischer Barockgarten. Als die Kurfürstin 1676 stirbt, gehen die Arbeiten nur noch langsam voran.

Max Emanuel, der siegreiche ›Blaue Kurfürst‹

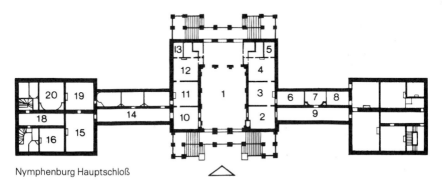

Nymphenburg Hauptschloß

1 Festsaal (Großer oder Steinerner Saal)

Nordflügel
2 Erstes Vorzimmer
3 Zweites Vorzimmer
4 Ehemaliges Schlafzimmer
5 Nördliches Kabinett
6 Schönheitengalerie Max Emanuels
7 Wappenzimmer
8 Karl-Theodor-Zimmer
9 Nördliche Galerie

Südflügel
10 Erstes Vorzimmer
11 Zweites Vorzimmer
12 Schlafzimmer
13 Chinesisches Lackkabinett
14 Südliche Galerie
15 Schönheitengalerie König Ludwigs I.
16 Maserzimmer
17 Kabinett
18 Kleine Galerie
19 Blauer Salon
20 Schlafzimmer

der Türkenkriege und bis 1701 Statthalter der Spanischen Niederlande, beschließt nach seiner Rückkehr nach München, das Landhaus seiner Mutter zu einem großen Schloß aus zubauen, die Parkanlagen von Charles Carbonet vergrößern und einen Kanal ausheben zu lassen. Nach Plänen von Zuccalli entstehen 1702/04 unter Leitung von Antonio Viscardi die durch Galerien mit dem Hauptbau verbundenen südlichen und nördlichen Wohnpavillons des kurfürstlichen Paares, an die je ein weiterer Pavillon für die Hofhaltung anschließt. Der Kernbau erhält die großen Rundbogenfenster und damit anstelle der alten Horizontalgliederung eine vertikale Dreiteilung der Fassade; der ›Steinerne Saal‹ entsteht, und die Appartements zu beiden Seiten werden neu ausgestattet. Der Spanische Erbfolgekrieg von 1701 bis 1714 und die Exiljahre Max Emanuels verzögern den Ausbau von Nymphenburg. Er wird 1715, jetzt unter Leitung Joseph Effners, fortgesetzt. Zum Gartenarchitekten wird Dominique Gerard ernannt. Effner reduziert die seitlichen vier Fensterachsen des Mittelpavillons auf drei, bekrönt die drei mittleren Rundbogenfenster mit einem Giebel (1826 abgetragen) und verwandelt die Lisenen in Kolossalpilaster mit vergoldeten korinthischen Kapitellen. Auch der ›Steinerne Saal‹ erhält seine heutige architektonische Form. Effner plant den symmetrischen Ausbau des Schlosses durch Höfe, im Süden den Marstall mit Kavalierswohnungen und Reithof (fertiggestellt 1719, 1733 und 1747), im Norden die Orangerie (Südflügel 1723/24 vollendet) mit einem Kloster im östlichen Trakt (1730 fertiggestellt). Hier lebt die Idee der Verbindung von Residenz und Kloster nach dem Vorbild des Escorial fort. In den Jahren 1723/24 entstehen zweigeschossige Verbindungsbauten: das südliche ›Comedihaus‹, später als Küchenbau genutzt, und der nördliche ›Gardemeublebau‹, der dem Paßspiel und Billard dient. Die Galerien über den Seitenkanälen stammen von 1739 bzw. 1745. Drei Parkburgen entwirft ebenfalls Joseph Effner: 1716-19 die Pagodenburg, 1719-21 die Badenburg und die Magdalenenklause 1725.
Max Emanuels Nachfolger, Kurfürst Karl Albrecht (reg. 1726-45, seit 1742 römisch-deutscher Kaiser: Karl VII.), beginnt nach Plänen Effners mit der Ausführung eines als Garten konzipierten Cour d'honneur in Gestalt eines halbkreisförmigen Rondells im Osten des Schlosses, 1728 wird der erste Rondellpavillon im Süden, 1758 das zehnte und letzte Kavaliershaus im Norden gebaut. Die verbindende Ringmauer entsteht erst 1778. Der östliche Kanal mit den flankierenden Auffahrtsalleen wird 1730 begonnen. François Cuvilliés d. Ä. errichtet 1734-39 mit dem Jagdschlößchen Amalienburg die letzte der Parkburgen.
Die Schloßanlage hat in der Mitte des 18. Jh. im wesentlichen ihre größte Ausdehnung erreicht. Unter Max III. Joseph (reg. 1745-77) werden u.a. der von Effner architektonisch gestaltete ›Steinerne Saal‹ unter der Leitung von Cuvilliés d. Ä. von Johann Baptist Zimmermann im Stil des reifen Rokoko neu stuk-

kiert und fresiert; unter Kurfürst Karl Theodor (reg. 1777-99) die beiden Galerietrakte zwischen Haupt- und Seitenpavillons verbreitert und unter König Max I. Joseph (reg. 1806-25) u.a. die königlichen Appartements im ersten südlichen Pavillon von Karl Ludwig Puille neu eingerichtet. Leo von Klenze entfernt 1826 die Giebel der östlichen und westlichen Hauptfassade und entwirft das massive Kranzgesims des Hauptpavillons. Friedrich Ludwig von Sckell gestaltet zwischen 1804 und 1823 den barocken Boskettgarten in einen englischen Landschaftsgarten um, behält aber die barocken Kanal- und Wasseranlagen wie die großen Sichtschneisen weitgehend bei. Die für ihre Zeit vorbildlichen Gewächshäuser mit ihren separaten Ziergärten nördlich vom großen Gartenparterre entwirft ebenfalls Sckell, das dem Schloß am nächsten gelegene sog. ›Eiserne Haus‹ mit königlichen Salons in den Eckpavillons entsteht 1807, das Gewächshaus mit Zentralpavillon 1816 und das Palmenhaus, heute Café, 1820.

Baubeschreibung

Der zentrale kubische Bau mit drei Geschossen und Mezzanin auf Sockelgeschoß, vierseitigem Walmdach und je einer großen doppelläufigen Freitreppe auf der Ost- und Westseite, ist der älteste Bauteil. Die Fassade mit den großen Rundfenstern von Zuccalli, jeweils drei übereinander geordnet, ist von Effner auf der stadtzugewandten Seite durch vier kannelierte korinthische Kolossalpilaster gegliedert und wird von einem kräftigen Gesims zusammengefaßt. Weitere Pilaster gliedern die darüberliegende Zone mit ihren Oval- und Mezzaninfenstern. Auf der Gartenseite reichen die Kolossalpilaster von der Treppenterrasse bis zum Traufgesims. Anstelle der Oculi sind kreisförmige Nischen mit eingestellten Büsten getreten. Die horizontale Gliederung übernehmen innerhalb der dreiachsigen Fassadenflanken gerade und gegiebelte Fensterüberdachungen, das kräftige Gesims über der Sockelzone, das auf die seitlichen Galerien und Pavillons übergreift, und das Konsolenkranzgebälk, das Klenze anstelle des Effnerschen Mittelgiebels anbrachte. Die drei Bögen der Durchfahrt unter der Treppe des Mittelpavillons korrespondieren mit den offenen Arkaden der zweigeschossigen verbindenden Galeriebauten und öffnen das Schloß zum Garten hin. Die flankierenden dreigeschossigen Pavillons, von denen die äußeren nach Osten soweit vorspringen, daß sie nur noch an einer Ecke kommunizieren, greifen in ihren einfachen kubischen Baukörpern und der Dachform den Zentralbau auf und sind durch Lisenen gegliedert. Unter den schlichten schmalen Fenstern fallen die schildförmigen Fenstermotive viscardischer Prägung an den beiden Außenpavillons auf. Stadtwärts gestaffelte zweigeschossige Längstrakte, die mit Arkaden die Seitenkanäle überbrücken, münden südlich und nördlich in großen, ebenfalls ostwärts vorgelagerten Vierflügelanlagen (Marstall und Orangerie) und bilden den großen Ehrenhof. Sie werden von Eck- und Mittelrisaliten und einem großen fortlaufenden Bogenmotiv gegliedert. Die Hoffronten liegen zum größten Teil noch innerhalb des Halbkreises von Kavaliershäusern, die den Ehrenhof abschließen. Seit 1970-72 besitzt das Schloß wieder seine ursprünglichen Fassadenfarben: grünlichgraue Gliederungen und ockergelbe Schmuckreliefs (Kapitele, Masken, Helme, Fahnen) auf weißem Fond.

Rundgang im Hauptschloß

1 *Festsaal, sog. Großer oder Steinerner Saal:* Innenarchitektur des zwei Geschosse einnehmenden Saales – Kolossalpilaster, Gebälk und Spiegelgewölbe – aus dem ersten Viertel des 18. Jh. von Zuccalli und Effner. Die dem Garten vorgelagerten Räume – Gartensaal und Musikempore – werden 1755-57 von F. Cuvilliés d. Ä. neu gestaltet, der damit die westliche Saalwand zum Garten hin öffnet. Die Rokokostukkaturen und farbenfrohen Fresken im Hauptsaal – *Nymphen huldigen der Göttin Flora* auf der Park-seite, *Apoll im Sonnenwagen,* links *Venus,* rechts *Diana* im Zentrum, *Apoll und Minerva die Musen unterweisend* auf der Stadtseite – von Johann Baptist Zimmermann und seinem Sohn Franz Michael; die Stukkaturen in Gartensaal und Musikempore nach Entwürfen von Cuvilliés d. Ä. von Franz Xaver Feichtmayr. Der Unterschied zwischen den vollen bayerischen Rocaillen Zimmermanns und den leichteren französisch inspirierten von Cuvilliés wird hier deutlich.

Nordflügel des zentralen Pavillons

2 *Erstes Vorzimmer:* In Weiß und Gold gefaßte Holzvertäfelungen im Régencestil von Johann Adam Pichler, die Decke dagegen hochbarock mit Gemälde der *Ceres* von Antonio Zanchi im Mittelfeld, die Putten in den Eckfeldern von J. A. Gumpp (um 1675).
3 *Zweites Vorzimmer* (Gobelinzimmer) mit Deckengemälde *Triumph der Kriegslist* von J. A. Wolff bzw. Joseph Werner (frühes 18. Jh.) in der ursprünglichen barocken Felderdecke aus der allerersten Bauphase des Schlosses (um 1675).

Schönheitengalerie
König Ludwigs I.
(15)

4 *Ehemaliges Schlafzimmer:* In der barokken Felderdecke barocke Gemälde von Antonio Triva (im Mittelfeld *Thetis*) um 1675, heute hier die *Kleine Schönheitengalerie* Kurfürst Max Emanuels von 1715.
5 *Nördliches Kabinett* (Schreib- oder Drech-
selkabinett) 1763/64 von Cuvilliés d. Ä. umgestaltet, Ausführung der Deckenstukkaturen durch F. X. Feichtmayr.
Drei Räume 6, 7 und 8 auf der Gartenseite
der Nördlichen Galerie 1967 neu eingerichtet: **6** *Große Schönheitengalerie Max Emanuels* um 1715 von Pierre Gobert; **7** *Wappenzimmer;* **8** *Karl-Theodor-Zimmer;* **9** *Nördliche Galerie* mit großformatigen Ansichten
Nymphenburgs von Franz Joachim Beich,
1722/23.

Südflügel des zentralen Pavillons
10 *Erstes Vorzimmer;* **11** *Zweites Vorzimmer;* **12** *Schlafzimmer;* in allen drei Räumen allegorische Deckengemälde um 1675
von A. Triva in barocker Felderdecke aus der
ersten Bauphase.
13 *Chinesisches Lackkabinett* 1763/64 von
Cuvilliés d. Ä. umgestaltet, Deckenstukkaturen von F. X. Feichtmayr, in der weißen
Wandvertäfelung chinesische Koromandel-
lackplatten aus dem 17. Jh.
14 *Südliche Galerie* mit Veduten von F. J.
Beich, N. Stuber und J. Stephan, Ausstattung
von 1760.

Südlicher Pavillon
15 *Schönheitengalerie König Ludwigs I.* zwischen 1827 und 1850 von Joseph Stieler; die
folgenden Räume 16-20 sind im klassizistischen Stil zwischen 1810 und 1820 eingerichtet: **16** *Maserzimmer* mit Möbeln aus
Kirsch- und Birkenmaser; **17** *Kabinett* mit
Grotesken von 1770; **18** *Kleine Galerie;* **19**
Blauer Salon; **20** *Schlafzimmer:* Hier wurde
am 25. August 1845 König Ludwig II. geboren.
Schloßkapelle: 1715 geweiht, im südlichen
Trakt des Orangeriehofes, nur außerhalb des
Rundgangs zu besichtigen, zur Zeit aber geschlossen.

Die Parkburgen

Amalienburg Ebenerdiges Jagdschlößchen,
1734-39 von F. Cuvilliés d. Ä. im Auftrag Kurfürst Karl Albrechts für die Kurfürstin Anna
Amalia erbaut. In seiner Komposition von
konkaven und konvexen Baustrukturen, stukkierten und geschnitzten Dekorationen und
sparsamen Deckenmalereien ein meisterhaf-
tes Gesamtkunstwerk des Rokoko. Der kreis-
runde Spiegelsaal mit der erhöhten Kuppel
ist aus der Mitte des länglichen Baukörpers
so weit herausgeschoben, daß er im Osten
mit einem Drittel aus der Fassade heraus-,
dagegen im Westen zurücktritt und, durch
konkave Mauern mit den nun vorspringenden Bauflanken verbunden, einen kleinen,
halbrunden Ehrenhof bildet. Die Achse des
runden, silbergefaßten *Spiegelsaals* fluchtet
mit den kurfürstlichen Wohnräumen, dem
südlichen *Blauen Kabinett* mit silbernen
Schnitzereien und Stukkaturen auf blauem
Grund, dem *Ruhezimmer* in den Farben Gelb
und Silber und dem nördlichen gelbsilber-
nen *Jagdzimmer* mit Gemäldegalerie und
dem *Fasanenzimmer,* das als ›Indianisches
Kabinett‹ mit bemaltem Leinen ausgeschla-
gen ist. Auf der Westseite eine Kammer mit
Kojen für Hunde und Gewehrschränken darüber (heute Eingang) und die künstlerisch
gestaltete Küche mit blauweißen und bunten
Fliesen aus Delft. Den Schnitzdekor der Wän-
de, Türen und Fensterläden führte Joachim
Dietrich, den Stuck J. B. Zimmermann, die
Malereien Joseph Pasqualin Moretti nach
Entwürfen von Cuvilliés aus.

Badenburg 1718-21 von Joseph Effner als
Badeschlößchen für Max Emanuel erbaut.
Anstelle des ursprünglichen geometrischen
Boskettgartens ist Anfang des 19. Jh. der
Badenburger See F. L. von Sckells getreten.
Zum kurfürstlichen Wohnappartement gehört der *Badesaal* (das erste heizbare Hallen-
bad der europäischen Neuzeit) mit dem großen Badebecken im Kellergeschoß, oberhalb
des Wasserspiegels mit Delfter Fliesen verkleidet, und der umlaufenden Galerie auf der

Oben links:
Amalienburg,
Ostfassade

Oben: Badenburg,
Festsaal

Rechts: Badenburg,
Bad

Höhe des Erdgeschosses mit schmiedeeisernem Gitter (A. Motté) auf Büstenkonsolen (Charles Dubut), Wandverkleidungen in Stuckmarmor (I.G. Bader, Hohlkehlen bereits 1736 von J.B. Zimmermann erneuert) und mythologisierenden Deckengemälden (N. Bertin). Hier wurde das Bad »zum exklusiven Schauspiel der Hofgesellschaft« (Lieb). Dem Wohn- und Badetrakt ist der längliche, in den Ecken abgerundete *Festsaal* in der Art einer ›Sala terrena‹ vorgelagert: Die großen runden Fenster- und verspiegelten Blendtüren, die querovalen Fenster, das Muldengewölbe mit dem Deckengemälde von Jacopo Amigoni *Auffahrt des Apollo im Sonnenwagen* (1952/53 summarisch rekonstruiert) sind mit üppigem spätbarocken Stuckdekor von Charles Dubut geschmückt. Die Fassaden der Badenburg wurden im frühen 19.Jh. von Leo von Klenze im klassizistischen Sinn vereinfacht.

Pagodenburg Auf dem Grundriß eines Achtecks von acht Metern Durchmesser mit kreuzförmigen Armen, der im 17.Jh. Vorbilder in Bauten Boucheforts und Le Pautres hat und den Max Emanuel selbst entworfen haben soll, errichtet Effner 1716-19 die zweigeschossige, im wesentlichen durch Kolossalpilaster, große Fenster mit Balkongittern und Mauerattika gegliederte Pagodenburg. Über dem blau-weißen, mit holländischen Fayencefliesen ausgekleideten ›Saletl‹ im Erdgeschoß liegen im Obergeschoß längsparallel zwei gestreckte, sechseckige Zimmer, die zusammen mit den Alkoven in den Kreuzarmen intime Räume bilden, den *Chinesischen Salon,* einen der frühesten der

Zeit, mit Lackmalereien auf Vertäfelungen und Chinoiserien auf Seiden- oder Reisstrohtapeten, die wie Paravents gerahmt sind, ebenso in den Hohlkehlen, und das *Ruhezimmer* mit weiß-goldener Schnitzvertäfelung im Stil Willem de Groffs. Die mehrfach erneuerten Deckenmalereien mit ›Pagoden‹ im Salon gehen auf A. Gumpp zurück. Der Gartenpavillon diente der Ruhe und dem Teetrinken nach dem Kugelspielen, dem sog. ›Mail‹, und kleinen Festen als raffiniert eleganter Rahmen mit exotischer Note.

Magdalenenklause 1725/26 von J. Effner als Eremitage begonnen, in die sich der alternde Kurfürst Max Emanuel aus dem höfischen Zeremoniell in die Einsamkeit religiöser Betrachtung und Buße zurückziehen wollte. Die Architektur mit mittelalterlichen und barockitalienischen Reminiszenzen und maurischorientalischen Anklängen ist künstlich in ruinösen Zustand versetzt, um Vergänglichkeit zu symbolisieren. Das Grottenwerk (J.B. Joch 1726) verwandelt die *Kapelle* in eine Einsiedlerhöhle und ist der schönen Büßerin Magdalena geweiht. Die vier *Wohnräume* mit Eichenholzvertäfelungen im Braun der Bettelorden (Vorzimmer, Kabinett, Refektorium mit Alkoven und Betzimmer – der Sockel des Fensters zur Kapelle dient als Betstuhl) sind klösterlich einfach. Zwischen den gerahmten Federzeichnungen und Kupferstichen (u.a. von Sadeler), die den Wandschmuck bilden, farbige Wachsreliefs mit Darstellungen der *Vier letzten Dinge* aus der ersten Hälfte des 18.Jh. im Betzimmer. Max Emanuel starb 1726, die Klause war erst 1728 vollendet.

Magdalenenklause, Blick vom Wohnbereich auf den Altar der Kapelle

Pagodenburg, ›Saletl‹ im
Erdgeschoß

Pagodenburg, Chinesi-
sches Kabinett im Ober-
geschoß

31 **Marstallmuseum**

In den ehemaligen Pferdestallungen – vier dreischiffigen Säulenhallen – des Marstalls im Südflügel des Nymphenburger Schlosses sind heute Wagen und Schlitten des 18. und 19.Jh., Geschirre und Reitausrüstungen des 17.-19.Jh. aus der ehemaligen ›Reichen Remise‹ am Marstallplatz auf der Ostseite der Münchner Residenz ausgestellt, die den Wittelsbachern seit dem frühen 17.Jh. als Wagenburg und Sattelkammer gedient hatte. Aus diesen 300 Jahren sind die wichtigsten Wagentypen der bayerischen Hofhaltung erhalten. Die sechs- oder achtspännig im Schritt gefahrenen Staatskarossen mit Spitzenreiter und Vorreiter wie der *Krönungswagen des Kurfürsten Karl Albrecht* von 1740/41, der 1742 in Frankfurt zum Kaiser Karl VII. gekrönt wurde (Halle I, Wagen 1), der *Brautwagen der Kurfürstin Anna,* um 1750 (I/3), der sog. *Neue oder Erste Münchner Krönungswagen* von 1813 (I/16) und der *Zweite Krönungswagen* von 1818 (I/5) für König Max I. Joseph sowie der *Hochzeitswagen König Ludwigs II.* von 1870/71, wurden stets von zahlreichen Prunkwagen des Hofes begleitet. Außerdem sind Stadtwagen des 18.Jh. wie die *Berline,* deren elegante Nachfolgerinnen im 19.Jh. zum Vorbild für die ersten selbstfahrenden Droschken wurden, *Coupés, Landauer* und *Landolets* mit zurückklappbaren Verdecken, sportliche offene *Phaetons,* die der Kavalier selbst kutschierte, *Kaleschen* und *Kabriolets* für den Garten, *Kinderkutschen, Reisewagen* und nicht zuletzt *Schlitten* zu sehen.

Die historische Entwicklung des Wagenbaus und der Karossentypen, ihre Materialien und Ausstattung durch die Hofwerkstätten nach Entwürfen der Hofkünstler werden anhand von Quellen ausführlich im amtlichen Führer geschildert. Die Wagen sind zunächst im Rahmen der Hofetikette an den Höfen gebräuchlich. Für den Mailänder Hof sind 1612 800 Wagen überliefert, bis der französische Hof in der Mitte des 17.Jh. unter Ludwig XIV. Italien den Rang abläuft, ehe in Paris und anderen großen Städten für Adel und Bürger der Stadtwagen üblich wird. In der Folge entstehen in den Städten des späten 17.Jh. zum erstenmal Verkehrsprobleme. Der im 18.Jh. immer weiter ansteigende Wagenverkehr scheint neben den Repräsentationsabsichten eine der Ursachen für die Großzügigkeit barocker Straßenzüge und Plätze, Schloßauffahrten und Ehrenhöfe, wie zum Beispiel in Nymphenburg, geworden zu sein, die Auffahr-, Wende- und Stellmöglichkeit zugleich boten.

Die bayerische Wagensammlung im Marstall zählt neben Wien, Lissabon und Leningrad zu den größten und reichsten Europas.

Modell der Prunkkarosse für König Ludwig II.

32 Schloß Schleißheim
mit Staatsgalerie im Neuen Schloß

8042 Oberschleißheim, Telefon 3 15 02 12 (Ortsnetz München)
Zufahrt S-Bahn: Richtung Freising, Station Oberschleißheim; Bus; Auto: 15 km bis
Oberschleißheim entweder Schleißheimer Straße über Milbertshofen oder Ludwig-,
Leopold-, Ingolstädter Straße über Neuherberg
Geöffnet: ganzjährig täglich außer Montag 10-12.30 und 13.30-16 Uhr, 1. April bis
30. September bis 17 Uhr
Abweichend von der Feiertagsregelung (s. S. 10) geöffnet am: 6.1., Ostersonntag
und -montag, 1.5., Christi Himmelfahrt, Pfingstsonntag und -montag, Fronleichnam,
17.6., 15.8., Buß- und Bettag, 26.12.; ganztägig geschlossen am Faschingsdienstag,
24. und 31.12.

Gemäldegalerie der Bayerischen Staatsgemäldesammlungen, 40 Barer Straße 29, Telefon 23 80 50, Leitung Generaldirektor Prof. Dr. Erich Steingräber, Wissenschaftlicher Mitarbeiter Dr. Rüdiger an der Heiden
Schloßverwaltung: Bayerische Verwaltung der staatlichen Schlösser, Gärten und Seen
(München 19, Schloß Nymphenburg, Telefon 17 90 81), Präsident Hanns-Jürgen Freiherr
von Crailsheim, Leitung Museumsdirektor Dr. Gerhard Hojer, Wissenschaftlicher Referent Dr. Elmar D. Schmid
Örtliche Verwaltung: Schloß- und Gartenverwaltung Schleißheim, 8042 Oberschleißheim, Telefon 3 15 02 12 (Ortsnetz München)

Träger: Freistaat Bayern

Sammlung europäischer Gemälde des 16.-18. Jh. vorwiegend des niederländischen und
italienischen Barocks in Schloß Schleißheim, der barocken Sommerresidenz der Wittelsbacher

Geschichte: Auf dem 1595 erworbenen Moorgelände 1598-1600 Anlage einer Einsiedelei und eines Gutshofs durch Herzog Wilhelm V.; Altes Schloß: 1617-23 unter Kurfürst
Maximilian I.; Garten- und Jagdschloß Lustheim (s. S. 139): errichtet 1684-88 unter Kurfürst Max Emanuel, Architekt Enrico Zuccalli; Neues Schloß: begonnen 1701 als Residenz für Max Emanuel, Architekten Enrico Zuccalli, nach 1715 Joseph Effner; Gründung
der ›Grande Gallerie‹ durch Max Emanuel (reg. 1679-1726); seit 1918 unter staatlicher
Verwaltung

Aktivitäten: In den Sommermonaten Konzerte verschiedener Konzertdirektionen im
Großen Saal

Publikationen: Johann Georg Prinz von Hohenzollern (Red.) u.a., Bayerische Staatsgemäldesammlungen, Staatsgalerie Schleißheim, Verzeichnis der Gemälde, München
1980; Gerhard Hojer, Schleißheim, Neues Schloß und Garten, Amtlicher Führer, 6. Auflage München 1980

Kurzinformation

Kurfürst Max Emanuels Sammelinteressen
stehen in Einklang mit denen der zeitgenössischen Fürsten und Könige, die sich im Laufe des 17. Jh. auch in Deutschland immer
mehr auf Gemälde spezialisieren. Seine
›Große Galerie‹ in Schloß Schleißheim wetteiferte mit der Spiegelgalerie in Versailles.
Nach einer abwechslungsreichen Geschichte

vermittelt Schloß Schleißheim heute wieder das historische Bild eines barocken Galerieschlosses von europäischem Rang. Zwar bedecken die Gemälde in Galerie und Bildzimmern nicht mehr wie zu ihres Gründers Zeiten in dichten Reihen übereinander alle Wände, die Künstler – Flamen, Holländer, Italiener, Franzosen, Spanier, Deutsche – sind nicht mehr bunt durcheinandergemischt, aber die Auswahl rekonstruiert bewußt die dekorativen Sammelkriterien des Kurfürsten. Die Erwerbungen Max Emanuels sind überwiegend im Gesamtbestand der Bayerischen Staatsgemäldesammlungen aufgegangen. Die Hauptwerke aus der Sammlung Gisbert van Colens, der bedeutendste Komplex, den Max Emanuel 1698 in Antwerpen erwerben konnte, lassen sich heute anhand einer Liste von 1763 identifizieren. Sie sind im Katalog zur Ausstellung *Kurfürst Max Emanuel – Bayern und Europa um 1700,* die 1976 im Alten und Neuen Schloß Schleißheim stattfand, abgebildet und befinden sich fast alle in der Alten Pinakothek (s. S. 12).

Baugeschichte

Schleißheim ist seit dem Barock eine der Sommerresidenzen der bayerischen Kurfürsten, die sich hier im Laufe des 17. und 18. Jh. in einer großen Parkanlage drei Schlösser errichten lassen.
1595 kauft Herzog Wilhelm V. einige Schwaigen (Moorhöfe) am Ostrand des Dachauer Mooses aus Klosterbesitz. Er baut neun Klausen und Kapellen, errichtet zwischen 1598 und 1600 einen Gutshof mit Herrenhaus, langgestreckten Wirtschaftsgebäuden und einem Gestüt im der Marstall. Hierher zieht er sich zu religiöser Kontemplation in die ländliche Einsamkeit zurück, nachdem er die Regierungsgeschäfte seinem Sohn Maximilian übergeben hatte. Kurfürst Maximilian I. erwirbt 1616 die einträgliche Ökonomie seines Vaters und läßt zwischen 1617 und 1623 das sogenannte **Alte Schloß** bauen, das zusammen mit zwei Wirtschaftshöfen, die in etwa

dem alten Gut entsprechen, eine ausgedehnte Anlage bildet. Baumeister ist Heinrich Schön, Peter Candid entwirft die Stuckdekorationen und Fresken. Ferdinand Maria, Maximilians Sohn, verschönert das Alte Schloß. Nach den schweren Schäden von 1944 wird 1971/72 der Bau gesichert, außen restauriert und bis 1976 für Ausstellungszwecke adaptiert. Die Wiederherstellung der Innenausstattung steht noch aus.
Um das Alte Schloß zu erhalten, plant Enrico Zuccalli, Max Emanuels Hofarchitekt, 1683 den großen Park in östlicher Richtung und baut 1684 an seinem Ende das später von einem Kanal ringförmig umzogene **Garten- und Jagdschloß Lustheim,** das, 1689 fertiggestellt, dem Kurfürsten und seiner jungvermählten kaiserlichen Gemahlin als ›Île enchantée‹, als ›Insel der Glückseligkeit‹, dient (heute Porzellansammlung, s. S. 139).
Nachdem alle Vergrößerungsideen für das Alte Schloß verworfen worden waren, legt Zuccalli 1693 dem Kurfürsten Pläne für eine große neue Schloßanlage vor, das *Neue Schloß,* die anstelle des zu eng gewordenen Stadtschlosses die Residenz des zu diesem Zeitpunkt noch erfolgreichen und auf das Erbe des Spanischen Weltreichs hoffenden Max Emanuel werden soll. Die Vierflügelanlage bezieht das Alte Schloß mit ein. Als sich das gigantische Projekt nach dem Vorbild des Louvre in Paris und des gleichzeitig im Bau befindlichen Schlosses Schönbrunn in Wien als zu kostspielig erweist, wird eine Dreiflügelanlage entworfen. Ausgeführt wird schließlich nur der Ostflügel, das Corps de Logis. Von 1701 bis 1704 erstellt Zuccalli Rohbau und Dachstuhl. Als ein Teil der Ostwand des Mittelrisalits wegen des weichen Bodens beziehungsweise ungenügender Fundamente einstürzt, wird anstelle des zweiten Obergeschosses an der Parkseite nach dem Vorbild des Wiener Palais Lichtenstein eine Terrasse über der Galerie angelegt. Als Max Emanuel im Verlauf des Spanischen Erbfolgekriegs nach der Niederlage bei Höchstätt 1704 ins Exil muß, bleibt der

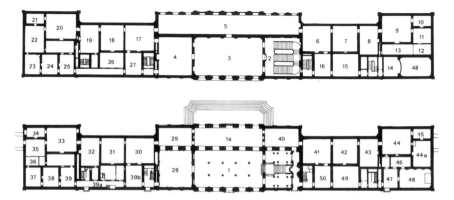

1 Eingangshalle, **3** Großer Saal, **4** Viktoriensaal, **5** Große Galerie, **6-10** Zimmer des Kurfürsten, **11** Niederländisches Malerei-Kabinett, **17-20** Zimmer der Kurfürstin, **22-27** Galerieräume, **28** Speisesaal, **29** Nördliche Antecamera, **30-33** Galerieräume, **36-39** Galerieräume, **40** Südliche Antecamera, **41-44** Galerieräume, **45** Blaues Kabinett.

Großer Saal im Neuen
Schloß (3)

Große Galerie im Neuen
Schloß (5)

Ausbau bis lange nach seiner Rückkehr (1714) liegen. Er wird erst 1719 von dem Boffrand-Schüler Joseph Effner in Angriff genommen. Das erhaltene Holzmodell Effners erinnert an den ersten Entwurf Zuccallis, als das Alte Schloß die vierte Hofseite bilden sollte. Zum Bau von Süd- und Nordflügel kommt es auch jetzt nicht. Das Alte Schloß bleibt unverändert. Effners Anteil am Bau beschränkt sich auf die Überarbeitung von Zuccallis Fassadengliederung und die Raumdekorationen des Großen Saals, des Viktoriensaals, von Treppenhaus, Großer Galerie und Maximilianskapelle sowie einiger Räume der fürstlichen Appartements. François Cuvilliés d.Ä. ist ab 1724 als Zeichner in Effners Baubüro tätig. Beide sind französisch geschult und ergänzen sich, so daß ihre Leistungen erst viel später unterschieden worden sind. Zur Innengestaltung werden u.a. auch Cosmas Damian Asam für das Gewölbefresko in der Laterne des Treppenhauses und Johann Baptist Zimmermann für Stuckarbeiten im Festsaal herangezogen, die mit dazu beitragen, daß das Neue Schloß trotz erheblich reduzierten Bauprogramms und unvollendeten Ausbaus zu den Glanzleistungen des bayerischen Spätbarocks gehört.

Nach Max Emanuels Tod 1726 werden nur noch die Haupträume vollendet. Max III. Joseph (Eingangsportale von Ignaz Günther und Ausstattung verschiedener Räume) und Ludwig I. (klassizistisch verändernde Restaurierung der Westfassade und Ausbau des Treppenhauses durch Leo von Klenze) haben nur ergänzt und wenig verändert, so daß nach der Zerstörung im Zweiten Weltkrieg 1959-62 auch im Westen die ursprüngliche Barockfassade Effners im wesentlichen wiederhergestellt werden kann.

Baubeschreibung des Neuen Schlosses

Der dreigliedrige Mittelbau und die niedrigen Verbindungsbauten mit den Eckpavillons sind 335 m lang. Auf der **Ostseite** zum Park hin treten der Mittelrisalit mit hier nur zwei Geschossen und Terrasse und die zweieinhalbgeschossigen Eckrisalite vor. Die Verbindungsgalerien zeigen hier sieben offene Arkaden. Die ebenfalls vorspringenden Eckpavillons, der nördliche Pallas, der südliche Herkules genannt, sind zweigeschossig.

Der Mittelrisalit besitzt eine betonte Gliederung durch Kolossalpilaster und Rundbogenfenster, die im Erdgeschoß abwechselnd segmentbogig und dreieckig verdacht sind und im zweiten zurückgesetzten Obergeschoß schrägwandige Laibungen aufweisen. Stuckdekor und Vergitterungen sind am Mittelbau besonders aufwendig.

Die **Westseite** gegenüber dem Alten Schloß verläuft völlig plan und wird im Bereich der Flügelbauten im wesentlichen durch die Gruppierung der Achsen innerhalb der wenigen Kolossalpilaster gegliedert. Der Mittelrisalit ist durch ein drittes Geschoß herausgehoben. Die Rundbogenfenster sind hier im ersten und zweiten Geschoß schrägwandig. Zwischen Erdgeschoß und erstem Obergeschoß sitzen Okuli. Die halbhohen Fenster zwischen erstem und zweitem Obergeschoß werden wie auf der Parkseite von einer steinernen Brüstung verdeckt. Auch an den Flügeln ist in dieser Zone das Gesims so stark ausgebildet, daß ein durch Gitter geschützter Umlauf entstanden ist, der die dahinterliegenden Dachgeschoßfenster für den unmittelbar vor der Fassade stehenden Betrachter unsichtbar werden läßt. Die zusammenfassende Wirkung dieses Gesimses ist bei der Länge des Baus wichtig, zumal heute die Giebel über den drei zentralen Achsen und den Eckrisaliten fehlen.

Sammlungsgeschichte

Kurfürst Max Emanuel übernimmt bei seinem Regierungsantritt 1679 eine umfangreiche Gemäldesammlung, die Herzog Wilhelm IV. und Kurfürst Maximilian I. angelegt hatten. Er selbst kauft große Bilderkomplexe (1698 Sammlung Gisbert van Colen, vgl. Alte Pinakothek S.12) hinzu und vermehrt den

Jan Brueghel d.J. (1601-78) und Frans Francken d.J. (1581-1642), *Feuer und Luft*

Oben: David Teniers d. J. (1610-90), *Galerie des Erzherzogs Ludwig in Brüssel* (I)
Darunter: Gerard van Honthorst, *Fröhliche Gesellschaft (Der verlorene Sohn),* 1623

Gesamtbestand, der über alle Schlösser verteilt ist, um gut 1000 Gemälde sicherlich auch im Hinblick auf die ›Große Galerie‹, die wie die ›Grande Gallerie‹ Ludwigs XIV. im Pariser Louvre (1681) der fürstlichen Repräsentation dient. Schon in den frühesten Entwürfen für Schleißheim hat Zuccalli auf Wunsch Max Emanuels die Große Galerie zwischen dem Appartement Double des Kurfürsten und der Kurfürstin angeordnet. Auch im ausgeführten Schloß bildet die zentral gelegene Galerie auf der Ostseite des ersten Obergeschosses (Raum 5 des Plans) den Verbindungstrakt zwischen dem südlichen sog. ›Roten Appartement‹ des Kurfürsten (6-16) und dem nördlichen, blau und silbern dekorierten

Appartement der Kurfürstin (17-27). Die Große Galerie wird als Vorzimmer der fürstlichen Prunkgemächer in das höfische Protokoll einbezogen. Weitere Räume in den Appartements werden ebenfalls ausschließlich Gemälden vorbehalten, wie jetzt überall in europäischen Schlössern. Die Zeit der Kunstkammern mit ihrer Mischung aus Bildern, Skulpturen, kunstgewerblichen Objekten und Kuriosa ist vorbei. Zur Hängung in der Grande Gallerie zur Zeit Max Emanuels sind keine Quellen überliefert. Aber vermutlich schildert das früheste bekannte Inventar von 1748, das im ganzen Schloß 472 Gemälde zählt, den unveränderten Zustand. Demnach umfaßte die Grande Gallerie 67 Gemälde, die in dichten Reihen übereinander gehängt waren und auch die Wände zwischen den Fenstern nutzten. Die kürzlich erfolgte Neuhängung der Großen Galerie mit 45 Bildern gibt einen ähnlichen Eindruck. Auffallend sind die ungünstigen Lichtverhältnisse in dem prächtig ausgestatteten Raum: Erst Klenze wird in der Alten Pinakothek für optimale Lichtführung sorgen.

Die barocken Meister der Großen Galerie – Rubens (Krieg und Frieden, die frühen Bilder von Hélène Fourment, Polderlandschaft, Rubens und seine zweite Frau im Garten), van Dyck (allein sechs Bildnisse), die Renaissancemeister – Tizian, Veronese – hängen heute in der Alten Pinakothek. Nur die beiden Bilder von Jan Boeckhorts (Merkurs Liebe zu Herse und Ulysses entdeckt den als Mädchen verkleideten Achill unter den Töchtern des Lykomedes) befanden sich schon damals in der Großen Galerie. In den südlich an die Große Galerie anschließenden Prunkräumen des Kurfürsten, Vorzimmer (6), Audienzzimmer (7), Paradeschlafzimmer (8), dem Großen Kabinett oder Wohnzimmer (9), hing eine Vielzahl von Bildern. Das kleine ›Flamländische Kabinett‹ (11) zwischen Jagdzimmer

(10) und Oratorium beziehungsweise Empore (12) der Großen Kapelle (48) ist mit einer braunen Ledertapete bespannt gewesen und enthielt in sechs Reihen übereinander 162 kleinformatige Bilder. Links von der Grande Gallerie schließen sich in spiegelbildlicher Reihenfolge die Prunkzimmer der Kurfürstin an Vorzimmer (17), Audienzzimmer (18), Paradeschlafzimmer (19) an. Das Große Kabinett (20) neben der Kammerkapelle (21) war Bildern mit religiösen Themen (u. a. Poussins Beweinung Christi, heute Alte Pinakothek) vorbehalten.

Im südlichen Appartement des Kurprinzen Karl Albrecht im Erdgeschoß (41-44a) rechts von der Sala Terrena (1a) und der südlichen Antecamera (40) nahm das Audienzzimmer (42) die zwölf Monatsdarstellungen Sandrarts auf (heute Fensterwand der Großen Galerie, 5), das Große Kabinett (44) den achtteiligen Gonzaga-Zyklus von Jacopo Tintoretto (heute Alte Pinakothek). In der Großen Kapelle oder Maximilianskapelle (48) waren unter den 25 Bildern Dürers Vier Apostel, Burgkmairs Johannesaltar, Tizians Dornenkrönung (heute Alte Pinakothek). Die Arkadengalerie verbindet sowohl das Kurfürsten- als auch das Kronprinzenappartement mit dem südlichen Pavillon, dessen zwei Geschosse ehemals über hundert Bildern Platz boten, darunter den Porträts der kurfürstlichen Familie, die Max Emanuel seinem Hofmaler Joseph Vivien in Auftrag gegeben hatte (heute im Schloß). Hier hing auch das monumentale Hauptwerk Viviens: Allegorie auf die Rückkehr Kurfürst Max Emanuels (heute 41).

Unter Kurfürst Max III. Joseph (reg. 1745-77) befinden sich im Schloß 967 Bilder. Zwar wird die Galerie um mehrere Räume erweitert, aber die Hängung in allen Galerieräumen wird noch dichter. Im Oratorium neben der Großen Kapelle kommt Dürers Paumgartner-

Adam Pynacker, Die einstürzende Brücke, 1659

Jean Baptiste Monnoyer (1636-99), *Stilleben mit Blumen*

Altar hinzu, im südlichen Pavillon die *Lukretia-Bilder* von Dürer und Cranach, Altdorfers *Alexanderschlacht* und andere Bilder aus dem Historienzyklus (heute alle Alte Pinakothek). In den kleinen nördlichen Raum 22 werden analog zum südlichen Flamländer Kabinett (11) des Obergeschosses 97 Bilder gezwängt, die Skizzen zum *Medici-Zyklus* von Rubens neben *Stilleben* von Horemans, *Genres* von Dorner, Altdorfers *Susanna im Bade* (heute Alte Pinakothek).

Noch im Jahrhundert der Erbauung werden die schönsten Meisterwerke aus dem Schleißheimer Schloß fortgetragen. Karl Theodor (reg. 1733-99) läßt sie in das erste öffentliche Galeriegebäude Münchens am Hofgarten bringen, das Karl Albrecht von Lespilliez 1780/81 gebaut hatte. Hier werden die Schleißheimer Bilder zusammen mit Gemälden aus der Residenz (s. S. 207) und aus

dem Nymphenburger Schloß (s. S. 232) zum ersten Mal nach kunsthistorischen Gesichtspunkten (Schulen) gruppiert.

Um 1800 erlebt die Schleißheimer Galerie erneut eine Blütezeit, als die Bilder aus den Mannheimer, Düsseldorfer, Zweibrücker Galerien und den säkularisierten Klöstern Bayerns in München eintreffen. Nicht nur der Platz in Schleißheim wird gebraucht, in Augsburg, Bamberg und Nürnberg müssen Filialgalerien gegründet werden, um die Fülle der Bilder unterbringen zu können. Galeriedirektor Christian von Mannlich verzeichnet 1810 im Erdgeschoß von Schleißheim 2157 Bilder deutscher, niederländischer und italienischer Gotik, im südlichen Pavillon das *Große Jüngste Gericht* von Rubens (heute Pinakothek).

Als die Alte Pinakothek 1836 die Meisterwerke aus allen Schlössern versammelt, sinkt die Schleißheimer Galerie wieder zur Depotgalerie ab. Von 1850 an hängen in der Grande Gallerie 164 zum größten Teil postum gemalte wittelsbachische Ahnenbilder. In den Galerieräumen bleiben die Bilder bis zum Zweiten Weltkrieg nach Schulen geordnet. Nachdem Wiederaufbau und Restaurierung 1978 abgeschlossen sind, wird die Schleißheimer Galerie nach einem völlig neuen Konzept eingerichtet. Mit ihren 313 Gemälden ist sie heute wieder eine internationalen Vergleichen standhaltende Barockgalerie und eine Ergänzungsgalerie zur Alten Pinakothek geworden.

Rundgang

Die Prunkräume Die kostbaren Prunk- und Schausäle des Neuen Schlosses mit Fresken, Stukkaturen, in die Wand eingelassenen Gemälden, Wandverkleidungen und Marmorfußböden sind weitgehend erhalten beziehungsweise restauriert. Im Ostparterre liegt die dreischiffige **Eingangshalle** (1), die sich mit fünf Arkaden zur **Sala Terrena**, dem Gartensaal (1a) öffnet, von dem ein Portal in den Park führt. Der Gartensaal wird von der nördlichen (29) und südlichen (40) **Antecamera** flankiert. Von hier Zugänge zu den kurprinzlichen Appartements (30-39b und 41-50).
Südlich vom Mittelschiff des Vestibüls (1) setzt die zunächst einläufige, nach dem Podest zweiläufige Treppe des **Großen Treppenhauses** (2) an. Im Kuppelgewölbe ovale Laterne mit einem Fresko von Cosmas Damian Asam *Venus in der Schmiede des Vulkan, der die Waffen für den Trojanischen Krieg schmiedet* von 1721, wie viele Fresken im Schloß eine Anspielung auf den Kriegsruhm Max Emanuels und seine Verbindung mit der Kaisertochter. Die Treppe führt in den **Großen Saal** (3) mit plastischem Stuck von Johann Baptist Zimmermann und einem im Krieg schwer beschädigten Fresko, *Aeneas und Turnus kämpfen um die Hand der Königstochter Lavinia,* von Jacopo Amigoni im Muldengewölbe. Die beiden großen Ölgemälde an den Schmalseiten von Joachim Beich (1702 begonnen) stellen Siege Max Emanuels im Türkenkrieg dar: *Niederlage der Türken zwischen Mohacz und dem Berg Harsan in Ungarn 1683* und *Entsatz von Wien 1683.* Nördlich schließt der **Viktoriensaal** oder Speisesaal (4) an. Der 1725 fertiggestellte Saal mit Régence-Dekorationen (Wandverkleidung) der Pichler-Werkstatt, den Schnitzereien über dem Kamin, den Puttenreliefs in der Hohlkehle und den doppelten Herkules-Hermen darüber von dem französischen Bildhauer Charles Dubut gehört zu den Höhepunkten barocker Innenarchitektur. Die Puttendarstellungen zwischen den Hermen und das Deckenfresko *Dido empfängt Aeneas* von Amigoni, ebenso die ›Audienztafel‹ von 1723 über dem Kamin *Max Emanuel empfängt eine türkische Gesandtschaft im Lager von Belgrad im Jahre 1688.* Über dem Eingang Gemälde von Vivien und Beich *Karl Albrecht und Ferdinand Maria* (Söhne Max Emanuels) *während der zweiten Eroberung von Belgrad im Jahre 1717.* In die Wände ein-

gelassen neun Schlachtenbilder von Beich mit Szenen aus den Türkenkriegen, rechts vom Kamin beginnend: *Erstürmung von Belgrad 1688, Eroberung der Festung Neuhäusl 1685, Entsatz der Festung Gran 1685, Eroberung der Festung Ofen 1686, Eroberung der Festung Gran 1683, Die zerstörte Donaubrücke bei Pest 1685, Übergang der Armee über die Drau bei Siklos 1687, Rückzug der Armee bei Esseg 1687, Übergang der Armee über die Sau 1688.* Vom Großen Saal (3) Zugang zur **Großen Galerie** (5). Von der reichen Ausstattung sei hier nur auf die Groteskenmalereien der Decke von Nikolaus Gottfried Stuber und der Fensterlaibungen von Johann Paul Waxschlunger hingewiesen. Alle Deckenfresken in den beiden anschließenden kurfürstlichen Appartements von Amigoni.

Die Staatsgalerie

Die Große Galerie des Neuen Schlosses Schleißheim, die kurfürstlichen und kurprinzlichen Appartements, wie sie in der Sammlungsgeschichte angesprochen werden, enthalten heute die Staatsgalerie europäischer Barockmalerei. Die Große Galerie bietet eine Einführung in alle Schulen. Im südlichen Obergeschoß sind die flämischen, im nördlichen Obergeschoß die holländischen, im nördlichen Erdgeschoß die italienischen, im südlichen Erdgeschoß die französischen, spanischen und deutschen Schulen zusammengefaßt. Im Folgenden werden die wichtigsten Künstler alphabetisch nach Schulen geordnet aufgeführt.
Flamen (Kurfürstliches Appartement im südlichen Obergeschoß): Jacques Arthois (1613 bis nach 1686), Jan Boeckhorst (1605 bis 68), Pieter Boel (1622-74), Pieter Bout (1658 bis 1702), Adriaen Brouwer (1605/06-38), Jan Brueghel d.J. (1601-78), Caspar de Crayer (1584-1669), Gerard Douffet (1594-1660), Anthonis van Dyck (1599-1641), Cornelis Huysmans (1648-1727), Abraham Janssens (1575-1632), Hieronymus Janssens (1624-93), Jan Miel (1599-1663), Peeter Neeffs d.Ä. (1578-1656/61), Bonaventura Peeters (1614 bis 52), Peter Paul Rubens (1577-1640), Gerard Seghers (1591-1651), Michael Sweerts (1618-64), David Teniers d.J. (1610-90).
Holländer (Appartement der Kurfürstin im nördlichen Obergeschoß): Jan Asselyn (1610-52), Nicolaes Berchem (1620-83), Jan Both (1615-52), Pieter Claesz (1597/98-1661), Gerard Dou (1613-75), Joost Cornelisz Droochsloot (1586-1666), Jacob Duck (1600 bis 67), Willem Cornelisz Duyster (1598/99 bis 1635), Jan van Goyen (1596-1656), Jan Griffier d.Ä. (1645-1718), David de Haen (gest. 1622), Jan Davidsz. de Heem (1606-83/84), Nicolaes van Helt Stockade (1614-69), Gerard Hoet (1648-1733), Melchior d'Hondecoeter (1636-95), Gerard van Honthorst (1590-1656), Jan van Huysum (1682-1749), Gerard de Lairesse (1640-1711), Nicolaes Maes (1632-93), Jan Miense Molenaer (um 1610-68), Hermann van der Myn (1684 bis 1741?), Aert van der Neer (1603/04-77), Eglon Hendrik van der Neer (1634-1703), Pieter de Neyn (1597-1639), Isaac van Ostade (1621-49), Isaak Outwater (1750-93), Adam

Joachim Sandrart, *Monat November*, 1643

Pynacker (1622-73), Salomon van Ruysdael
(um 1660-70), Jacob Isaacsz. Swanenburgh
(um 1571-1638), Cornelis Troost (1697-1750),
Adriaen van de Velde (1636-72), Willem van
de Velde d.J. (1633-1707), Hendrik Cornelisz.
van Vliet (1611/12-75), Hendrik Cornelisz.
Vroom (1566-1640), Adriaen van der Werff
(1659-1722), Philips Wouwerman (1619-68),
Thomas Wyck (1616-77), Jan Wijnants (1630/
35-84), Abraham Willaerts (1603-69).
Italiener (Appartement der Kurprinzessin im
nördlichen Erdgeschoß): Jacopo Amigoni
(1675-1752), Gioachino Assereto (1600-49),
Pompeo Batoni (1708-87), Giovanni Biliverti
(1576-1644), Gian Antonio Burrini (1656 bis
1727), Guido Canclassi gen. Cagnacci (1601
bis 81), Carlo Carlone (1686-1775/76), Agostino Carracci (1557-1602), Lodovico Carracci
(1555-1619), Giovanni Benedetto Castigliano
(1616-70), Giuseppe Maria Crespi (1665 bis
1747), Carlo Dolci (1616-86), Domenico Zam-
pieri gen. Il Domenichino (1581-1641), Aniel-
lo Falcone (1600-56), Ciro Ferri (1634-89), Luca Giordano (1632-1705), Il Guercino (Giovanni Francesco Barbieri, 1591-1666), Francesco de Mura (1696-1782), Jacopo Palma
Giovane (1544-1628), Giovanni Antonio Pel-
legrini (1675-1741), Mattia Preti (1613-99),
Sebastiano Ricci (1659-1734), Matteo Rossel-
li (1578-1650), Bernardo Strozzi (1581-1644),
Pietro Testa (1611-50), Alessandro Turchi
(1578-1649), Pietro della Vecchia (1605-78),
Dominico Zanetti (gest. nach 1712).
Franzosen, Spanier, Deutsche (Appartement
des Kurprinzen im südlichen Erdgeschoß):
Franzosen: Alexandre François Desportes
(1661-1743), Adam Frans van der Meulen
(1632-90), Jean Baptiste Monnoyer (1636 bis
99), Nicolas Poussin (1594-1665), Claude Joseph Vernet (1714-89), Joseph Vivien (1657
bis 1734); *Spanier:* José Antolinez (1635-75),
Juan Bautista Martinez del Mazo (?) (um
1612-67), Jusepe de Ribera (1591-1652);
Deutsche. Hans von Aachen (1552-1616),
Georges Desmarées (1697-1776), Johann Ku-
petzky (1667-1740), Anton Franz Maulpertsch
(1724-96), Johann Heinrich Roos (1631-85),
Johann Michael Rottmayr (1654-1730), Joachim Sandrart (1606-88), Johann Heinrich
Schönfeld (1609-84), Johann Zick (1702-62).

33 Siemens-Museum

2, Prannerstraße 10, Telefon 2342660
Geöffnet: Montag bis Freitag 9-16 Uhr, Samstag und Sonntag 10-14 Uhr
Abweichend von der Feiertagsregelung (s. S. 10) ganztägig geöffnet Faschingsdienstag.
Ganztägig geschlossen am Kar- und Pfingstsamstag sowie 24. und 31.12.

Leitung: Dr. rer. nat. Herbert Goetzeler

Träger: Siemens Aktiengesellschaft

Schausammlung mit rund 2000 Exponaten (Original- und Demonstrationsgeräten, Bildern und Schautafeln) zur geschichtlichen Entwicklung der Elektrotechnik und Elektronik im Unternehmen von 1847 bis heute

Studienräume zur Entwicklung elektrotechnischer Produkte und Anlagen
Firmen- und Bildarchiv

Geschichte: Gründung 1916 in Berlin; seit 1954 in München

Aktivitäten: Führungen mit Filmvorstellungen nach telefonischer oder schriftlicher Vereinbarung, Förderung von Forschungsarbeiten zur Unternehmens- und Technikgeschichte, Sonderausstellungen

Publikationen: Museumsführer, Faltblatt. Sigfried von Weiher, Herbert Goetzeler, Weg und Wirken der Siemens-Werke im Fortschritt der Elektrotechnik 1847-1980, 3. Auflage Berlin und München 1981

Kurzinformation

Das Siemens-Museum – eine Firmeninitiative nach der Jahrhundertwende – dokumentiert fast 140 Jahre Entwicklung vom Familien- zum Weltkonzern und entscheidende Entwicklungsstadien der Elektrotechnik. Die spektakulären Erfindungen werden populärwissenschaftlich und spannend anhand von Geräten, Modellen, Schautafeln und Fotos erklärt. Ihre Realisierungen lassen den kühnen Pioniergeist und unternehmerischen Mut ahnen, die wesentlich dazu beigetragen haben, Länder und Kontinente zu verbinden, Systeme der Energieerzeugung und -verteilung zu entwickeln und das Gesicht unserer Welt zu verändern.
Das Siemens-Museum bietet nicht nur elektrotechnische Pionierleistungen aus dem vorigen Jahrhundert, sondern auch zukunftsorientierte Produkte und zeigt die Aufgaben des Unternehmens seinen Mitarbeitern gegenüber.

Lichtregieanlage für elektrische Bühnenbeleuchtung

Aus der Geschichte des Hauses

Als Leutnant der preußischen Armee, deren Artillerie- und Ingenieurschule er in Berlin besuchte, entwickelt der Gutspächtersohn Werner Siemens 1847 den ersten elektrischen Zeigertelegrafen und erfindet die Guttaperchapresse zur Isolierung elektrischer Leitungen. Die im Oktober desselben Jahres zusammen mit dem Universitätsmechaniker Johann Georg Halske gegründete ›Telegraphen-Bauanstalt Siemens & Halske‹ erhält von der preußischen Regierung in Berlin den Auftrag, die erste Telegrafenlinie nach Frankfurt zu bauen, wo 1848 in der Paulskirche die deutsche Nationalversammlung tagt.
1852 folgen Großaufträge für den Bau von Telegrafenlinien in Rußland, wo Werner Siemens 1855 mit seinem Bruder Carl in St. Petersburg eine Filiale gründet. Eine Londoner Agentur unter dem Bruder Wilhelm existierte schon seit 1850.
1856 erfindet Werner Siemens den Kurbelinduktor mit Doppel-T-Anker und entdeckt 1866 das dynamoelektrische Prinzip der Selbsterregung und wandelt mit seiner Dynamomaschine mechanische in elektrische Energie um; der Weg für die Erzeugung stärkerer Ströme ist frei.
Die Technik des Telegrafierens über weite Strecken verbessert sich. Nach zähen internationalen Verhandlungen baut die neu gegründete Aktiengesellschaft ›Indo European Telegraph Company‹ mit neun Millionen Goldmark Betriebskapital 1868 die 11000 km lange indoeuropäische Telegrafenlinie London – Kalkutta, die das britische Empire über Preußen, Rußland, Persien mit seiner indischen Kronkolonie verbindet. Allein im Kaukasus und in Persien müssen 40000 Eisenmasten aufgestellt werden. Am 12. April 1870 trifft bereits nach einer Stunde das Antworttelegramm aus Indien in London ein.
Mit diesem Auslandsauftrag wächst Werner von Siemens in die Rolle eines Generalunternehmers multinationaler Prägung hinein.

Oben links: Indo-europäische Telegrafenlinie, 1870
Oben rechts: Starkstromtechnik

Rechts: Kernenergie
Unten: Zeitgemäße Nachrichtentechnik

Schon 1874/75 legt die eigens gegründete englische Telegrafengesellschaft unter Carl Siemens mit dem Kabellegedampfer ›Faraday‹ ein Tiefseekabel von 5600 km Länge von Irland über Neuschottland zum amerikanischen Festland. Bis 1913 werden 66000 km Seekabel verlegt, darunter acht Kabel durch den Atlantik.

Der große Wandlungsprozeß im Wirtschaftsleben, in dem sich das Deutsche Reich nach 1870 aus verschiedenen Agrarstaaten zu einer Industrienation entwickelt, setzt sich rasch fort.

1877 baut Werner von Siemens (geadelt 1888 von Kaiser Friedrich III.) nach der Bellschen Entwicklung Telefonapparate. 1878 läßt er die Differentialbogenlampe konstru-

ieren, stellt 1879 die erste elektrische Lokomotive auf der Gewerbeausstellung in Berlin vor und baut 1881 die erste elektrische Straßenbahn in Berlin-Lichterfelde. 1882 fährt in einem sächsischen Bergwerk die erste elektrische Grubenlokomotive. 1903 erreicht ein Schnelltriebwagen auf der Versuchsstrecke Zossen bei Berlin 210 Stundenkilometer.

Von der Jahrhundertwende bis heute arbeitet Siemens an der Entwicklung von technischen Systemen in den Bereichen Nachrichten- und Datentechnik, Energie- und Kraftwerkstechnik, Halbleitertechnologie, Industrieautomation, Installationstechnik, Elektromedizin, aus denen, wie im historischen Sektor, viele neue Geräte im Museum vorgeführt werden können.

34 Staatliche Antikensammlungen

Verwaltung der Staatlichen Antikensammlungen und Glyptothek: 2, Meiserstraße 10, Telefon 5591/552
Antikensammlungen: 2, Königsplatz 1, Telefon 598359
Geöffnet: Dienstag und Donnerstag bis Sonntag 10-16.30 Uhr, Mittwoch 12-20.30 Uhr
Abweichend von der Feiertagsregelung (s. S. 10) geöffnet am: 6.1., Ostersonntag und -montag, Christi Himmelfahrt, Pfingstmontag, Fronleichnam, 15.8., 1.11., Buß- und Bettag, 26.12.; Faschingssonntag, -montag und 31.12. 10-12 Uhr. – Am 24.12. geschlossen.

Leitung der Staatlichen Antikensammlungen und Glyptothek:
Dr. Klaus Vierneisel
Wissenschaftliche Mitarbeiter: Dr. Friedrich W. Hamdorf, Dr. Raimund Wünsche, N N

Träger der Staatlichen Antikensammlungen und Glyptothek: Freistaat Bayern
Fördererverein: Verein der Freunde und Förderer der Glyptothek und Antikensammlungen München e.V., 2, Wittelsbacherplatz 1 (Sitz des Vorstandssekretariats)

Handbibliothek der Staatlichen Antikensammlungen und Glyptothek mit rund 4000 Bänden zur griechischen und römischen Kunst für Mitarbeiter des Museums (vgl. S. 119)

Sammlung griechischer Vasen mit Schwerpunkt attischer Vasen des 6. und 5. Jh. v. Chr., griechische und römische Terrakotten, griechische, römische und etruskische Bronzen, etruskischer und griechischer Goldschmuck, Gläser

Geschichte: 1824 Beginn der gezielten Sammeltätigkeit Kronprinz Ludwigs mit dem Erwerb der Vasensammlung Panitteri; 1919 endgültige Zusammenführung aller Münchner Bestände, seit 1962 im Zieblandschen Ausstellungsgebäude, 1838-48 unter König Ludwig I. am Königsplatz errichtet

Aktivitäten: Wechselausstellungen
Service: Führungen, Tonbandführer, Bücherstand

Publikationen: Dieter Ohly: Die Antikensammlungen am Königsplatz in München, Ein Führer durch das Museum, 4. Auflage, München o.J.; Michael Maaß: Griechische und römische Bronzewerke der Antikensammlungen, Bilderhefte der Staatlichen Antikensammlungen und Glyptothek, München 1979

Kurzinformation

In den Antikensammlungen sind heute mehrere selbständig gewachsene Sammlungen des 19. Jh. vereint, deren Anfänge teils bis ins 16. Jh. zurückgehen, teils im frühen 19. Jh. liegen, als die Bewunderung des Klassizismus für die Antike ihren Höhepunkt erreicht hatte. Den großen Komplex attischer Vasen aus der Blütezeit griechischer Töpfer- und Malkunst des 6. und 5. Jh. v. Chr. erwarb König Ludwig I. aus guterhaltenen Funden, die nach 1800 gezielt aus etruskischen und süditalischen Gräbern ans Tageslicht geholt wurden. Auf Wunsch des Königs wurden die Vasen aufgrund ihrer Bilddarstellungen als Vorstufe der europäischen Zeichen- und Mal-

kunst in der Alten Pinakothek ausgestellt. Bedeutende Vasenmaler – vom Amasis-Maler und von Exekias über Euthymides und Euphronios, den Kleophrades-Maler, den sog. Berliner Maler, Makron, Duris bis zum Kleophon-Maler – sind mit erstklassigen Werken vertreten. Antike Kleinkunst wie figürliche Terrakotten und Bronzen, Goldschmuck und Gläser bilden weitere Schwerpunkte der Sammlung, die zu den größten der Bundesrepublik zählt und internationale Maßstäbe setzt.

Baubeschreibung

Auf hohem Sockel eingeschossiger, fensterloser Baukörper, im Stil des Spätklassizismus von korinthischen Pilastern und hoher Gebälkzone gegliedert. Über steiler dreiseitiger Freitreppe zentral vorspringender korinthischer Portikus auf acht Säulen. Giebelfiguren nach Entwürfen von Friedrich Ludwig Schwanthaler mit Bavaria als Schützerin und Lenkerin der Künste, als Dachbekrönung der Vogel Phönix, Symbol der Wiederbelebung, und Löwen. Moderne, der Sammlung angemessene Innengestaltung.

Baugeschichte

Der Museumsbau von Georg Friedrich Ziebland wird zwischen 1838 und 1848 im Auftrag König Ludwigs I. als *Kunst- und Industrie-Ausstellungsgebäude* errichtet. Zusammen mit Glyptothek (1816-30) und Propyläen (1846-60), beides Bauten Leo von Klenzes, verwirklicht der König hier am Königsplatz die Idee eines Forums nach antikem Vorbild. An die ursprüngliche Idee, dem Tempel der Kunst, der Glyptothek, einen Tempel Gottes gegenüberzustellen, erinnert das St.-Bonifaz-Stift mit der Apostelbasilika (1835-47), das Ziebland in Zusammenhang mit dem Ausstellungsgebäude plante, aber zur Karlstraße hin orientierte. – Zwischen 1962 und 1967 erfolgen die Wiederherstellung der im Krieg beschädigten Fassade und der Neubau der Innenräume nach Plänen von Johannes Ludwig.

Sammlungsgeschichte

Die Geschichte der Vasensammlung beginnt 1824 mit der ersten Erwerbung attischer Vasen durch Kronprinz Ludwig aus der sizilianischen Sammlung *Panitteri,* hauptsächlich Grabungsfunde aus griechischen Gräbern bei Agrigent. 1831 tätigt König Ludwigs Kunstagent in Italien, Johann Martin Wagner, den Ankauf Hunderter attischer und etruskischer Gefäße aus der Sammlung der Brüder *Candelori,* die in den etruskischen Nekropolen bei Vulci Grabungen vornahmen. Zehn Jahre später ersteigert Friedrich von Thiersch 1841 aus dem Nachlaß Lucien Bonapartes (Prinz Canino) 150 attische Tongefäße für den König, ebenfalls aus Vulci. Aus dem Besitz Caroline Murats, der ehemaligen Königin von Neapel (später Gräfin Lipona), stammt die letzte große Erwerbung Ludwigs: außer dem Goldkranz aus Armento griechisch-unteritalische Tongefäße, u. a. die großen Prachtgefäße aus Canosa in Apulien. Angesichts des Umfangs der Sammlung beauftragt der König 1841 Johann Martin Wagner mit der Aufstellung der schönsten Vasen im Erdgeschoß der Alten Pinakothek (s. S. 12), um die Bilderwelt griechischer und

Oben: Ägina, Weibliches Idol, Jungsteinzeit, um 3000 v. Chr., Muschelkalk
Mitte: Spätmykenisch, Gußgefäß in Gestalt eines Igels, 12. Jh. v. Chr., Ton
Unten: Attika, Vorratsgefäß (Amphora), geometrischer Stil, um 780 v. Chr., Ton

Athen, Mischgefäß
(Krater, Detail),
um 670 v. Chr., Ton

vor allem attischer Vasenmaler als Ursprung europäischer Malerei der Gemäldesammlung voranzustellen. Die übrigen Antiken: Goldschmuck, Bronzen, Terrakotten, Gläser, auch ein paar hundert Tongefäße werden 1844 in den sog. ›Vereinigten Sammlungen Ludwigs I.‹ im Galeriegebäude am Hofgarten untergebracht, in denen Kunstobjekte verschiedener Art zusammengefaßt waren: u. a. der etruskische Goldschmuck aus dem Nachlaß Lucien Bonapartes *(Sammlung Canino),* griechisch-italische Goldschmuck mit dem Totenkranz von Armento, Silbergerät aus der *Sammlung Lipona,* der etruskische Bronzefund (Reliefbeschläge, Geräteschmuck) aus der Gegend von Perugia, Gläser aus der Sammlung *Edward Dodwell* (s. auch S. 272) und unteritalische Terrakotten der Sammlung *Bengt Erland Fogelberg.*

Die kleinformatigen Antiken des Hauses Wittelsbach aus Bronze, Glas, Terrakotta und Stein, aus der Kunstkammer Albrechts V. (reg. 1550-79), aus dem 1803 überführten Mannheimer Antikenkabinett Kurfürst Karl Theodors und dem säkularisierten Kirchenbesitz aus Bayern, aus Nachlässen, bayerischen Bodenfunden und Neuerwerbungen, waren seit 1808 im Kgl. Antiquarium vereint und 1813 durch die Sammlung des Fürstabts Steiglehner, 1817 durch die Sammlung des Passauer Bischofs Graf von Thun, erweitert worden.

Ein Jahr nach des Königs Tod werden 1869 die Bestände des Kgl. Antiquariums und der Vereinigten Sammlungen Ludwigs I. zusammengeführt und unter dem Namen des Kgl. Antiquariums im Ziebland-Bau am Königsplatz untergebracht. Damit bestand in München neben der Skulpturensammlung in der Glyptothek und der Vasensammlung in der Alten Pinakothek eine dritte große Sammlung antiker Kleinkunst.

Drei Jahre später, 1872, wird das Kgl. Antiquarium ins Erdgeschoß der Neuen Pinakothek verlegt.

1919 wird mit der Gründung des Kgl., seit 1920 staatlichen Museums Antiker Kleinkunst der Umfang des heutigen Museums festgelegt, indem die Vasensammlung der Alten Pinakothek und das Kgl. Antiquarium in der Neuen Pinakothek im Erdgeschoß der Alten Pinakothek zusammengeführt werden. Die im Zweiten Weltkrieg in Oberbayern ausgelagerten Schätze bleiben erhalten. Die im Keller der Neuen Pinakothek verbliebenen Depotbestände erleiden dagegen erhebliche Schäden, etwa ein Viertel des Bestands geht hier verloren. 1947 bekommt das Museum antiker Kleinkunst einige Räume im Prinz-Carl-Palais zugewiesen, in denen ab 1949 eine kleine Auswahl der kostbarsten Objekte öffentlich zugänglich ist. 1967 findet das jetzt Staatliche Antikensammlungen genannte Museum zum erstenmal im Laufe seiner Geschichte ein eigenes Haus im ehemaligen Zieblandschen Ausstellungsgebäude am Königsplatz.

Unter den Neuzugängen unseres Jahrhunderts ragen die Sammlung *Paul Arndt* (1908), das Vermächtnis *James Loeb* (1933) und die Schenkung *Hans von Schoen* (1964) heraus, die in Athen unter Beratung von Ernst Buschor entstanden war. Mit der Leitung der Sammlung wurden seit 1900 auch über die Fachgrenzen hinaus bekannte Wissenschaftler betraut wie Adolf Furtwängler, Heinrich Bulle, Ludwig Curtius, Paul Arndt, Johannes Sieveking und Dieter Ohly.

Rundgang
(soweit nicht anders vermerkt, sind alle Datierungen auf die Zeit *vor Christus* bezogen)

HAUPTGESCHOSS
Griechische Vasensammlung

Saal I
Kretisch-mykenische und geometrische Vasen
Sammlung Hans von Schoen mit Beispielen aus allen Jahrhunderten als Einführung (Vitrinen A-F) und Beginn der chronologischen Präsentation (Vitrinen 1-4) mit <u>vormykenischen Kunstwerken</u>: Göttin aus Ägina, um 3000, aus einer Muschel geschnittenes, ältestes griechisches Objekt des Museums; Specksteinbüchse in Form eines Gutshauses, 3. Jt. (Vitrinen A und 1); <u>mykenische Gefäße</u> des 14.-12. Jh.: Gußgefäß in Gestalt eines Igels (Vitrine 1); zwei Kratere mit figürli-

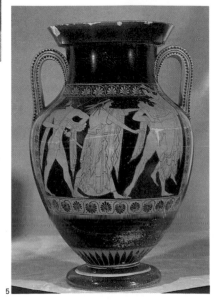

1 Athen, Schale, Innenbild: Jugendlicher Reiter,
Maler Euphronios, 510/500 v. Chr., Ton
2 Athen, Schale des Töpfers Exekias, Innenbild: Schiff des Dionysos, um 530 v. Chr., Ton
3 Attika, Salbölgefäß (Lekythos), Flucht des
Odysseus aus der Höhle des Polyphem,
um 510 v. Chr., Ton
4 Athen, Amphora, Herakles tafelt in der
Gesellschaft der Göttin Athena, um 510 v. Chr.,
Ton
5 Athen, Amphora, Hektor, Priamos und
Hekabe, Maler Euthymides, um 510/500 v. Chr.,
Ton

chen Friesen aus Rhodos und Zypern, 13.Jh.
(Vitrinen A und 1); geometrische Keramik
des 10.-8.Jh. aus attischen Werkstätten: attische Amphora, Mitte 8.Jh., ein hervorragendes Beispiel des reifen geometrischen Stils
(Vitrine 4); drei weißgrundige Salbölgefäße
aus dem Grab eines attischen Mädchens,
darunter das weltberühmte Hauptstück der
Sammlung von Schoen, die Helikon-Leky-
thos des sog. Achilleus-Malers, 440/430 (Vitrine D).

Saal II
**Vasen des geometrischen
und reifen schwarzfigurigen Stils,
archaische Vasen aus Korinth,
Sparta und Ionien**
Spätgeometrischer Stil: Kanne (Flimmerstil)
mit für jene Zeit ungewöhnlicher Darstellung, *Schiffbruch des Odysseus,* um 720 (Vitrine 1); am großen sog. Löwenkrater mit ko-
nischem Kesseluntersatz, um 700, sind end-

gültig Figuren an die Stelle geometrischer
Muster getreten (Vitrine 3 und 2); korinthische Keramik vom Ende des 8.Jh. und aus
der Zeit des schwarzfigurigen Stils des 7. und
6.Jh., bis sie von attischer Töpferware verdrängt wurde: zwei Tierfrieskannen des
7.Jh. und Pferdeteller, um 560 (alle Vitrine 4,
›Schwarzfiguriger Stil‹ bedeutet schwarze
Silhouetten, durch Ritzlinien, rote und weiße
Deckfarben gegliedert); ostgriechische Gefäße von den Ägäischen Inseln und den anato-
lischen Küstengebieten: sog. Steinbockkan-
ne, um 630 (Vitrine 3); Kopf-Kantharos, dop-
pelhenkeliger Becher aus Samos mit doppel-
seitigem, reliefiertem Antlitz, um 540/530 (Vitrine 7); große bunte Hydria, *Ringkampf Ata-
lantes mit Perseus,* um 540 (Vitrine 7); attische Gefäße der ersten Hälfte des 6.Jh.:
Widderkanne, um 590 (Vitrine 5); attische
Meister des schwarzfigurigen Stils um die
Mitte des 6.Jh.: Maler Lydos (Hydria, um
560, und Teller mit Gorgonenhaupt, um 560/
550, Vitrine 10), sog. Amasis-Maler (zwei

Ganz links: Etruskisch, Kanne
in Gestalt eines Jünglingskopfes,
4. Jh. v. Chr., Bronze
Links: Unteritalien, Tarent, Sphinx
von einem Bronzegerät, 6. Jh. v. Chr.

Rechts: Pferdchen, spätgeometrischer Stil, 8. Jh. v. Chr., Bronze

Bildfeldamphoren, eine mit *Darstellung einer Reiterschar,* 550/540, Vitrine 10), Exekias (helle bauchige Amphora mit beidseitigem Bild, *Aias trägt seinen gefallenen Freund Achilleus aus dem Schlachtfeld,* um 540, und die berühmte Dionysos-Schale, um 530, Vitrine 11 und 12).

Mittelsaal III
Vasen des späten schwarzfigurigen, frühen und reifen rotfigurigen Stils des 6. und 5. Jh. v. Chr.
Gemeinschaftswerk des Lysippides-Malers und des Andokides-Malers ist die schwarz- und rotfigurige Amphora, 520/510 (Vitrine 6), mit dem gleichen Thema auf beiden Seiten, *Zechender Herakles und Athena;* Lysippides malte die schwarzfigurige, Andokides die rotfigurige Seite (Rotfiguriger Stil bedeutet die Umkehrung der Farbwerte: die Silhouetten werden im roten Ton ausgespart und erhalten mit der weichen Borste eine schwarze

Binnenzeichnung). Weitere Meister: Maler Psiax (Vitrine 6), Euthymides (drei große Amphoren im rotfigurigen Stil, darunter *Theseus raubt Korone,* 510/500, Vitrine 8), Euphronios (Leagros-Schale, vom Töpfer Kachrylion geformte Schale mit Euphronios' Bild des Reiters Leagros (?) im Schalenrund, um 510/500, und Teil eines Kraters, *Athener beim Gastmahl,* um 500, Vitrine 9); Phintias (Vitrine 8), Oltos (7), Onesimos (15), Makron (11, 14), Brygos-Maler (außen rotfigurige, innen weiße Schale, *Mänade,* um 490, Vitrine 11), Kleophrades-Maler (Spitzamphora, *Dionysos und Mänaden,* 500/490, Vitrine 10, und eine sehr große Amphora mit Deckel, Höhe 76 cm, *Abschied des Kriegers,* 500/490, Vitrine 9), Berliner-Maler (Vitrine 11), Pan-Maler (12); Vitrinen 16 und 17: Preisamphoren für die Sieger der Panathenäen, der alle vier Jahre stattfindenden Wettkämpfe zu Ehren der athenischen Stadtgöttin, zwischen 530 und 490 entstanden, und eine große Amphore von 336/335.

Ganz Links: Böotien, Idol einer Göttin,
6. Jh. v. Chr., Ton
Mitte: Attika, Salbölflasche, Die Verstorbene als Muse, Achilleus-Maler,
440/430 v. Chr., Ton
Links: Böotien, Statuette eines jugendlichen Schauspielers, 4. Jh. v. Chr., Ton

Köln, spätrömisches Grab, Glasbecher, sog.
Diatretglas, mit Netzornament und Inschrift
›Bibe multis annis‹, 4. Jh. v. Chr.

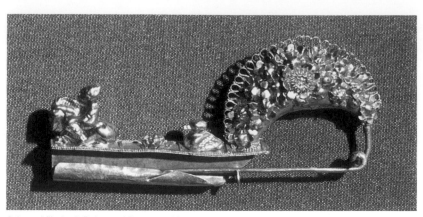

Schmuckfibel, mit Reiter und Ente, etruskisch,
spätes 6. Jh. v. Chr.

Saal IV
**Vasen des späteren rotfigurigen Stils
bis zum Ende des 5. Jh.**
Neben Werken von Malern aus Saal III die
attischen Vasenmaler der jüngeren Generation: Myson (Vitrine 7), Elpinikos (8), Troilos-
Maler (7), Erzgießerei-Maler (7), Duris (Trinkschale, Singender Zecher, um 470, Vitrine 5),
Oreithyia-Maler (6), Pistoxenos-Maler (8), Sa-
bouroff-Maler (2), Thanatos-Maler (15),
Achilleus-Maler (vgl. Saal 1, Vitrinen D und
F; Saal IV, Vitrine 15), Penthesilea-Maler (ist
mit zwei großartigen Meisterstücken vertreten, der Trinkschale, *Achilleus tötet Penthesi-
lea,* um 465, Vitrine 6, und Trinkschale, *Apol-
lon tötet Tityos, den Sohn der Erdgöttin Ge,*
460/450, Vitrine 6), sog. Niobiden-Maler
(Amphora, *Abschied des Kriegers,* um 460/
450, Vitrine 14), Chicago-Maler (10), sog. Kleophon-Maler, ein ›Phidias‹ der klassischen
Töpferkunst Athens (Stamnos, *Von seiner
Gattin und seinem greisen Vater scheidender
Krieger,* 440/430, Vitrine 13), Hektor-Maler
(11), Phiale-Maler (15), Kadmos-Maler (16).

Saal V
**Attische Vasen des 4. Jh.,
italische Vasen, Terrakotten**
Schenkung James Loeb (Vitrinen A-G) mit
Statuetten aus Bronze und Ton – Einstim-
mung auf das Untergeschoß des Museums,
hervorragende Bronzestatuette des Posei-
don, 2. Hälfte 2. Jh., Vitrine G; brettgestaltige
Göttin, eine böotische Tonfigur, 1. Hälfte
6. Jh., Vitrine B.

OBERGESCHOSS des Mittelsaales
Kunstkreis der Etrusker
Dreifüßige etruskische Prachtkessel aus
Bronze aus einem Kammergrab bei Perugia,
2. Hälfte 6. Jh., Schenkung James Loeb, Vitrinen 1-3; geschlossener Fund etruskischer
Bronzegeräte oder Zierstücke von Geräten
wie Flügelfrauen, fischschwänzigen Dämonen, Seepferdchen und Löwen aus einer Ne-
kropole bei Perugia aus der 2. Hälfte 6. Jh.,
Vitrine 6; Wasserspringer, vermutlich Kande-

laber-Bekrönung, aus dem selben Fundkom-
plex, Vitrine 7; Räucherständer aus dem 6.-
4. Jh., Vitrine 8; Kopfkanne aus der Kunstkammer Herzog Albrechts V., Vitrine 9; Bron-
zestatue einer Frau aus Vulci in Mittelitalien,
etruskische Kopie einer griechischen Statue
des 4. Jh., Steinsockel 12; vier große apuli-
sche Prachtvasen aus Canosa, 330/310, auf
Steinsockeln 14-17; an den Stirnwänden sieben enkaustische Fresken aus dem Zyklus
griechischer Landschaften von Carl Rottmann (1797-1850), Leihgaben der Neuen Pinakothek.

UNTERGESCHOSS
**Goldschmuck, Silbergeräte, Glas,
Bronzen, Terrakotten
aus dem griechischen, römischen
und etruskischen Kulturkreis**
Etruskischer Goldschmuck aus vier Jahrhun-
derten (um 700 bis 4. Jh.): sog. Körbchen-
Ohrschmuck, 2. Hälfte 6. Jh., Raum VII, Vitri-
ne 6; griechisch-römische Silbergefäße, 1.-
4. Jh. n. Chr., Raum VII, Vitrine 9; mykeni-
scher Schmuck des 13./12. Jh., Raum X,
Wandvitrine 1; griechisch-unteritalischer
Goldkranz aus Armento, 4. Jh., Raum X,
Wandvitrine 2; großes Diadem aus Pantika-
paion (Kertsch in Südrußland) in Form eines
Lorbeerkranzes aus Gold, mit roten, in der
Mitte aus sog. Herakles-Knoten geschlunge-
nen ›Bändern‹ aus Granat-Stücken umwun-
den, griechische Arbeit der 2. Hälfte 4. Jh.;
Diatretum, römisches Netzglas, 4. Jh. n. Chr.;
Kölnischer Grabfund, Raum VIII, Vitrine 2;
Mädchen aus Beröa, Nordgriechenland, vermutlich Ende 5. Jh., Raum VIII, Vitrine 3; Rü-
stung aus dem Grab des Dendas, Arbeit grie-
chisch-sizilischer Waffenschmiede vom Anfang 5. Jh., Raum IX, Vitrine 9; archaischer
Standspiegel, Raum IX, Vitrine 1, hier auch
eine römische Nachbildung des Diskuswer-
fers nach dem berühmten Standbild des Myron aus der Mitte 5. Jh.; Terrakotten, u. a.
Fliegende Nike, attisch, 5. Jh., Raum IX, Vitrine 17.

35 Staatliche Graphische Sammlung

Studiensaal und Verwaltung: 2, Meiserstraße 10, Telefon 5591490
Geöffnet: Montag bis Freitag 9-13 und 14-16.30 Uhr. Fachliche Beratung: Dienstag
Abweichend von der Feiertagsregelung (s. S. 10) geöffnet am: Faschingsdienstag und
31.12. 9-12 Uhr. – Ganztägig geschlossen am 24.12.
Wechselausstellungen in der Neuen Pinakothek, 2, Barer Straße 29, Öffnungszeiten wie
Neue Pinakothek, jedoch ohne Abendöffnung

Leitung: Dr. Dieter Kuhrmann (Deutsche Kunst bis 1800, 20. Jh.)
Wissenschaftliche Mitarbeiter: Dr. Richard Harprath (Italien), Dr. Holm Bevers (Nieder-
lande), Dr. Gisela Scheffler (19. Jh.), Dr. Annegrit Schmitt, Dr. Hans-Joachim Eberhardt
(Corpus der italienischen Zeichnungen 1300-1450)

Träger: Freistaat Bayern
Förderervereine: Vereinigung der Freunde der Staatlichen Graphischen Sammlung
München e.V.; Galerie-Verein München e.V. zur Förderung der Neuen Pinakothek, der
Staatsgalerie Moderner Kunst und der Staatlichen Graphischen Sammlung

Studiensaal mit zwölf Arbeitsplätzen
Präsenzbibliothek mit rund 24000 sammlungsbezogenen Bänden

Sammlung: Europäische Zeichnungen und Druckgraphik vom 14. bis 20. Jh., amerikanische Graphik des 20. Jh.

Geschichte: 1758 Gründung des Mannheimer Zeichnungskabinetts durch Kurfürst Karl
Theodor von der Pfalz (seit 1777 auch von Bayern), 1794 Überführung nach München,
1804 Trennung von Zeichnungen und Druckgraphik, 1846 Wiedervereinigung in der
Alten Pinakothek, 1917 Verlegung in die Neue Pinakothek, seit 1949 im ›Haus der Kulturinstitute‹, das zwischen 1933 und 1935 nach einem Entwurf von Paul Ludwig Troost
erbaut worden war

Publikationen: Kataloge zu Ausstellungen aus dem Besitz der Staatlichen Graphischen
Sammlung München seit 1970 sind noch erhältlich. – Bestandskatalog (nur über den
Buchhandel) von Wolfgang Wegner: ›Die Niederländischen Handzeichnungen des
15.-18. Jahrhunderts‹, Kataloge der Staatlichen Graphischen Sammlung München,
Band I, Text- und Tafelband, Berlin 1973

Bernart van Orley, *Romulus und Remus bekämpfen Räuber* (Ausschnitt), 1524, braune Feder,
aquarelliert

Kurzinformation

Die Staatliche Graphische Sammlung München ist nach Berlin das bedeutendste graphische Kabinett in der Bundesrepublik Deutschland. Ihre Bestände umfassen heute mehr als 300 000 Blätter.
Schwerpunkte bilden deutsche Einblattholzschnitte und Kupferstiche des 15. Jh., Graphik der Dürerzeit, wenige wichtige Zeichnungen der italienischen Renaissance, Zeichnungen und Druckgraphik Rembrandts und seiner Zeit, süddeutsche Zeichnungen des 16.-18. Jh., deutsche Zeichnungen des 19. Jh., Graphik des Expressionismus, internationale Graphik nach 1945.

Geschichte der Sammlung und ihre Bestände

1758 richtet Kurfürst Karl Theodor von der Pfalz in seiner damaligen Residenzstadt Mannheim ein eigenes Zeichnungskabinett ein, das später den Grundstock der Münchner Sammlung bilden wird. Er beauftragt den Düsseldorfer Hofmaler Lambert Krahe, der selbst während seiner Studienzeit in Italien Zeichnungen gesammelt hatte, mit dieser Einrichtung. Das Kabinett soll – ähnlich wie die gleichzeitig eröffneten kurfürstlichen Antiken- und Abgußsammlungen in Mannheim – der Erziehung junger Hofkünstler dienen. Als Endzweck verfolgt der Landesherr die Hebung des künstlerischen Niveaus seiner eigenen fürstlichen Repräsentation.
1777 übernimmt Karl Theodor auch die Regierung in Bayern und verlegt seine Residenz nach München. Das Zeichnungskabinett bleibt jedoch in Mannheim, bis es 1794 aus Furcht vor einer französischen Invasion während der Revolutionskriege – zunächst provisorisch – nach München überführt wird.
Die Mannheimer Sammlung ist 1781 bereits auf nahezu 60 000 Druckgraphiken und 9000 Zeichnungen angewachsen. 556 hauptsächlich italienische Zeichnungen hatten – oft noch unter falscher Benennung – an den Wänden gehangen und waren von jungen Künstlern fleißig kopiert worden. Aus dem Mannheimer Bestand stammen viele Hauptstücke der heutigen Sammlung, wie zum Beispiel Zeichnungen von Schongauer, Holbein d. J., Fra Bartolomeo, Raffael, Michelangelo, Rembrandt und Rubens.
Ob und in welchem Umfang frühere Bestände der bayerischen Wittelsbacher in die Sammlung eingeflossen sind, ist bis jetzt noch nahezu unbekannt geblieben. Kurfürst Max IV. Joseph, ab 1806 König Max I. Joseph von Bayern, läßt die Mannheimer Sammlung unter der Aufsicht seines Galerie-Inspektors, des Malers und Zeichners Georg von Dillis, 1802-04 in München inventarisieren. Ab 1804 trennen sich dann für über 40 Jahre das Kupferstichkabinett und die Zeichnungssammlung voneinander: Die Zeichnungen verbleiben im Galeriegebäude am Hofgarten, die Kupferstiche kommen auf einem Umweg in das Gebäude des ehemaligen Jesuitenkollegs, die sog. Alte Akademie in der Neuhauser Straße. Erst 1846 werden beide Sammlungen in der Alten Pinakothek (s. S. 12) wiedervereinigt.

Max I. Joseph und Ludwig I. haben die Bestände beider Sammlungen kontinuierlich vermehrt. Künstlerstipendiaten werden zur Ablieferung von Jahresgaben verpflichtet. Infolge der Säkularisation erhält die Kupferstichsammlung einen großen Zuwachs an wertvollen alten Holzschnitten und Kupferstichen, deren Provenienz heute im einzelnen nicht mehr nachweisbar ist. Diese Blätter sind zum Teil Unika. Aus aufgelösten Privatsammlungen, wie dem Praunschen Kabinett in Nürnberg oder dem Winklerschen Kabinett in Leipzig, werden Ankäufe getätigt, ebenso aus den Sammlungen Artaria, Stengel, Motzler, Aretin und Stetten. 1812 werden vom Kgl. Kreiskommissariat fast fünfzig Zeichnungen Peter Candids überwiesen. Ludwig I. bereichert die Zeichnungssammlung auch um drei Blätter von Leonardo. 1848 werden mehr als 2500 Bleistift- und Ölskizzen von Moritz Rugendas angekauft, die während seiner Aufenthalte in Südamerika (1821-47) entstanden waren. Mit dem Vermächtnis Ludwigs I. gelangt 1868 das sog. König-Ludwig-Album in die Sammlung, das die Künstler ihrem Mäzen anläßlich der Enthüllung der Bavaria überreicht hatten. Auch

Raffaello Santi, *Knien-
der junger Mann mit
gefalteten Händen,*
vor 1509, braune Feder
über schwarzem Stift

Andrea Mantegna,
Tanzende Muse, braune
Feder, braun laviert,
weiß gehöht, auf bräun-
lichem Papier, um 1497

Rembrandt Harmensz
van Rijn, *Die Six-Brücke,*
1645, Radierung

Links: Ignaz Günther, *Schutzengel-gruppe,* 1763, grauschwarze Feder, aquarelliert
Rechts: Paul Cézanne (1839-1906), *Steinbruch bei Bibémus,* Aquarell über Bleistift

Carl Rottmann, *Korfu,* 1842, Aquarell über Bleistift

viele andere Blätter aus dem königlichen ›Rücklaß‹ werden übernommen, so Zeichnungen Georg von Dillis' und Carl Rottmanns. Ludwig II. schenkt u. a. Zeichnungen von Bonaventura Genelli und Anselm Feuerbach. 1885 übereignen die Kinder Leo von Klenzes einen großen Teil des zeichnerischen Nachlasses ihres Vaters. Die größte Stiftung in der zweiten Hälfte des vorigen Jh. verdankt die Sammlung jedoch *Hugo Ritter von Maffei*, der 1889 die Sammlung des Augsburger Kunsthändlers *Felix Halm* mit 2500 Zeichnungen meist bayerischer Künstler vom Manierismus bis zum Rokoko schenkt; diese Blätter waren 1811 von der Witwe des Händlers dem Handzeichnungs-Kabinett vergeblich angeboten worden.

Die Sammeltätigkeit konzentriert sich im Verlauf des 19. Jh. mehr und mehr auf bayerische Kunst. 1874 wird die Kupferstich- und Handzeichnungssammlung unmittelbar dem Kgl. Staatsministerium für Kirchen- und Schulangelegenheiten untergeordnet und damit die Abhängigkeit von der Zentral-Gemäldegalerie-Direktion aufgehoben. Kurz darauf wird 1885 erstmalig ein Kunsthistoriker, Dr. Wilhelm Schmidt, mit der Leitung der Sammlung betraut. Ihm ist eine monumentale Faksimile-Ausgabe der bedeutendsten Münchner Zeichnungen zu verdanken, die ab 1884 bei Bruckmann erscheint. Damit beginnt die wissenschaftliche Bearbeitung der Bestände mit der Diskussion von Zuschreibungen und Datierungen.

Das 20. Jh. bringt zu Beginn noch einige reiche Schenkungen, so 1908 durch *Graf Moy* 120 Zeichnungen von Wilhelm Busch und 1913 mit Hilfe von Zuwendungen *Hugo Reisingers,* New York, 85 Studienblätter von Hans von Marées. 1917 wird die Sammlung in das Gebäude der Neuen Pinakothek (s. S. 185) verlegt, wo 1944 trotz partieller Auslagerung fast ein Drittel des Gesamtbestandes den Bomben des Zweiten Weltkriegs zum Opfer fällt, darunter beinahe der ganze Besitz an englischer und französischer Druckgraphik und mit der Bibliothek alle illustrierten Bücher und Stichworte. In der Aktion ›Entartete Kunst‹ sind 1938 durch die Nationalsozialisten wichtige Zeugnisse der Gegenwartskunst entfernt worden.

Neben gezielten Ankäufen und Überweisungen aus dem Bayerischen Nationalmuseum (s. S. 43, Ortsansichten und Porträtstiche) haben großzügige Stiftungen und Vermächtnisse geholfen, die Lücken zum Teil wieder zu schließen, so 1958 die *Gutbier-Stiftung* mit annähernd 650 Werken vom späten 19. Jh. bis zum Expressionismus und 1964 das Legat der *Max-Kade-Foundation New York* mit 57 hervorragenden Meisterwerken, darunter Dürers ›Apokalypse‹ in der Urausgabe von 1498 und das Hundertguldenblatt von Rembrandt auf seltenem China. 1978 gelangt aus dem Vermächtnis *Markus und Martha Kruss* eine bedeutende Sammlung expressionistischer Graphik in den Besitz der Sammlung.

Mit Hilfe des Galerie-Vereins und der 1980 errichteten *Erika und Karl Rössing Stiftung* wird internationale, darunter auch amerikanische, zeitgenössische Graphik gesammelt.

Seit 1950 ist der Staatlichen Graphischen Sammlung München die Forschungsstelle des ›Corpus der italienischen Zeichnungen 1300-1450‹ angegliedert, das die Erforschung und Herausgabe des internationalen Gesamtbestandes früher italienischer Zeichnungen und Buchillustrationen zum Ziel hat. Bisher sind acht Bände, bearbeitet von Bernhard Degenhart und Annegrit Schmitt erschienen. Die Gesamtplanung ist auf zwanzig Bände angelegt.

Die Staatliche Graphische Sammlung ist seit 1949 im Haus Meiserstraße 10 in unmittelbarer Nähe des Königsplatzes untergebracht. Ihre Wechselausstellungen zeigt sie seit 1981 im Neubau der Neuen Pinakothek (s. S. 185).

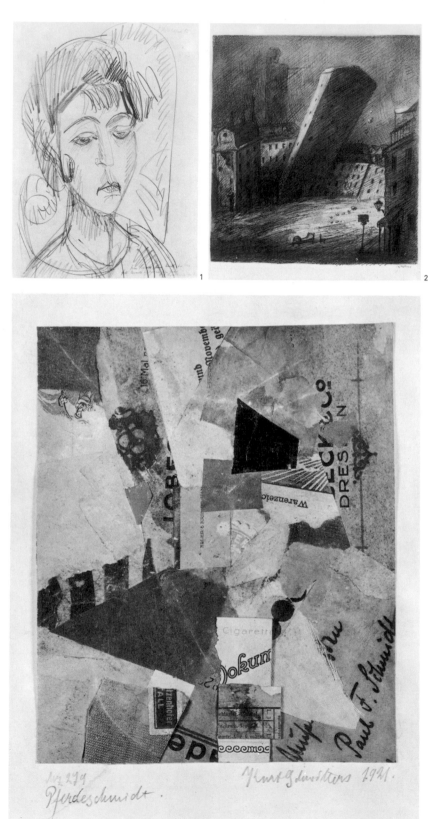

1

2

3

4

1 Ernst Ludwig Kirchner, *Weiblicher Kopf (Erna?)*, 1912, Bleistift
2 Alfred Kubin, *Sterbende Stadt,* 1903-05, schwarze Feder, braungrau laviert
3 Kurt Schwitters, *Pferdeschmidt,*1921, Collage

4 Karl Hubbuch, *Herr Stresemann und das Stück Schwarzbrot,* um 1923, Kreide
5 Max Beckmann, *Spiegel auf einer Staffelei (Interieur mit Spiegel),* 1926, Kreide

5

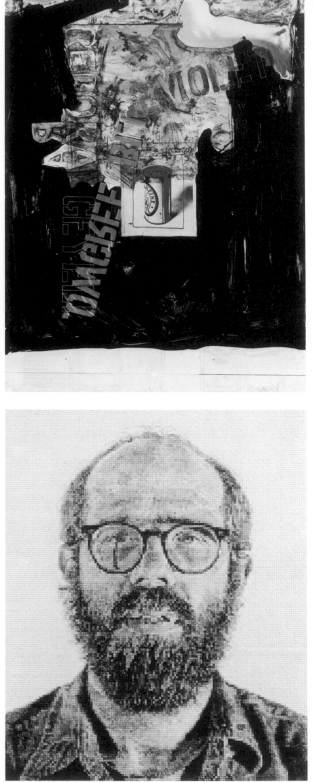

Jasper Johns, *Decoy I*, 1971, farbige Lithographie

Chuck Close, *Selbstbildnis*, 1977, Radierung

36 Staatliche Münzsammlung

2, Residenzstraße 1
Eingang durch den Kapellenhof in der Residenz, Telefon 227221/22
Geöffnet: Dienstag bis Sonntag 10-17 Uhr. Abweichend von der Feiertagsregelung
(s. S. 10) geöffnet am: 1.1., 6.1., Faschingssonntag, Ostermontag, Christi Himmelfahrt,
Pfingstmontag, 17.6., 15.8. und 26.12. – Ganztägig geschlossen am Faschingsdienstag,
24. und 31.12.
Bibliothek und Studiensaal Montag bis Donnerstag 8.30-16 Uhr, Freitag 8.30-15 Uhr

Leitung: Dr. Harald Küthmann (Numismatik der Antike, antike Gemmen und Kameen)
Wissenschaftliche Mitarbeiter: Dr. Wolfgang Heß (Numismatik des Mittelalters und der
Neuzeit), Dr. habil. Bernhard Overbeck (Numismatik der Antike, des Orients und über-
seeischer Gebiete), Dr. Ingrid Szeiklies-Weber (Medaillen, nachantike geschnittene
Steine, Gepräge Europas nach 1918)

Träger: Freistaat Bayern

Präsenzbibliothek mit rund 14200 Bänden zur Numismatik, Geldgeschichte, Kunstgeschichte, Glyptik und Geschichte aller Zeiten und Länder, eingegangene und laufende
Fachzeitschriften, einschlägige Versteigerungskataloge, Lesesaal mit zwölf Plätzen, Kopiermöglichkeit
Archiv: Münzfundkartei und Fotothek

Schausammlung mit etwa 2500 Objekten zur historischen Entwicklung des Geldwesens,
Medaillen und geschnittene Steine (Mineralien) von der Antike bis zur Gegenwart vornehmlich aus europäischem Bereich
Studiensammlung (Depot) mit etwa 200000 bis 250000 Münzen, Medaillen, Geldschei-
nen und geldähnlichen Objekten aller Länder und Zeiten als Belege für das Münzwesen
und angrenzende Gebiete (steht nach Anmeldung als wissenschaftliches Studienmate-
rial zur Verfügung), wissenschaftlich begründete Anforderungen von Fotos und sonsti-
gem Belegmaterial möglich

Geschichte: Entstanden aus der herzoglich bayerischen Sammlung Albrechts V. (reg.
1550-79), 1807 den wissenschaftlichen Sammlungen der Bayerischen Akademie der
Wissenschaften, nach 1948 den Staatlichen Museen und Sammlungen angegliedert

Aktivitäten: Wechselausstellungen

Publikationen: Wissenschaftliche Veröffentlichungen der eigenen Bestände an antiken
griechischen Münzen als ›Sylloge Nummorum Graecorum Deutschland‹, Berlin 1968ff.,
in Zusammenarbeit mit dem Deutschen Archäologischen Institut; Katalog der antiken
Gemmen, Glaspasten und Kameen in der Reihe ›Antike Gemmen in deutschen Sammlungen‹, Band I, 1-3, Staatliche Münzsammlung München, München 1968-72; Katalog
zum nachantiken Bestand (Gemmen, Kameen, Glaspasten) in Vorbereitung; Redaktion
des ›Jahrbuch für Numismatik und Geldgeschichte‹; wissenschaftliche Beiträge in Fachzeitschriften und Festschriften; Ausstellungskataloge

Kurzinformation

Die Staatliche Münzsammlung ist in der Bundesrepublik die größte und mit der umfas-
sendsten Präsenzbibliothek ihres Fachge-
biets ausgestattete Institution. Ihren internationalen Ruf verdankt sie den an Qualität,
Vielfalt und Zahl bedeutenden Ankäufen im
ersten Drittel des 19. Jh., für die sich vor allem
der Kronprinz und spätere König Ludwig I.
engagiert hatte. Diese Erwerbungen belegen
zusammen mit dem Grundbestand der bayerischen und pfälzischen Sammlungen große
Bereiche des antiken und heimischen Münzwesens und bieten darüber hinaus einen guten Überblick über die allgemeine Münzge-
schichte. Zu Beginn des 20. Jh. werden die
Bestände an deutschen und italienischen Re-
naissance-Medaillen durch Ankäufe von Modellen und Güssen international erweitert, in
den fünfziger Jahren unseres Jahrhunderts
gewinnt die Münzsammlung durch den Erwerb der Sammlung des Archäologen Paul
Arndt große Bedeutung innerhalb der internationalen Sammlungen antiker Glyptik.

Baugeschichte

Seit 1960 befindet sich die Münzsammlung
in der Residenz (s. S. 207), im südlichen Flügel, dem sog. Damenstock, der Kaiserhoftrakte, 1611-16 von Hans Krumper unter Maximilian I. erbaut. Dieser Südflügel bezieht
die älteren Gebäude des Hofdamenstocks
(1605) und den Alten Herkulessaal aus der
Zeit Albrechts V. in die regelmäßige Vierflügelanlage ein. Südflügel oder Damenstock
des Kaiserhofs und nördlicher Trakt des
Grottenhofschlosses, der Geweihgang, und
des Erbprinzenbaus bilden die Längsfronten
des Kapellenhofs, der im Westen vom Hartschiersaal und im Osten mit St.-Georgsrit-
ter-Saal begrenzt wird. Der Zugang zur
Münzsammlung am Kapellenhof erfolgt über
die Alte Herkulessaal-Treppe vor dem Durchgang (unter dem St.-Georgs-Rittersaal) zum
Brunnenhof und zum Cuvilliéstheater
(s. S. 216). Das Untergeschoß beherbergt außer den Diensträumen die Bibliothek. Im
Obergeschoß befindet sich die Schausammlung.

Sammlungsgeschichte

Die Staatliche Münzsammlung hat ihren Ursprung in den frühesten Sammlungen der
Wittelsbacher und gehört damit zu den ältesten Sammlungen ihres Fachs. Die Münzen
Herzog Albrechts V. sind vermutlich in der
von Wilhelm Egkl errichteten Kunstkammer,
den Trakten um den später so genannten
›Münzhof‹, untergebracht gewesen. Ähnlich
seinen Zeitgenossen auf den Thronen in Paris und Wien hatte Albrecht durch seine
Agenten, Philip Hainhofer und Jakob Strada,
auch Münzen im In- und Ausland ankaufen
lassen. Nach Albrechts Tod legt Johann Baptist Fickler im Auftrag Wilhelms V. ein erstes,
noch erhaltenes Verzeichnis der Kunstkam-
mer-Bestände an, aus dem hervorgeht, daß
die Sammlung überwiegend römisch-repu-
blikanische und römisch-kaiserzeitliche Münzen enthielt. Dieser Grundstock leidet 1632
bei der schwedischen Plünderung der Residenz, in der ein Teil der Münzen zu diesem
Zeitpunkt vermutlich aufbewahrt wird, be-
trächtlichen Schaden. Die Schweden entfüh-
ren einen bedeutenden Teil als Kriegsbeute
nach Stockholm. Der kostbarste Teil, die antiken Goldmünzen, wird gerettet und nach
dem Dreißigjährigen Krieg in der Reichen
Kapelle der Residenz (s. S. 220) aufbewahrt.
Mit der Gründung der Bayerischen Akademie der Wissenschaften im Jahre 1759 werden die Münzen als historische Quelle wieder interessant. Die Akademie legt eine eigene Sammlung an. Karl Theodor von Kurpfalz,
seit 1777 (bis 1799) auch Kurfürst von Bayern, vereinigt nach 1783 die bayerische und
die pfälzische Münzsammlung, die im ehemaligen Jesuitenkolleg, dem ›Wilhelmini-
schen Gebäude‹, neben der Michaelskirche
untergebracht wird – unter demselben Dach
wie Hofbibliothek und Akademie. Karl Theodor setzt auch einen Jahresetat von 1000
Gulden für Ankäufe fest. 1807 kommen die
Bestände der Bayerischen Akademie der
Wissenschaften hinzu, außerdem Sammlungen aufgehobener Klöster.
Die Konstituierung als ›Wissenschaftliche
Sammlung‹ mit Anschluß an die Akademie
der Wissenschaften (Königlich Bayerisches
Regierungsblatt vom 1. August 1807) bedeu-

1 Syrakus, Tetradrachme, um 413-399 v. Chr. –
2 Achaios, Kleinasien, 220-214 v. Chr., Gold-
stater – 3 Hadrian (117-125 n. Chr.), Sesterz,
um 125 v. Chr. – 4 Maximilian I. (1598-1651),
Gnadenpfennig, nach 1623

ten den Eintritt in die Reihe der großen internationalen Institute. Franz Ignaz von Streber (bis 1841 Direktor der Sammlung) gelingen Ankäufe großer und bedeutender Sammlungen, immer gefördert von dem persönlichen Interesse des Kronprinzen und späteren Königs Ludwig I. (reg. 1825-48). So kann 1811 der erste Teil der Sammlung des ehemaligen französischen Konsuls in Makedonien, E. Cousinéry, mit insgesamt 9070 Stück antiken Geprägen des östlichen Mittelmeerraumes erworben werden, denen 1816 weitere 4000 Stücke folgen. Die Erwerbungen aus dem Bereich der Antike machen bis zum Jahr 1845 mehr als 24 000 Stücke überwiegend römisch-kaiserzeitlicher Geprägе zusätzlich zu den schon genannten Zahlen aus.

Auch bayerische Bodenfunde bereichern das Münzkabinett. Von den 1858 bei Irsching in der Nähe von Manching gefundenen ›Regenbogenschüsselchen‹ (keltischen Goldmünzen) gelangt eine große Zahl in die Sammlung. Nachdem Georg Habich 1907 die Leitung der Sammlung übernommen hatte, wird auch das Gebiet der deutschen und italienischen Medaille der Renaissance und der zeitgenössischen Medaille besonders gepflegt.

Der Vernichtung im Wilhelminum (Alte Akademie) dank rechtzeitiger Auslagerung außerhalb Münchens entgangen, findet die Münzsammlung nach dem Krieg in der Meiserstraße Unterkunft. Als jüngste große geschlossene Komplexe kommen 1956 die Sammlung Paul Arndt (Gemmen der Antike) und 1961 die Sammlung Arthur Koenig (Rechenpfennige) in die Münzsammlung, die sich seit 1960 wieder in der Residenz befindet.

Schausammlung

Vier Ausstellungsräume bieten einen Überblick über die Entstehung des Münzwesens. Im großen Raum sind neben geschnittenen Steinen aller Zeiten und Gegenden vornehmlich Geprägе aus überseeischen Gebieten und Primitivgeld zu sehen, ferner eine Darstellung des Aufbaus des mittelalterlichen und jüngeren deutschen Münzwesens nach Nominalen, ferner Stempel, Gewichte und Papiergeld aller Art. Hier wie in den Seitenkabinetten werden ein alter Münzschrank wie auch später zu Münzschränken umgearbeitete japanische und chinesische Lacktruhen gezeigt. Im ersten Seitenkabinett finden sich Medaillen, Gnadenpfennige, Modelle zu Medaillen und Plaketten. Im zweiten Seitenkabinett werden das Münzwesen der Antike, griechische wie römische Geprägе und griechisch beeinflußte Geprägе nichtgriechischer Völker vorgestellt, außerdem das aus dem spätantiken römischen Münzwesen entstandene System der Byzantiner und der germanischen Stämme auf dem Boden des ehemaligen römischen Imperiums. Im dritten Seitenkabinett wird das europäische Münzwesen vom Mittelalter bis zum 19. Jh. anhand der verschiedenen Staaten Europas dargelegt. Das Münzwesen in Bayern ist in der Mittel- und einer Fenstervitrine besonders berücksichtigt.

5

6

5 Breisach, Dicken, 1499 – 6 Augsburg, 12 Dukaten, 1744, vom Talerstempel – 7 Fürsten von Kongudesa, vor 1090 n. Chr. – (1-3, 5, 7 vergrößert, 6 Originalgröße, 4 verkleinert)

7

37 Staatliche Sammlung Ägyptischer Kunst

Verwaltung: 2, Meiserstraße 10, Telefon 5591/486
Museum: 2, Hofgartenstraße 1, Eingang beim Obelisken, Telefon 298546
Geöffnet: Dienstag bis Sonntag 9.30-16 Uhr, Dienstag auch 19-21 Uhr
Abweichend von der Feiertagsregelung (s. S. 10) geöffnet am: 6.1., Ostermontag, Christi
Himmelfahrt, Pfingstmontag, 15.8., Buß- und Bettag, 26.12.; Faschingssonntag, -diens-
tag und 31.12. 9.30-12 Uhr geöffnet; am 24.12. ganztägig geschlossen

Leitung: Prof. Dr. Dietrich Wildung
Wissenschaftliche Mitarbeiterin: Dr. Sylvia Schoske

Träger: Freistaat Bayern
Fördererverein: Freundeskreis der Ägyptischen Sammlung München e.V.

Sammlung ägyptischer Antiken von der Vor- und Frühgeschichte über die klassischen
Epochen des Alten, Mittleren und Neuen Reichs bis zur Spätzeit, Ptolemäerzeit und
römischen Kaiserzeit einschließlich der Randgebiete Altägyptens (Koptische Kunst und
Kunst aus Meroe, Sudan)

Geschichte: Unter Ludwig I. Aufstellung von Skulpturen, u.a. aus dem Antiquarium
Albrechts V., im Ägyptischen Saal der Glyptothek; in den sechziger Jahren Zusammen-
führung aller ägyptischen Denkmäler im Besitz des Freistaats Bayern in der Staatlichen
Sammlung Ägyptischer Kunst; seit 1970-72 Neuaufstellung im Nordflügel der Residenz

Aktivitäten: Sonderausstellungen
Service in Zusammenarbeit mit dem Freundeskreis: Vortragsreihen, Museumsreisen,
Ägyptenexkursionen, Hieroglyphenkurse, Führungen

Publikationen: Katalog der Staatlichen Sammlung Ägyptischer Kunst, München 1976[2];
Fünf Jahre Neuerwerbungen der Staatlichen Sammlung Ägyptischer Kunst 1976-80,
Mainz 1980; Ägyptische Kunst, München 1984; Ausstellungskataloge

Kurzinformation

Das seit zwei Jahrzehnten konsequent ver-
folgte Sammlungs- und Präsentationskon-
zept der Staatlichen Sammlung Ägyptischer
Kunst als Kunstmuseum ist in den letzten
Jahren, gefördert von den internationalen
Wanderausstellungen, auf großes Publi-
kumsinteresse gestoßen. Als Kunstmuseum
entwickelte sich die Sammlung zu einem
Kleinod unter den ägyptischen Museen der
Welt, die in den festlichen Renaissanceräu-
men der Residenz untergebracht ist. Anhand
von künstlerisch bedeutenden Stücken wird
ein Überblick über die klassischen Kunststile
des Alten, Mittleren und vor allem des Neuen

Reiches geboten. Hier seien die Grabstatuen
und -reliefs des Alten Reichs, das Fayence-
Nilpferd, das goldverzierte Bronzekrokodil,
die Porträtbüste Amenemhets III., die Kniefigur des Senenmut, die Amarnareliefs, die
Porträts der Nachamarnazeit, der Würfelhok-
ker des Bekenchons aus der Fülle von 1200
Objekten herausgegriffen. Eine Besonderheit
der Münchner Sammlung sind die Objekte,
die neben den vor- und frühgeschichtlichen
die spätzeitlichen Epochen und Randgebiete
Ägyptens belegen, zum Beispiel der Goldschatz der Königin von Meroe im Sudan, die
ägyptisierenden Statuen aus dem römischen
Palast Kaiser Hadrians und die koptische
Kunst des frühchristlichen Ägypten.

Baugeschichte

Die Staatliche Sammlung Ägyptischer Kunst
ist im westlichen Erdgeschoß des Nordflügels der Residenz ausgestellt. Dieser Trakt
gehört zur monumentalen, vierflügeligen
Schloßanlage mit quadratischem Innenhof,
dem Kaiserhof, die Herzog Maximilian I. zwischen 1611 und 1616 im Nordwesten des Residenzareals von Hans Krumper ausführen
ließ. Vom Festsaaltrakt mit Vierschimmelsaal
und Kaisersaal im ersten Obergeschoß führt
die große Kaisertreppe ins Erdgeschoß in
den Vierschäftesaal, die heutige Eingangshalle des Museums. 1803-09 erneuerte Leo
von Klenze im Auftrag König Max I. Joseph
die Fassade im klassizistischen Stil. Der Wie-

Amulett mit zwei Vogelköpfen, Grabbeigabe,
um 3200 v. Chr., Grünschiefer

Rechts: Nefret-Jabet, die Tochter des
Pyramidenerbauers Cheops, Altes Reich,
um 2500 v. Chr., Kalkstein

deraufbau der im Zweiten Weltkrieg teilweise bis auf die Umfassungsmauern zerstörten Kaiserhoftrakte ist 1973 beendet. Das Geschoß über der ägyptischen Sammlung soll nach Beendigung der Restaurierungsarbeiten auch Staatsempfängen dienen. Die Stukkaturen der Renaissancedecken in den Ausstellungssälen – von einer italienischen Wanderwerkstatt unter Leitung des ›stuccatore‹ Castello ausgeführt – sind Originale aus der Zeit von 1612-18.

Museumsgeschichte

Die Bestände der Ägyptischen Sammlung waren ursprünglich auf drei Münchner Museen verteilt: 1. die größeren, steinernen Denkmäler, Statuen und Reliefs im Ägyptischen Saal der Glyptothek (s. S. 119), 2. die Kleinkunst, vorwiegend aus Metall und Glas, im Antiquarium (s. S. 213) der Residenz (Museum Antiker Kleinkunst) und 3. die inschriftlichen Zeugnisse, Stelen, Papyri, Särge, Mumien, Grabbeigaben in der ägyptischen Abteilung der Vereinigten Sammlungen der Bayerischen Akademie der Wissenschaften. 1935 werden die ägyptischen Objekte aus den Vereinigten Sammlungen zusammen mit Skulpturen aus der Glyptothek als Ägyptische Staatssammlung in der Residenz aufgestellt. Seit den sechziger Jahren sind alle ägyptischen Denkmäler und Funde im Besitz des Freistaats Bayern und des Wittelsbacher Ausgleichsfonds in der Staatlichen Sammlung Ägyptischer Kunst zusammengeführt und seit 1970 im westlichen Nordflügel der Residenz am Hofgarten untergebracht, die der Bayerischen Verwaltung der staatlichen Schlösser, Gärten und Seen untersteht. Seit der feierlichen Eröffnung am 28. Juni 1972 ist die Sammlung wieder allgemein zugänglich. Für die späten achtziger Jahre bestehen Neubaupläne.

Amenemhet III., Mittleres Reich, um 1850 v. Chr., Ophikalzit

Sammlungsgeschichte

Vermutlich haben sich schon im Antiquarium, dem ersten deutschen Museumsbau nördlich der Alpen, den Herzog Albrecht V. (reg. 1550-79) zwischen 1569 und 1571 innerhalb der Residenz bauen läßt, Aegyptiaca befunden: kleine altägyptische Skulpturen von Göttern, die sich mit dem Isiskult in Italien und den römisch regierten Ländern verbreitet hatten. Sie gehören neben jenen in Rom und anderen italienischen Städten zu den ältesten ägyptischen Sammelobjekten in Europa. In Rom hatte es seit der Kaiserzeit Obelisken und Bodenfunde aus dem Niltal gegeben, aber erst Napoleon Bonapartes Expeditionen zwischen 1789 und 1801 stellen die Verbindung zwischen Ägypten und Europa wieder her. Entzifferungsversuche, die 1822 dem französischen Wissenschaftler J. F. Champollion mit Hilfe der dreisprachigen Inschrift auf dem »Stein von Rosette« gelingen, wecken das Interesse der Wissenschaftlichen Akademien. In Bayern ist es König Max I. Joseph (reg. 1806-25), der die orientalischen Studien der Bayerischen Akademie der Wissenschaften und die Erwerbungen altägyptischer Antiken direkt aus dem Niltal fördert. Sein Sohn und Nachfolger Ludwig (reg. 1825-48) erwirbt als Kronprinz große ägyptische Skulpturen für die geplante Glyptothek (1816-30) und Dokumentationsobjekte für die ägyptische Abteilung der Bayerischen Akademie der Wissenschaften.

Als die französischen Revolutionsheere unter Napoleon Bonaparte 1797 Rom und große Teile Italiens besetzten, wurden u. a. auch Teile der Sammlungen Kardinal Alessandro Albanis, des Freundes und Gönners J. J. Winckelmanns, in den Louvre gebracht und dort ausgestellt. Einige Denkmäler stammten aus dem großen Isisheiligtum auf dem Campus Martius in Rom und aus Kaiser Hadrians

Villa in Tivoli. Nach Napoleons Absetzung setzt sich der Kronprinz 1814 und 1815 in Paris erfolgreich für die Rückgabe der geraubten Kunstschätze ein. Unter den verarmten Besitzern, die infolge der französischen Besatzung und ihrer Plünderungen die Kosten für den Rücktransport nach Rom nicht mehr bezahlen können, ist auch der Erbe Kardinal Albanis. Von ihm erwirbt der Kronprinz u. a. viele und bedeutende ägyptische Denkmäler für die Glyptothek – wie die Briefe von 1815 und 1816 zwischen Kronprinz Ludwig und Galerieinspektor Johann Georg von Dillis belegen.

In den folgenden Jahren gelingen Ankäufe ganzer Sammlungen. Von seinen botanischen Reisen, die ihn 1817/18 u. a. auch nach Ägypten führen, hatte der Prager *Franz Wilhelm Sieber* »Altertümer und andere Kunst- und Naturprodukte« mitgebracht, in Wien ausgestellt und vergeblich der österreichischen Regierung zum Kauf angeboten. Auf Vermittlung der Bayerischen Akademie der Wissenschaften erwirbt das bayerische Königshaus 1820 drei bemalte hölzerne Mumiensärge mit Mumien, die im Gebäude der Alten Akademie in der Neuhauser Straße 51 aufgestellt werden. In den folgenden Jahren beansprucht Pater Bernhard Stark (1767 bis 1838) in seinen Eigenschaften als außerordentliches Mitglied der Bayerischen Akademie der Wissenschaften und Konservator des Königlichen Antiquariums die Mumiensärge unter Berufung auf die ägyptischen Stücke im Antiquarium. Die Mumien bleiben zwar als Grundstock der zukünftigen ägyptischen Sammlung in der Akademie, trotzdem liefert dieser Vorgang wichtige Hinweise für die Sammlungsgeschichte. Drei Jahre verhandelten König Max I. Joseph und die Akademie mit dem königlich-bayerischen Hauptmann *Ferdinand Michel,* ehe siebzehn Objekte, Totengedenksteine aus dem Mittleren und Neuen Reich, Statuen aus der Ramessidenzeit, die er in Ägypten gesammelt hatte, 1827 erworben werden können.

1823 bietet *Bernardino Drovetti,* Teilnehmer des napoleonischen Ägyptenfeldzugs und anschließend französischer Generalkonsul in Ägypten, dem Kronprinzen ägyptische Kunstwerke an. Drovetti beschäftigte mehrere Agenten, die Ausgrabungen vornahmen und Antiken im Land erwarben. Er hatte bei den Gründungen der großen ägyptischen Sammlungen in Turin und Paris (Louvre) eine wichtige Rolle gespielt. Einer von Drovettis Agenten, der Bildhauer Jean Rifaud, erwarb 1818 in Theben den Würfelhocker des Bekenchons (Nr. 10), eines der bedeutenden Objekte des Museums, das zusammen mit Reliefs, Kanopen und Papyri aus den Sammlungen Drovettis in bayerischen Besitz gelangt.

Von dem englischen Reisenden und Antiquar *Edward Dodwell* kauft König Ludwig I. u. a. den Glaskelch mit dem Thronnamen Tuthmosis' III. (Nr. 73). Die letzte und aufregendste Erwerbung glückt König Ludwig mit nahezu der Hälfte des Goldschatzes aus der Pyramide der Königin Amani-Schaheto von Meroe im Sudan (um 25 v. Chr.) (Nr. 148). Der leitende Militärarzt in Mohamed Alis Garnisonen Sennar und Khartum, *Dr. Giuseppe Ferlini,* entdeckt 1834 den Schatz beim Abtragen der Pyramide, veröffentlicht den Ausgrabungsbericht 1837 in italienischer, 1838 in französischer Sprache und stellt den Goldschatz schließlich in London aus. König Ludwig läßt sich von den Zweifeln einiger Gelehrter an der Echtheit des Schatzes nicht beirren. Die restlichen Stücke, die die Berliner Sammlung nach 1844 ankauft, sind im Zweiten Weltkrieg weitgehend verlorengegangen, so daß die Münchner Teile noch an Seltenheitswert gewonnen haben.

Zu Anfang unseres Jahrhunderts spielt der Münchner Privatgelehrte *Friedrich Wilhelm von Bissing* als Mäzen des Museums eine große Rolle. Nach Feld- und Forschungsarbeiten in Ägypten hatte er sich als erster Ägyptologe mit ägyptischer Kunstgeschichte befaßt und bald in seinem Palais an der Georgenstraße eine Sammlung aufgebaut. Bis 1914 machte er der Glyptothek zahlreiche be-

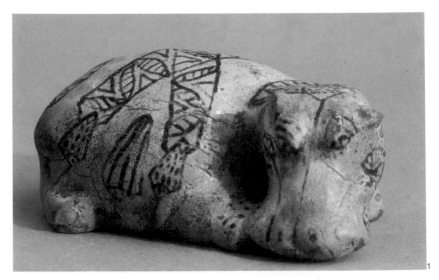

deutende Schenkungen, u.a. auch das Relief aus dem Grab des Amenemône (Nr. 76).

Nach dem Ersten Weltkrieg und zuletzt 1950 konnten weitere beträchtliche Teile seiner Sammlung aus fast allen Epochen erworben werden, z.B. der Waffenfund aus dem palästinensischen Sichem mit dem goldtauschierten Krummschwert (Nr. 47).

In den sechziger und siebziger Jahren kommen u.a. durch Schenkungen aus der Sammlung *Wilhelm Esch, Duisburg,* Wandkacheln, Bronzefiguren, koptische Steinskulpturen und Textilien, durch Erwerbungen aus dem Nachlaß *Mirko G. Roš, Zürich,* Götterbronzen und durch Vermittlung des Sammlers Ernst Kofler-Truniger koptische Beinschnitzereien ins Museum. Unter den Neuerwerbungen der späten siebziger Jahre sind so spektakuläre und kostbare Objekte wie das Kultbild eines Krokodilgottes in Niellotechnik um 1850 v.Chr., die Porträtbüste Amenemhets III., die Kniefigur des Senenmut um 1485 v.Chr., das kolossale Gesichtsfragment Amenophis IV. aus Karnak um 1362 v.Chr., der Porträtkopf des Eje, Privatsekretär Echnatons, aus dem östlichen Nildelta, um 1340 v.Chr., und ein frühchristlicher Bildfries des 4.Jh. n.Chr. Als bedeutende Dauerleihgaben, die die Bestände ergänzen, kamen in

2

den letzten Jahren u.a. die Sitzfigur der Cheopstochter Nefret-Jabet, zwei Kalksteinstatuen der 6. Dynastie, der Würfelhocker des Nesmonth und das silberne Kultbild eines Falkengottes in die Sammlung.

3

1 Nilpferd, Mittleres Reich, um 2000 v.Chr., Fayence
2 Bekenchons, Hohepriester des Gottes Amun, Neues Reich, um 1200 v.Chr., Kalkstein
3 Krokodil, Kultbild eines Gottes, Mittleres Reich, um 1850 v.Chr., Bronze mit Elektrum
4 Sargdetail mit Darstellung des Wohnhauses des Verstorbenen, Mittleres Reich, um 2000 v.Chr., Holz, bemalt

4

Vor dem Eingang im Hofgarten Obelisk der Sammlung Kardinal Albanis mit hieroglyphischer Inschrift aus der römischen Kaiserzeit, original ist nur das mittlere Teilstück von 3,20 m Länge.

VIERSCHÄFTESAAL
Assyrische Reliefs mit Darstellungen geflügelter Genien aus dem Nordwest-Palast Assurnasirpals II. (883-859 v. Chr.) in Kalach (Nimrud), hervorragendes Beispiel für die Blütezeit der »Orthostatenreliefs«; ägyptische Denkmäler des Neuen Reichs: Würfelhocker des Bekenchons, ein eindrucksvolles und bedeutendes Monumentalwerk der Sammlung, aus Theben, um 1220 v. Chr.

WESTLICHER GANG
Den Zugang flankieren Götterstatuen des falkenköpfigen Horus (um 1250 v. Chr.) und der löwenköpfigen Sachmet (um 1380 v. Chr.).

Vorgeschichte und Frühzeit bis Anfang des 3. Jt. v. Chr.:
Feuersteinwerkzeuge und -geräte aus Theben-West und Wadi Esch-Schech, Funde aus Merimde, aus Friedhöfen Oberägyptens (zweite Fensternische 12 a-c); Funde aus der älteren Naqada-Kultur um 3600-3500 v. Chr.: neben einfachen Gefäßformen zweihalsige Vasen, Doppelschalen, Amulette, Schminkpaletten (12 c-13); *Nubien* von der Frühzeit bis zum Ende des Alten Reichs: Keramik, Paletten und Tongefäße (14-16 a); Waffen aus verschiedenen Epochen (16).

Reichseinigungszeit um 3000 v. Chr., in der eine Fülle von neuen figürlichen Schöpfungen in Fayence, Elfenbein und Stein entstehen:
Eselsfigürchen (ÄS 2035), liegende Gazelle (ÄS 4200), seltenes Kelchgefäß mit besonders dünner Wandung (ÄS 5525), Statuette

einer Dame oder Göttin aus dem ältesten Tempelbezirk von Abydos in Oberägypten (ÄS 4234, 17-21); Statuenbasis mit Gefangenenköpfen (ÄS 6300, 2. Dynastie).

Altes Reich, 3.-6. Dynastie um 2660-2160

1

2

1 Horus, falkenköpfiger Himmels- und Königsgott, Neues Reich, um 1250 v. Chr., Syenit
2 Frauen opfern toten Seelen, symbolisiert durch menschenköpfige Vögel, am Teich, Neues Reich, um 1320 v. Chr., Kalkstein
3 Mut-nofret neben ihrem Sohn Neje, Neues Reich, um 1250 v. Chr., Kalkstein
4 Blaue Glasbecher, rechts mit aufgeschmolzenem Namen König Tuthmosis' III., ältestes datiertes Glasobjekt; links: mit aufgeschmolzenen Glasfäden, beide Neues Reich, um 1450 v. Chr.

v. Chr., mit Memphis als Hauptstadt, Sitz der zentralistischen Verwaltung, Residenz und religiöser Mittelpunkt:
Grabnische der Chnumit aus Sakkara, um 2300 v. Chr.; Grabstatue des Sebehnef (Leihgabe Pelizaeus-Museum Hildesheim).

RAUM I
Grabreliefs aus dem Grab des hohen Beamten Achtihotep aus Sakkara, um 2600 v. Chr. (Wandvitrine 25); Pastenreliefs aus der Grabkultkammer des Nefermaat aus Medum, um 2550 v. Chr. (Wandvitrine 27); Schreibersta-

tue des Ptahschepses mit individuellen Zügen (Leihgabe Hildesheim); Sitzstatue der Nefretlabet, Tochter des Königs Cheops, um 2550 v.Chr. (Leihgabe); Grabrelief mit Schlachtungsszene aus dem Grab des Nianch-nesut bei Sakkara, um 2300 v.Chr. (30); sog. Scheintür aus dem Grab des Meni aus Gise, um 2200 v.Chr. (31 a/b).

Mittleres Reich, 11.-13. Dynastie, 2040-1660 v.Chr. mit der Hauptstadt Theben, etwa ab 1990 Jtjawj (südlich von Memphis): Geräte, Schmuck und Relieffragmente u.a. aus dem Totentempel des Reichseinigers Mentuhotep II. um 2040 v.Chr. (ÄS 1617) (Pultvitrine in der Fensternische 36); König Mentuhotep II. mit Haremsdame aus seinem Totentempel in Deir el-Bahari, um 2040 v.Chr. (38); Würfelhocker des Nesmonth, frühestes Exemplar dieses in Ägypten beliebten Statuentyps, um 1980 v.Chr. (Leihgabe); Denksteine des Mittleren Reiches aus Abydos: u.a. Stele des Gaufürsten und Vorstehers der Priester, Upwaut-Aa, 1916 v.Chr. (Gl. WAF 35) (39-41); hervorragendes Beispiel für ein altägyptisches Kultbild: Krokodilgott in Niellotechnik, Bronze tauschiert, um 1850 v.Chr. (Vitrine 43 a); die Kupferfigur eines Mannes gehört zu den ältesten figürlichen Güssen Ägyptens, aus der Gegend von Asjût, um 2000 v.Chr. (Vitrine 43); dem besonders schönen Exemplar des liegenden Nilpferds sind Wasserpflanzen aufgemalt, um seinen Lebensbereich anzudeuten, um 2000 v.Chr. (Vitrine 44).

Neues Reich, 18.-20. Dynastie, um 1550-1080 v.Chr., nach Befreiungskriegen und Eroberungen die glanzvollste Epoche der ägyptischen Geschichte. Die eigentliche Blütezeit umfaßt die 18. Dynastie bis zur Regierung Amenophis' III. und ist mit dem Aufstieg der Stadt Theben verknüpft. Der religiöse Reformversuch Amenophis' IV. – Echnaton führte zur Residenzneugründung in Mittelägypten beim heutigen Tell el-Amarna. Aus diesen 500 Jahren zeigt die Sammlung charakteristische Beispiele fast aller Bereiche: Kniefigur des Senenmut, des Erfinders dieses neuen Figurentypus und Günstlings der Königin Hatschepsut, aus dem Tempel von Armant in Oberägypten, um 1475 v.Chr., eines der qualitätvollsten Porträts der 18. Dy-

nastie (57 a); Basaltkopf einer kolossalen Statue des Gottes Ptah, Ortsgott von Memphis und Patron der Künstler, um 1290 v.Chr. (91); Statuentorso Tuthmosis' III., aus dem Festtempel des Königs in Karnak, um 1440 v.Chr. (59); das Köpfchen König Amenophis' II. gehört zu einem Sphinx, vermutlich aus Karnak, um 1425 v.Chr. (Vitrine 61).

RAUM II
Kalzitstele des Sebeknacht mit Darstellung Amenophis' III. und seiner Gemahlin Teje, der Eltern Amenophis IV. – Echnaton; Reliefblöcke aus den Sonnentempeln König Amenophis' IV. aus der sog. Amarnazeit aus Karnak, um 1365-60 v.Chr. (66-68); Gesichtsfragment einer Kolossalstatue Amenophis' IV. aus Karnak, expressiver Frühstil der Amarnakunst, um 1360 v.Chr. (Vitrine 76 c); Porträtkopf des Eje(?), Amenophis IV. Echnatons Privatsekretär und Nachfolger, die zugehörige Statue befindet sich im Museum von Kairo, hervorragendes Beispiel für die Umbruchsituation von traditioneller zu individueller plastischer Gestaltung, aus dem Ostdelta, um 1330 v.Chr. (Vitrine 69); kostbare Auswahl opaker, vielfarbiger Fadengläser aus der Glasindustrie Thebens, u.a. Lotoskelchbecher Tuthmosis' III., um 1450 v.Chr. (ÄS 630, Wandvitrine 73); Torso einer männlichen Porträtfigur in modischer Tracht der beginnenden Restaurationszeit, vermutlich aus Theben, um 1335 v.Chr. (74); Grabwand aus dem Grab des »Vorstehers der Handwerkerschaft des Königs und Obersten der Goldschmiede Amenemône« ist auf beiden Seiten mit Reliefdarstellungen geschmückt, Beispiel verinnerlichten Ausdrucks der Nachamarnazeit, aus Sakkara, nördlich der Teti-Pyramide, um 1320 v.Chr. (76 a-b); Gebrauchskeramik und Grabbeigaben, u.a. halbzylindrisches Kästchen aus Akazienholz für Kosmetika, um 1340 v.Chr. (ÄS 473) und Konkubine (ÄS 413) (Wandvitrine 77); Fayencekachel-Fragmente mit figürlichen Reliefs und Inschriften aus der Residenz der Ramessiden im Ostdelta, Kantir, um 1300 v.Chr. (Wandvitrine 79-80); Goldschmiedearbeiten aus allen klassischen Epochen (Wandtresore 81 und 82); Kopf einer Kolossalstatue Ramses' II., um 1270 v.Chr. (83); Kopf einer königlichen Kolossalstatue aus der frühen Ramessidenzeit (84); Kleinkunst des Mittleren und Neuen

1 Erotisches Paar, römisch, 2. Jh. n. Chr., Fayence
2 Sphinx, römisch, Basalt
3 Fayence-Fliese mit eingelegten Hieroglyphen Ramses' II. aus Kalzit, Neues Reich, um 1250 v.Chr.
4 Votivgaben, Götter und heilige Tiere, Spätzeit, 1. Jt. v. Chr., Bronze

1

5 Totenmaske, römische Kaiserzeit, um 340 n. Chr., Stuck, bemalt

Reichs: Skarabäen, Amulette, Gemmen (Vitrine 86); Sandsteintorso Ramses' II. aus einem Tempel, um 1250 v. Chr., GL 89).

Spätzeit und Ptolemäerzeit, 25.-30. Dynastie und griechisch-römische Epoche, 700 v. Chr. bis Ende des 3. Jh. n. Chr.:
Den Eingang zu den Ausstellungsräumen des östlichen Traktes rahmen zwei späte Sphingen, Darstellungsformen des Königs (92, 93) und ein bemalter Holzsarg der 11. Dynastie, um 2050 v. Chr., aus Assiot.

ÖSTLICHER GANG
Kultbild eines Falkengottes aus Silber mit Elektrumtauschierung, Perserzeit, um 550 v. Chr.; Reliefs aus dem Grab des Fürsten Montemhet, des Stadtgouverneurs von Theben, Grab Nr. 34 im Assasif, um 650 v. Chr. (Wandvitrine 95 b); Porträtkopf eines Würfelhockers aus braunem Quarzit, um 650 v. Chr. (ÄS 1622).

Meroe,
Goldschmuck,
um 20 v. Chr.

RAUM III
Mumiensärge (u. a. Kindermumie mit Mumienporträt) und Kanopen (Eingeweidekrüge), 1600-100 v. Chr.

RAUM IV
Grabzubehör, Amulette, Götterstatuetten, Pektorale, Herzskarabäen, Grabausstattungen und -mobiliar, Bronzefiguren der Spätzeit; Schieferköpfchen Nektanebos' I., 380 bis 362 v. Chr. (ÄS 5550, Wandvitrine 111); Kopf einer Priesterstatue, um 300 v. Chr. (117); Glas- und Steingefäße (Vitrine 118); Fayencegefäße, Fayencefigürchen.

GANG
Büstenfragment einer Priesterstatue, aus Achmim, und Basaltkopf, 27. Dynastie der Perserherrschaft, um 500 v. Chr.; Altägyptischer Totenbuchpapyrus des Pajuheru, Gesamtlänge 8,70 m, 6.-4. Jh. v. Chr., Dauerleihgabe der Bayerischen Staatsbibliothek

(Wandvitrine 128); Hellenistisches Ägypten (Vitrine 135); Mumienporträts der römischen Zeit und Stuckmasken (Vitrine 136); Ägyptisierende Statuen aus Italien.

RAUM V
Nubien und Sudan Nubische Keramik und Grabbeigaben (Vitrine 143a); Meroitischer Goldschatz der Königin Amani-Schaheto (um 25-10 v. Chr.) aus ihrer Pyramide bei Meroe im Sudan; meroitische Inschriften.

RAUM VI
Koptische Kunst Architekturfragmente wie Kapitelle, Grabstelen u. a. aus Kom Abu Billu und Schech Abâde, z. B. die eines Isismysten mit originaler Bemalung (ÄS 4860, Vitrine 149); Koptische Stoffe; Elfenbein- und Beinschnitzereien hellenistisch-römischer–koptisch-islamischer Zeit; polychromer Bildfries mit Auferstehungsszenen, 4. Jh. n. Chr.; Sitzstatue einer Frau, 2. Jh. n. Chr., Übergang von altägyptischer zu frühchristlicher Kunst.

Relieffries, Mann mit
zwei Anchzeichen,
Hieroglyphen für
›Leben‹, koptisch,
3. Jh. n. Chr., Kalkstein,
bemalt

38 Staatliches Museum für Völkerkunde

22, Maximilianstraße 42, Telefon 22 48 44-46
Geöffnet: täglich außer Montag 9.30-16.30 Uhr
Abweichend von der Feiertagsregelung (s. S. 10) geöffnet am: 1.1., 6.1., Ostermontag, Christi Himmelfahrt, Pfingstsonntag und -montag, 17.6., 15.8., Buß- und Bettag und 26.12.; Faschingsdienstag und 31.12. nur 9.30-12 Uhr. – Ganztägig geschlossen am 24.12.

Leitung: Dr. Walter Raunig (Äthiopien, Ostafrika, Zentralasien)
Wissenschaftliche Mitarbeiter: Dr. Maria Kecskesi (stellvertretender Direktor; Afrika), Dr. Helmut Schindler (Amerika), Dr. Rose Schubert (Ozeanien und Indonesien), Dr. Claudius C. Müller (Asien); Freie Mitarbeiter: Dr. Marit Kretzschmar (Islamische Kulturen des Orients), Dr. Eva Gerhards (Amerika)

Träger: Freistaat Bayern
Förderervereine: Freundes- und Förderkreis des Staatlichen Museums für Völkerkunde e.V. und Gesellschaft für Asiatische Kunst und Kultur

Präsenzbibliothek mit rund 18 000 Bänden zur Ethnologie, Ethnographie, Linguistik, Kunst, Kunstgewerbe, Geographie, Ethnomedizin, Religion, Musikgeschichte
Benutzung: Montag bis Freitag 9.30-12, 13-15 Uhr

Sammlung aller außereuropäischen Länder; bedeutende Bestände aus Afrika, Mittel- und Südamerika, Asien mit den Schwerpunkten Süd-, Südost- und Ostasien; Ozeanien; regelmäßig Ausstellungen von Teilgebieten aus eigenem Besitz, zur Zeit Afrika, Brasiliensammlung Spix und Martius

Geschichte: Gründung des Museums 1868 durch König Ludwig II., seit 1926 im jetzigen, ursprünglich für das Bayerische Nationalmuseum (s. S. 43) erbauten Haus. Architekt Eduard Riedel, Bauzeit 1859-63, Bauherr Maximilian II. von Bayern

Zweigmuseen in Planung: Hohe Schule in Ingolstadt, Schloß Oettingen

Aktivitäten: Sonderausstellungen; Führungen, Vorträge, Film-, Musik- und Tanzveranstaltungen, Seminare, Kurse
Im Erdgeschoß des Ostflügels Wechselausstellungen des Berufsverbandes Bildender Künstler

Bücherstand im Vestibül, Cafeteria

Publikationen: Museumskataloge: ›Kunst aus dem alten Afrika‹, ›Buddhistische Kunst‹, ›Kunst des Ostens – Sammlung Emil Preetorius‹, ›Altamerikanische Kunst – Mexiko, Peru‹, ›Die Eskimo‹, ›Unter Indianern Brasiliens – Die Brasiliensammlung Spix und Martius 1817-1820‹, ›Osmanisch-türkisches Kunsthandwerk aus süddeutschen Sammlungen‹, ›400 Jahre Sammeln und Reisen der Wittelsbacher‹, ›Die islamischen Miniaturen der Sammlung Preetorius‹, ›Der Weg zum Dach der Welt‹ (behandelt u.a. die Tibet-Sammlungen Schlagintweit und Schäfer) sowie weitere Kataloge zu Sonderausstellungen

Kurzinformation

Das Staatliche Museum für Völkerkunde mit seinen rund 300 000 Objekten ist nach dem Berliner Völkerkundemuseum nicht nur das zweitgrößte Deutschlands, es ist auch unter die ältesten Institute dieser Art einzureihen. Seine Bestände stammen zum Teil aus einer Zeit, in der anderswo selten an die Erwerbung und Sammlung von ›Exotica‹ gedacht worden ist.
Das kontinuierliche Wachstum des Museums

geht Hand in Hand mit der Entdeckung außereuropäischer Kulturen. Obwohl Deutschland erst 1884/85 und nochmals 1899 relativ spät einige wenige Kolonien in Afrika und im Pazifik erwirbt, partizipiert es von der Blütezeit der Kolonialepoche des übrigen Europa und beteiligt sich nun gezielt an der ›Überführung von Originalgegenständen‹. Das Museum behält die unter den Wittelsbachern praktizierte Methode bei, nicht nur besondere Einzelstücke, sondern auch ganze Sammlungen von Forschern und Reisenden aufzukaufen. Die ersten Museumsdirektoren (Buchner, Schermann, Ubbelohde-Döring, Lommel) unternehmen außerdem gezielte Sammelexpeditionen.

So entstehen die heutigen umfangreichen Sammlungen von Kunst- und Kulturgut aus allen Teilen der Erde. Der Prozentsatz an Kunstwerken ist hoch. Das Völkerkundemuseum ist deshalb zu Recht *auch* als Kunstmuseum zu betrachten.

Neben bedeutenden Beständen aus Afrika, Mittel- und Südamerika sowie Ozeanien bilden die Sammlungen aus Süd-, Südost- und Ostasien auch umfangmäßig Schwerpunkte. Die im Hinblick auf die großen Magazinbestände zu kleinen Ausstellungsflächen zwingen das Museum, Teilbestände auszustellen und Filialmuseen zu planen.

Museumsgeschichte

Den Grundstock der außereuropäischen Sammlungen des Völkerkundemuseums bilden Ethnographica, die von bayerischen Herrschern in den sog. ›Vereinigten Sammlungen‹ im Münzgebäude zusammengetragen worden waren. Sie werden unter Ludwig I. neu geordnet. Das ehemals in der Herzog-Max-Burg befindliche *Elfenbeinkabinett*, die *Vogelbergische Sammlung* altgriechischer Terrakotten, ein Teil des Antiquariums (s. S. 213), die Gewehr- und Sattelkammer und die sogenannten indischen Altertümer kommen hinzu. Als Ausstellungsräume dienen jetzt die neuen Säle des Obergeschosses in den nördlichen Hofgartenarkaden an der Galeriestraße. Hier sind von 1783 bis 1836 auch die Gemälde der heutigen Alten Pinakothek (s. S. 12) untergebracht. 1842 wird die Brasiliensammlung der beiden Naturforscher Spix und Martius (s. S. 282) aus der Herzog-Max-Burg hierher verlegt, aber bereits 1845 wieder in die Herzog-Max-Burg zurückgebracht, um Platz für die neue ›Königliche Hausgutsammlung chinesischer Gegenstände‹ zu machen.

1868 werden die aus verschiedenen Sammlungen kommenden Kulturobjekte ferner Länder in eigenen Räumen als ›Königliche Ethnographische Sammlung im Galeriegebäude‹ allgemein zugänglich, seit 1917 unter dem Namen ›Museum für Völkerkunde‹. 1925/26 übersiedelt das Museum in das Gebäude an der Maximilianstraße 42, das Eduard Riedel zwischen 1859 und 1863 als Bayerisches Nationalmuseum (s. S. 43) errichtet und das nach dessen Auszug von 1906 bis 1925 den ersten Sammlungen des Deutschen Museums (s. S. 81) als Proviso-

rium gedient hatte. Im Krieg leidet das Gebäude schwer, vom Gesamtbestand, der nahezu vollständig ausgelagert war, geht jedoch nur wenig verloren. Nach der Instandsetzung des Hauses erfolgt die Wiedereinrichtung der Schau- und Magazinräume.

Sammlungsgeschichte

Mit der Bewunderung der goldenen Sonnenscheibe und der silbernen Mondsichel, die Albrecht Dürer 1521 in Brüssel bei ihrer Ankunft aus Mittelamerika sieht, beginnt – abgesehen von den mittelalterlichen arabisch-spanischen Beziehungen (711-1492) und den Reiseberichten Marco Polos von 1298 – die Rezeption außereuropäischer Kulturen in Europa. Was in den folgenden Jahrhunderten aus China, Amerika (Kolumbus 1492), Afrika (Diaz 1487), Indien (da Gama 1497) und Ozeanien (17. Jh.) nach Europa gelangt, wandert in die Kunst- und Wunderkammern der Fürsten, wo es nur wenigen zugänglich ist.

Der kunstbegeisterte *Albrecht V.* (reg. 1550 bis 1579) ist der erste bayerische Herzog, der zwischen 1563 und 1567 im Münzhof eine Wunderkammer einrichtet. Dank seines Hofkammerpräsidenten Hans Jakob von Fugger (gest. 1575) und dessen Verbindungen zum Augsburger Handelshaus mit seinen weltweiten Beziehungen kommen von Anfang an ethnologische Gegenstände in die Sammlung.

Die Motivation liefert der in München ansässig gewordene Niederländer Samuel von Quickelberg 1565 mit seinem Leitfaden ›Suscriptiones vel tituli Theatri amplissimi, complectentis rerum universitatis singulas materias et imagines eximias … Monachii‹ zur Errichtung eines Museums für die Produkte aller Länder und Völker. Diese universale Konzeption vor Augen, haben wir uns ein kunterbuntes Nebeneinander von präparierten Tieren, ungewöhnlichen Gerätschaften und Gefäßen, ›Götzenbildern‹, Ausgrabungsfunden, Münzen, Waffen, Kleidern und Schmuckstücken von Indianern, Arabern und Türken vorzustellen: Laut Quickelberg »eine prächtige Schaubühne der ganzen Welt«, die als »begehbare Enzyklopädie« ein Bild der gesamten Menschheit vermittelt.

Bereits 1565 nimmt Albrecht V. den eigentlichen Hausschatz der Kleinodien aus der Kunst- und Wunderkammer heraus und sichert mit dieser Trennung die eigenständige Fortentwicklung der ethnologischen Sammlung. Sein Enkel, Kurfürst *Maximilian I.* (reg. 1594-1651), läßt für die Sammlungen in der Residenz großzügige Erweiterungsbauten ausführen. Aus seiner Zeit stammt die erste Inventarliste mit 3407 Nummern, die Johann Baptist Fickler 1598 aufgestellt hat. Auf langen Tischen liegen indianische Köcher, Schuhe, Papageienschnäbel, türkische Waffen, Zelte und Gewänder aus der Kriegsbeute, lappländische Geräte dekorativ mit den europäischen Objekten zu Phantasielandschaften geordnet, wie Fickler berichtet.

Der Augsburger Philip Hainhofer schildert 1611 die Arbeit des ›Kunst Cammerers‹ und erwähnt dabei Rhinozeroshörner, mexikanische Idole, indianische Federgewänder, Elefanten. Die chinesischen Schalen (heute Residenz, s. S. 207) und japanischen Lacke zeugen von den frühen Kontakten der Wittelsbacher mit diesen Ländern, die über die jesuitischen Missionsstationen zustande kommen.

Zwischen dem Dreißigjährigen Krieg und den napoleonischen Eroberungen bleibt die Wunderkammer nicht nur ohne Zuwachs, sie wird ausgelagert und auf verschiedene Sammlungen verteilt. Was in der Residenz zurückbleibt, verschleppen die Schweden.

Unter Karl Theodor (reg. 1777-99) werden 1783 die Schatzkammern der Wittelsbacher Linien aus Düsseldorf, Mannheim, Heidelberg und Neuburg in der Residenz zusammengeführt. 1806 kommen Säkularisationsgüter hinzu.

Die sozialen Umwälzungen der Französischen Revolution, aufstrebendes Bürgertum und allgemeiner Bildungsdrang, führen im Laufe der ersten Hälfte des 19. Jh. zur Umwandlung der Wittelsbachischen Privatsammlungen in die ›Königlichen Vereinigten Sammlungen‹, die noch keinen Unterschied in der außereuropäischen oder europäischen Herkunft der Exponate machen. Sie sind in der Hofgartengalerie (dem 1780 unter Karl Theodor erbauten, ersten öffentlichen Museum Münchens) untergebracht.

Als im Zuge der Kolonialisierungen und besseren Reisemöglichkeiten immer mehr Kunst- und Kulturgegenstände nach Europa gelangen, entstehen die ersten Völkerkundemuseen, die ausschließlich der Ethnographie außereuropäischer Erdteile vorbehalten sind. In München werden 1868 die ›Ethnographischen Sammlungen im Galeriegebäude‹ eingerichtet und alles Europäische ausgesondert wie vorher in Leiden (1837) und später in Berlin (1873) und Hamburg (1879).

Mit diesen Museumsgründungen sind auch wirtschaftliche Interessen verbunden. Reisen in exotische Länder dienen nicht nur deren Erforschung und dem Sammeln, sondern bezwecken die Erschließung von Rohstoff- und Absatzmärkten, den Erwerb von Kolonien. Mitgebrachte Exotica geben Anschauungsmaterial für zukünftige Kolonialbeamte und Kaufleute ab. Sie ebnen in vielen Fällen Importen exotischer Kunst- und Gebrauchsgegenstände die Wege (China, Indien).

Die zweite Hälfte des 19. Jh. ist die Blütezeit der Kolonialimperien und der nun allgemein möglichen Rezeption ihrer Kulturgüter in den Museen. Bis zur Gründung des ethnographischen Museums 1868 und auch noch danach holen die Wittelsbacher neben bedeutenden Einzelstücken geschlossene ethnographische Sammlungen nach München, die von Forschern und Reisenden zusammengetragen worden waren (s. S. 282). Zusammen mit den schriftlichen Sammlungsberichten geben sie Auskunft über oft nicht mehr existente oder veränderte ethnische Gruppen.

Die nach der Gründung eingesetzten fachwissenschaftlich ausgebildeten Galeriedirektoren beginnen gezielte Forscher- und Sammeltätigkeiten. Unter dem ersten Direktor Moritz Wagner (1868-87) gelangen in der Regierungszeit Ludwigs II. Teile der *Sammlung Siebold* (s. S. 294) aus Japan sowie 1876 die *Indonesien-Sammlung des Chevalier de Grez* ins Museum.

Max Buchner unternimmt während seiner Direktorentätigkeit (1887-1907) Reisen in Afrika, Asien und Ozeanien (1889/90), wobei er den Beständen (einschließlich der Schenkungen aus seinem Nachlaß von 1926) 4096 Objekte zuführt, darunter japanische Großplastiken, chinesische Kultbronzen, ceylonesische Masken und rund 500 javanische Schattenspielfiguren.

Lucian Schermann (1907-36) bereist in den Jahren 1910/11 Ceylon, Indien, Assam und Burma. Aus den genannten Gebieten stellt er eine gut dokumentierte Sammlung zusammen, die er in Darjeeling mit Käufen aus Tibet und Nepal ergänzt. Unter den rund 5200 Objekten sind Dinge des täglichen Lebens wie Kleidung, Schmuck, Handwerkszeug, Akkerbaugeräte, aber auch Kultfiguren, eine Prunksänfte, Klostertore und ein kompletter Satz Marionetten aus Ceylon und Burma. Die Veröffentlichung seines Reisetagebuchs steht noch aus. 1926 leitet Schermann den Umzug des Museums für Völkerkunde in das Gebäude an der Maximilianstraße. Seine Nachfolger, Ubbelohde-Döring (1936-56) und Andreas Lommel (1957-77), erwerben für das Museum eine umfangreiche Sammlung archäologischer Objekte aus Südamerika sowie die *Sammlungen Preetorius* (japanische Holzschnitte, chinesische Keramiken und Bilder, persische Miniaturen), *Bezold* (hinduistische und buddhistische Kultfiguren aus Indien, Tibet, Nepal, Hinterindien und Java, große Schattenspielfiguren aus Thailand), *Schäfer* (Tibetica) und *Gedon* (Kultplastiken vor allem aus Indien).

Brasilien, Stamm der Juri, Federkopfschmuck

Historische Sammlungen bedeutender Forscher und Entdecker

Sammlung Cook Als England und Frankreich sich um die Herrschaft über den pazifischen Raum streiten, organisiert die britische Admiralität drei Reisen unter der Leitung von James Cook. Sie sollen der Erforschung der polynesischen Inselwelt und der Entdeckung des sagenhaften Südkontinents, der Terra Australis, dienen.

Auf seiner ersten Reise (1768-71) betreibt Cook auf Tahiti, Neuseeland und an der Ostküste Australiens umfangreiche astronomische, geografische, botanische, zoologische und völkerkundliche Studien. Die zweite Reise (1772-75) führt ihn in die Antarktis und auf viele Inseln des Pazifik. Auf der dritten Reise (1776-1784) findet er 1779 bei einer Auseinandersetzung mit den Hawaiianern den Tod.

Aus dem Nachlaß des Botanikers Sir Joseph Banks, der Cook auf seiner ersten Reise als Mäzen begleitet hat, erwirbt der Nürnberger Zoologe Johann Georg Wagler etwa hundert Objekte, die mit der Sammlung Spix und Martius und der Sammlung Krusenstern unter Ludwig I. zu den ›Transatlantischen Sammlungen‹ vereinigt werden. Diese sogenannte Cook-Sammlung umfaßt Holzskulpturen, Waffen und Zeremonialgeräte von verschiedenen polynesischen Inseln, darunter eine den Totengeist darstellende skelettartige Ahnenfigur von der Osterinsel, die Kandinsky inspiriert hat, sowie einen Federhelm und -mantel von Hawaii.

Sammlung Krusenstern Adam Johann Krusenstern leitet 1803-06 im Auftrag von Zar Alexander die erste russische Weltumseglung von Kronstadt (bei Leningrad) um Kap Hoorn (Südamerika) herum über den Pazifik zur Nordwestküste Amerikas bis zur Insel Sachalin und zu den Kurilen. Etwa 180 der auf dieser Weltumseglung gesammelten Objekte sind ein Geschenk von Krusensterns Reisebegleiter, dem Naturforscher Johann Georg von Langsdorff, an König Max I. Joseph. Sie stammen von den Polarvölkern Ostsibiriens und Westalaskas (Lederbeutel, geflochtene Taschen, Angelschnüre, Harpunen, Kleidungsstücke, Schlitten- und Bootsmodelle) und von den Inselbewohnern der Südsee (Rindenstoffe von Tahiti, Kalebassen von Hawaii, Fächer und bei zeremoniellen Wettkämpfen benutzte Stelzentritte von den Marquesas).

Sammlung Spix und Martius Im Gefolge der österreichischen Erzherzogin Leopoldine, der Braut des späteren Kaisers Dom Pedro I. von Brasilien, befinden sich auf Wunsch Max I. Joseph zwei Mitglieder der Bayerischen Akademie der Wissenschaften, der Zoologe Johann Baptist von Spix und der Botaniker Carl Friedrich Philipp von Martius. Drei Jahre lang befahren die beiden Forscher den Amazonas bis Peru und die beiden großen nördlichen Nebenflüsse Rio Japurá und Rio Negro. Sie suchen zum Teil weit auseinanderliegende, von westlicher Zivilisation unberührte Indianerstämme und erforschen ihre Lebens- und Kulturbereiche.

Zahlreiche Gebrauchsgeräte wie Angeln, Körbe, beschnitzte und bemalte Kalebassen, Blasrohre, Pfeile, Speere, Curaregift und Kultgegenstände wie Federschmuck, Masken aus Baumrinde, die die beiden Forscher nach München schicken, sind zum großen Teil die einzigen Zeugnisse von Stämmen, die inzwischen ausgestorben sind oder ihre ursprüngliche Kultur aufgegeben haben (siehe Sonderausstellung).

Sammlung Martucci Onorato Martucci, ein gebürtiger Römer, bereist als Handelsbeauftragter des ägyptischen Vizekönigs 1816-19 von Kanton aus das Landesinnere Chinas und erwirbt eine umfangreiche Sammlung.

Sammlung Lamare Picquot 1815 läßt sich der Franzose Lamare Picquot als Apotheker auf Mauritius und anschließend auf Madagaskar nieder. Bis 1830 unternimmt er mehrere Reisen durch Indien und Madagaskar. Aus Interesse für die fremden Kulturen legt er eine Sammlung einheimischer Erzeugnisse an, unter denen sich auch Gebrauchsgegenstände finden. Von Bedeutung sind indische Steinplastiken der Pāla-Zeit und des Mittelalters sowie burmesische Holzschnitzereien. Von französischen Seefahrern erwirbt er Ethnographica aus der Südsee.

Etwa hundert Seekisten seiner Sammlung gelangen in den dreißiger Jahren nach Österreich und werden 1841 auf Betreiben der Münchner Orientalisten Othmar Frank und Marcus Müller für 27 000 Gulden nach Bayern geholt. Unter den Objekten aus der Südsee sind vermutlich einige der ältesten, die sich zum Beispiel von Samoa, den Salomonen, den Gilbertinseln, von Kusae, den Australinseln, den Cookinseln, von Mangaia und Rarotonga in Europa finden lassen.

»Phelloplastische, indische, chinesische und andere Kunstwerke« aus der VIII. Abteilung der Königlichen Privatsammlungen Ludwigs I.

Diese Sammlung von rund 500 Objekten chinesischer und indischer Kleinkunst wie Schnitzereien aus Rhinozeroshorn, Elfenbein, Holz, Bambus, Birkenwurzel, Speckstein und Halbedelsteinen, dann chinesischer Fächer, Lackarbeiten und Malereien sowie indischer und indonesischer Kultgegenstände gelangt im 18. Jh. nach Europa. 1869 wird sie den Ethnographischen Sammlungen des Königlichen Hausguts zugeteilt. (Die Phelloplastik oder Korkbildnerei wurde um 1800 in Italien entwickelt, um antike Gebäude maßstabgetreu in Kork zu schneiden. Heute ist Aschaffenburg Sitz eines Korkmuseums, das auch die Korkobjekte aus München aufgenommen hat.)

Sammlung der Universität Erlangen Sie umfaßt 200 Objekte verschiedener Provenienz, vor allem aus China, die 1857 dem Bayerischen Nationalmuseum (s. S. 43) und 1868 den ›Königlichen Ethnographischen Sammlungen im Galeriegebäude‹ zugeteilt werden.

Melanesien, Admiralitätsinseln, Weibliche
Ahnenfiguren, um 1900, Holz

Sammlung des Herzogs von Leuchtenberg

Ein Großteil der Leuchtenbergschen Sammlung fällt 1858 nach Maximilian Leuchten-
bergs Tod (1852) an Bayern. Dank der ver-
wandtschaftlichen Bindungen mit Rußland
finden sich in dieser Sammlung Gegenstände der arktischen und subarktischen Völker:
Pelz-, Leder- und Darmgewänder, Holzhüte,
Hornlöffel, Holzschüsseln, Waffen, Schnee-
schuhe und -brille, Knochenschnitzereien
und Lippenpflöcke von der Beringstraße, den
Aleuten und der Nordküste Amerikas. Hier
haben sich außerdem Federschmuck aus
Brasilien, afrikanisches Plüschgewebe und
eine Häuptlingsmütze aus Raffiabast aus frühester Sammeltätigkeit erhalten.

Sammlung Xaveria Berger Xaveria Berger,
zwischen 1860 und 1863 Oberin der Englischen Fräulein aus Nymphenburg in einer
Missionsstation in Patna am Ganges, verkauft 1863 dem bayerischen Staat eine in
ausführlichem Katalog beschriebene Sammlung von 300 Objekten indischer Kleinkunst:
Elfenbeinminiaturen und -schnitzereien, Musikinstrumente, Gewebe, Gebrauchsgeräte,
Glimmerbilder und Waffen. Der Verkaufser-
lös dient dem Wiederaufbau ihrer Missionsstation, die im Sepoy-Aufstand (1857-61) zerstört worden war. Dieser Aufstand lieferte
England den Vorwand zur endgültigen Kolo-
nialisierung Indiens.

Sammlung Schlagintweit Die drei bayerischen Brüder Hermann, Adolph und Robert
Schlagintweit erhalten auf Vorschlag Alexander von Humboldts von Friedrich Wilhelm IV.
und der Ostindischen Kompanie den Auftrag, die Himalajaländer im Geiste Humboldts naturwissenschaftlich und kulturhi-
storisch zu erforschen. Von ihren Expeditionen durch Indien (ab 1854), Tibet (ab 1856)
und das damals chinesische Turkestan bringen sie 1858 etwa 1000 Objekte mit, die aus
ihrem Nachlaß an verschiedene Museen (vor
allem Berlin und München) gelangen. Von
zahlreichen ihrer Objekte lassen sie Abgüsse,
Kopien und Modelle anfertigen, darunter
Stupas, Thankas, Masken, Ackerbaugeräte
und Kultgegenstände, die in privaten und
offiziellen Sammlungen Europas weit verbreitet waren.

Sammlung Prinzessin Therese von Bayern
Therese von Bayern besitzt neben literarischen Fähigkeiten auch naturwissenschaftliche, geographische und fremdsprachliche
Kenntnisse sowie Reiseerfahrungen aus Europa und dem Vorderen Orient, als sie Amerika bereist. Während dreier Reisen durch
Nord- und Südamerika (1888, 1893 und 1898)
betreibt sie universale Forschungen auf bo-
tanischem, zoologischem, archäologischem
und völkerkundlichem Gebiet, die sich in
Spezialpublikationen und vor allem in den
beiden vorurteilsfreien Büchern ›Meine Reisen in den brasilianischen Tropen‹ (1897)
und ›Reisestudien aus dem westlichen Südamerika‹ (1908, zwei Bände) niederschlagen.
Neben ihrer eigenen indianischen Privatsammlung von über 2000 Objekten vermittelt sie dem Völkerkundemuseum die altpe-
ruanische *Sammlung Dr. Gaffron*.
In diesen Zeitraum fällt auch die Übernahme
der *Sammlung des Jesuitenpaters Orban*
(1655-1732) durch das Bayerische Nationalmuseum (s. S. 43), das die außereuropäischen Bestände (rund 200 Objekte), vor allem aus der Türkei, aus Japan und aus China
(Kleinkunst wie Lacke, Porzellane, Beinschnitzereien), an das Völkerkundemuseum
weitergibt.

**Sammlung Kronprinz Rupprecht von Bay-
ern** Rupprecht von Bayern bleibt nach dem
Ende der Herrschaft der Wittelsbacher in
Bayern 1918 designierter Thronanwärter.
Als belesener Kenner auch außereuropäischer Kulturen unternimmt er zahlreiche Bil-
dungsreisen: 1896 nach Ägypten, Jerusalem
und Griechenland auf den Spuren Herzog
Maximilians in Bayern, 1898 nach Indien,
1902/03 über Indien, Südostasien, China, Japan nach Amerika. Zum allgemein politi-
schen Interesse (Kolonialverwaltung Eng-
lands, Militärorganisation Chinas und Ja-
pans) zeigt er eine auffallende Vorliebe für
Kultur- und Alltagsleben der bereisten
Länder.
Durch Stiftung und Kauf besitzt das Museum
Prunkstücke aus seiner Sammlung wie javanische Krise, chinesische Bronzespiegel und
eine Galauniform des chinesischen Generals
Yüan Shih-k'ai. Außerdem vermittelt er dem
Museum 1913 große Bestände orientalischer
Waffen aus der königlichen Gewehrkammer
der Residenz.

1

2

Sammlungsbestände

Die Gesamtbestände des Völkerkundemuseums aus Afrika, Amerika, Asien und Ozeanien sind nur bruchteilartig in Katalogen erfaßt und können aus räumlichen Gründen niemals gleichzeitig ausgestellt werden. Deshalb wird hier erstmals der Versuch unternommen – nach kurzen Einführungen zu einigen Kontinenten –, Einblicke in die Magazinbestände zu geben. Die Aufzählung der Sammelobjekte erfolgt nach den Kontinenten und ihren jeweiligen Ländern. Auf die bereits beschriebenen historischen Sammlungen wird mit Seitenzahlen verwiesen. Da die Arbeitskapazitäten der wenigen Konservatoren kaum für die Arbeit in den Magazinen ausreicht, macht das Museum ausdrücklich darauf aufmerksam, daß es nur im Falle projektgebundener oder wissenschaftlicher Anfragen den Zugang zu den Schätzen in den Depots ermöglichen kann.

AFRIKA

Einführung In der **Dauerausstellung** sind die an Kunstwerken reichsten Stilprovinzen der traditionellen plastischen Kunst West- und Zentralafrikas vertreten. Es handelt sich um die wichtigsten afrikanischen Kunstobjekte des Museums. Ein Teil stammt aus den alten Königreichen mit differenzierten sozialen Schichten und zentralisierter politischer Organisation, der andere Teil von Stämmen, die in Clanverbänden leben und vom Ältestenrat gelenkt werden. Denken, Glauben und Kunstschaffen der Afrikaner sind in einem System von komplexen magisch-religiösen Vorstellungen verankert. Jede Volksgruppe hat eigene Mythen und Riten entwickelt, die in ihren Schnitzwerken Gestalt annehmen. Profane Kunst ist hauptsächlich an den Königshöfen gepflegt worden. Mit der Entstehung eines Hofbeamtentums entwik-

kelt sich in der Oberschicht ein Gefühl für Repräsentation. Schmuckgegenstände werden nicht zuletzt auch aus Prestigegründen angefertigt. Die ältesten Objekte des Museums aus Stein, Bronze und Elfenbein datieren zum Teil aus dem 16. und 17. Jh. Die Holzschnitzereien stammen vorwiegend aus dem 19. und frühen 20. Jh. Tropische Feuchtigkeit und Termiten haben in Afrika die Lebensdauer des Holzes schon immer begrenzt. Da sich die Schnitzer Generationen hindurch an traditionelle Formen gehalten haben, darf oft selbst ein relativ junges Stück als Repräsentant eines viel älteren Typus gelten.

Westafrika Die Ausstellung beginnt mit der Westsudanzone. Von den verschiedenen Stämmen, die hier leben, sind die *Dogon* mit Stützpfeiler (erworben 1973) und Reiterfigur (erworben 1982), die *Bambara* mit Türschlössern (Sammlung Frobenius 1914), die *Senufo* mit Wahrsagebronzen und einer männlichen Figur vertreten. Masken der Bambara (Sammlung Kjersmeier), *Kurumba* und *Bwa* vervollständigen den Eindruck dieser Stilprovinz.

Von der Guineaküste stammen die afroportugiesischen Elfenbeinschnitzereien aus dem 16. Jh.: ein Blashorn mit dem Kopf eines Krokodils aus der Sammlung Orban (s. S. 283), ein durchbrochen gearbeiteter Pokalfuß und zwei Löffel. Vermutlich ist eine Tierfigur aus Speckstein von den *Kissi* aus Sierra Leone ebenso alt. Masken der *Dan*, *Guro* und *Baule* sind mit charakteristischen Beispielen vertreten. Drei der neun Baule-Figuren sind qualitativ hervorragend (Sammlungen Himmelheber 1933 und Heinrich 1939). Zwei auffallend große Holzfiguren von Kolonialoffizieren (140 und 149 cm hoch) sind wahrscheinlich Auftragsarbeiten (erworben 1959). Meisterwerke der Kleinplastik sind einige Rollenzüge (Bestandteile der Webstühle) der Guro und Baule (Sammlungen Himmelheber 1933

1 Afrika, Elfenbeinküste, Tusjan, Turka, Anhänger, Gelbguß
2 Afrika, Kamerun, Banjang, lederüberzogener Kopfaufsatz
3 Afrika, Königreich Benin, Edo, Krieger, 18.Jh., Gelbgußrelief
4 Afrika, Elfenbeinküste, Baule, Maskenanhänger, Goldlegierung
5 Afrika, Zaire, Yombe, Magische Figur (Detail) 19.Jh., Holz, Federn, Leder
6 Afrika, Südkamerun, Fang, Sitzende Wächterfigur, 19.Jh., Holz
7 Südafrika, Lederpuppen der Zulu, 19.Jh.

Äthiopien, Dorf-, Ackerbau- und Jagdszenen, um 1900, Öl auf Leinwand

und Heinrich 1939). Die Kunst der *Aschanti* wird durch 43 Goldgewichte repräsentiert. Von der Kunstfertigkeit der *Yoruba*-Schnitzer aus Benin (dem ehemaligen Dahomey) zeugen unter anderem figurierte Zepterstäbe (Sammlungen Schubert 1889 und Zimmerer 1889), eine Orakelszene mit Priester und zwei Helferinnen sowie die kleine kniende Figur einer Schango-Priesterin (Sammlung Ratton 1928). Einige Werke stammen von namentlich bekannten Yoruba-Künstlern aus Nigeria: Agunna schnitzte den Palastpfosten (Sammlung Rosen 1972), Areogun die große Epa-Maske mit der Darstellung eines Yoruba-Königs und seines Gefolges (erworben 1975) und Agbonbiofe oder seine Schule die Epa-Maske mit einer einzelnen Königsfigur (erworben 1959). Weiter sind einige Darstellungen des Götterboten Eschu sowie von Zwillingen (ibedji) zu sehen, ferner Orakeldosen und -bretter, eiserne Zeremonialstäbe und eine Perlenkrone. Einige alte, allerdings nie im Kult verwendete, mit bunten Ölfarben bemalte Masken hat Schran 1888 in Lagos erworben.

Einen Schwerpunkt bilden die bronzenen und elfenbeinernen Kunstwerke aus dem alten *Königreich Benin* in Nigeria, die mit einer Ausnahme alle ins 18. und 19.Jh. zu datieren sind. Alle 35 Objekte sind 1899 von Webster auf der Auktion in London aus der Sammlung Kapitän Maschmann (1898) erworben worden oder aus dem Berliner Museum für Völkerkunde nach München gelangt. Unter den Benin-Großplastiken aus Metall befinden sich vier Köpfe für den Ahnenkult, drei Reliefplatten, eine Figurengruppe und ein vollplastischer Hahn. Besonders wertvoll ist

die als Aquamanile benützte Leopardenbronze aus dem 17.Jh., ehemals im Besitz Kaiser Wilhelms II.

Wie andere deutsche Museen ist das Münchner Völkerkundemuseum reich an lederbezogenen Kopfaufsatzmasken der *Ekoi (Ejagham)* und ihrer Nachbarstämme (Sammlungen von Stetten 1894, Berké 1905 und Hintz 1917), unter ihnen eine große janusgesichtige Helmmaske (Sammlung Stefenelli 1903). Aus den kleinen Königreichen des Graslandes stammen die bedeutendsten Stücke Kameruns: überlebensgroße Masken der *Aghem* mit Menschen- oder Tiergesichtern (Sammlungen Berké 1905 und Mack 1914), große Holzfiguren der *Bangwa* wie die Ahnenfigur eines Herrschers, ein Palastpfosten (Sammlung Berké 1905), ferner eine Reihe figural verzierter Pfeifenköpfe (unter anderen Sammlung Hutter 1893). Eine wichtige Neuerwerbung aus dem Jahre 1979 ist die lebensgroße expressive Statue einer schwangeren Frau von den *Bamileke* (Sammlung Rayfield). Fünf detailliert ausgearbeitete Wächter der Ahnenschädel besitzt das Museum von den *Fang* aus Südkamerun und Gabun (unter anderen Sammlung Rippel 1900). Unter den weiß bemalten Fang-Masken (Sammlungen Ritter 1914 und Guillaume 1928) zeichnet sich eine durch ihre Abstraktion besonders aus.

Zentralafrika Aus dem Gebiet der heutigen Volksrepublik Kongo und Zaire zeigt das Museum eine große Gruppe von Menschen- und Tierfiguren für magische Praktiken (Sammlung Friedl Martin 1893), darunter einen doppelköpfigen Nagelfetisch in Gestalt eines Hundes (erworben 1957). Die Reihe ornamentierter Dosen, Becher und anderer Gebrauchsgegenstände der *Kuba* in Zaire hat Frobenius 1915 und 1918 dem Museum gestiftet. Einige künstlerisch beachtenswerte Kleinfiguren stammen von den *Bembe* (Sammlung Guillaume 1928) und *Bena-Lulua* (Sammlung Frobenius 1915). Verhältnismäßig umfangreich werden die *Luba* aus Zaire dokumentiert. Freistehende Figuren – sehr oft Frauen – tragen Stühle oder Schalen, bekrönen Häuptlingsstäbe oder dienen als Griffe von Fliegenwedeln (Sammlungen Gravenreuth 1891, Deininger 1905 und 1913, Arenth 1909 und Michell 1911).

Ostafrika Aus Ostafrika sind in erster Linie Masken, vor allem von den *Makonde* (Sammlung Küsters 1928) und Gebrauchsgegenstände aus Tansania zu sehen.

Südafrika Die ledernen Trachtenpuppen, ein *Zulu*-Paar aus Südafrika, hat der französische Naturforscher Lamare Piquot (s. S. 282) um 1820 gesammelt.

Magazinbestände Die Provenienz der ältesten afrikanischen Sammlungsobjekte reicht bis in die Kunstkammer zurück, die im 16. Jh. in der Residenz eingerichtet worden war. Diese erste, meist vom Zufall geleitete Sammeltätigkeit der Wittelsbacher wird Anfang des 19. Jh. besonders von Max I. Joseph und Ludwig I. intensiviert. Beide Könige erwerben Einzelobjekte und ganze Sammlungen, so zum Beispiel 1841 die Sammlung Lamare Piquot (s. S. 282). Seit der Gründung des Museums 1868 haben unter anderen folgende Forscher, Reisende und Kolonialbeamte die Afrikaabteilung mit größeren afrikanischen Sammlungen bereichert: Pater Zöhrer (Tuareg-Sammlung aus Algerien), Prinzessin Therese von Bayern (s. S. 283) (Sammlungen aus Nord- und Ostafrika), Graf Zech (Togo), Leo Frobenius (Yoruba-Sammlung aus Nigeria, Kuba-Sammlung aus Zaire), Max Buchner (Duala-Sammlung aus Kamerun), Pater Schebesta (Pygmäen-Sammlung aus Zaire), Friedl Martin (Zaire), Pater Küsters (Rowuma-Sammlung aus Tansania) und Schulze-Jena (Buschmänner und Hottentotten aus der Republik Südafrika).
Die Afrikaabteilung umfaßt heute etwa 25 000 Inventarnummern. Der größte Teil besteht aus Objekten der materiellen Kultur (Hausrat, Geräten für Jagd, Bodenbau, Viehzucht und Fischfang, Waffen, Musikinstrumenten, Trachten, Schmuck). Etwa ein Zehntel der Afrikabestände ist von hohem künstlerischen Wert: Plastiken und mit Figuren versehene Gebrauchsgegenstände. Die meisten künstlerischen Objekte stammen aus West- und Zentralafrika. Nordafrika ist im Museum – abgesehen von Zeugnissen des islamischen Kulturbereichs – lediglich mit einer umfangreichen Tuareg-Sammlung dekorativer Leder- und Metallarbeiten vertreten. Die religiöse Kunst Äthiopiens dokumentieren Vortrags-, Hand- und Hängekreuze, Ikonen, Leinwandbilder und moderne Hautmalereien.

Mexiko, Veracruz-Stil, Menschlicher Kopf mit Hasenscharte, Hacha-Typus, Steinskulptur

AMERIKA

Einführung Ein Überblick über die verschiedenen Gebiete des Doppelkontinents und seine Epochen zeigt eine große Vielfalt von Kulturen, die sich auch in den umfangreichen Sammlungen widerspiegelt. In ihren materiellen Hinterlassenschaften vertreten sind die andinen und mesoamerikanischen Hochkulturen, die mit der spanischen Konquista des 16. Jh. vernichtet wurden, sowie zahlreiche »rezente« Kulturen, von den Eskimos bis zu den Feuerländern, von denen einige bis heute überleben konnten, andere in den letzten Jahrhunderten ausgerottet wurden. Ebenfalls vorhanden sind volkskundliche Sammlungen aus Peru, Bolivien, Mexiko und Guatemala.
Sammlungsschwerpunkte liegen bei der archäologischen Abteilung auf dem peruanischen Raum, bei der ethnographischen auf dem Großraum Amazonien und dem südlich daran anschließenden Gran Chaco.
Die Amerikasammlungen wurden zum überwiegenden Teil in den vergangenen 200 Jahren vom Museum bzw. dem Hause Wittelsbach erworben. In einer Ausstellung ist derzeit nur die aus den 20er Jahren des 19. Jh. stammende Spix- und Martius-Sammlung zu sehen.

**Magazinbestände
Archäologische Sammlungen
Nordamerika**

Neben einigen wenigen prähistorischen Keramiken sind vor allem steinerne Waffenspitzen und Steinwerkzeuge aus Wisconsin, Kentucky und Indiana vorhanden.

Meso- und Zentralamerika

Die Sammlungen aus diesem Raum sind im Vergleich zu den peruanischen sehr viel weniger umfangreich, enthalten jedoch wertvolle Keramiken und Steinplastiken überwiegend zeremoniellen Charakters von den Golfküstenkulturen, aus NW- und W-Mexiko, von der Mixteca-Puebla-Kultur, aus dem Hochtal von Mexiko sowie dem Maya-Gebiet. Aus Zentralamerika ist vor allem die Costa Rica-Sammlung, die neben zahlreichen Keramiken auch Gold- und Kupferobjekte enthält, zu erwähnen.

Peru Der ehemalige Museumsdirektor Ubbelohde-Doering konnte in Peru selbst Ausgrabungen durchführen, so daß aus dem Nazca-, Mochica- und Huari-Horizont nicht nur Einzelstücke, sondern auch vollständige Grabinhalte vorhanden sind, also neben Keramiken, Schmuck und Geweben auch Skelettmaterial. In der Sammlung Mayrock mit insgesamt 280 Objekten sind neben Keramiken, Geweben und Federarbeiten Objekte aus Metall, Stein, Holz und Knochen aus dem Kulturhorizont Chimú erhalten. Dazu gesellen sich Funde aus den Kulturhorizonten Chavín, Paracas, Nievería, Nazca, Huari-Tiahuanaco, Ica und Inka, von denen vor allem die zahlreichen Nazca-Keramiken und prächtigen Gewebe von außerordentlicher Schönheit erwähnenswert sind. Aus dem ehemaligen Einflußbereich der Inka besitzt das Museum auch Goldobjekte, ebenso aus Panama und Kolumbien.

Südanden Außer Tonschalen, deren zarter Dekor durch schlichte Eleganz besticht, gibt es Geräte aus Bronze (Angelhaken, Beile, Spiegelscheiben) und Stein (Pfeil- und Speerspitzen).

Ethnographische Sammlungen:

Nordamerika Nordamerika wird traditionell in neun Kulturareale eingeteilt: 1. *Arktis*, 2. *Subarktis*, 3. *nordöstliches Waldland*, 4. *süd-* *östliches Waldland*, 5. *Plains* und *Prärien*, 6. *Nordwestküste*, 7. *Großes Becken*, 8. *Kalifornien* und 9. *Südwesten (Puebloindianer)*. Aus allen kursiv gesetzten Arealen befinden sich Gegenstände im Völkerkundemuseum. Hier werden nur die umfangreichsten Sammlungen kurz umrissen.

Arktis Die meisten Objekte der Arktis-Sammlung stammen von den West-Eskimo aus Alaska und von den Aleuten. Die sogenannte Krusenstern-Sammlung (s. S. 282) ist eine Schenkung an König Max I. Joseph. Weitere Objekte werden in der Mitte des vorigen Jh. mit der Leuchtenberg-Sammlung (s. S. 283) erworben. Beide Sammlungen können in diesem Jahrhundert ergänzt werden. Das grönländische Kajak, das 1577 nach Europa gelangt, ist das älteste Eskimo-Objekt. Das Kulturareal der Eskimo ist außerdem mit folgenden Gebrauchsgegenständen dokumentiert: Jagdgeräte wie Pfeil und Bogen, Speere, Speerschleudern, Schwimmer, ferner Kleidung und Schmuck aus Otterfellen, wasserdichte Mäntel aus Fischhaut, dazu Haushaltgeräte wie Tranlampen, Taschen, Körbe, Handwerkszeug, Kultgegenstände wie Masken und Rasseln, Modelle von Kajaks, Häusern und Hundeschlitten.

Plains und Prärien Neben wertvollen Einzelstücken wie einem Lederhemd von etwa 1820 und einer bemalten Büffelrobe sind zahlreiche Bekleidungsstücke, Kriegshemden, Leggings, Mokassins etc. zu nennen, z.T. bemalt oder mit Stachelschweinborsten bestickt, zumeist aber mit Perlen verziert; dazu Federhauben, ›Raupen‹ und anderer Kopfschmuck. Waffen, Keulen, Streitäxte, Pfeil, Bogen und Schilde sind ebenso vertreten wie Werkzeuge zur Fellbearbeitung oder Ritualobjekte wie Medizinbündel, Tabakspfeifen, Amulette etc. Erwähnenswert sind auch ein etwa 5 m hohes bemaltes Tipi (Stangenzelt) und eine Buntstiftzeichnung auf einer breiten Leinwand, die kriegerische Ereignisse schildert.

1 Costa Rica, Quepe- und Coto-Kultur, Mann mit Jaguarrachen, Goldschmuck
2 Ostecuador, Jivaro-Stamm oder benachbarte Ethnie, Mantel, Rindenbast mit Vogelbälgen, Federn, Tukanschnäbeln, Muscheln, Fruchtperlen und Käferflügeldecken
3 Südperu, Nazca-Kultur, Gewebe (Detail)
4 Nordperu, Moche-Kultur, Gefäß in Gestalt eines Hockenden, Ton
5 Brasilien, Stamm der Mundurucú, Kopftrophäe

2

3

4

5

Staat New York, Stamm der Seneca,
Maisstrohmaske

Nordwestküste

Hier sind Holzschnitzarbeiten, vor allem Masken und Schamanenrasseln, Steinschnitzarbeiten aus weichem schwarzglänzenden Argillit, Flechtarbeiten wie Hüte und Körbe, Geräte für den Fischfang, dazu große Angelhaken, überdies Kupferplatten mit geldähnlichem Charakter sowie die berühmten Chilkat-Decken hervorzuheben. Die Sammlung ist größtenteils im vorigen Jh. zusammengetragen worden, einzelne Stücke stammen aus dem späten 18. Jh.

Mexiko und Guatemala

Mexiko ist neben Objekten der Volkskunst mit der kürzlich erworbenen Huichol-Sammlung gut vertreten. Aus Guatemala ist eine Maskensammlung zu erwähnen.

Südamerika

Außerandines Südamerika, Amazonisches Waldland Den Grundstock bildet die Sammlung Spix und Martius (s. S. 282), von der noch 319 Inventarnummern fast ausschließlich aus dem Waldland erhalten sind. Die beiden Forscher erwarben neben Gebrauchsge-

räten – wie etwa Feuerbohrer oder Wiege mit Vorrichtung zur Kopfdeformierung – vor allem Objekte des rituellen Bereichs. Daher die große Zahl an Masken mit Tier- und Dämonendarstellungen (zumeist aus Rohrgeflecht, mit Baststoff überzogen und bemalt) und Federschmuck (s. **Dauerausstellung**).

Nordwestamazonien Aus dem Nordwesten brachte Theodor Koch-Grünberg Anfang des Jahrhunderts Rindenstoffmasken der Cubeo mit, die kürzlich durch Karihonamasken ergänzt werden konnten. Die Sammlung Lothar Petersen erfaßt die Stämme der Uitoto und Bora sowie der Ost-Tukano mit Schmuckstücken und Haushaltgeräten.

Montaña Aus dem Gebiet Montaña am östlichen Andenabhang ist vor allem die Jivaro-Sammlung zu nennen, die neben Feder- und Bastarbeiten auch Schrumpfköpfe aufweist. Von den Rio-Napo-Stämmen finden sich Gewebe und Keramiktöpfe, von den Yurare Kleider aus Baststoff.

Zentralbrasilien Sowohl die Kultur der Xingú-Stämme wie auch der Mundurucú und Carajá ist wenig dokumentiert. Dagegen ist die Kultur der Tapirapé mit rund 150 Objekten sehr gut belegt, die 1963 aus der Sammlung Malkin erworben werden konnten. Außer Federschmuck, Masken, Kultfiguren finden sich Holzgeräte und Kalebassen, Flechtarbeiten aus Stroh, dazu Körbe, Siebe und Jagdwaffen.

Gran Chaco Die Gran-Chaco-Sammlung umfaßt mehr als 1000 Objekte. Einen Teil verkaufte der Sprachforscher Frič an Prinzessin Therese von Bayern, einen anderen Teil brachte der Zoologe Hans Krieg von seinen Reisen mit. Die Sammlungen, vorwiegend aus der Zeit zwischen 1890 und 1930, zeichnen sich durch Vollständigkeit aus: Fast alle Gebiete der materiellen Kultur sind abgedeckt. Vergleichbar vollständig ist nur die Tapirapé-Sammlung. In der Gran-Chaco-Sammlung finden sich Schmuck für Kopf, Arme und Beine aus Baumwolle, Federn, Muschelscheiben, dazu Gürtel, Binden und Decken aus Schafwolle, aus Pflanzenfasern geflochtene Beutel und Matten, Keramik und Kalebassengefäße, Löffel aus Ziegenhorn, Jagdwaffen, Bekleidung zum Teil aus Leder wie Sandalen, Gürtel und Armbänder.

Nordamerika, Nordwestküste, Stamm der Haida, Rabenrassel

Persien, Umar Shaikh führt einen Überraschungsangriff auf das Lager der Kiptschaken (Ausschnitt), datiert 1546, Gouache

Rechts unten: Persien, Vase, Inschrift in Kufi: ›Gott ist Bürgschaft‹, 13. Jh., Keramik

ASIEN

Islam

Einführung in die islamischen Kulturen des Orients Der Begriff ›Islamische Kunst‹ beschränkt sich (abgesehen von der Architektur) im allgemeinen auf die Kleinkunst in den islamischen Kerngebieten: im Nahen und Mittleren Osten bis nach Indien hinein, in Nordafrika und im Osmanischen Reich. Die Vorliebe für ornamentale und kalligraphische Verzierungen an Geräten und Handschriften hängt mit der – nicht in jeder Epoche in Erscheinung tretenden – Scheu vor figürlichen Darstellungen zusammen: Nicht im Koran, sondern im Hadith (überlieferte Aussprüche und Handlungen Mohammeds) findet sich ein ausdrückliches Bildverbot. Aber Künstler und auftraggebende Herrscher haben es nicht immer befolgt. Für manche Epochen sind Darstellungen von Menschen und Tieren geradezu typisch. Bevorzugte Techniken des islamischen Kulturkreises sind Malerei in Lüsterfarben auf Keramik und Glas, Emailmalerei auf Glas und Tauschieren. Die Einteilung der islamischen Kunst nach den großen Dynastien ist insofern berechtigt, als die Herrscherhäuser einen entscheidenden Einfluß auf die Kunst ausgeübt haben.

Magazinbestände der islamischen Kulturen des Orients Von Anfang an hat das Völkerkundemuseum auch kontinuierlich Gegenstände der Kleinkunst aus den Ländern islamischer Kultur, besonders aus dem Vorderen Orient und aus dem Osmanischen Reich, aus Mittelasien und dem islamischen Indien sowie Ägypten und Nordafrika gesammelt.

Unter den *Metallarbeiten* finden sich Gefäße, Räuchergeräte, Moscheelampen, Tabletts, Spiegel, die zu einem großen Teil aus dem spätzeitlichen Persien datieren. Zu den Prunkstücken zählt eine große, mit Silbereinlegearbeit verzierte seldschukische Messingschale, die laut Inschrift im Auftrag des Herrschers von Mossul, Badr ad-Dîn Lu'lu', angefertigt worden und daher in die Zeit zwischen 1218 und 1259 n. Chr. datierbar ist. Bemerkenswert ist ein Aquamanile aus Bronze in Gestalt eines Hirsches aus dem fatimidischen Ägypten (11. Jh. n. Chr.) aus der Sammlung Ludwigs I.

Die Bestände an islamischer *Keramik* reichen von frühislamischer Zeit bis ins 19. Jh. Unter den vielen Gefäßen, Wandfliesen und Plastiken sind einige Stücke von großem Sammlerwert, zum Beispiel die grünglasierte Figur eines Lautenspielers aus dem Irak (10. Jh.), eine türkisblau glasierte Vase mit Inschriftendekor in Champlevé-Technik aus dem seldschukischen Persien des 13. Jh. sowie eine Gruppe von safawidischen Fliesen, die in letzter Zeit datiert und bestimmt werden konnten. Sie stammen von einem 1622 vollendeten Mausoleum bei Maschhad in der ostiranischen Provinz Chorasan.

Das Gebiet der *Miniaturmalerei* vertreten persische und indische Buch- und Einzelminiaturen aus mehreren Jahrhunderten, türkische Bildkalligraphien des 18. Jh. und kadscharische Lackmalereien auf Buchdeckeln und Kästchen. Ein kalligraphisches Prunk-

stück ist eine osmanische Staatsurkunde in Diwani- und Siyakat-Schrift mit dem goldenen Namenszug, der ›Tughra‹, des Sultans Mehmet III. (1595-1603).

Kunsthandwerkliche Objekte aus *Holz* sind durch mamelukische Gitterfenster, persische und türkische Koranständer (auch mit Intarsien) sowie kadscharische Modeln vertreten.

Der Schwerpunkt der *Glas*sammlung stammt aus dem mittelalterlichen und spätzeitlichen Persien.

Die *Münzen* sind in erster Linie osmanischer Prägung, der *Schmuck* ist zum großen Teil aus Westturkestan.

An *Textilien* finden sich Teppiche, Gewänder, Schuhe, Stickereien, Decken, Wandbehänge, Brokate, Pferdedecken und -gurte, Satteldecken, Zelttaschen, Kamelschmuck aus der Türkei, aus Persien, Indien, Turkmenistan, Afghanistan und dem Kaukasus. Zu den kostbaren Stücken muß zum Beispiel das Fragment eines wollenen Knüpfteppichs mit ›Tschintamani‹-Muster aus Kairo (17. Jh.) gerechnet werden.

Die Sammlung orientalischer *Waffen* ist außerordentlich umfangreich und vielfältig. Sie enthält seltene und wertvolle Exemplare. Es finden sich unter anderem Säbel, Jatagane, Streitäxte und -hämmer, Wurfspieße, Armbrüste, Schilde, Gewehre, Pulverhörner und Zündkrautflaschen, Rüstungsteile. Die größten Bestände kommen aus dem Iran, dem Osmanischen Reich und dem Kaukasus, nicht zu vergessen die hundert prächtigen Waffen aus dem moghulischen Indien. Die türkischen Waffen stammen zum Teil aus der berühmten ›Türkenbeute‹ Kurfürst Max Emanuels. Ungefähr 150 Stück befinden sich zur Zeit leihweise im Bayerischen Armeemuseum in Ingolstadt.

Vorislamische Kulturen des Orients (Magazinbestände) 1931 und 1935 gelangen an die hundert sog. ›Luristan-Bronzen‹ aus dem Kunsthandel ins Museum. Diese Bronzegeräte – Waffen, Pferdegeschirr, Wetzsteine, Nadeln, Anhänger, Ohrringe, Armreifen, Standartenaufsätze, Statuetten, Gefäße – entstammen den verschiedenen Epochen (Früh-, Mittel-, Jung- und Spätluristan) und datieren vom 3. bis ins 1. Jt. v. Chr. Daneben besitzt das Museum einige vorislamische Keramikgefäße aus dem Iran, die im 3. (Tepe Giyan III), im 1. Jt. v. Chr. und in parthischsassanidischer Zeit (3.-5. Jh. n. Chr.) entstanden sind. Aus dem 3. Jt. v. Chr. ist das iranische Rollsiegel aus Serpentin, mehrere halbkugelige Gemmensiegel sind aus der Sassaniden-Zeit (226-641 n. Chr.).

Auch aus Nordasien besitzt das Museum eine Reihe von Sammlungen, darunter von den Tschuktschen (Sammlung Wolf: Gebrauchsgegenstände, Kleidung) und den Samojeden.

OSTASIEN

Einführung Ostasien Während der Buddhismus aus seiner indischen Heimat, aus Afghanistan und Ostturkestan praktisch völlig verdrängt worden ist, prägt er in den Himalajaländern, in Tibet, Südost- und Ostasien nach wie vor das Leben der Völker in hohem und z. T. höchstem Maße. Dies wird freilich auch in der Kunst dieser Regionen überdeutlich sichtbar.

China (Magazinbestände) Chinesische Kunst- und Gebrauchsgegenstände gelangen zuerst mit dem königlichen Hausgut in der Mitte des vorigen Jahrhunderts ins Museum. Der Hauptanteil stammt aus der Sammlung Martucci (s. S. 282) mit Bronzen jüngeren Datums, einer großen Reihe kleiner Figuren aus Halbedelsteinen, Rhinozerosbechern und Schnitzereien aus Holz und Bambus. Späte chinesische Kleinkunst bewahrt die sogenannte ›VIII. Abteilung der Königli-

Links: China, Ahnenfiguren, Wei-Zeit, 4./5. Jh. n. Chr., Ton

Rechts: China, Drache, Firstaufsatz, 17. Jh., Keramik

Oben: China, Vase in Hu-Form, Wanli-Periode, um 1590, Cloisonné auf Bronze

Links: China, Rituelle Galauniform eines Offiziers, Ende 19. Jh.

chen Privatsammlungen‹ (s. S. 282), die 1869 dem Hausgut zugeschlagen worden ist. Zwei andere alte asiatische Sammlungen müssen hier noch erwähnt werden: die Sammlung Orban (s. S. 283) und die Sammlung der Universität Erlangen (s. S. 282). Weitere Sammlungen, die das Völkerkundemuseum erwerben konnte, sind: Sammlung Burchard (Bronzewaffen und Kuan-yin-Figuren des 13. Jh., ein steinerner Dvarapala aus der Yüan-Periode), Sammlung Heinrich Hardt (Gürtelhaken, Ordos-Bronzen, Jade- und Glasarbeiten der Han- und T'ang-Zeit, Grabkeramiken, Wachtturm und Exorzist der Han-Zeit, Jünglingsfigur und Ehepaar aus der Wei-Periode), Sammlung J. W. N. Munthe (chinesische Malereien), Sammlung Breuer (Lackarbeiten).

1 Japan, Dose, Edo-Zeit
(um 1800), Goldlack mit Perl-
muttstaub
2 Japan, Speisenbehälter in
Gestalt einer Ente, Edo-Zeit
(Mitte 19. Jh.), Holz, Buntlack
3 Nepal, Buddha Shakya-
simba, datiert 1822, Mes-
sing, teilweise feuervergol-
det, Türkiseinlagen
4 Tibet, Tantrisches Manda-
la (Detail), Tschögyal Tschi-
drub, der Besieger des
Totenherrn, und Gönpo,
der Schützer der Lehre,
19. Jh.

Japan (Magazinbestände) Eine der umfangreichsten und geschlossensten Sammlungen
des Museums ist die Sammlung Philipp
Franz von Siebolds, der zwischen 1859 und
1862 zum zweiten Mal Japan bereist. Die
zweite Sammlung bekommt zunächst Würzburg, dann München. Sie umfaßt Lackarbeiten, Keramiken, Malereien (Rollbilder), Holz-
schnittbücher und Texte und gibt einen
Überblick über die japanische Kunst des
19. Jh. Die japanischen Großplastiken des
Museums hat Direktor Max Buchner auf seiner Weltreise 1889/90 bei Antiquitätenhänd-
lern in Tokio, Osaka und Kobe erworben, unter anderem einen Amida-Buddha, auf einer
Schildkröte stehend. Außerdem brachte er
Bugaku-Masken des Schnitzers Kano Tessai,
Malereien, darunter ein Kano Motobotu zu-
geschriebenes Triptychon und ein Kurtisa-
nenbild von Kaigetsudô Dôhan, nach München.

Himalaja (Magazinbestände) Für die tibeti-
schen Objekte des Museums ist an erster
Stelle die Sammlung Schlagintweit (s. S. 283)
zu nennen. Auf einer Tibetreise (1938/39) kamen die zoologischen und ethnologischen
Gegenstände der Sammlung Schäfer zusammen. Die Zoologica übernahm das naturwissenschaftliche Museum (s. S. 333), die über
2000 Ethnographica das Münchner Völkerkundemuseum. Aus dem vorigen Jahrhundert stammen auch die Sammlungen Francke-
Körber aus den Gebieten Chinesisch Turkestan
und Ladakh, Zugmayer aus dem Nordwesten
Tibets und Merzbacher von den Kirgisen.

INDIEN

Einführung Als in den zwanziger Jahren unseres Jahrhunderts Engländer und Inder in Mohenjo-Dâro und Harappâ Ruinen einer 3000 Jahre alten Hochkultur im Industal ausgraben, rundet sich das Bild der indischen Kulturgeschichte auch in der Prähistorie ab. Seitdem entdeckt Europa Indien als das letzte der großen Kunstreiche Asiens, und dank zahlreicher, nicht zuletzt indischer Forscher wächst hierzulande die Kenntnis der überreichen indischen Kunstgeschichte: ihrer dynastischen Auftraggeber und Künstler, ihrer Stilperioden und Stilregionen mit ihrer religiös-ikonographischen Vielfalt.

Magazinbestände Die Indien-Sammlungen des Museums für Völkerkunde umfassen mehrere Tausend Exponate aus allen Gegenden des Subkontinents. Schwerpunkte bilden auch hier die Sammlungen von Lucian Schermann (s.S.281), der auf seiner Reise durch Indien 1911/12 fast 1400 Objekte aus allen Bereichen des täglichen und kultischen Lebens systematisch zusammengetragen hat, und von Lamare Picquot (s.S.282).

Für europäische Verhältnisse ist vor allem die indische Steinplastik gut vertreten. Hervorzuheben sind eine rote Sandsteinplastik im frühen Kushána-Stil mit Buddha, der die Erleuchtung erlangt, und eine Reihe von Mathurá-Köpfen der Gupta-Periode, die die Stilentwicklung dieser Zeit deutlich machen.

Aus der Gandhará-Region stammen ein Maitreya, ein kleiner Bodhisattva-Kopf und mehrere kleine Reliefs (Geschenk Cassirer, 1912), aus Orissa der Torso einer weiblichen Natur- und Fruchtbarkeitsgottheit (12.Jh., Slg. Bretschneider 1955).

Bengalische Plastik der frühen Pala-Zeit (15.Jh.) und in ihrer späten üppigen glatten Endphase von der Ostküste Indiens, späte Jaina-Kunst Nordindiens, die Chola-Bronzekunst (Südindien) und indischer Schmuck verweisen auf die zahlreichen parallelen Kunstentwicklungen in Indien.

Auch die Sammlung Schlagintweit (s.S.283), die sich auf den nordindischen Raum konzentriert, stellt einen bedeutenden Anteil, ebenso die Sammlung Xaveria Berger

(s.S.283). Zu beiden Sammlungen gehören auch zahlreiche Figürchen aus Elfenbein und Ton, letztere zum Teil bekleidet, die Vertreter der verschiedensten Volksschichten – Höflinge, Handwerker, Asketen, Akrobaten – und Szenen aus dem täglichen Leben darstellen. Die Sammlungen Schlagintweit (s.S.283), Berger (s.S.283) und Coomaraswamy (1913) enthalten Miniaturen und Glimmerbilder mit Szenen aus den großen Hindu-Epen, dem Mahabharata und dem Ramayana. In neuerer Zeit sind die Bestände durch zwei größere Erwerbungen bereichert worden, 1969 durch die Sammlung Bezold (Stein- und Bronzeplastiken von Hindu-Gottheiten) und 1977 durch die Sammlung Gedon (hinduistische Kultplastiken aus Stein und Bronze, darunter bemerkenswert ein reich beschnitzter elfenbeinerner Thronfuß aus Orissa).

Sri Lanka (Magazinbestände) Von den über 600 Objekten aus Sri Lanka (Ceylon) stammen 400 aus den Sammlungen Lucian Schermann (1910, s.S.281), die als Rarität einen in der Welt einmaligen kompletten Satz

Pakistan, Gandhara, Buddha in Meditation,
1.Jh. n.Chr., Schiefer

großer Marionetten zu einem Stück über den Aufstand des Ministers Ehelepola gegen den letzten König von Kandy (bis 1816) aufweisen. Sie sind in dreijähriger Arbeit restauriert worden. Buchner hat 1898/90 den größten Teil der restlichen Gegenstände beigesteuert, darunter etwa dreißig Masken, von denen die des ›Herrn der achtzehn Krankheitsdämonen‹ Kandinsky inspiriert hat.

Hinterindien und Indonesien/Einführung

Im Rahmen der ›Austronesischen Wanderungen‹ seit etwa 3000 v.Chr. bringen die Proto- und Deuteromalaien aus den nördlich angrenzenden Gebirgsregionen unter anderem eine spätsteinzeitliche Kultur – Vierkantbeile, unglasierte Keramik, Reisanbau (zunächst auf brandgerodeten, später bewässerten und oft terrassierten Feldern), Auslegerboot, Rinderhaltung, Kopfjagd und Megalith-Monumente für den Ahnenkult – in die fruchtbaren Ebenen des hinterindischen Festlandes und zu den Inseln Indonesiens und Ozeaniens.
Die bronzezeitliche Dongson-Kultur (benannt nach dem Hauptfundort in Nordvietnam), die auf einer eigenständigen Weiterentwicklung südchinesischer Einflüsse durch die einheimische Bevölkerung zu basieren scheint, verbreitet sich vermutlich seit Ende des 1. Jt. v.Chr. über Hinterindien und Indonesien bis zu den Philippinen und nach Westneuguinea. Ihre Stileinflüsse (Spiralornamentik) gehen eventuell noch weiter. Das wichtigste ›Leitfossil‹ der Dongson-Kultur ist die große Kesseltrommel, in verlorener Gußtechnik mit Doppelspiralen und anderen geometrischen Ornamenten, Kultszenen mit charakteristischen Gewändern und aufgesetzten plastischen Fröschen verziert. Sie ist an einigen Orten bis in historische Zeit in Gebrauch und z.B. bei den Karen Burmas und Westthai-

lands noch 1905 hergestellt worden. Die größten und schönsten, die der abgebildeten Kleidung nach wohl zum Teil vom asiatischen Festland stammen, sind in Indonesien gefunden worden – die allergrößte, genannt ›Mond von Pedjeng‹, auf Bali. In Indonesien haben sich ebenfalls bronzezeitliche, vermutlich mit der Dongson-Kultur verbundene Vorstellungen erhalten, so z.B. ›schamanistische‹ Züge in der Religion und das Motiv des Totenschiffs mit dem Lebensbaum als Mast auf zeremoniell verwendeten Textilien von Sumatra, Sumba und anderen Inseln.

Hinterindien, Burma, Thailand (Magazinbestände)

Die Sammlungen aus Hinterindien – das politisch zu Indien gehörende Assam und die malayische Halbinsel eingeschlossen – zählen etwa 6000 Objekte. Davon entfallen auf die malaische Halbinsel rund 300 (außer zwei kleineren Sammlungen von dschungelbewohnenden Rückzugsgruppen größtenteils in Singapur angekaufte und folglich mit chinesischen und sonstigen nichtmalaischen Gegenständen vermischte) Objekte, auf Kampuchea und Laos etwa 100, auf Thailand etwa 2000 und auf Burma die übrigen dreieinhalb Tausend, wobei Assam mit über 700 vertreten ist. Der weitaus größte Teil der *burmesischen Sammlungen* ist Lucian Schermann (s.S.281) zu verdanken, der am Schluß seiner Reise 1911 verschiedene Naga-Gruppen Assams, das Gebiet von Arbor und Manipur, große Teile Burmas von Rangun im Süden über die alten Hauptstädte Pagan und Mandalay im Zentrum, die südlichen und nördlichen Shan-Staaten in der Nachbarschaft von Laos bis

Thailand, Buddha in Meditation, 19.Jh.,
Sandelholz, goldgefaßt

Indien, Brindaben bei Mathura, Wagen des Dämonenkönigs Ravana bei der Entführung von Sita (Ramajana), 18. Jh., Bronze

zum Oberen Chindwin-Fluß im Norden besucht und von allen Gebieten gut dokumentierte ethnographische Sammlungen anlegt. Er sammelt Gebrauchsgegenstände, Haus- und Ackerbaugeräte: Handwerkszeug, Kleidung, Schmuck, Waffen, Kultgeräte und -figuren, darunter Lackplastiken des ›Buddha im Fürstenschmuck‹, eine Prunksänfte, eine Thronrückwand, zwei Umrahmungen von Klostertüren in prunkvoller Lacktechnik mit eingelegten Spiegeln, wie sie im Mandalay-Umkreis des 19. Jh. gebräuchlich gewesen ist und einen vollständigen Satz prächtig gewandeter Marionetten (Prinzessinnen und Prinzen, Hofnarren, Affenkrieger und Dämonen, Elefant, Pferd und Papagei), die er in Rangun ersteht.

Unter den übrigen burmesischen Beständen sind drei Schwerter (Sammlung Kronprinz Rupprecht 1910), 34 Objekte aus Pagan (Sammlung Meurer 1901), 60 aus der Sammlung Kuglmeyr (1900) und 80 aus der Sammlung Lamare Piquot (s. S. 282).

900 der 2000 Objekte umfassenden *thailändischen Bestände* schenkt der Ingenieur Carl Döhring zwischen 1911 und 1913. Er hatte sie an Ort und Stelle gesammelt: Getriebene Silberschalen mit Szenen aus der Mythologie, Deckeldosen und Aschenurnen mit Lackmalereien, Textilien, einen Manuskriptschrank, Palasttüren mit feiner figürlicher Goldlackmalerei und eine beachtliche Anzahl von Buddhaköpfen verschiedener Stilepochen, darunter einen Steinkopf im Dvaravati Stil (7./9. Jh.). Zu den ältesten Beständen aus Thailand gehört die Sammlung Scherzer mit fast 200 Gegenständen wie Schmuck, Musikinstrumenten, Ackerbaugeräten, Handwerkszeug, Bootsmodellen, Theaterkostümen und -masken. Sie kommt 1882 ins Museum. Die Sammlung Bruegel (300 Gegenstände: Keramiken, Silberdosen, Waffen, Buddhas, Tempelbilder mit Szenen aus dem Leben Buddhas) erhält das Museum 1905 und 1908 zum Geschenk, ebenso die Sammlung Sprater (1910 und 1914), die unter den 320 Objekten ebenfalls Tempelbilder (um 1900) mit Szenen aus den früheren Existenzen Buddhas aufweist. Mit der Sammlung Eisenhofer kommen zwischen 1910 und 1929 rund fünf-

Thailand, Supanburi, Buddhakopf mit Krone, spätes 16. Jh., Bronze

zig Objekte, darunter einige wertvolle Kultfiguren, teils geschenkt, teils gekauft, hinzu. Von den vierzig Gegenständen der Sammlung Bezold sind die Plastiken aus kultischem Bereich wichtig, aber auch zwei 60 cm hohe Schattenspielfiguren aus dem hinduistischen Epos Ramajana.
1975 erwirbt das Museum eine buddhistische Tempeltrommel von 330 cm Länge aus Nordwest-Thailand (17. Jh.).

Indonesien (Magazinbestände) Aus Indonesien einschließlich der Philippinen besitzt das Museum an die 5000 Objekte von allen Inseln und Kulturgruppen: von Sumatra, der westlichen der Großen Sunda-Inseln (150), von den benachbarten Inseln Nias (400), den Andamanen, Nikobaren, Mentawei und Enggano (150). Die dichtbesiedelten Inseln Java und Bali stellen naturgemäß einen bedeutenden Teil der Bestände, Java mit der Nachbarinsel Madura über 1500, Bali mit Lombok über 500 Objekte.

Indonesien, Bali, Geflügelter Löwe, Architekturdetail, vor 1870, Holz, gefaßt, Perlmutteinlagen

Von den östlich anschließenden **Kleinen Sundainseln** Sumbawa, Flores, Sumba, Savu, Roti, Timor, Wetar, Kisar, Leti und Sermata befinden sich nur kleinere Bestände von insgesamt 300 Objekten, von den ostindonesischen Barbar- und Aruinseln über 250 (Sammlung Müller 1913), von den Molukken mit Ternate, Ambon, Ceram und Halmahera 50, von den Philippinen 300 im Museum.
Von den restlichen Großen Sundainseln ist **Celebes** (Sulawesi) mit 150, **Borneo** (Kalimantan) mit 500 Gegenständen vertreten. Für beide ist die Sammlung des Forschungsreisenden Grubauer (1920) wichtig, für Borneo außerdem die Sammlung von Nieuwenkamp (1920) und vor allem die Sammlung Bruegel mit 370 Objekten, die dieser zusätzlich zu seiner thailändischen Sammlung 1908 und 1910 dem Museum zum Geschenk

macht. Sie wurde »von seinem Jäger« bei verschiedenen Dayakgruppen zusammengetragen und umfaßt Hausgerät, Werkzeuge, Waffen, Kleidung, Schmuck, Holzschnitzereien und Flechtarbeiten.
Innerhalb dieses knappen Überblicks sind noch einige wichtige Sammlungen zu nennen. So ist für **Sumatra** und **Nias** die Sammlung Kleiweg de Zwaan (1913) von großer Bedeutung, die mit fast 350 Objekten von der ›megalithischen‹ Kultur der Niasser einen Eindruck vermittelt.
Für **Java** steht die Sammlung Buchner wieder an erster Stelle. Ihr Schwerpunkt liegt auf einer Reihe von Sammlungen aus dem Bereich des javanischen Theaters (Wayang) in seinen verschiedenen Formen, wobei Buch-

Indonesien, Bali, Mythologische Szene (Detail), Frauen bringen einer Schlange ein Speiseopfer, Anfang 20. Jh., Gewebe

ner vor allem mehrere komplette Sätze von durchbrochen gearbeiteten ledernen Schattenspielfiguren (Wayang-kulit) beigesteuert hat, mit denen – meist aus rituellen Anlässen – vorwiegend Themen aus der Hindu-Mythologie, dem Ramajana und dem Mahabharata, aber auch aus islamischen Erzählzyklen aufgeführt werden.

Seine Sammlung von Schattenspielfiguren umfaßt nahezu ein halbes Tausend Stück. Zusätzlich hat er mit ungefähr 70 Objekten die Wayang-golek-Sammlung bereichert, vollplastische Stabpuppen, die in Westjava populär sind und vorwiegend für islamische Themen verwendet werden. Für die flachen, mit Lederarmen versehenen Holzpuppen des Wayang-kelitik ist besonders die Sammlung Schmülling mit 59 Puppen zu nennen (1894).

Auch der Bereich des Wayang-wong, des von Menschen aufgeführten Masken-Tanztheaters, ist mit einer Reihe neuerer Sammlungen gut vertreten, an erster Stelle stehen die der Gräfin Matuschka (1954-57) mit über 50 qualitätvollen Masken, meist aus dem Erzählzyklus von Abenteuern des Prinzen Panji, sowie der Nachlaß Spiegel (1974) mit 18 Masken aus dem Ramajana u.a. Dazu kommen noch Bestandteile von Maskenkostümen wie Kronen, Arm-, Bein- und Rückenschmuck aus durchbrochenem Leder.

Weiter sind hier verwahrt alte Batiken (Gewebe in Wachs-Abdeck-Reservetechnik), Waffen aus der Sammlung *Kronprinz Rupprecht* (s. S. 283), Holzschnitzereien, Bronzegeräte (›Tierkreisbecher‹) und -plastiken sowie Steinskulpturen, von denen aus den Beständen des königlichen Hausguts ein stehender bärtiger Schiwa aus dem 14. Jh. und zwei Buddhaköpfe aus dem Borobudur, der großen buddhistischen Tempelanlage aus dem 8. Jh., hervorzuheben sind.

Zur wichtigen Abteilung aus **Bali** gehören über 30 Objekte aus der Sammlung des *Chevalier de Grez,* überwiegend Krise, aber auch eine Reihe geflügelter Löwen, die in der Dachkonstruktion den Firstbalken tragen und merkwürdigerweise in einer chinesischen Siedlung in Borneo angekauft worden sein sollen. Die Sammlung Neisser (1908) umfaßt etwa 50 Gegenstände aus Nordbali: Plastiken aus Holz und Stein, Musikinstrumente, Waffen, Schmuck, Betel-Zubehör, Tempelgehänge und Gewebe, so ein Goldbrokat mit Wayang-Figuren; die Sammlung des Schweizer Ethnographen Paul Wirz (1925 und 1927), 38 Objekte: Steinplastiken, Waffen, Gewebe, Schattenspielfiguren sowie interessante Geräte aus dem Totenkult und anderen kultischen Bereichen; die Sammlung Nieuwenkamp (1928) neben anderen einige reich geschnitzte Palasttüren. Neuerdings sind zu den Beständen über 100 Objekte hinzugekommen: Schattenspielfiguren, Gewebe, zum Teil aus der holländischen Kolonialzeit, in der typischen Brokat- bzw. Ikat-Technik oder Kombination aus beiden (Ikat: Reservetechnik, bei der Kette und/oder Schuß vor dem Verweben eingefärbt werden), sowie zahlreiche Masken, einige Tanzkronen und Kostümzubehör für das Wayangwong, das Masken-Tanztheater (Sammlung Schubert 1979, 1981).

OZEANIEN

Einführung Die geographische Gliederung Ozeaniens in **Melanesien,** das ›Schwarzinselgebiet‹, genannt nach seiner dunkelhäutigen Bevölkerung, **Mikronesien,** das ›Kleininselgebiet‹, und **Polynesien,** das ›Vielinselgebiet‹, entspricht in etwa auch den anthropologischen und kulturellen Verhältnissen. Siedlungsgebiet ist der Pazifische, d. h. Stille oder Große Ozean, der mit 180000000 qkm mehr als ein Drittel der Erdoberfläche einnimmt, mit Australien, Neuguinea und Neuseeland als größeren Landmassen und weiteren 3000 Inseln, die insgesamt eine geringere Landfläche aufweisen als Neuseeland (250000 qkm).

Die Bevölkerung kam auf einer ganzen Reihe von Wanderbewegungen aus Süd- und Südostasien (keinesfalls aus Amerika), die, damals über eine Landbrücke, vor rund 30000 Jahren mit den ›Tasmaniden‹ und ›Australiden‹ beginnen und mit den ›Austronesiern‹ enden, die als Polynesier in den letzten Jahrhunderten v. Chr. die ersten Inseln Ozeaniens erreichen.

Trotz der riesigen Ausdehnung des Siedlungsgebiets wird angenommen, daß die spätere Besiedlung größtenteils gezielt erfolgt ist. Die Polynesier sind ausgezeichnete Seefahrer gewesen, die den Pazifik auf Doppel- und Auslegerbooten mit 50 bis 60 Insassen überquert und genaue Kenntnisse besessen haben, an welcher Stelle des Horizontes sowie zu welcher Jahres- und Nachtzeit ein jeder Stern aufgeht, auch über welche Inseln einzelne Sterne ›hinwegziehen‹.

So erklärt es sich, daß es – bei den geographischen Entfernungen und den klimatischen und landschaftlichen Unterschieden (tropische bis gemäßigte Zone, Regenwälder und Wüste, winzige Atolle, die kaum über die

Polynesien, Marquesasinseln, Keulenkopf, vor 1830, Kasuarinenholz (Slg. Lamare Picquot)

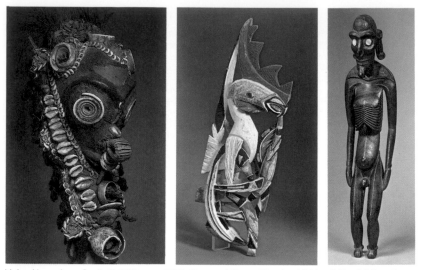

Links: Neuguinea, Sepik, Kultflöte, um 1900, übermodellierter Flaschenkürbis mit Kauri-Schnecken.
Mitte: Melanesien, Neuirland, Malanggankult, Ohr einer Maske, 19. Jh., Holz.
Rechts: Polynesien, Osterinsel, Ahnenfigur, vor 1776, Holz, Perlmutt, Slg. Cook

Wasseroberfläche ragen, und große, teils riesige Inseln mit Hochtälern inmitten hoher Gebirgsketten) – einerseits zu einer Fülle von Lokalkulturen gekommen ist, die in langer Abgeschiedenheit ihre spezifische Ausprägung erlangt haben; andererseits machen sich die immer wieder erfolgten gegenseitigen Beeinflussungen bemerkbar. – Gehandelt wurde auch mit Kultgegenständen und sogar Mythen.

Die Gesellschaft Melanesiens und noch stärker Australiens ist wenig gegliedert; alte Männer, die sich hervorgetan haben, sind bestimmend. In einigen Gegenden Melanesiens können Männer in Geheimbünden durch das Veranstalten aufwendiger ›Verdienstfeste‹ im Rang aufsteigen.

In Mikronesien und Polynesien ist die Sozialorganisation meist differenziert mit ausgeprägten Rangunterschieden: Hochadel – niederer Adel – Volk; manchmal auch Hörige und Sklaven. Auf den Tongainseln Zentralpolynesiens existiert sogar ein jetzt tausendjähriges Königreich. Eine große Rolle spielen die mündlich tradierten Häuptlingsgenealogien, die gern Götter des umfangreichen Pantheons als Stammväter einbeziehen.

Die materielle Kultur beruht auf einer maximalen Auswertung der natürlichen Ressourcen und einer äußerst geschickten Bearbeitung aller vorhandenen Rohmaterialien. Metallbearbeitung fehlt, ebenso in fast ganz Polynesien die Töpferei. Besonders in Melanesien hat sich in der Holzschnitzerei eine große Anzahl von Stilprovinzen mit ausgezeichneten Schnitzwerken von oft barocker Formgebung herausgebildet, ebenso in einigen Teilen Polynesiens, etwa bei den Maori Neuseelands. Holzschnitzer, besonders Bootsbauer, waren oft ›Meister‹ mit gleichzeitiger priesterlicher Funktion.

Großes Geschick und viel Mühe beanspruchte die Herstellung von Schmuck, der häufig auch Geldcharakter hatte, aus Schnecken, Muscheln, Kokosschalen, Schildpatt, Hunde-, Eber- und anderen tierischen Zähnen sowie Nephrit. Kleidung, soweit sie getragen wurde, war meist aus Pflanzenfasern oder Rindenbaststoff. Weberei mit Pflanzenfasern war nur in Mikronesien und angrenzenden Randgebieten Melanesiens bekannt.

Beim Kontakt mit der westlichen Zivilisation kam es zum schnellen Verfall der autochthonen Kulturen, die sich heute nur noch sporadisch in unzugänglichen Gebieten Neuguineas erhalten haben.

Ozeanien und Australien (Magazinbestände) In den Ozeanien-Beständen finden sich als früheste Erwerbungen Stücke aus den Sammlungen James Cook (1728-79) (s. S. 282), Lamare Picquot (um 1790-1866) (s. S. 282) und Krusenstern (1803 erste Weltumsegelung) (s. S. 282), darunter einige, an denen sich der Maler Wassily Kandinsky inspirierte, wie z. B. die einen Totengeist darstellende skelettartige Ahnenfigur von der Osterinsel (Slg. Cook). Der überwiegende Teil ist gegen Ende des 19. und in den ersten beiden Jahrzehnten des 20. Jh. gesammelt worden.

Bedeutende Bestände stammen aus der Sammeltätigkeit von Max Buchner (1887 bis 1907): Masken und Malanggane aus dem ehemaligen Bismarckarchipel und aus Neuirland.

D. Hartl, 1. Offizier S.M.S. ›Madang‹ im ehemaligen Deutsch-Neuguinea, schenkt dem Museum 1912/13 seine Sammlung von etwa 260 Objekten aus dem Küstengebiet von Nordost-**Neuguinea** (Schilde, Steinäxte, Holzobjekte, Kanuköpfe, Trommeln, Nackenstützen, Masken, Schmuck aus Schneckenhäusern, Schildpatt, Tierzähnen) und aus dem Sepikgebiet (Kultstühle, Tongefäße, geflochtene Masken, Ahnenschädel, Dachaufsätze aus Ton, Holzfiguren, Schmuck, Waffen).

1912 stiftet Kapitän Karl Nauer, Rabaul, über 800 Stücke aus Nordost-Neuguinea und den vorgelagerten Inseln wie Waffen, Kleidung, Gebrauchsgegenstände, Uli-Figuren und Malanggane.

Die Sammlung des Reichskolonialamtes Berlin, die sich im Münchner Museum befindet, besteht aus 147 Gegenständen der Expedition im Gebiet des Kaiserin-Augusta-Flusses (Sepik, Neuguinea) von 1916. Hier existieren genaue Herkunftsangaben, die bei den früheren Sammlungen meist fehlen.

In neuerer Zeit ist u.a. 1975 eine Kulthausfassade mit schön beschnitzten Pfosten aus dem Maprikgebiet Neuguineas hinzugekommen, die im Treppenhaus des Museums untergebracht ist (Sammlung Missionar Schuster).

Zumindest zahlenmäßig bildet Neuguinea mit den umliegenden Inseln den Schwerpunkt der Ozeanienabteilung. Doch existieren auch von anderen Inselgruppen repräsentative Sammlungen, so etwa von den **Neuen Hebriden** die Sammlung des Schweizer Ethnographen Felix Speiser, aus **Mikronesien** eine Sammlung der Prinzessin Therese von Bayern (vorwiegend Schmuck, seit 1926 im Museum, s. S. 283).

Aus Samoa, **Zentralpolynesien,** besitzt das Museum die 1915 übernommene Sammlung Marquardt von fast 100 Objekten, darunter sehr schöne Baststoffe (Tapas), die aus anderen, zum Teil vor 1888 ins Museum gelangten Sammlungen ergänzt werden, so der Sammlung Schneider; von Samoa und den Fijiinseln eine alte Sammlung aus dem Hamburger Godeffroy-Museum (96 Stück); von den Hawaii-Inseln die Sammlung Beraz mit annähernd 150 Objekten (seit 1891 im Museum), daneben wieder Objekte aus den ›klassischen‹ Sammlungen, so beispielsweise einen der seltenen Federhelme und etliche Exponate von den Cookinseln aus der Sammlung Cook (s. S. 282).

Weitere repräsentative Sammlungen gibt es

Neuseeland, Taranaki, Hei-Tiki, Brustschmuck, frühes 19. Jh., Nephrit, Haliotisschnecke, Slg. Lamare Picquot

von den Maori **Neuseelands** und von den melanesischen **Salomonen,** desgleichen von den **Marshall-** und **Gilbertinseln.**

Die **Australien**-Sammlungen umfassen rund 1000 Objekte, meist aus dem kultischen Bereich, darunter Stein- und Holz-Tjurungas sowie Perlschalen mit geometrischem Dekor. Die Sammlungen stammen großenteils vom Ende des 19. Jh. (Sammlung Buchner u.a.) und den ersten beiden Jahrzehnten des 20. Jh. Den Schwerpunkt bildet die 748 Objekte umfassende Sammlung des Missionars Liebler, die 1912 und 1913 ins Museum kam und Gegenstände von zentralaustralischen Stämmen, vor allem den Aranda, enthält (neben Waffen Tjurungas, gravierte Perlschalen, Werkzeuge und Rohmaterial). Außerdem sind hier als Repräsentanten der nicht sammelbaren Kulturzeugnisse die Kopien der nordwestaustralischen Felsbilder zu nennen.

Nordwestaustralien, Wondsdschina, Felsbildkopie (Ausschnitt), Darstellung eines mythischen Ahnen, Erdfarben, Ruß

39 Staatsgalerie moderner Kunst

Im Haus der Kunst, Westflügel
2, Prinzregentenstraße 1, Telefon 29 27 10
Geöffnet: Dienstag bis Sonntag 9-16.30, Donnerstag auch 19-21 Uhr
Abweichend von der Feiertagsregelung (s. S. 10) geöffnet am: 6.1., Ostermontag, Christi
Himmelfahrt, Pfingstmontag, 15.8., Buß- und Bettag, 26.12.; Faschingssonntag,
-dienstag und 31.12. nur 9-12 Uhr

Leitung: Bayerische Staatsgemäldesammlungen, 40 Barer Straße 29,
Telefon 2 38 05/1 00, Generaldirektor Prof. Dr. Erich Steingräber
Wissenschaftliche Mitarbeiter: Dr. Carla Schulz-Hoffmann, Dr. Peter-Klaus Schuster

Träger: Freistaat Bayern
Fördererverein: Galerie-Verein München e.V. zur Förderung der Neuen Pinakothek, der
Staatsgalerie moderner Kunst und der Staatlichen Graphischen Sammlung

Präsenzbibliothek: 40, Barer Straße 29, Telefon 23 80 51

Sammlung von Gemälden und Plastiken des 20. Jh. mit Schwerpunkt auf den Werken
von Beckmann, E. L. Kirchner, Klee, Marc, Marini, Moore, Picasso und auf Minimal Art

Geschichte: 1920 als *Neue Staatsgalerie* aus der Neuen Pinakothek hervorgegangen,
seit 1980 in *Staatsgalerie moderner Kunst* umbenannt

Aktivitäten: Wechselausstellungen
Service: Führungen, Saalführer, Bücherstand

Publikationen: Ausstellungskataloge, Museumskatalog in Vorbereitung

Kurzinformation

Der Staatsgalerie moderner Kunst steht seit 1980 der gesamte Westflügel des Hauses der Kunst (s. S. 126) am Englischen Garten zur Verfügung, in dem sie aber nach wie vor nur Gast ist. Sie repräsentiert jetzt auf einer Fläche von 3000 Quadratmetern 400 Gemälde, Skulpturen und Objekte von 186 Künstlern. Damit zählt die Staatsgalerie zu den großen Museen moderner Kunst in der Bundesrepublik.

Sammlungsgeschichte

Die wechselvolle Geschichte der Staatsgalerie moderner Kunst ist eng mit dem Schicksal der Neuen Pinakothek verknüpft. In der Mitte des vorigen Jahrhunderts von König Ludwig I. von Bayern als Pendant zur Alten Pinakothek gegründet, stellt die Neue Pinakothek in ihrer Zeit das erste große Museum Europas für zeitgenössische Kunst dar, das öffentlich zugänglich ist. Schon um die Jahrhundertwende erweist sich der von August von Voit 1853 fertiggestellte Bau als zu klein. Als Leiter beider Pinakotheken kann Hugo von Tschudi in seiner kurzen Amtszeit von 1909 bis 1911 die geplante Neuordnung zwar nicht mehr durchsetzen, aber den Grundstock für die Sammlung moderner Malerei und Plastik legen, den sein ehemaliger Assistent und kommissarischer Nachfolger Heinz Braune zwischen 1911 und 1913 mit Hilfe von Tschudis Freunden als Tschudi-Spende für die Neue Pinakothek (s. S. 185) sicherstellen kann. Von jetzt ab beginnt eine auf die Moderne gerichtete Sammeltätigkeit, die zielbewußt auf den Bildern der Tschudi-Spende und ihrem internationalen Anspruch aufbaut. 1915 beschließt Friedrich Dornhöffer, Tschudis Nachfolger, der expandierenden

Sammlung mehr Raum zu verschaffen und in der Neuen Pinakothek nur die Bilder zu belassen, die aus der königlichen Privatschatulle erworben worden waren. Die Werke der Gegenwartskunst, die Neuerwerbungen aus staatlichen Mitteln und die Bilder aus der Tschudi-Spende werden von 1919 an im Kunst- und Industrieausstellungsgebäude an der Südseite des Königsplatzes (heute Antikensammlung s. S. 252) ausgestellt. Das ist die Geburtsstunde der Neuen Staatsgalerie. Die Sammlung umfaßt 250 Gemälde und 65 Skulpturen, unter anderem des französischen Impressionismus und deutschen Expressionismus.
Luftangriffe zerstören im Zweiten Weltkrieg die Gebäude der Staatsgalerie und der Neuen Pinakothek. Im Zuge des Wiederaufbaus werden 1947 Teile der ausgelagerten Bestände beider Museen provisorisch im Haus der Kunst untergebracht. Nach dem Umzug der Neuen Pinakothek in den Neubau am ursprünglichen Platz kann sich die 1980 in *Staatsgalerie moderner Kunst* umbenannte Sammlung im gesamten Westflügel vom Haus der Kunst ausbreiten. Der Bestand an Kunstwerken ist in den letzten zehn Jahren bedeutend gewachsen. Die Bilder der ›Väter der Moderne‹ aus der Tschudi-Spende – Cézanne, van Gogh und Gauguin –, die noch im 19. Jh. entstanden waren, sind wieder in die Sammlung der Neuen Pinakothek eingegliedert, so daß die Staatsgalerie moderner Kunst jetzt mit dem 20. Jh. beginnt. Die gleiche Trennung zwischen der Kunst des ausgehenden 19. und beginnenden 20. Jh. ist 1977 auch in Paris beim Umzug der Modernen aus dem *Musée d'Art Moderne* ins *Centre Pompidou* vorgenommen worden.
Den zeitlich frühesten Schwerpunkt bilden in der Staatsgalerie nun die Werke der deutschen Expressionisten, die unter anderem

von privaten Sammlern wie *Sofie und Emanuel Fohn* aus den nationalsozialistischen Depots der von Hitler als ›entartet‹ gebrandmarkten Kunst gerettet wurden und 1964 als Stiftung in den Besitz der Staatsgalerie übergehen, u.a. Oskar Kokoschkas *Auswanderer* von 1916/17, August Mackes *Mädchen unter Bäumen* von 1914, Franz Marcs *Mandrill* von 1913, Max Beckmanns *Großes Stilleben mit Fernrohr* von 1927. Die Säle mit den Bildern von Ernst Ludwig Kirchner und Max Beckmann stellen heute eine der Hauptattraktionen der Sammlung dar. In den sechziger Jahren gelangen die ersten klassischen Abstrakten – Braque, Kandinsky, Klee – in die Galerie, gleichzeitig werden die deutschen abstrakten Maler der ersten Stunde nach 1945 gesammelt – Willi Baumeister, Fritz Winter, Ernst Wilhelm Nay. Mitte der sechziger Jahre wird auch mit dem Bildnis *Frau Soler* aus der Blauen Periode das erste Gemälde Picassos angekauft.

Generaldirektor Halldor Soehner regt 1965 die Gründung des *Galerie-Vereins München e.V.* zur Förderung der Neuen Pinakothek, der Staatsgalerie moderner Kunst und der Staatlichen Graphischen Sammlung an, der von 1970 an der Sammlung u.a. Werke der sechziger und siebziger Jahre stiftet, z.B. den Raum mit Objekten der New Yorker Minimal Art von Carl Andre, Dan Flavin, Donald Judd, Robert Morris, Sol LeWitt. Ein weiterer Schwerpunkt gemeinsamer Sammeltätigkeit aus jüngerer Zeit betrifft den amerikanischen Abstrakten Expressionismus mit Werken von Franz Kline, Willem de Kooning, Robert Motherwell und Sam Francis.

In den siebziger Jahren erhält die Staatsgalerie weiteren Zuwachs durch Stiftungen von *Theodor und Woty Werner* (van Gogh [jetzt in der Neuen Pinakothek], Picasso, Gris, Klee), *Markus Kruss, Klaus Gebhardt, Elly Koehler.* 1974 kann die Max-Beckmann-Sammlung von Günther Franke erworben und 1977 mit dem Triptychon *Versuchung* von 1936/37 vervollständigt werden. 1981 wird die Schenkung Marino Marini von 1978 von der Witwe erweitert. 1982 kommen mit der Stiftung *Theo Wormland* vor allem weitere Surrealisten in die Galerie.

Für die absehbare Zukunft erhofft sich die Direktion einen Neubau neben der Alten und Neuen Pinakothek auf dem Gelände der ehemaligen Türkenkaserne. Die erwünschte Nachbarschaft aller drei Museen bestimmt schon jetzt das Programm der Staatsgalerie moderner Kunst. Sie wird nicht als selbständige Sammlung, sondern als Abteilung der Bayerischen Staatsgemäldesammlungen gesehen, deren Zentrum die Alte Pinakothek bleibt. Die Staatsgalerie strebt deshalb eine schwerpunktmäßige Sammeltätigkeit einiger internationaler und deutscher Künstler und Schulen an, will aber nach dem Vorbild der beiden Pinakotheken keine historischen Entwicklungen aufzeigen. Der lokale Bereich wird mit wenigen Werken berücksichtigt, um Überschneidungen mit der Städtischen Galerie im Lenbachhaus (s.S.312) zu vermeiden. Einen weiteren Schwerpunkt soll zukünftig die italienische Kunst bilden. Umberto Boccionis futuristisches Bild *Volumi orizzontali* von 1911, Giorgio de Chiricos *Selbstbildnis* von 1920 und Alberto Burris *Grande Sacco B* von 1958 stehen stellvertretend für die große Gruppe italienischer Malerei des 20. Jh.

Rundgang

Die Kunst der ersten Hälfte des Jahrhunderts, u.a. Werke von Picasso, Beckmann, Kirchner und Klee, wird in den großen Sälen

Franz Gertsch, *Patty Smith I*, 1979, Acryl auf Leinwand

Emil Nolde, *Norder Mühle*, 1932, Öl auf Leinwand

des Erdgeschosses gezeigt, während die jüngeren Tendenzen auf den Galerien des oberen Stockwerks dokumentiert sind. Das nördliche Treppenhaus und die Nordgalerie sind italienischen Malern der Zeit nach dem Zweiten Weltkrieg bis in die Gegenwart wie Fontana, Vedova, Paolini reserviert. Arbeiten der Gruppe Zero und Beispiele der Kinetik schließen sich an. Es folgen formal reduzierte Arbeiten jüngerer Künstler wie Palermo, Kounellis, Heizer, dazu Skulpturen von Lechner und Rückriem. Diese Raumabfolge mündet in einem Saal mit einer nahezu vollständigen Übersicht über die amerikanische Minimal Art.

Im südlichen Treppenhaus wird der amerikanische Abstract Expressionism mit Gemälden von Kline, de Kooning und Francis gezeigt, dem die Gruppe Cobra und europäische Werke des Informel gegenübergestellt sind. Darauf folgt ein Saal mit Materialbildern von Burri über Tàpies, Dubuffet bis Beuys. Der anschließende Raum weist Beispiele der Pop Art auf – Warhol, Segal, Rauschenberg, Kienholz. Die letzten drei Säle sind Künstlern vorbehalten, die in ihren Bildern mit der menschlichen Figur arbeiten, wie Richter und Polke, Botero, Baselitz und Penck, Antes, Klapheck, Hofkunst und die Fotorealisten Asmus und Gertsch.

Im folgenden werden die Künstler in den einzelnen Sälen alphabetisch aufgeführt, ohne Angabe der Titel und Datierungen der ausgestellten Objekte. Die Staatsgalerie moderner Kunst besitzt von zahlreichen Künstlern Gemälde und Skulpturen, oft aus verschiedenen Werkperioden, die ganze Säle einnehmen. Ankäufe, besonders im Bereich der Ge-

genwartskunst, und Schenkungen, wie zum Beispiel die Stiftung Wormland in jüngster Zeit, haben häufige Um- und Neugruppierungen zur Folge. Die hier aufgeführten Namen können deshalb lediglich Spektrum und Umfang der Sammlung zeigen.

Erdgeschoß
SAAL 1   Santomaso
SAAL 2   Picasso – Munch
SAAL 3   Kirchner-Saal
SAAL 4   Stiftung Markus und Martha Kruss: Heckel – Nolde – Pechstein – Schmidt-Rottluff
SAAL 5   Archipenko – Braque – Duchamp-Villon – Lipchitz
SAAL 6   Boccioni – Delaunay – Léger
SAAL 7   Marc-Saal
SAAL 8   Erbslöh – Jawlensky – Kandinsky – Macke – Münter
SAAL 9   Corinth – Kokoschka – Schiele
SAAL 10   Beckmann-Saal
SAAL 11   Dali – de Chirico
SAAL 12   Klee-Saal
SAAL 13   Domela – Feininger – Kandinsky – Moholy-Nagy – Molzahn – Mondrian – Schlemmer – Vordemberge-Gildewart
SAAL 14   Davringhausen – Dix – Carrà – Casorati – Hubbuch – Kanoldt – Messina – Räderscheidt – Schrimpf
SAAL 15   Greco – Heiliger – Hofer – Manzù – Marcks – Messina – Seitz – Wimmer
SAAL 16 und 16a   Sofie und Emanuel Fohn Schenkung
SAAL 17   Baumeister – Nay – Winter – Werner – Kandinsky – Riopelle – Soulages – Uhlmann – Wols
SAAL 18   Bacon – Giacometti – Laurens – Picasso – Moore – Morandi – Music

Georges Braque,
Frau mit Mandoline,
1910, Öl auf Leinwand

Links: Karl Schmidt-Rottluff, *Gespräch vom Tode*, o.J., Öl auf Leinwand
Unten: Umberto Boccioni, *Volumi orizzontali*, 1911/12, Öl auf Leinwand
Rechts: Max Beckmann, *Versuchung*, 1936/37, Triptychon, Mittelteil, Öl auf Leinwand
Rechts unten: Heinrich Davringhausen, *Der Lustmörder*, 1916, Öl auf Leinwand

Oben: Paul Klee, *Landschaft mit dem gelben Kirchturm*, 1920, Öl auf Pappe.
Rechts oben: Pablo Picasso, *Frau im Sessel sitzend* (Dora Maar), 1941, Öl auf Leinwand.
Rechts unten: Ernst Wilhelm Nay, *Badende am Meer*, 1938, Öl auf Leinwand
Unten: Julius Bissier, *O. T., beschriftet 20. Februar 1961*, Eiöltempera auf Leinwand.

George Segal, *Alice, ihre Gedichte und Musik hörend,* 1970, Gips, Holz, Glas, Kassettenrekorder

Robert Motherwell, *Elegie auf die Spanische Republik,* 1975, Acryl au Leinwand

A. R. Penck, *N. Komplex,*
1976, Acryl auf Leinwand
(Damast)

Georg Baselitz, *Seeschwal-
be,* 1971/72, Acryl auf Leinwand

40 Städtische Galerie im Lenbachhaus

2, Luisenstraße 33, Telefon 52 10 41-43
Geöffnet: Dienstag bis Sonntag 10-18 Uhr
Abweichend von der Feiertagsregelung (s. S. 10) geöffnet am: 1.1., 6.1., Ostersonntag,
Christi Himmelfahrt, Pfingstsonntag, 17.6., 15.8., 1.11., Buß- und Bettag, 25. und 26.12. –
Ganztägig geschlossen am Faschingssonntag, -dienstag, 24. und 31. 12.

Direktor: Dr. Armin Zweite (19. und 20. Jh.)
Wissenschaftliche Mitarbeiter: Dr. Helmut Friedel (erste Hälfte 19. Jh., Skulptur, Kunst
seit 1945, Videothek), Dr. Rosel Gollek (zweite Hälfte 19. Jh., Franz von Lenbach,
Münchner Jugendstil, Blauer Reiter, Neue Sachlichkeit), Dr. Jelena Hahl (Kubin-Archiv,
Graphische Sammlung)

Träger: Landeshauptstadt München

Präsenzbibliothek (für Mitarbeiter): rund 3600 Bände und Auktionskataloge zur
Münchner Malerei und Plastik, Künstlerarchiv

Sammlung: Münchner Malerei von der Spätgotik bis zum Rokoko; Malerei, Zeichnung
und Plastik des 19. Jahrhunderts (Landschaften der Biedermeierzeit, zweite Hälfte
19. Jh., Lenbach-Nachlaß); Malerei des 20. Jahrhunderts (Jugendstil, Schwerpunkt
Blauer Reiter, Kubin-Archiv); internationale zeitgenössische Kunst (Schwerpunkte
Joseph Beuys, Arnulf Rainer)

Geschichte: Bauherr Franz von Lenbach, Architekt des Wohn- und Atelierhauses Gabriel
von Seidl, Bauzeit 1887-91; Gründung der Städtischen Galerie in der Lenbach-Villa 1925,
Bau des Nordflügels für die Städtische Galerie durch die Architekten Hans Grässel und
Heinrich Volbehr 1927-29, Eröffnung der Städtischen Galerie im Lenbachhaus am 1. Mai
1929; 1972 südlicher Anbau durch die Architekten Volbehr und Thönnissen

Aktivitäten: Wechselausstellungen, auch im Kunstforum Fußgängerunterführung,
Maximilianstraße/Altstadtring (Dienstag bis Freitag 16-18, Samstag 12-14 Uhr), Führungen, Vortragsreihen, Konzerte, Film- und Videoveranstaltungen, Museumspädagogische Übungen. – **Service:** Bücherstand, Cafétéria

Publikationen: Sammlungskataloge: Der Blaue Reiter im Lenbachhaus München, bear-
beitet von Rosel Gollek, 2. erweiterte und korrigierte Auflage München 1982; Wassily
Kandinsky, Zeichnungen und Aquarelle im Lenbachhaus München, bearbeitet von Erika
Hanfstaengl, 2. Auflage München 1981; Franz von Lenbach. Gemälde in der Städtischen
Galerie im Lenbachhaus, bearb. von Sonja Mehl, München 1978; Ausstellungskataloge

Kurzinformation

Die Städtische Galerie im Lenbachhaus ist eines der relativ jungen Museen Münchens,
dessen Gründung und Wachstum Bürger,
Künstler und Stadt gemeinsam förderten
und fördern. Die ehemalige, 1925 von der
Witwe erworbene Künstlerresidenz Franz
von Lenbachs, im italienischen Landvillenstil
der Renaissance erbaut, signalisiert mit ihrem ockergelben Putz zwischen Bäumen,
Hecken und Brunnen einmal mehr Münchens Nähe zu Italien. Zu keiner Jahreszeit
reißt der lebendige Zustrom vor allem junger
Besucher ab. Zur Vorliebe der Münchner für
das Haus, dessen Räume nach der Kriegsbe-
schädigung zwar erhalten, aber weitgehend
modernisiert wurden, kommt das Interesse
an zeitgenössischer Kunst, die hier ständig
zu sehen ist und in Wechselausstellungen
gezeigt wird. Kein anderes Museum der
Stadt dokumentiert in so privatem und bewohnt scheinendem Ambiente die Gegensätze und die Gemeinsamkeiten zwischen
der Kunst des vergangenen 19. und unseres
20. Jh. Aus den wenigen, annähernd historisch rekonstruierten Wohnräumen des reichen ›Malerfürsten‹ mit Gemälden aus der
Stiftung Lolo von Lenbachs spricht noch etwas von der Gründerzeit mit ihrem düsteren,
aus vergangenen Epochen geliehenen
Pomp, der die Nüchternheit des Industrie-
zeitalters zu negieren versuchte. Nebenan
explodieren die Farben und Formen Kandinskys, des Gründers des Blauen Reiters,
auf den Leinwänden, als wären sie eben erst
gemalt. Die Antipoden Lenbach und Kandinsky verkörpern die Spannweite der Künste vor und nach 1900, die München zum bedeutendsten Kulturzentrum Deutschlands
um die Jahrhundertwende werden lassen.
Die einzelnen Sammlungskomplexe der
Städtischen Galerie besitzen europäischen
Rang. Neben dem schon erwähnten Lenbach-Nachlaß, der heute die größte öffentliche Sammlung von Werken dieses Künstlers
darstellt, verdankt die Städtische Galerie ihre
internationale Bedeutung dem Blauen Reiter,
der hier an seinem Entstehungsort aufgrund
der Stiftung von Gabriele Münter (1957) und
Bernhard Koehler (1965) am besten und vollständigsten präsentiert werden kann. Innerhalb des Blauen Reiters liegt das Schwergewicht auf dem Kandinsky-Konvolut der
Münchner Jahre.
Im Anschluß ist die Paul-Klee-Sammlung zu
nennen, die als eine der bedeutendsten in
der Bundesrepublik alle Schaffensperioden

Franz von Lenbach, *Franz von Lenbach mit Frau und Töchtern*, 1903, Öl auf Pappe

Klees belegt. Mit dem Kubin-Archiv des Hamburgers Dr. Kurt Otte konnte die Galerie die drittgrößte Sammlung von grafischen Blättern und Skizzenbüchern nach Linz und Wien erwerben.

Das internationale Ansehen, das die Städtische Galerie als kunsthistorisches Forschungszentrum genießt, setzt die Maßstäbe für die Ausstellungstätigkeit. Die Galerie steht hier in den Traditionen des Glaspalastes und der Sezessionsgalerie, die die Münchner Kunstszene in den vergangenen 150 Jahren immer dann zu progressiven Leistungen zu aktivieren vermochten, wenn sie die Avantgarde anderer europäischer Kunstzentren zur Diskussion stellten.

Baugeschichte

Ende 1886 kauft Franz von Lenbach das südliche Gartengelände im Besitz der *Künstlerfamilie Heß* an der Luisenstraße nahe den Propyläen. Zusammen mit dem Architekten Gabriel von Seidl entwirft er eine Anlage, die im Gegensatz zu den zeitgenössischen Münchner Künstlerhäusern eines Defregger, Grützner und Kaulbach Wohnhaus und Atelier trennt und über Eck anordnet. Lenbachs und Seidls Ideen sind kaum zu unterscheiden. Seidl, der sich in seinen vorausgegangenen Bauten an den deutschen Renaissancestil anlehnt, greift unter dem Einfluß Lenbachs auch Elemente der italienischen Renaissance und des italienischen Barocks auf. Lenbach will mit dem Stil seiner Villa an die großen Zentren europäischer Kunst anknüpfen und so die Verbindung zu seiner Kunst herstellen. 1887 erfolgt die Grundsteinlegung für Wohn-

und Atelierhaus, 1889 werden der Atelierbau, 1890 das Wohnhaus fertiggestellt. Sieben Jahre nach Lenbachs Tod entsteht zwischen 1911 und 1912 der Verbindungsflügel zwischen beiden Häusern. Nach dem Ankauf der Villa 1925 und des nördlich angrenzenden restlichen Heß-Grundstücks beauftragt die Stadt nach dem Abbruch des alten Heß-Hauses 1927 Hans Grässel und Heinrich Volbehr mit dem Anbau für die Städtische Galerie. Er wird am 1. Mai 1929 seiner Bestimmung übergeben. 1972 erhält die Städtische Galerie an der Brienner Straße in der südlichen Verlängerung des ehemaligen Wohnhauses einen neuen Flügel mit Vortragssaal, Architekten sind Volbehr und Thönnissen.

Baubeschreibung

Der Baukomplex Lenbachhaus präsentiert sich heute als Anlage von drei Trakten, die sich hufeisenförmig um den Garten gruppieren. Die Achse dieses symmetrischen Gartens bezieht sich auf das Hauptportal mit der geschwungenen doppelläufigen Treppe in der Mittelachse des Wohnhauses. Der Weg zum Eingang verläuft fast beiläufig auf der Gartensüdseite am Ateliergebäude entlang. Das Wohnhaus dominiert als dreiachsiger blockhafter Risalit aus drei Geschossen, bekrönt von einer begehbaren Laterne. Die dorisierenden und ionisierenden Doppelpilaster im Erd- und ersten Obergeschoß, die Doppellisenen im leicht zurückspringenden zweiten Geschoß treten in der Wirkung hinter den kräftigen Gesimsen zurück, von denen das obere durch Konsolen und einen ziegelgedeckten Wasserabschlag betont

Wilhelm von Kobell, *Nach der Jagd am Bodensee*, 1833, Öl auf Holz

wird. Das untere Gesims leitet zu den späteren Flügelbauten mit den kurvig ausgeschnittenen Brüstungen über, die öfter verändert und unter anderem beim Wiederaufbau aufgestockt wurden.
Das asymmetrische Atelierhaus ist zur Straße hin am höchsten. Hier wird das Atelier im ersten Stock mit der strengen palladianischen Fenstergliederung auf der Gartenseite durch Mezzanin und Walmdach überhöht. Auf der den Propyläen zugewandten Seite wahrt der Bau mit der giebelbekrönten Loggia auf der apsidial erweiterten Terrasse den Charakter der Landvilla. Das Arkadenmotiv der Loggia wiederholt sich im rückwärtigen und niedrigeren Teil des Atelierbaus an einem offenen Eingangsvestibül. Die rundbogigen Fenster überwiegen hier und vermitteln mit dem Rundbogenportal am Wohnhaus, das auf einen kleinen säulengetragenen Balkon über dem Portal führt.
Antikisierende Vasen, Obelisken (zerstört), Reliefs, Säulen, Kapitelle, Terrassen, Freitreppen, die Gestaltung des Gartens als ›Giardino segreto‹ betonen die repräsentative Intimität der Villa.
Der langgestreckte Grässel-Trakt an der Gartennordseite nutzt Elemente des Seidlschen Atelierbaus in vereinfachter Form und sichert die Geschlossenheit des Ensembles, dessen Architektur sich nach innen zum Garten hin entfaltet.
Von der historischen **Innenausstattung** zu Lenbachs Zeiten geben die rekonstruierten ehemaligen Gesellschaftsräume im ersten Stock des Wohnhauses noch einen ungefähren Begriff. In zwei Sälen mit roter Seidentapete bilden dunkle geschnitzte Holzbalken auf Konsolen die Decken. Sie werden von einem portalartigen Durchgang mit Rollwerk, Putti und Fabelwesen aus zum Teil vergolde-

tem Gips verbunden. Über diesem Portal ist ein ebenfalls vergoldetes Gipsrelief mit der Hochzeit von Dionysos und Ariadne angebracht. Das Originalrelief befindet sich an einem Sarkophag von 140/150 n.Chr. in der benachbarten Glyptothek (s.S.119).
Im nördlich angrenzenden Salon dekorieren Sternzeichen, Tierkreissymbole und Strahlensonne das Mittelfeld der Kassettendecke.
Lenbach beschäftigte seinerzeit für die Innendekoration Kunstschreiner, Intarsiatoren, Stukkateure, Faßmaler und Vergolder und ließ die kostbaren Materialien, wie sie Renaissance und Barock für die Innenarchitektur verwendete, imitieren.

Sammlungsgeschichte

In den achtziger und neunziger Jahren des 19.Jh. wird in der Münchner Bürger- und Künstlerschaft der Wunsch nach einer städtischen Bildergalerie laut. Die städtischen Kollegien kaufen zwar Bilder, zum Beispiel aus den Ausstellungen der Münchner Künstlergenossenschaft (s.S.129), und nehmen Stiftungen entgegen, sie geben diese Bilder aber an das städtische ›Historische Museum‹ (das heutige Münchner Stadtmuseum, s.S.153) weiter oder verteilen sie auf Amtsräume. Nach 1900 beginnen die meist geheimen Sitzungen der städtischen Kollegien zu kulturpolitischen Fragen wie einem gemeindlichen Kunstfonds, um Münchens führende Rolle in der Kunst zu sichern. Vereinzelt erheben sich Stimmen zugunsten einer Galerie zur Förderung moderner Kunst, doch kommen sie gegen das Argument der hohen Kosten, die Gebäude, Gemäldeankäufe und deren Verwaltung erfordern würden, nicht an. Weitere Probleme werden in der Berechtigung und Qualifikation einer städtischen Galerie ange-

Carl Rottmann, *Hirschjagd am Hintersee bei Berchtesgaden*, 1823, Öl auf Holz

sichts der bedeutenden Sammlungen des Staates gesehen.

Je problematischer Münchens Stellung als Kunststadt wird, desto lebhafter wird im Rathaus die Diskussion um die städtische Kunstpflege. Modifizierte Ideen, ein Stadthaus mit angegliederter städtischer Galerie oder eine städtisch unterstützte Sezessionsgalerie, scheitern unter anderem an der Finanzlage der Stadt. Mit dem Beschluß von 1905, städtische Gebäude mit Bildern und Fresken auszustatten, scheint die Gründung einer städtischen Galerie in weite Ferne gerückt. Trotzdem lassen es die Stadtkollegien nicht an (er-folgreichen) Appellen an die Münchner Bürger fehlen, mit Stiftungen die Sache einer städtischen Galerie zu fördern. 1907 macht das Testament der Hufbeschlagswitwe *Anna Wollani* mit 100 000 Mark als Fonds für eine öffentliche städtische Galerie den Anfang, auch wenn sich das Stiftungsvermögen durch Anfechtung der Erben auf die Hälfte verringert und durch Kriegsanleihen und Inflation verlorengeht. 1908 bietet der Hofschauspieler *Alois Wohlmuth* seine Sammlung von 215 Skizzen und Ölbildern Münchner Maler aus der zweiten Hälfte des 19. Jh. an, falls die Stadt geeignete Räume zur Verfügung stellt. Die Stadt nimmt auf Empfehlung des Akademieprofessors Franz von Defregger und Hugo von Tschudis, des Direktors der Staatlichen Gemäldegalerie, die Schenkung an, zerbricht sich aber drei Jahre lang den Kopf über deren Unterbringung. 1909 stimmt die Stadt nach einjährigen Preisverhandlungen dem Ankauf der Sammlung des Münchner Kunstvereins (s. S. 135) zu. Unter den 47 Werken finden sich solche von Lenbach, Stuck, Defregger, Schleich und Heß. Im selben Jahr fällt auch die *Sammlung Fettermann* testamentarisch an die Stadt.

Diese Aktivitäten der Münchner Bürger und ein manifestartiger Appell vom Februar 1910 der ›Münchner Luitpold-Gruppe‹ im Namen der Münchner Künstlervereinigungen wie ›Münchner Künstlergenossenschaft‹, ›Sezession‹, ›Künstlerbund Bayern‹ und der ›Scholle‹, die sich im historischen Kontext präsentiert sehen wollen, aktualisieren den Plan einer städtischen Galerie. Die Kollegien sehen zum ersten Mal die zwingende Notwendigkeit eines städtischen Galeriegebäudes ein. Unter anderem ist die zu diesem Zeitpunkt aufgelassene Schackgalerie (s. S. 226) im Gespräch, die allen Bildern in städtischem Besitz (Rathaus, Historisches Museum, Stiftungen) Platz böte. Im April 1910 wendet sich die Stadt an Hugo von Tschudi um Rat. Sein Gutachten fällt mehr als positiv aus. Er sieht in einer städtischen Galerie eine Ergänzung und Entlastung königlicher und staatlicher Sammlungsaufgaben. Jetzt sind die Gebäude des Kunstvereins, der Sezessionsgalerie am Königsplatz, später die ›Isarlust‹ an der Isar, der Turm des Sendlinger Tors und Neubauten im Gespräch. Schließlich werden im Turmzimmer des Rathauses 1911 rund fünfzig Gemälde aus den Stiftungen *Harburger*, *Siegel* und *Leibl* gehängt, ohne der Öffentlichkeit zugänglich zu sein. Auf Anfragen der königlichen Regierung heißt es, man warte auf das Freiwerden eines repräsentativen Gebäudes. Alle Gründungsabsichten macht dann der Erste Weltkrieg zunichte. Die wichtigen, wenn auch unsystematischen Ansätze zur städtischen Kunstpflege bleiben für die Zukunft gültig.

Als die städtische Kunstpolitik 1916 im neuen Leiter des Historischen Museums, Karl Dietl, Professor der städtischen Gewerbeschule, Abteilung Malerei, einen fachlich ausgebildeten Partner findet, werden die Bilder in städtischem Besitz, die von Dietl zunächst im Historischen Museum versammelt worden waren, und die Stiftungen von 1917 *(Gebler, Lotzbeck, Posselt)* in der Malschule untergebracht. Am Ende des Ersten Weltkriegs bahnt sich eine konservatorische Betreuung an. Auf Beschluß des Stadtrats wird 1921 mit der Inventarisierung von Dietls Mitarbeiter Konrad Schießl im Historischen Museum die erste Bestandsaufnahme durchgeführt. Dietl selbst übernimmt die notwendig gewordenen Restaurierungen und sorgt 1924 für die Aufbewahrung der Bilder in der Malschule im vierten Stock des Schulhauses im Rosental.

1924 stellt die demokratische Fraktion den Antrag, die Idee der Städtischen Galerie wieder aufzugreifen. Aus dem gesamten Bestand von 1000 Bildern filtert Dietl 25 Bilder mit »ausgesprochenen Galerieeigenschaften« heraus, darunter Leibls *Frau Gentz* und Lenbachs *Ludwig I.* Die Stadt verschafft sich Organisationsunterlagen der städtischen Gemäldegalerien in Köln, Aachen, Nürnberg, Magdeburg und Leipzig, die von einem hauptamtlichen Direktor geleitet werden.

Die Gründung der Städtischen Galerie

1924 bietet die Witwe des Malers Franz von Lenbach Villa und Atelier des Künstlers an der Luisenstraße der Stadt zu einem günstigen Preis an und stellt die Galerie des Malers samt Hausinventar als Schenkung in Aussicht, falls sie als öffentliche Sammlung weitergeführt würde. Das Projekt stößt auf allgemeine Zustimmung. Mit dem Kauf des Lenbachschen Besitzes und des nördlich angrenzenden Grundstücks ist der entscheidende Schritt zur Gründung der ›Städtischen Galerie‹ getan. Die Stadt plant sofort die Erweiterung des Komplexes um ein Gebäude.

1925 werden für die städtischen Kunstsammlungen des Historischen Stadtmuseums, der Lenbach-Galerie und der Städtischen Galerie unter anderen aus Vertretern der staatlichen Museen ein Kunstbeirat und eine Ankaufskommission gebildet und eine vorläufig gemeinsame Leitung beschlossen, um die Grenzen zwischen den drei Institutionen zu ziehen und ein Gegeneinanderarbeiten zu vermeiden. Eberhard Hanfstaengl wird mit der Direktion der Städtischen Kunstsammlungen, der Einrichtung und Verwaltung der beiden Galerien, der Neuorganisation des Historischen Museums, der Aufstellung eines Programms und der Beratung des geplanten Neubaus betreut. Aus kulturellen Gründen wird alle Verantwortung in seine Hände gelegt. Mit dem inneren und äußeren Ausbau der Sammlungen geht eine Neuorganisation der städtischen Kunstverwaltung Hand in Hand. Die Direktion der Städtischen Kunstsammlungen wird Beratungsstelle für alle künstlerischen Fragen der Stadt.

Nach dem Abbruch des benachbarten Wohnhauses des Bildhauers Anton Heß wird an

Wilhelm Leibl,
Tierarzt Reindl in der Laube,
1890,
Öl auf Mahagoni

Lovis Corinth, *Selbstbildnis mit Skelett*, 1896, Öl auf Leinwand

seiner Stelle zwischen 1927 und 1929 der Neubau für die Bestände der Städtischen Galerie und die geplanten Wechselausstellungen errichtet.

Der erste nennenswerte Ankaufsetat der Städtischen Galerie über 50000 Mark von 1925 wird bis 1932 auf eine Million Mark erhöht. Entsprechend Hanfstaengls Konzept vergrößert sich der historische Bilderbestand rasch. Die Städtische Galerie tritt nachträglich in Konkurrenz mit den Sammlungen der staatlichen Galerien, deren Qualitätsmaßstäbe für die Städtische Galerie Vorbild werden. 1929 sind zur Eröffnung neue Ankäufe aus dem 19. und 20.Jh. zu sehen. In Zukunft will die Städtische Galerie die zeitgenössische Kunst pflegen. Dem Zeitgeschmack entsprechend, der wenig für ›endgültige‹ Museumsbestände übrig hat, finden in der Folgezeit häufig wechselnde Ausstellungen statt. Die Kunststadt erhofft sich dadurch neues Ansehen und Impulse für ihre Künstler. Der Aufschwung der städtischen Kunstpflege 1925 dauert bis 1930 und geht Hand in Hand mit dem Interesse für die bürgerliche Vergangenheit der Residenzstadt.

1934, nach Eberhard Hanfstaengls Berufung nach Berlin, kann F. Hofmann bald den Vollzug einer »Säuberung« der Galerie melden. Dafür erhält er den Auftrag, auch in den übrigen deutschen Museen die später als »entartet« diffamierte Kunst zu entfernen. Er wird Direktor der Städtischen Galerie.

Nach dem Krieg – eine Bombe hatte 1944 die historischen Lenbach-Räume zerstört – werden die Städtische Galerie zwischen 1954 und 1958 wiederhergestellt, die Lenbachschen Kabinette im Mitteltrakt rekonstruiert und die ausgelagerten Bestände zurückge-

bracht. Als Nachfolger Artur Rümanns (1945 bis 56) übernimmt Hans Konrad Roethel von 1957 bis 1971 die Leitung. Roethel praktiziert eine engagierte zeitgenössische Sammeltätigkeit ohne regional beschränkte Perspektiven. Gleich zu Beginn seiner Amtszeit führt seine Freundschaft mit Johannes Eichner, der an seinem Buch ›Kandinsky und Gabriele Münter. Von Ursprüngen moderner Kunst‹ (München 1957) arbeitet, und Gabriele Münter zur Stiftung Gabriele Münters. Eine der größten Schenkungen in der neueren Museumsgeschichte Bayerns von 91 Ölbildern Kandinskys, 300 Aquarellen und Zeichnungen, 29 Skizzenbüchern, verschiedenen kunstgewerblichen Arbeiten und einer Fülle von Druckgrafik in unterschiedlichen Zuständen aus den bis 1914 gemeinsam verbrachten Jahren, 25 Gemälden von Gabriele Münter und Werken der Freunde in ihrem Besitz stellt für das kommunale Institut die Weichen, es wird zu einem Museum von Weltrang. Gabriele Münter unterstützt den Ankauf von Werken, die den Komplex erweitern. Als sie 1962 stirbt, hinterläßt sie hundert Gemälde, Zeichnungen und Grafiken u.a. von Campendonk, Delaunay, Jawlensky, Kandinsky, Klee, Kubin, Marc, Macke, Werefkin, die sie für das Museum erworben hatte. Mit der ›Bernhard und Elly Koehler-Stiftung‹ kommen 1965 Gemälde und Zeichnungen von Jawlensky, Macke, Marc und Niestlé aus der Sammlung des Vaters, Bernhard Koehler sen., in die Sammlung. 1966 wird die ›Gabriele-Münter- und Johannes-Eichner-Stiftung‹ rechtskräftig, die den gesamten Nachlaß der Malerin an Kunstwerken, Dokumenten, Barvermögen und Immobilien betrifft. Laut Satzung hat diese Stiftung Aufgaben wie die Förderung von Forschungsvorhaben, von jungen Künstlern, von Publikationen zum Blauen Reiter und die Ergänzung der Sammlungsbestände, die dann Dauerleihgaben der Städtischen Galerie werden. Mit Stiftungsmitteln werden Werke von Paul Baum, Wladimir von Bechtejeff, Wladimir Burljuk, Erma Bossi, Robert Delaunay, Alexej Jawlensky, Franz Marc und August Macke hinzuerworben, kann die Klee-Sammlung ausgebaut werden. Die Städtische Galerie wird zur umfangreichsten Sammlung des Blauen Reiters. 1971 kann die Stadt auf Betreiben Hans Konrad Roethels das Kubin-Archiv des Hamburger Sammlers und Kubin-Freundes Dr. Kurt Otte in die Städtische Galerie holen.

In zahlreichen Ausstellungen zeigt Roethels Nachfolger Michael Petzet (1972-74) zum ersten Mal internationale Avantgardekünstler der Nachkriegszeit, vor allem Amerikas, in München. Im neuen, noch von Roethel initiierten Südflügel an der Brienner Straße wird neben weiteren Räumen für Wechselausstellungen und einem Vortragssaal auch Platz für zeitgenössische Kunst geschaffen.

Seit 1974 setzt Armin Zweite die internationale Ausstellungs- und Sammlungspolitik fort. Ihm gelingen 47 Ankäufe so wesentlicher Werke wie *Roter Fleck II* 1921 von Kandinsky, *Wald, Mädchen und Ziege* 1917 von Campendonk, *Porträt Hedwig Kubin* 1906 und *Liebe* 1925 von Jawlensky, Arbeiten von Marc, Wladimir Burljuk, Erbslöh und Kahler. Er erweitert den Klee-Bestand um neun Bilder, darunter sind so bedeutende Kompositionen wie *Sumpflegende* 1919 (ein Ankauf, der noch von Roethel in die Wege geleitet worden ist), *Rosengarten* 1920, *Botanisches Theater* 1924, *Rausch* 1939 und *Zerstörter Ort* von 1920. Neben der Pflege der klassischen Moderne liegt Armin Zweite der Aufbau einer internationalen Sammlung zeitgenössischer Avantgardekünstler am Herzen,

die nicht selten durch langjährige Aufenthalte in München oder spezielle Arbeiten für München besondere Beziehungen zur bayerischen Metropole entwickelt haben.

Die Sammlungsbestände und ihre Geschichte

Münchner Landschaftsmaler der ersten Hälfte des 19. Jh.

Eberhard Hanfstaengl, der erste Direktor der Galerie, hat eine umfangreiche Sammlung sog. ›bürgerlicher‹ Malerei des frühen 19. Jh. angelegt. Zur Münchner Schule dieses Zeitraums, die kurz nach 1800 zu einem Regionalbegriff wird, gehören mehr als hundert Maler. Unter den bayerischen Herrschern wird München zur Kunstmetropole: Mit Kurfürst Karl Theodor von der Pfalz kommt zwischen 1793 und 1796 die Malerfamilie Kobell aus Mannheim nach München; König Max I. Joseph gründet die Akademie der Bildenden Künste und erteilt den Landschaftsmalern, darunter Peter Heß und Max Joseph Wagenbauer, die ersten Aufträge; König Ludwig I. holt von überall her Künstler nach Bayern. Lorenz Westenrieder, der bayerische Aufklärer und Historiker, beschreibt die Schönheiten der Voralpenlandschaft und der Umgebung Münchens, vor allem des Starnberger Sees, die bald zu den Themen vieler Maler zählen. In der Umgebung Münchens und in Oberbayern zeichnet und aquarelliert Johann Georg von Dillis (1759-1841) bereits um 1790 seine ersten topographischen Landschaftsporträts. Er ist der eigentliche Begründer der Münchner Landschaftsmalerei und ein Vorläufer des Impressionismus. Wilhelm von Kobell gilt als Vertreter des Biedermeiers.

König Ludwig I. beruft 1825 Peter Cornelius als Akademiedirektor und übernimmt das

Rechts: Wassily Kandinsky, *Kirche in Murnau*, 1910, Öl auf Pappe

Links unten: Gabriele Münter, *Jawlensky und Werefkin*, 1908/09, Öl auf Pappe

Unten: Wassily Kandinsky, *Studie zur Komposition VII*, Entwurf 2, 1913, Öl auf Leinwand

Protektorat über den soeben gegründeten Kunstverein (s. S. 135), der im Gegensatz zur offiziellen Malerei der Akademie Landschaft, Stilleben und Bildnis fördert und die Vermittlung zwischen Künstlern und Sammlern – Bürgern, Beamten und Adligen – übernimmt. Auch Ludwig I. kauft hier für seine Privatsammlung. Der Norweger Thomas Fearnley (1802-42), der Pirmasenser Heinrich Bürkel (1802-69), der Hildesheimer Leo von Klenze (1784-1864), der in Rom geborene Ernst Kaiser (1803-65), der Hamburger Christian Morgenstern (1805-67) sind einige der Künstler, die im zweiten Viertel des 19. Jh. in den

Kunstvereinsausstellungen zu den besten zählen und ebenfalls in der Städtischen Galerie vertreten sind. Eine Ausnahme bildet der Heidelberger Carl Rottmann (1797-1850), dessen italienische und griechische Landschaften eine Wendung zum Heroischen nehmen. Zwei verkleinerte eigenhändige Repliken in Öl, *Delos* und *Epidauros* aus dem griechischen Freskenzyklus in der Neuen Pinakothek, befinden sich in der Sammlung, außerdem eine *Hirschjagd* von 1823 und zwei *Wolkenstudien* von 1843.

Die offizielle Staatskunst, die an der Akademie entstand, gelangt von Anfang an in die Neue Pinakothek (s. S. 185).

Münchner Malerei nach 1848

Nach der Münchner Revolution 1848 und der Abdankung Ludwigs I. reisen Carl Spitzweg (1808-85) und Eduard Schleich (1812-74) 1851 nach Paris. Die Begegnung mit der Schule von Barbizon, der Künstlerkolonie bei Fontainebleau, beeinflussen ihre und Adolf Liers (1826-82, ab 1849 in München) Landschaftsauffassung. Auf der Weiterreise setzen sich Schleich und Spitzweg in London mit den Bildern Constables und Turners auseinander. Neben den Landschaften sind von Spitzweg auch Bilder mit figürlichen Szenerien in der Städtischen Galerie zu sehen, wie z. B. die tragikomischen *Jugendfreunde*, die ihn volkstümlich gemacht haben.

Der Leibl-Kreis

Als Wilhelm Leibl 1870 aus Paris nach München zurückkehrt, entsteht der sog. Leibl-Kreis. Mit Theodor Alt (1846-1937) und Rudolf Hirth du Frênes (1846-1916) hatte Leibl schon in den sechziger Jahren in der An-schütz-Klasse der Akademie zusammen studiert, in der Ramberg-Klasse hatte er sich mit Fritz Schider (1846-1907) und Johannes Sperl (1840-1914) befreundet. Jetzt sammeln sich die genannten Künstler zusammen mit Wilhelm Trübner (1851-96), Carl Schuch (1846-1903) und Karl Haider (1846-1912) um Leibl. Aber schon drei Jahre später zieht sich Leibl aufs Land zurück. Nur Johannes Sperl wird später von 1881 bis 1900 in Bad Aibling mit Leibl zusammen arbeiten. Leibl selbst durchläuft eine vielgestaltige Entwicklung vom Realismus, z.B. im *Bildnis des Malers Julius Bodenstein* (1878), bis zu den impressionistisch leuchtenden Farben im *Porträt des Tierarztes Reindl in der Laube* von 1890, wie die Bilder der Galerie zeigen.

Leibl war 1865 vorübergehend Schüler in der Klasse Pilotys, der 1856 an die Akademie berufen und 1874 deren Direktor wird. Zu seinen Schülern zählen auch Eduard Grützner (1846-1925, *Bauerntheater* 1875), Franz von Defregger (1835-1921, *Straße in Werdenberg* um 1875) und Franz von Lenbach (1836 bis 1904). Ab 1871 malt Friedrich August von Kaulbach im Kreis von Wilhelm Diez, Hans Makart und Franz von Lenbach. 1876 macht Kaulbach mit dem *Bildnis der Mina Gedon im Gewand des Burgfräuleins,* die 1869 schon Leibl gemalt hatte, mit Hilfe des gerade erfundenen Farbendrucks Furore.

Lenbach-Stiftung

Die Gemälde, Studien, Pastelle, Zeichnungen Franz von Lenbachs (1836-1904) im Besitz der Städtischen Galerie stammen vorwiegend aus der Stiftung Lolo von Lenbachs. Neben wenigen naturalistischen Landschaften und historischen Themen aus der Anfangszeit überwiegen Porträts der letzten

Franz Marc, *Kühe gelb-rot-grün,* 1912, Öl auf Leinwand

Alexej von Jawlensky, *Bildnis des Tänzers Alexander Sacharoff*, 1909, Öl auf Pappe

zweieinhalb Jahrzehnte, darunter psychologische Studien, die die Gründerzeit widerspiegeln.

Von den insgesamt 541 Werken des Nachlasses, von denen nur einige aus dem Besitz des Bruders Karl stammen oder später erworben wurden, entfallen etwa 95 Skizzen auf die Studienzeit der fünfziger Jahre einschließlich der Studienreise nach Italien (hier ragen *Zwei Hirtenknaben an einem Grashang* 1858-60 und *Hirtenbub auf einem Grashügel* um 1857 heraus). Rund 30 Skizzen und Karikaturen entstanden während der sechziger Jahre auf Reisen in Spanien und Nordafrika.

In den sechziger Jahren wurden im Auftrag des Grafen Schack auch die meisten der 34 skizzierten oder zu Ende gebrachten Kopien nach Niederländern des 16. und 17. Jh. – Rubens, van Dyck, Rembrandt – ausgeführt, ebenso die 21 Kopien nach Italienern und Spaniern des 15. bis 17. Jh. – Correggio, Giorgione, Tizian, Tintoretto, Veronese, Velazquez – und die zwölf Kopien nach Engländern des 18. Jh. – u.a. Gainsborough und Reynolds. In den siebziger Jahren beginnt für Lenbach mit (Nachlaß-)Studien aus Ägypten wie *Araber in Beduinentracht* 1876 und *Straßenbild in Kairo* 1875/76 eine neue Epoche seiner Malerei. Aus den achtziger

Jahren besitzt die Städtische Galerie 14 Entwürfe für historisierende Architektur und Gewölbefresken. In diesem Jahrzehnt gelingt Lenbach der Durchbruch in der Porträtmalerei mit namhaften Persönlichkeiten wie Kaiser Wilhelm I., Papst Leo XIII. und vor allem Fürst Otto von Bismarck, die seinen Ruhm begründen. Aus den achtziger und neunziger Jahren bis 1904 sind 321 Porträts in der Lenbach-Sammlung der Städtischen Galerie – oft in Vorentwürfen und Zweitfassungen – erhalten. Unter den bereits genannten und zahlreichen anderen Herrschern und Adligen Deutschlands und Europas und Persönlichkeiten des deutschen Großbürgertums (Werner von Siemens) sind Künstler wie Eleonora Duse, Edvard Grieg, Paul Heyse, Franz Liszt, Gabriel von Seidl, Gottfried Semper, Johann Strauß, Richard Wagner und immer wieder seine Lieblingstochter Marion aus erster Ehe (vgl. den Sammlungskatalog von Sonja Mehl). Ein Katalog der beweglichen Einrichtungsgegenstände und kunstgewerblichen Objekte aus der Lenbach-Villa (soweit sie im Krieg ausgelagert waren) ist in Vorbereitung. Ebenso soll die umfangreiche Fotosammlung von Hunderten von Porträtaufnahmen, die der Maler seinen Bildnissen zugrunde gelegt hat, publiziert werden.

Sezession und Jugendstil

Ehe Max Slevogt (1868-1932) und Lovis Corinth (1858-1925) nach Berlin gingen, malten sie 1895 *Danae* und 1896 *Selbstbildnis mit Skelett,* die sich heute im Besitz der Städtischen Galerie befinden. Ihre Bilder sind typisch für die Aufbruchstimmung der Münchner Maler um die Jahrhundertwende, die zur Abspaltung von 96 der rund 900 Künstler erfassenden ›Königlich privilegierten Münchner Künstlergenossenschaft‹, verkörpert z.B. durch Franz von Lenbach, und 1892 zur Gründung der ersten ›Sezession‹ in Deutschland führt. Schon im Sommer 1893 stellt die Sezession im eigens errichteten Ausstellungsgebäude an der Prinzregentenstraße, Ecke Pilotystraße, ab 1898 im Kunstausstellungsgebäude am Königsplatz in- und ausländische Künstler aus. Sie existiert bis zur Auflösung 1938 durch die Nationalsozialisten und wird 1946 neu gegründet. Die Sammlung der 1905 gegründeten ›Sezessions-Galerie‹ am Königsplatz übersteht den Zweiten Weltkrieg bis auf Werke von Liebermann und Menzel und gelangt 1977 als Dauerleihgabe in die Städtische Galerie. Sie umfaßt Werke von Ludwig Dill (1848-1940), Hugo von Habermann (1848-1929), Lovis Corinth (1858-1925), Adolf Hoelzel (1853-1924), Albert von Keller (1844-1920), Gotthardt von Kuehl (1850-1915), Bruno Piglhein (1848-94), Leo Putz (1869-1940), Franz von Stuck (1863 bis 1928), Wilhelm Trübner (1851-1917), Fritz von Uhde (1848-1911), Albert Weisgerber (1878-1915) u.a. Einige Bilder der Sezessionisten, z.B. Corinths *Bildnis des Pianisten Conrad Ansorge* (1903) und *Akt mit Putten* (1921) sind ständig in der Schausammlung zu sehen, ebenso Stucks *Salome* von 1906.

Von der Sezession und der Fin-de-siècle-Stimmung eines Stuck, Böcklin und Klinger lösen sich bereits in den neunziger Jahren zahlreiche Künstler wie Peter Behrens (1868 bis 1940), Otto Eckmann (1865-1902), Carl Strathmann (1866-1939). Zusammen mit Bernhard Pankok (1872-1943), Hermann Obrist (1863-1927), Richard Riemerschmid (1868-1957), Hans Schmithals (1878-1964), August Endell (1873-1955) arbeiten sie für die 1897 gegründeten ›Vereinigten Werkstätten für Kunst und Handwerk‹. Sie bilden bis etwa 1905 das Zentrum des Münchner Jugendstils. Die Städtische Galerie zeigt einige exemplarische Beispiele aus ihren Beständen in der Schausammlung: Richard Riemerschmids *Wolkengespenster I* 1897, Hans Schmithals' *Gletscherbach* 1902, Carl Strathmanns (1866-1939) *Paradiesbaum mit Schlange,* um 1900, und *Der verlorene Handschuh,* um 1900. Hier wie in anderen europäischen Großstädten bereitet der Jugendstil den Umbruch der Kunst des 20. Jh. vor.

Die Scholle und Neu-Dachauer Schule

Aus Sezession und Jugendstil sollten weitere Künstlervereinigungen hervorgehen. 1899 schließen sich Schüler des Sezessionisten Paul Höcker und Mitarbeiter der Zeitschrift ›Jugend‹ unter den Namen ›Scholle‹ zu einer Ausstellungsgemeinschaft zusammen. Von den Scholle-Mitgliedern befinden sich u.a.

Bilder von Leo Putz (1869-1940, *Mädchen im Glas,* um 1902), von Reinhold Max Eichler (1872-1947), ihrem Wortführer Erich Erler (1868-1940) und von Max Feldbauer (1869 bis 1948) in der Städtischen Galerie.

Adolf Hoelzel (1853-1934), von 1888 bis 1906 in Dachau seßhaft, zieht 1894 in Erinnerung an die Dachauer Schule der Brüder Schleich in der zweiten Hälfte des 19. Jh. Künstler wie Ludwig Dill (1848-1940), einer der Hauptinitiatoren der Sezession, Arthur Langhammer (1854-1901) und Toni Stadler d. Ä. (1856 bis 1917) nach Dachau, wo sie die Künstlervereinigung ›Neu-Dachau‹ bilden und ähnliche Ziele wie die ›Scholle‹ verfolgen. Von Langhammer finden sich in der Galerie *Dachauer Bauernmädchen* um 1900, von Stadler d. Ä. u.a. die Landschaft *Vor dem Gewitter* 1902, von Dill *Im weißen Moor,* um 1897.

Der Blaue Reiter

Wie Paris zieht auch München, um 1900 unumstrittene deutsche Kunstmetropole, junge Künstler an Akademie und Kunstschulen, unter Ihnen Kandinsky, Jawlensky, Werefkin, Münter, Klee. Gemeinsam revoltieren sie gegen die offizielle akademische Kunstauffassung. Kandinsky, Jawlensky und Werefkin gründen 1909 unter dem Protektorat Hugo von Tschudis die ›Neue Künstlervereinigung München‹. Als Kandinsky beginnt, in der Ölstudie *Komposition V* Farbe und Form absolut zu setzen, und das Bild 1911 nicht in die gemeinsame Ausstellung aufgenommen wird, scheiden Wassily Kandinsky, Franz Marc, Gabriele Münter und Alfred Kubin aus.

Links:
August Macke,
Türkisches Café,
1914,
Öl auf Holz

Paul Klee,
Rosengarten,
1920,
Öl auf Karton

Kandinsky und Marc gründen die ›Redaktion Der Blaue Reiter‹. Sie geben im Frühjahr 1912 mit eigenen Mitteln und finanzieller Hilfe ihres Mäzens Bernhard Koehler sen. den Almanach ›Der Blaue Reiter‹ im Piper-Verlag heraus, in dem Musiker (Arnold Schönberg) und bildende Künstler (Kandinsky, Marc, Macke) die Autoren der Beiträge über zeitgenössische Musik, Literatur, Volkskunst, Kunst außereuropäischer Kulturen und der europäischen Moderne sind. Der Almanach gehört heute zu den bedeutendsten Künstlerprogrammen des 20.Jh. Die Redaktion des Blauen Reiters veranstaltet im Dezember 1911 eine erste Ausstellung in einem Nebenraum der Galerie Thannhauser, die anschließend in Köln, Berlin, Bremen, Hagen und Frankfurt am Main gezeigt wird, 1912 eine zweite und letzte Ausstellung in der Galerie Goltz. Unter den ausstellenden Künstlern sind Braque, Picasso, Derain, Vlaminck, Delaunay, Malewitsch, Larionow und Arp ebenso vertreten wie die Brücke-Maler und der Kern des Blauen Reiters, Kandinsky, Marc, Münter, Macke, Klee, Campendonk und Kubin. Jawlensky und Werefkin treten im Verlauf des späteren Jahres bei. Der Kreis der ideellen Mitglieder ist groß. Überall in Europa entwickelt sich ›abstrakte Kunst‹, bis der Erste Weltkrieg ein vorläufiges Ende setzt.

Die Ölbilder, Hinterglasbilder, Aquarelle, Gouachen, Zeichnungen, Druckgrafiken und einzelnen plastischen Arbeiten des Blauen Reiters gelangen mit der ›Gabriele Münter-Stiftung‹ 1957 und der ›Bernhard und Elly

Koehler-Stiftung‹ 1965 in den Besitz der Städtischen Galerie. Sie können später durch Schenkungen und Ankäufe aus Mitteln der 1966 rechtskräftig gewordenen ›Gabriele Münter- und Johannes Eichner-Stiftung‹ ergänzt werden.

Die achtzigjährige Gabriele Münter, Kandinskys Gefährtin seiner Münchner Jahre, stiftet 1957 anläßlich ihres Geburtstages 91 Bilder, 300 Aquarelle, Temperablätter und Zeichnungen von **Wassily Kandinsky** (1866-1944) aus der Zeit zwischen 1900 und 1914, außerdem 29 Skizzen- und Notizbücher mit über 250 Studien und Entwürfen, 24 Hinterglasbilder, kunstgewerbliche Arbeiten, Schnitzereien und Druckgrafiken, darunter viele Zustandsdrucke, die sich in ihrem Besitz finden. Damit sind Kandinskys Münchner Perioden, angefangen von den Landschaften ab 1901, der märchenhaften Thematik bis 1908/09, den Murnauer Landschaften ab 1908 und dem Blauen Reiter ab 1911 in allen Übergängen und Entwicklungen zur Abstraktion belegt (vgl. den Sammlungskatalog von Erika Hanfstaengl). Darunter sind Entwürfe für das Signet der Neuen Künstlervereinigung München 1908/09, für den Einband des Buches ›Über das Geistige in der Kunst‹ 1910, Maquetten für die russische Ausgabe der ›Klänge‹ 1910/11 und den Almanach des Blauen Reiters von 1911.

Die Zeichnungen und Aquarelle stehen in engem Zusammenhang mit den 94 Ölbildern in der Städtischen Galerie, die bis auf drei aus dem Besitz Gabriele Münters stammen. Die Sammlung der Ölbilder umfaßt 27 Land-

Links: Hans Hofmann,
Der Gaukler, 1959,
Öl auf Leinwand

Rechts: Joseph Beuys,
*Widerspiegelung eines
erschlagenen Tieres*,
Ölfarbe, Aquarell, Silber-
bronze, Tinte auf Papier

Unten: Arnulf Rainer,
Schwarzes Kreuz, 1956,
Öl auf Hartfaserplatte

schaftsstudien zwischen 1901 und 1906, 8 frühe Bilder von 1901 bis 1907, 25 Murnauer Studien von 1908 bis 1910, 34 Impressionen und Improvisationen von 1909 bis 1914, 24 Hinterglasbilder von 1909 bis 1914, zwei Holzreliefs und zwei Holzfigürchen von 1908/09 (vgl. den Sammlungskatalog von Rosel Gollek, 2. Auflage 1982).

Hans Konrad Roethel hat 1970 einen Œuvrekatalog der gesamten Druckgrafik Kandinskys erarbeitet, die nahezu geschlossen in der Städtischen Galerie aufbewahrt wird. Zwischen 1902 bis 1907 entstehen Holzschnitte und Farbholzschnitte (bis Nr. 79 des Druckgrafischen Verzeichnisses, im folgenden als DGV aufgeführt), von 1908/09 bis 1911 Holzschnitte (bis DGV 141), von 1912 bis 1913 Improvisationen in Holzschnitten und Radierungen (DGV 147-158), von 1913 bis 1916 und 1922 bis 1942 Farblithografien, Lithografien, Holzschnitte und Kaltnadelradierungen (DGV 159-203). Darüber hinaus gibt es 31 Blätter von Druckstöcken und -platten, von denen keine originalen Drucke bekannt sind. Alle Arbeiten, die bis 1916 entstanden, entstammen der ersten Stiftung Gabriele Münters von 1957. Ein beträchtlicher Teil des grafischen Spätwerks konnte von Roethel 1966 dank der Großzügigkeit Nina Kandinskys erworben werden.

Aus der Gruppe des Blauen Reiters sind in der Städtischen Galerie vertreten: **Franz Marc** (1880-1916) mit 22 Ölbildern, zwei Plastiken, einigen Aquarellen und Temperablät-

tern zum Teil auf Postkarten, Zeichnungen, Lithografien und Holzschnitten; **Gabriele Münter** mit 30 Ölbildern (1903-56, ein druckgrafisches Verzeichnis ist 1967 erschienen, ein Katalog der Zeichnungen ist in Vorbereitung); **Alexej von Jawlensky** (1864-1941) mit 20 Ölbildern (1902-36), außerdem Bleistiftzeichnungen und Lithografien; **Marianne von Werefkin** (1860-1938) mit einem Ölbild, einer Gouache und einigen Temperabildern; **August Macke** mit 24 Ölbildern (1906-14), einem Pastell, vier Aquarellen, acht Zeichnungen, zwei Linolschnitten und einer Bronze; **Heinrich Campendonk** (1889-1957) mit drei Ölbildern, einem Aquarell und sechs Holzschnitten; **Paul Klee** (1879-1940), der von 1906 bis 1921 in München lebt, ist bereits im Almanach mit einer Tuschzeichnung präsent und stellt in der zweiten Ausstellung des Blauen Reiters 17 Werke aus. In der Galerie befinden sich 50 Werke, zum Teil aus der ›Gabriele-Münter- und Johannes-Eichner-Stiftung‹, darunter sind etliche Hauptwerke wie *Der wilde Mann* 1922, *Botanisches Theater* 1924, *Früchte auf Rot – Schweißtuch des Geigers* 1930, *Erzengel* 1938 und die neuesten Ankäufe, die in der Sammlungsgeschichte genannt werden; insgesamt 15 Zeichnungen, neun Ölbilder, neun Radierungen, zwölf Aquarelle und Gouachen, fünf zum Teil farbige Lithografien.

In der Murnauer Zeit entdecken Münter und Kandinsky, später Marc und Macke, selbst Klee die Hinterglasmalerei und arbeiten bald

in der Technik dieser damals noch lebendigen Volkskunst. Von 33 Hinterglasbildern Kandinskys aus der Zeit von 1909 bis 1914 befinden sich 24 in der Städtischen Galerie, von Macke vier, von Marc eins, von Münter 12 und ein Glaspokal, von Klee drei.

Das **Kubin-Archiv** des Hamburger Kubin-Sammlers Kurt Otte wird 1971 auf Betreiben Hans Konrad Roethels angekauft und siedelt 1978 nach München über. Seit 1927 systematisch zusammengestellt, enthält das Kubin-Archiv aus allen Schaffensperioden des Künstlers gleichmäßig viele Originale und an Dokumentationsmaterial Alfred Kubins (1877 bis 1959) eigene Publikationen, illustrierte

Erstausgaben, Sekundärliteratur einschließlich Zeitungen, Fotos und Filme, Schallplatten und Tonbänder sowie Briefe.

Nach Linz mit 3000 und Wien mit 1500 besitzt die Städtische Galerie mit 600 Blättern die drittgrößte Kubin-Sammlung. Neben 110 Feder-, 115 Bleistiftzeichnungen und 170 farbigen Blättern gehören dazu 18 Skizzen- und 31 Tagebücher, nicht zu vergessen die Lithografien in fast allen Zustandsdrucken.

Die Briefsammlung umfaßt die Jahre 1929 bis 1948. Von den 1800 Briefen an seine Frau Hedwig beginnt fast jeder Brief mit einer Zeichnung. 800 Briefe geben Antwort auf Kurt Ottes gezielte Fragen. Lebhafte Briefwechsel verbanden Kubin mit dem Freund Hans Carossa und anderen Dichtern oder Literaten, Herausgebern und Philosophen wie Salomon Friedländer, Th. Th. Heine, Hermann Hesse, Ernst Jünger, Ludwig Klages, dem E.T.A. Hoffmann-Forscher Hans von Müller, Reinhard Piper, Paul Scheerbart, Richard Schaukal, Oscar Schmitz, Siegfried von Vegesack, Hans von Weber, Karl Wolfskehl und Stefan Zweig, ebenso mit Malerkollegen wie Lyonel Feininger, Paul Flora, Josef Hegenbarth, Fritz von Herzmanowsky-Orlando, Kandinsky, Klee, Marc, Unold und vielen anderen. (Eine Publikation von Kubins Werken ist geplant.)

Auch von Randfiguren der Neuen Künstlervereinigung beziehungsweise des Blauen Reiters besitzt die Galerie jeweils einige Werke, wie von Erma Barrera-Bossi, Paul Baum, Wladimir von Bechtejeff, Albert Bloch, David und Wladimir Burljuk, Ada Campendonk, Erny Dresler, Eugen von Kahler, Moissej Kogan, Else Lasker-Schüler, Jean Bloé Niestlé, Alexander Sacharoff, Alexander von Salzmann und Eduard Schiemann. Eine Sonderstellung nehmen die Freunde des Blauen Reiters, z. B. Delaunay und Schönberg, ein.

Die zwanziger Jahre

Um dem kulturellen Vakuum abzuhelfen, das nach dem Regierungsende des bayerischen Königshauses entstanden war, führen namhafte Persönlichkeiten wie die Gebrüder Mann den ›Kampf um München als Kulturzentrum‹. Nicht zuletzt die öffentlichen Kulturdiskussionen bestärken die Stadt in ihrem Engagement. Im Rahmen der allmählichen wirtschaftlichen Gesundung erhöht der Stadtrat 1925 den Kunst- und Kulturetat, treibt den Ausbau des Stadtmuseums (s. S. 153) voran und gründet die Städtische Galerie. Die Universität mit Max Weber und Oswald Spengler, Karl Vossler, Adolf Furt-

wängler, Heinrich Wölfflin und Wilhelm Pinder, Arthur Kutscher, Georg Kerschensteiner, die ›Süddeutschen Monatshefte‹ und ›Hochland‹ als bürgerliche beziehungsweise religiös engagierte Publikationen, die Familie Mann, Emil Preetorius, der Stefan-George-Kreis stehen für das vielseitige geistige Klima jener Jahre. Trotzdem kann die Stadt zahlreiche Abwanderungen von Künstlern und Gelehrten wie Brentano, Wölfflin, Scharff, Kanoldt, Klee, Kandinsky nicht verhindern. Die ›Künstlergenossenschaft‹ bleibt der Münchner Ateliertradition des 19. Jh. verhaftet, die ›Sezessionisten‹ stehen unter dem Einfluß der immer noch mächtigen Stuck,

Oben: Oyvind Fahlström, *S. O. M. B. A.* (Some of my basic assumptions), 1973, variables Bild mit 38 Einzelstücken, Acryl auf Vinylteilen, mit Metallrückwand und Magneten auf den Cutouts

Links: Hermann Nitsch, *Wachsschüttbild*, 1960, Wachs auf Leinwand

Sigmar Polke, *Hollywood*, 1971,
Mischtechnik auf Matratzenstoff

Habermann und Zügel, die ›Neue Sezession‹ beruft sich zwar auf Leibl, Trübner, Haider, aber neue Tendenzen, wie zum Beispiel in der ›Berliner Novembergruppe‹, kommen nicht auf, trotz erneuerungswilliger Abspaltungen der ›Juryfreien‹, ›Unabhängigen‹ und der ›Neuen Künstlergenossenschaft‹. Im Glaspalast und im Kunstverein (s. S. 135) finden ausschließlich Mammutausstellungen konservativer bodenständiger Künstler statt. Ein (viel verspottetes) Forum hatte die Moderne in den zwanziger Jahren in den Galerien Goltz und Thannhauser. 1919 und 1921 zeigt Goltz die sogenannte ›Münchner Gruppe‹ der Neuen Sachlichkeit oder des Magischen Realismus – Georg Schrimpf, Carlo Mense, Heinrich Maria Davringhausen –, zu der auch Alexander Kanoldt gezählt wird, in Wirklichkeit Einzelgänger und Außenseiter. 1928/29 sind die Künstler des reformierten ›Deutschen Künstlerverbandes‹ und der ›Juryfreien‹ bereit, mit anderen Künstlern Deutschlands zusammenzuarbeiten. Hans Eckstein und Franz Roh holen zum ersten Mal Arbeiten von Baumeister, Max Ernst, Moholy-Nagy nach München und stellen sie zusammen mit Josef Scharl und Karl Röhrig vor. Neben diesen namhaften Vertretern der Münchner Neuen Sachlichkeit arbeiten zahlreiche Maler und Grafiker wie Otto Nückel (nach 1925), Wilhelm Heise (um 1930), Tommy Parzinger, bedingt Richard Seewald und Adolf Erbslöh, jüngere wie Ottohans Beier, Erna Dinklage, Benjamin Godron, Max Radler, Karl Zerbe. Unter den Galeriebeständen der ›Neuen Sachlichkeit‹ sind Kanoldt (1881 bis 1939; *Kreuzjoch* 1931) und Schrimpf (1889-1938; *Bildnis Frau Schrimpf* 1922) mit wichtigen Bildern vertreten, ebenso Carlo Mense (1886-1965), Wilhelm Heise (1892 bis 1965; *Selbstbildnis mit Basteltisch – Verblühender Frühling* um 1926), Max Unold, Erna Dinklage, Christoph Voll (Plastik *Joseph* 1924/25), Karl J. Weinmair, Max Radler (*Lokomotive* 1935). Von Rudolf Schlichter (1890 bis 1955) besitzt die Galerie das Porträt *Bert Brecht* 1926, von Christian Schad (1894-1982) *Operation* 1929, von Davringhausen (1894

bis 1970) *Negerin* 1916, von Karl Hubbuch (1890-1979) u. a. *Schleckmäuler* 1925/26 und *Der Kappenabend* 1928; von Mitgliedern der Neuen Sezession wie Willi Geiger (1878 bis 1971) *Der Korpsstudent* 1927, Josef Scharl (1896-1954) *Armenlese-Kartoffelernte* 1931, Werke von Alois Seidl, Josef Eberz, Fritz Koelle, Franz Doll, Otto Nückel. Der Sammlungsgeschichte entsprechend ist der neuromantische Münchner Flügel der ›Neuen Sachlichkeit‹ im Lenbachhaus breiter repräsentiert.

Kunst nach 1945

Eine Besonderheit des Hauses stellt die jüngste avantgardistische Sammeltätigkeit dar. In öfter wechselnden Hängungen werden die neuesten Erwerbungen präsentiert und in den veränderten und verändernden Kontext des Vorhandenen gestellt. Künstler erhalten ganze Räume oder Raumteile für sich und können in mehreren Werkphasen vorgestellt werden, so zum Beispiel Joseph Beuys (geb. 1921) mit dem Raumobjekt *Zeige Deine Wunde,* die Österreicher Hermann Nitsch (geb. 1938), Aktionsrelikte, und Arnulf Rainer (geb. 1929), Übermalungen, der Amerikaner Michael Heizer (geb. 1944) mit Dokumentationen zu ›Munich Depression‹ und der in New York lebende Japaner Shusaku Arakawa (geb. 1936) mit Diagrammen. Maler, die wie Klaus Liebig (geb. 1936), Gianfranco Barucchello (geb. 1924), Oyvind Fahlström (1928-76) und Erró (geb. 1932) mit ihrer narrativ-figurativen Methode des surrealistischen Aneinanderreihens von scheinbar unzusammenhängenden Dingen, Bildern und Worten ihre individuellen Aussagen machen, werden zusammen gezeigt. Mit Georg Baselitz (geb. 1938; frühe Bilder z. B. *Große Nacht* 1962/63, *Das Kreuz* 1. Fassung 1964), Sigmar Polke (geb. 1941; *Hollywood, Stoffbild* o. J. und *Streifenbild,* O. T., 1967/68, die seine extremen Ausdrucksmöglichkeiten demonstrieren), A. R. Penck (geb. 1939; *Totempfahl* 1966/67), Walter Pichler (geb. 1936; Aquarelle und Plastiken) werden wichtige Vertreter der Nachkriegsgeneration gesammelt.

41 Valentin-Musäum

Volkssängermuseum und Volkssängerlokal im Isartorturm

2, Tal 43, Telefon 22 32 66 (Museum) und 29 37 62 (Volkssängerlokal)
Geöffnet: Montag, Dienstag, Samstag 11.01-17.29 Uhr, Sonntag 10.01-17.29 Uhr
Abweichend von der Feiertagsregelung (s. S. 10) geöffnet an allen Feiertagen, soweit sie
auf Montag, Dienstag, Samstag und Sonntag fallen. – Geschlossen im Juni und 1 bis
2 Wochen vor Weihnachten

Direktor und **Träger:** Hannes König

Archiv: Valentin-Archiv des Valentin-Musäums und Volkssängerarchiv mit 16 000
Nummern

Sammlung von (Kunst-)Werken, Ideen, Sprüchen, Sentenzen, Fotos und Erinnerungs-
stücken an den Münchner Volksschauspieler, Komiker und Humoristen Karl Valentin
(1882-1948) und seine Partnerin Liesl Karlstadt (1892-1960); (wechselnde) Münchner
›Curiositäten-Schau‹; Volkssängermuseum und Volkssängerlokal (Einrichtung von 1900)
mit Dokumenten und Bildern alter Münchner Volkssänger

Geschichte: Gegründet 1959 von Hannes König im südlichen Turm des Isartors; 1973
Einbeziehung des nördlichen Torturms

Aktivitäten: Sonderausstellungen
Service: Volkssängerlokal im Turmstüberl

Publikationen: Museumsführer mit Beiträgen von Hannes König und Gudrun Köhl,
München o. J.; Das Bilderbuch von Karl Valentin mit Beiträgen von Hannes König und
Gudrun Köhl, München 1975; »Was sag'n jetzt Sie zum Valentin?«, hrsg. von Hannes
König zum 100. Geburtstag von Karl Valentin, München 1982

Kurzinformation

Das liebenswerteste und lustigste Museum Münchens erinnert an den Schreiber von 400 Theaterstücken, Couplets, komischen Szenen und an den Schauspieler Karl Valentin, der nur in eigenen Stücken auftrat und sich selbst ein eigenes Panoptikum eingerichtet hatte, um seinen Einfällen dauerhafte Präsenz zu sichern.

Das Bild des dünnen, langen Vorstadthypochonders mit der knarzenden Komikerstimme, der sich seine Rollen auf den Leib schrieb, ist heute von Film und Fernsehen weltweit verbreitet. Valentins Eckermann, der Bühnenmeister Josef Rankl, hat zu Leb-zeiten Valentins mitgezählt, wie oft seine Stücke gespielt wurden. So erlebten bis zum Zweiten Weltkrieg ›Im Photoatelier‹ 348, ›Der Firmling‹ 395, ›Im Senderaum‹ 498, ›Die Raubritter vor München‹ 650, ›Das Vorstadttheater‹ 687 und die daraus entstandene ›Orchesterprobe‹ gar 815 Aufführungen. Heute haben sich diese Zahlen verdoppelt und verdreifacht. Neben Liesl Karlstadt, Valentins ebenso berühmter Partnerin, werden auch die bekanntesten aus den vierzig Volkssängergruppen vorgestellt, die um 1900 in den 47 großen Bierpalästen und rund 1500 Gasthäusern Münchens aufgetreten sind und denen sich Valentin zeitlebens zugehörig gefühlt hat.

Liesl Karlstadt und Karl Valentin in dem Film ›Der Firmling‹ von 1934
Unten: Valentin in ›Der Radrennfahrer‹

Das Isartor und seine Geschichte

Achteckige Verteidigungstürme, sog. Barbakanen, flankieren den quadratisch ummauerten Wehrhof an der Isarseite, der dem vierkantigen hohen Haupttorturm vorgelagert ist. Es ist das einzige fast vollständig erhaltene mittelalterliche Stadttor Münchens im hier gotisch spitz zur Isar vorstoßenden ehemaligen doppelten Mauerring, der unter Ludwig dem Bayer um die ›Äußere Stadt‹ gelegt wird. Die Festungsarbeiten sind 1337 abgeschlossen. 1833 gestaltet Friedrich von Gärtner im Auftrag König Ludwigs I. das Osttor um. Es werden u.a. drei Tordurchfahrten für den Straßenverkehr gebrochen. 1835 beendet Bernhard Neher die historischen Fresken auf dem zwanzig Meter langen Fries der östlichen Hofmauer, die den Triumphzug Ludwigs des Bayern nach seiner siegreichen Schlacht gegen den Habsburger Friedrich den Schönen bei Ampfing und Mühldorf im Jahre 1322 darstellen. Die Schäden des Zweiten Weltkriegs werden 1957/58 behoben, der Wehrgang 1971/72 im Zuge umfassender Renovierungen wiederhergestellt und dabei auch die Fresken restauriert.

Wer war Karl Valentin?

Karl Valentin (sprich Falentin) wird am 4. Juni 1882 unter dem bürgerlichen Namen Valentin Fey als Sohn des Tapeziermeisters Johann Valentin Fey in der Entenbachstraße (heute Zeppelinstraße) in der 1854 eingemeindeten ehemaligen Vorstadt Au geboren. Von 1897 bis 1901 geht er u.a. beim Möbelschreiner Hallhuber in Haidhausen in die Lehre. Gleichzeitig tritt er als »Vereinshumorist, Zitherspieler und reisender Komiker« in zahlreichen Münchner Wirtschaften, Bierhallen und Varietés auf. 1902 übernimmt er das väterliche Transportgeschäft und besucht die Varieté-Schule Strebel. 1906 gelingt ihm ein erster durch-

schlagender Erfolg mit dem Stegreifsolo ›Das Aquarium‹ im Volkssängerlokal ›Frankfurter Hof‹ in der Schillerstraße. Aufgrund des ersten festen Engagements verkauft er das väterliche Möbeltransportgeschäft Falk & Fey. 1911 lernt er im Frankfurter Hof Elisabeth Wellano alias Liesl Karlstadt kennen und bringt mit ihr das ›Alpensänger-Terzett‹ heraus, das den Anfang ihrer lebenslangen Zusammenarbeit macht. Im selben Jahr heiratet er Gisela Royes.

Valentins Ideen zu seinen Liedern, Solonummern und Einaktern werden am Küchentisch

Durch dieses Telefon sprach Buchbinder Wanninger mit der Firma Meisl und Companie sein berühmtes Schlußwort: »Saubande«

mitten im Familientrubel geboren und gewinnen in langsamer zäher Arbeit, oft mit Hilfe von Liesl Karlstadt und im Laufe vieler Vorführungen, ihre unverwechselbare, knappe und souveräne Form. Als Volkssänger tritt er vor allem in Volkssängerlokalen und Singspielhallen, aber auch in Theater und Film auf und ist im Rundfunk und auf Schallplatten zu hören. Gastspiele in Berlin, Wien und Zürich sind Zeichen seines Erfolgs.
Seine Themen von Armut, Sparsamkeit, Arbeitsverweigerung, Autoritätsmißachtung, Antimilitarismus stammen aus dem kleinbürgerlichen Handwerkermilieu nach der Jahrhundertwende. Mit bohrender Sprach-

logik stellt er soziales Mißgeschick und – selbstproduzierte – vertrackte Verwicklungen in den Mittelpunkt, auf die er extrem starr, direkt und naiv reagiert. Das gibt ihm die Möglichkeit, die Lanze der Kritik gegen sich selbst zu richten und trotz desillusionierender Komik Lacher auf seine Kosten zu gewinnen. Obwohl Valentin ständig das Scheitern kleinbürgerlichen Denkens und Verhaltens aufgrund von Eigensinn und Fixiertheit darstellt, es bei ihm nie ein Ergebnis oder ein Happy-End gibt, ist er populär, kommt er mit seiner liebenswürdigen Bosheit, listigen Pfiffigkeit, mit seinen struppigen Masken beim Publikum an. Nach seinem Tod bewirken die Medien mit originalen Filmen und Schallplatten, die Aufführungen von Valentin ohne Valentin wachsenden Ruhm, wird er in Zusammenhang mit zeitgenössischen Strömungen des literarischen Surrealismus und Dadaismus gesehen.

Musäums-Geschichte

1958, aus Anlaß der 800-Jahr-Feier der Stadt München und des zehnten Todestags Karl Valentins, veranstaltet der Kunstmaler, Monacensia-Sammler und zeitweilige Mitarbeiter Valentins, Hannes König, eine erste große Valentin-Ausstellung. Bestände des Valentin-Archivs der Sammlung Carl Niessen (heute Theatermuseum Porz-Wahn bei Köln) werden im Juli und August im Pavillon im Alten Botanischen Garten, im Oktober in einem Zelt auf der Auer Dult gezeigt. Objekte dieser Ausstellung bilden den Grundstock für das Musäum, das Hannes König am 19. September 1959 im Isartor eröffnen kann. Der südliche Turm des im Zweiten Weltkrieg schwer beschädigten Isartors war zu diesem Zweck von einem ›Valentinisartorausstellungsturmausschuß‹ wiederaufgebaut worden.
Die Sammlung Hannes König, Leihgaben u. a. von Valentins Tochter Bertl Böheim-Valentin, von Stadtarchiv und Stadtbibliothek (Monacensia-Abteilung), der vom Musäum erworbene Nachlaß von Josef Rankl, Valentins Bühnenmeister, zeugen von Valentins Leben und Werk. Sie werden durch Nachbildungen aus Valentins Panoptikum ergänzt, soweit sie sich aufgrund der nicht sehr zahlreichen Plakate, zeitgenössischen Berichte, Zeitungsreportagen und Fotos annähernd rekonstruieren ließen.
Das Valentin-Musäum wahrt die valentinischen Intentionen des Panoptikums, ohne Detailtreue und Vollständigkeit anzustreben, und unterscheidet sich auch in der gedrängten Präsentation von Valentins weiträumigem Panoptikum. Dieses Panoptikum, der ›Grusel- und Lachkeller‹ mit Restaurationsbetrieb ›Die Hölle‹ im Hotel Wagner, Sonnenstraße 23 (in dessen Cabaret ›Wien – München‹ Valentin neben dem ›Kolosseum‹ am häufigsten auftrat), hielt sich mit monatelanger Unterbrechung nur ein knappes Jahr zwischen 1934 und 1935 und endete für alle Beteiligten (Valentin, Liesl Karlstadt, E. E. Hammer und die Gebrüder Wagner) in einem finanziellen Fiasko. Valentin hatte sein Panoptikum mit den restlichen Wachsfiguren aus

dem Besitz des Wachsbildners Emil Eduard Hammer aufgebaut, die dieser einmal für das große ›Internationale Handelspanoptikum und Museum‹ geschaffen hatte. Von 1894 bis 1902 hatte es in der Neuhauser Straße 1 wie in Paris, London und Berlin die Besucher mit wissenschaftlichen und geschichtlichen Darstellungen aus Mechanik, Elektrizität und Medizin der Kaiserzeit, Abnormitäten, Trivialitäten und Folterkammer unterhalten. Rund fünfzig Kisten, die über dreißig Jahre im Ostbahnhof lagerten, bewahrten die Figuren zum wächsernen Inquisitionstribunal und den Folterszenen fast vollständig. Valentin stellt sie neu auf. Die übrigen Wachspuppen verteilt er überall im ›Grusel- und Lachkeller‹ und bringt sie mit Hilfe von Beschriftungen in neue Zusammenhänge, z. B. ›Der Apfel, in den Adam biß‹ (heute Kat. 72), ›Der Stein, auf dem Mariechen saß‹ (Kat. 14). Dazwischen mischt er z. B. Erfinder unsinniger Produkte, seinen ›Zoologischen Garten‹ und seine historische Postkartensammlung von Volkssängern und Volkssängerlokalen.

Bereits zwei Jahre später, am 18. Juni 1937, eröffnet Karl Valentin mit Martin Wegmann erneut sein Panoptikum im Keller des Hauses Färbergraben 33, das am 1. März 1938 geschlossen wird, um am 17. Juli 1939 in den erweiterten Räumen im Färbergraben, verbunden mit einer ›Ritterspelunke‹ genannten Weinstube, Bar und Nachtbetrieb wiedereröffnet zu werden. Erneut sind Objekte aus Gruselkeller und Schaukabinett mit witzigen Objekten und Wachsfiguren in der valentinischen Mischung an den Wänden aufgereiht. Bis zur Schließung 1942 ist ein Kabarett angeschlossen. Valentin tritt mit Anni Fischer anstelle von Liesl Karlstadt jeden Abend im ›Ritter Unkenstein‹ auf und führt anschließend das Publikum durch das Panoptikum, in dem er ständig Beschriftungen und Standorte ändert. Kettenrasseln und stürzende Figuren verbreiten Schrecken und steigern das »Nebeneinander von äußerster Brutalität und irrwitziger Komik«, die auch Valentins Dialoge und Szenen kennzeichnen.

Vom Panoptikum im Färbergraben haben sich nach dem Krieg nur der ›Daamische Ritter‹ und Überbleibsel von ›Mister Roll, dem Erfinder der Rollgerstensuppe‹ (Kat. 27) wiedergefunden. Ungewiß ist, ob die Riesentrommel Valentins im Musäum (Kat. 90) mit der ›Geistertrommel‹ des Panoptikums identisch ist.

Im Anschluß an die Renovierung des Isartors wird 1973 mit Hilfe des Kulturreferats der Landeshauptstadt auch der zweite, nördliche Turm instandgesetzt. Zwei Stockwerke nehmen das Volkssängermuseum auf. Der 6000 Nummern umfassende Bestand wird in Sonderausstellungen gezeigt.

Im Musäum

»Witze waren ihm zutiefst zuwider«, überschrieb die Münchner ›Süddeutsche Zeitung‹ Interviews von Zeitgenossen anläßlich des 100. Geburtstags Valentins. Musäumsdirektor Hannes König erzählt hier, wie gerne Valentin seine Freunde und Kollegen ›getratzt‹

Valentin-Karikatur vor Rosentapete

hat. Bei Valentins vertrackter Verbohrtheit in philosophische Negationen, die sich an den Intellekt richten, wundert sich Hannes König über das Phänomen von Valentins Beliebtheit und fragt, ob sich entweder der Verständnispegel erhöht hat oder Valentins bitterkomische Erkenntnisse als Kalauer verkannt werden. Auch in Valentins Gedächtniskabinett im Musäum im *Südlichen Turm* kommt der Besucher um das Schmunzeln fröhlichen Einverständnisses nicht herum. Wie Valentins Panoptikum in der Sonnenstraße und später im Färbergraben sind die von Valentin beschrifteten – das heißt umgedeuteten Gegenstände mit Kuriositäten und Devotionalien auf engstem Raum in absichtsvoll krausem Durcheinander aufgestellt. Nachbildungen beschwören hier Valentins Panoptikum, wie der ›Nagel, an den Valentin seinen Schreinerberuf hängte, um Komiker zu werden‹ (Kat. 5), ›Die Joppe des Hausmeisters Maier, die er trug, als er seine Frau kennenlernte‹ (Kat. 8), ›Ein alter Hut‹ (Kat. 10), ›Blühender Kohlenschaufelstiel (Professor Fluidum erfand ein sensationelles Blumendüngemittel, das sogar diesen Kohlenschaufelstiel zum Blühen brachte‹, Kat. 11), ›Stuhlgang plastisch dargestellt‹ (geruchlos, Kat. 28), ›Verpfuschte Verjüngungskur‹ (Kat. 29), ›Liegender Stehkragen‹ (Kat. 63), ›Petroleum und Maiglöckchenduft (Geruchstäuschung)‹ (Kat. 65), und so weiter. Dazwischen zahlreiche valentineske Späße, die vom Panoptikum angeregt sind. Außerdem Entwürfe von Fotos vom Panoptikum, Plakate zu Valentins Vorstellungen und Filmen, Szenenbilder und Requisiten.

Im *Nördlichen Turm* erinnern u. a. Aufnahmen und Bilder von Personen und Aufführungen in Volkssängerlokalen an die Volkssänger zur Zeit Valentins, ehe sie vom Kino verdrängt wurden, z. B. Kiem Pauli, Georg und Hans Blädel, Liesl Karlstadt, Weiß Ferdl. Die Postkarten von Alt-Münchner Plätzen und Vergnügungsstätten stammen aus den Sammlungen Valentins.

42 Zähler-Museum

der Stadtwerke München

40, Franzstraße 9, Telefon 38 10 13 93
Geöffnet: Mittwoch 9-12 Uhr und nach Vereinbarung Montag bis Donnerstag
8.30-15 Uhr und Freitag 8.30-14 Uhr; geschlossen zusätzlich zur Feiertagsregelung
(s. S. 10) am 24. und 31. 12.

Leitung: Dipl.-Ing. Hans Krauß, Werkdirektor der Strom- und Fernwärmeversorgung der
Stadtwerke München
Träger: Stadtwerke München

Wissenschaftliches Archiv mit Zählerkartei und auf Patentschriften basierendem Zähler-
katalog sowie Handbibliothek zur Geschichte des Elektrizitätszählers

Sammlung von rund 700 Originalzählern von 1881 bis heute

Geschichte: Gründung 1981 anläßlich des einhundertsten Jahrestags der Erfindung des
ersten Elektrizitätszählers durch Th. A. Edison

Service: Führungen nach Vereinbarung

Publikation: Museumskatalog, Dokumentation von Rolf Döderlein, 2. Aufl., München 1983

Kurzinformation

Münchens kleinstes Museum ist mit seinen
700 Originalgeräten zugleich das umfangreichste Spezialmuseum seiner Art in der
Welt. Es zeigt in lückenloser Darstellung die
internationale Entwicklung des Elektrizitätszählers: Am Beginn steht der erste, 1881 von
Edison gebaute *Elektrolytzähler,* den dieser
1925 dem Deutschen Museum (s. S. 81) zur
Eröffnung geschenkt hat. Wichtige Fort-
schritte dokumentieren der *Gleichstrom-
Wattstundenzähler* (1887) von Georg Hummel, dem ›Bayerischen Edison‹, dann der
Magnetmotor- und ›*Säbelzähler*‹ (1886 und
1889) von Werner von Siemens oder der
Wechselstrom-Wattstundenzähler (1890)
von Otto Titus Bláthy. Die Gegenwart ist mit
einer Vielfalt an *Mehrfachtarif-, Maximum-,
Überverbrauch-* und *Scheinverbrauchzäh-
lern* sowie mit Schaltuhren und Rundsteuer-
empfängern vertreten.

Links: Thomas Alva Edison, Elektrolytzähler mit
festem Niederschlag, 1881

Rechts: Georg Hummel (der bayerische Edison),
Gleichstrom-Wattstundenzähler, 1887

Geschichte

Schon 1926 dokumentiert das Laboratorium
und Elektrische Prüfamt 3 im Neubau zwischen Feilitzschstraße und (späterer) Franzstraße mit hundert ausgestellten Elektrizi-
tätszählern seine Arbeit für die Fachwelt.
1950 wächst die Sammlung durch Dauerleihgaben des Deutschen Museums, Spenden
der EVU (Elektrizitäts-Versorgungs-Unter-
nehmen) sowie der Zählerindustrie auf 400
Exponate an und erhält 1966 einen eigenen
Raum in der Nähe der neuen Hochspan-
nungsprüfhalle, wo sie sich heute noch befindet. 1981 werden die Bestände von Rolf
Döderlein anhand der Patentschriften des
Deutschen Patentamts und der Bekanntma-
chungen der P.T.R. (Physikalisch-Techni-
sche-Reichsanstalt, seit 1948 Bundesanstalt)
wissenschaftlich vorbildlich bearbeitet und
übersichtlich geordnet aufgestellt, nachdem
durch weitere Leihgaben des Deutschen Museums, des Österreichischen Bundesamts
für Eich- und Vermessungswesen und anderer 300 Exponate hinzugekommen sind.

43 Zoologische Staatssammlung

19, Maria-Ward-Straße 1 b, Telefon 17 02 60, 17 32 43 (Schloß Nymphenburg, Nordflügel). Ab Mitte 1984: 60, Münchhausenstraße (Obermenzing)
Zugänglich nur für Fachleute nach Vereinbarung – *Keine* Schausammlung

Leitung: Priv.-Doz. Dr. Ernst Josef Fittkau, Stellvertreter Dr. Hubert Fechter
Wissenschaftliche Mitarbeiter: *Abteilung Wirbeltiere:* Dr. Friedrich Terofal, Abteilungsleiter (Fische), Dr. Ulrich Gruber (Lurche, Kriechtiere), Dr. Richard Kraft (Säugetiere), Dr. Josef Reichholf (Vögel); *Abteilung Entomologie:* Dr. Franz Bachmaier, Abteilungsleiter (Hautflügler), Dr. Martin Baehr (Wanzen), Dr. Ernst-Gerhard Burmeister (Wasserinsekten), Dr. Wolfgang Dierl (Schmetterlinge), Dr. Friedrich Reiss (Fliegen), Dr. Gerhard Scherer (Käfer); *Abteilung wirbellose Tiere:* Dr. Hubert Fechter, Abteilungsleiter (Stachelhäuter), Dr. Rosina Fechter (Weichtiere), Dr. Ludwig Tiefenbacher (Krebse)

Träger: Freistaat Bayern, Generaldirektion der Staatlichen Naturwissenschaftlichen Sammlungen Bayerns, 19, Menzinger Straße 71, Telefon 17 16 59
Fördererverein: Freunde der Zoologischen Staatssammlung München e. V.

Präsenzbibliothek mit 120 000 Bänden, 1000 laufenden Zeitschriften

Sammlung: Die Sammlungen und die Sammeltätigkeit umfassen die gesamte rezente Tierwelt. Schwerpunkte haben sich bei den Lurchen und Kriechtieren, Säugetieren, Insekten, Milben, Asseln, Stachelhäutern, Tausendfüßern und den Zehnfußkrebsen gebildet

Geschichte: 1807 wird das zunächst kurfürstliche, später königliche Naturalienkabinett der Königlich Bayerischen Akademie der Wissenschaften unterstellt. 1811 Errichtung eines selbständigen zoologisch-anthropologischen Konservatoriums innerhalb der Akademie; 1827 verwaltungsmäßige Trennung von der Akademie

Planung: Mitte 1984 wird der Neubau des Sammlungsgebäudes an der Münchhausenstraße fertiggestellt und in der zweiten Jahreshälfte bezogen. Damit erhalten die wertvollen Sammlungen 40 Jahre nach der Zerstörung ihrer ursprünglichen Heimstatt wieder eine sachgerechte Unterbringung. Arbeitsräume und Einrichtungen werden es ermöglichen, die Sammlungsobjekte optimal zu erhalten und zu erschließen und die Forschungsaufgaben nach dem neuesten Stand der Wissenschaft durchzuführen.

Publikationen: ›Spixiana‹, Zeitschrift für Zoologie. Herausgabe der Zeitschriften ›Chironomus‹, ›Anzeiger der Ornithologischen Gesellschaft in Bayern‹, ›Verhandlungen der Ornithologischen Gesellschaft in Bayern‹, ›Nachrichtenblatt der Bayerischen Entomologen‹, ›Mitteilungen der Münchner Entomologischen Gesellschaft‹, ›Studies on Neotropical Fauna and Environment‹, Katalog zur Ausstellung ›Lebende Schlangen‹

Kurzinformation

Die Zoologische Staatssammlung München ist eine kulturelle Institution von internationalem Rang; sie gehört mit zu den ältesten und traditionsreichsten und zählt zu den zehn bedeutendsten zoologischen Forschungsmuseen der Welt. Ihre wichtigsten Aufgaben sind Forschung, Erhaltung und sinnvolle Vermehrung der wertvollen und weitgehend unersetzlichen Bestände. Forschungsgebiet ist die zoologische Systematik im weitesten Sinne dieses Begriffs. Sie bemüht sich, die rund zwei Millionen verschiedenen Tierarten zu unterscheiden, neue zu entdecken und zu beschreiben sowie das Werden, die Verbreitung und Lebensweise, das Verhalten und die Funktion der Arten im Haushalt der Natur zu verstehen.
Die Zoologische Staatssammlung ist in ein Netz internationaler Einrichtungen mit gleicher Zielsetzung und weltweitem Informations- und Materialaustausch eingebunden. Aus allen Erdteilen kommen Forscher, um mit dem wertvollen und oft einmaligen Sammlungsmaterial zu arbeiten. Alle Informationen, die aus diesem Material gewonnen werden können, sind, zusammen mit seinem dokumentarischen Wert, für andere wichtige Disziplinen der biologisch orientierten Naturwissenschaften von Bedeutung. So etwa für Wissenszweige wie Bodenbiologie, Ökologie, Umweltschutz, Schädlingsbekämpfung, Biochemie, Immunologie, Genetik, Verhaltensforschung, Historische Geologie und Paläontologie. Auf dem Bildungssektor ist die Zoologische Staatssammlung im Rahmen der Planungsarbeiten für das Naturkundliche Bildungszentrum tätig: Sie gestaltet für den Bereich der Biowissenschaften den Themenkreis ›Vielfalt der Tiere‹.

Sammlungsgeschichte

Die Geschichte der Zoologischen Staatssammlung ist vom sich verändernden Selbstverständnis der Zoologie geprägt, die sich im 19. Jh. von der beschreibenden zur experimentellen Forschung wandelt und heute in Fachrichtungen aufgeteilt ist.

Mit der Urkunde vom 1. Mai 1807 gibt König Max I. Joseph der Königlich Bayerischen Akademie der Wissenschaften ihre Verfassung und verfügt, daß die noch in königlichem Besitz in der Residenz befindlichen zoologischen, botanischen und mineralogischen Objekte aus der herzoglichen sowie der in Zweibrücken entstandenen Sammlung und aus dem Riedlschen Kabinett der Akademie unterstellt werden. Untergebracht werden die Sammlungen im ›Wilhelminum‹, einem von Herzog Wilhelm V. 1585/87 als Jesuitenkolleg errichteten Bau in der Neuhauser Straße, der später die Akademie aufnahm und deshalb auch als ›Alte Akademie‹ bezeichnet wird. Dank des königlichen Mäzenatentums wächst die Institution rasch. 1811 wird für die zoologisch-anthropologische Abteilung ein eigenes Konservatorium eingerichtet und mit Johann Baptist Ritter von Spix (1782-1826) der erste Konservator berufen. Hier beginnt die eigentliche Geschichte der Zoologischen Staatssammlung.

Spix' berühmte Reise nach Brasilien (1817 bis 1820) im Auftrag des Königs bedeutet für die Sammlung einen reichen Zuwachs an Material, das Spix trotz seines von den Anstrengungen der Reise geschwächten Gesundheitszustands bis zu seinem frühen Tod 1826 vorbildlich aufarbeitet.

Die neuen Statuten von 1827, die anläßlich der Verlegung der Universität von Landshut nach München herausgegeben werden, machen aus den Sammlungen der Akademie selbständige Einrichtungen. Aus der Sammlung heraus entwickelt sich ein zum universitären Bereich gehörendes Zoologisches Institut. Die Leitung beider Institutionen wird in der Regel dem jeweiligen Ordinarius für Zoologie an der Universität, der gleichzeitig Akademiemitglied ist, übertragen.

Spix' Nachfolger ist Gotthilf Heinrich von Schubert (1780-1860), der eine große Schülerschar um sich sammelt und 1836/37 eine Forschungs- und Sammelreise in den Vorderen Orient unternimmt. Max II., der 1848 den Thron besteigt, stiftet einen Fonds zur naturwissenschaftlichen Erforschung des Königreichs, der bis zur Inflation nach dem Ersten Weltkrieg auch der Zoologie zur Verfügung stand.

Unter der Leitung Carl Theodor von Sieholds können 1858 Tierbestände und Bibliothek des kinderlos verstorbenen Herzogs Maximilian von Leuchtenberg und 1874 die Sammlung der Gebrüder Sturm übernommen werden.

1885 wird Richard von Hertwig berufen: Sammlung und Institut entwickeln sich zum »größten und internationalen akademischen Zentrum der Zoologie«, so Goldschmidt, einer der bekannten Zoologen, der 1904 bei Hertwig promoviert hat.

Hertwigs Nachfolge übernimmt 1925 Karl von Frisch. Er vollzieht 1932 die räumliche Trennung von Universitätsinstitut und Staatssammlung. Leiter der Staatssammlung wird Hans Krieg, berühmt durch seine Reisen nach Südamerika, vor allem die Durchquerung des Chaco (Deutsche Gran-Chaco-Expedition 1925/26). Die zoologi-

schen Objekte aus der amerikanischen Sammlung der vielseitig wissenschaftlich ausgebildeten Prinzessin Therese von Bayern (s. S. 283) waren schon 1926 der Sammlung testamentarisch vermacht worden.

Trotz des offiziellen Auslagerungsverbots können im Sommer 1943 Sammlungsbestände und Bibliothek zum großen Teil aus der Stadt gebracht werden. Beim Brand der Alten Akademie (1944) gehen die Schausammlung, die Fischabteilung, zahlreiche wertvolle Skelette und Rohskelette zugrunde. Von der in Planegg evakuierten herpetologischen Sammlung vernichtet ein Volltreffer u. a. die Schildkrötenbestände. Die Alkoholpräparate der Wirbellosen-Sammlung werden geplündert.

1946 kommt die Zoologische Staatssammlung im Nordflügel des Schlosses Nymphenburg unter, wo vor dem Krieg das Jagdmuseum (s. S. 77) einziehen sollte.

Ein rascher und intensiver Aufbau setzt ein. Anfang der fünfziger Jahre werden die Studien- und Sammelreisen nach Südamerika fortgesetzt. 1961-66 finanziert die Fritz-Thyssen-Stiftung Forschungsunternehmen in Nepal. Es werden allein 300 000 Schmetterlinge gesammelt. Ab 1968 beteiligt sich die Zoologische Staatssammlung an den marinbiologischen internationalen Forschungsprogrammen des FS ›Meteor‹ im Atlantik.

Ein Neubau, zu dem 1981 der Grundstein gelegt wurde, soll die sachgerechte Unterbringung der kostbaren Bestände sicherstellen und der weiteren Erforschung und Erhaltung der Tierwelt dienen.

Sammlungsbestände

In der Zoologischen Staatssammlung werden etwa 15 Millionen Objekte aufbewahrt. Das gesamte Tierreich mit seinen rund zwei Millionen Arten ist in den einzelnen Tiergruppen in unterschiedlicher Vollständigkeit vertreten. So haben sich im Laufe der Sammlungsgeschichte Schwerpunkte herauskristallisiert. Bei den wirbellosen Tieren: Nesseltiere, Krebse, Milben, Stachelhäuter und Tausendfüßer; bei den Insekten: Hautflügler, Käfer, Schmetterlinge (eine der bedeutendsten Sammlungen der Welt) und Zweiflügler; bei den Wirbeltieren: Fische, Lurche, Kriechtiere, Vögel und vor allem Säugetiere.

1 Lichtmikroskopische Aufnahme vom Flügel eines exotischen Schwalbenschwanzfalters
2 Großer Dukatenfalter (Lycaena dispar) (regional ausgestorben)
3 Tiefseegarnele aus dem Expeditionsmaterial des Forschungsschiffes ›Meteor‹
4 Laufkäfer (Mormolyce phyllodes) aus Java
5 Vogelbälge
6 Fell eines Servals (Leptailurus serval)
7 Bambusotter (Trimeresurus albolabris)
8 Schädelskelett eines Mohren-Kaimans (Melanosuchus niger), über 150 Jahre altes Präparat von J. B. von Spix' Brasilienexpedition

44 Spielzeugmuseum im Alten Rathausturm

Sammlung Ivan Steiger
2, Marienplatz, Telefon 2 33 39 13
Geöffnet: Dienstag–Freitag 10–17.30, Samstag, Sonn- und Feiertag 10–18 Uhr.
(Genaue Feiertagsregelung bei Drucklegung noch nicht bekannt.)

Leitung: Ivan Steiger, 40, Elisabethstraße 5, Telefon 271 19 69

Träger: Landeshauptstadt München und Ivan Steiger

Sammlung von historischem Spielzeug aus Blech, Holz, Papier, Stoff und anderen Materialien aus einem Zeitraum von 200 Jahren mit dem Schwerpunkt um 1900 im Besitz Ivan Steigers

Geschichte: Gründung des privaten Museums im städtischen Turm des Alten Rathauses im Dezember 1983

Aktivitäten: Thematische Sonderausstellungen aus den Beständen und laufenden Neuerwerbungen der Sammlung Ivan Steiger

Service: Museumsshop mit Spielzeugliteratur, Kinderbuchnachdrucken, Postkarten und vor allem historischen Spielzeugrekonstruktionen

Publikation: Museumskatalog in Vorbereitung

Kurzinformation

Als der Karikaturist und Filmemacher Ivan Steiger Anfang der siebziger Jahre auf die Suche nach Filmrequisiten geht, entdeckt er in Deutschland, England und Amerika das Spielzeug vergangener Zeiten. Das Resultat einer rasch wachsenden Sammelleidenschaft ist inzwischen in den Turmstuben des Alten Rathauses zu bewundern. Vom Kassenraum, in dem eine kleine Auswahl die Neugier weckt, führt ein Aufzug in den fünften Stock unter das Turmdach. Von hier steigt der Besucher bequem über die engen Wendeltreppen von Turmstube zu Turmstube abwärts, in denen sich die Kinderträume von einst wiederfinden.

Tanzendes Paar, um 1900,
handlackiertes Blechspielzeug zum Aufziehen
(Firma S. Günthermann, Nürnberg)

Rundgang durch die Sammlung

Im scheinbar kunterbunten Nebeneinander von Kinderstuben mischen sich im obersten Stock anonyme deutsche Holzspielsachen aus der Zeit kurz nach 1800 mit gepreßtem Papierspielzeug von 1900 bis 1950 und frühem amerikanischen Blechspielzeug oder aufziehbaren Weißblechspielzeugen der ältesten deutschen Spielzeugfirmen (Günthermann, Issmayer, Gebr. Bing u. a.).
Im vierten Stockwerk rattern Dampfmaschinen, arbeiten blecherne Männer und Frauen (sog. Antriebsmodelle mit einfacher Mechanik), dreht sich ein Karussell (Unikat der Nürnberger Firma Doll & Cie von etwa 1910). Eine Kurzgeschichte des optischen Spielzeugs von der Laterna magica über den Miniaturkinematographen der dreißiger Jahre bis zum Bakelitfernsehgerät der fünfziger Jahre mit Projektionsbildstreifchen rollt ab. Dazu versammelt sich hier ein in Deutschland einzigartiges Ensemble von einem guten Dutzend charmanter ›Pariser Typen‹ aus Blech und Stoff von 1880 bis 1910 – alle aufziehbar – der französischen Firma Martin.
Der dritte Stock zeigt Spielzeug zu den Themen Bauernhof und Burg, Puppenstube und Kinderschule, Zoo und Zirkus. Prunkstück ist die originalgetreue Nachbildung des Eingangstores zum Hamburger Zoo. In Tierhäusern und -gehegen tummeln sich Tiere der dreißiger Jahre aus Holzmasse der Marken Elastolin und Lineol (zum Teil seltene, unbemalte Rohlinge), dazwischen Indianer, Cowboys und Trapper.
Die Turmstube im zweiten Stock ist dem ›neuen‹ technischen Verkehrsspielzeug bis zum Zweiten Weltkrieg vorbehalten. Automobile, Flugzeuge und vor allem Märklin-Eisenbahnmodelle wechseln mit aufziehbarem lithographierten Spielzeug.
Im ersten und ›letzten‹ Stock schließlich schwimmen Taucher zwischen Handels- und Kriegsschiffen aller Art: Eine Kostbarkeit ist das kaiserliche Kanonenboot ›Carette‹ von 1903-07.

Akademien, Archive, Bibliotheken und Kulturinstitute

(eine Auswahl)

Akademie der Bildenden Künste

40, Akademiestraße 2, Tel. 3 85 20

Geöffnet: Mo. bis Fr. 7-19, Sa. 8-15 Uhr; Präsenzbibliothek Mo. bis Do. 10-17, Fr. 10-14.30 Uhr. **Aufgaben:** Akademie mit praktischem und theoretischem Lehrbetrieb (Sommer- und Wintersemester) in den bildenden und angewandten Künsten sowie in der Kunsterziehung. **Öffentlichkeitsarbeit:** Vortragsreihen, Ausstellungen.

Amerika-Haus

2, Karolinenplatz 3, Tel. 59 53 69

Geöffnet: Wechselausstellungen Mo. bis Fr. 9 bis 19 Uhr; Bibliothek Mo. bis Fr. 12-19.30 Uhr. **Aktivitäten:** Theater-, Kino- und Konzertaufführungen, Vorträge, Ausstellungen.

Bayerische Akademie der Schönen Künste

22, Max-Joseph-Platz 3, Tel. 29 46 22

Bürozeit des Generalsekretariats: Mo. bis Fr. 10 bis 16.30 Uhr; Sonderregelungen für Ausstellungen. **Aufgaben:** Pflege und Förderung der Künste. **Öffentlichkeitsarbeit:** Ausstellungen, Wettbewerbe, Vorträge, Lesungen, Konzerte.

Bayerische Staatsgemäldesammlungen

Direktion: 40, Barer Straße 29, Tel. 23 80 50

Dienstzeit: Mo. bis Fr. 8-16 Uhr. Präsenzbibliothek; Archiv der Max-Beckmann-Gesellschaft; Fotothek; Fotoabteilung; Abteilung für Restaurierung und naturwissenschaftliche Untersuchungen (Doerner-Institut); Sitz des Museumspädagogischen Zentrums (MPZ).

Bayerische Verwaltung der staatlichen Schlösser, Gärten und Seen

Museumsabteilung Schloß Nymphenburg (Eingang 4, linker Pavillon)
19, Schloß Nymphenburg, Tel. 1 20 81

Dienstzeit: Mo. bis Fr. 8-12, 13-16 Uhr. Präsenzbibliothek; Foto- und Bildarchiv; Sammlung historischer Bau- und Gartenpläne in der Museums-, Bau- und Gartenabteilung; Restaurierungswerkstätten.

Bayerisches Landesamt für Denkmalpflege

Direktion, Verwaltung, Abteilung Inventarisation, Abteilung Bau- und Kunstdenkmalpflege: 1, Pfisterstraße 1 und 2, Telefon 2 11 41
Abteilung Vor- und Frühgeschichte: 81, Arabellastraße 1, Tel. 92 14-25 73

Dienstzeit: Mo. bis Fr. 7.30-16.15 Uhr. **Aufgabenbereich:** Ziel der Denkmalpflege ist die Integration geschichtlicher, in materieller Gestalt überlieferter Leistungen, um kulturelle Qualität der Vergangenheit auch in Gegenwart und Zukunft erlebbar zu machen. **Arbeitssammlungen des Amtes:** 1. Fotothek; 2. Allgemeine Plansammlung; 3. Plansammlung zur Bauforschung; 4. Baumaterialiensammlung; 5. Befundsammlung der Restaurierungswerkstätten; 6. Grabungsdokumentationen.

BMW-Galerie

40, Petuelring 130, Tel. 38 95-22 01

Geöffnet: täglich, außer sonn- und feiertags, 9 bis 17 Uhr. Sammlung von Bildern europäischer Kunst der Gegenwart im Aufbau. **Aktivitäten:** Wechselausstellungen.

Botanischer Garten

19, Menzinger Straße 65, Tel. 17 92-3 10 (Verwaltung), 17 92-3 50 (Eintrittskasse)

Geöffnet: täglich, außer 24. und 31.12. Januar, November, Dezember 9-16.30 Uhr; Februar, März, Oktober 9-17 Uhr; April, September 9-18 Uhr; Mai, Juni, Juli, August 9-19 Uhr; die Gewächshäuser werden jeweils eine halbe Stunde früher und auch von 11.45-13 Uhr geschlossen. – **Sammlung:** Etwa 15000 Arten von Wild- und Kulturpflanzen aus aller Welt auf 20 Hektar Gesamtfläche; von 10000 qm großen Gewächshäusern sind jeweils etwa die Hälfte Schauhäuser bzw. für die Öffentlichkeit nicht zugängliche Kulturhäuser.

British Council

22, Bruderstraße 7, Tel. 22 33 26

Geöffnet: Mo. bis Fr. 8.30-13, 14-17 Uhr; zusätzlich zur Feiertagsregelung (s. S. 9) geschlossen am: Faschingsdienstag nachmittags, Bank Holiday (August), 24. und 31.12. Präsenzbibliothek, Sprachkurse, Informationsservice. **Aktivitäten:** Musik-, Theater-, Opern- und Ballettaufführungen, Volksliederabende, Bücherschauen, Kunst- und Fotoausstellungen, Vorträge, Autorenlesungen, Britische Kulturwochen, Diskussionen, Seminare.

Französisches Kulturinstitut

22, Kaulbachstraße 13, Tel. (Institut) 28 53 11 und 28 55 42, CICIM 28 07 46

Geöffnet: Sekretariat und Bibliothek Mo. bis Fr. 9.30-12.30, 14.30-18.30. Bibliothek, Diskothek, Bildthek, Filmothek, Videothek; CICIM: ›Centre d'Information Cinématographique de l'Institut Français de Munich‹ (zeigt französische Filme im Filmtheater Lupe 2, Schwabinger Fuchsbau, Ungererstraße 19). **Aktivitäten:** Filme, Theater, Konzerte, Ausstellungen, Kolloquien, Podiumsdiskussionen.

Haus der Bayerischen Geschichte
Bayerische Staatskanzlei

2, Königinstraße 11, Tel. 237031

Dienstzeit: werktags 8-16 Uhr. **Aktivitäten:** Ausstellungen, Vorträge, Filmdokumentationen, Bildarchiv (im Aufbau).

Italienisches Kulturinstitut

2, Hermann-Schmid-Straße 8, Tel. 764563 und 772362

Geöffnet: Wechselausstellungen: Mo. bis Fr. 10 bis 13, 14-18 Uhr; Sekretariat: Mo. bis Fr. 10 bis 13 Uhr; Bibliothek: Di. bis Fr. 10-13, 14-18 Uhr. Bibliothek, allgemeine Sprachkurse, Informationsservice. **Aktivitäten:** Vorträge, Konzerte, Film- und Theateraufführungen, Wechselausstellungen, Podiumsdiskussionen.

Pavillon im Alten Botanischen Garten

2, Sophienstraße 7a, Tel. 597359

Geöffnet: Di. bis Sa. 10-17 Uhr, geschlossen während der Ausstellungsvorbereitungen. Der Pavillon dient Ausstellungen zeitgenössischer Kunst und Kultur.

Altes Residenztheater
(Cuvilliés-Theater)

2, Residenzstraße 1 (Zugang über Kapellen- und Brunnenhof der Residenz), Tel. 224641

Geöffnet: Mo. bis Sa. 14-17, So. 10-17 Uhr (außer bei Veranstaltungen); abweichend von der Feiertagsregelung (s. S. 10) geöffnet am: 6.1., Ostermontag, Christi Himmelfahrt, Pfingstmontag, Fronleichnam, 17.6., 15.8., Buß- und Bettag sowie 26.12.; ganztägig geschlossen am Faschingsdienstag, 24. und 31.12. – **Service:** Führungen.

Spanisches Kulturinstitut

22, Marstallplatz 7, Tel. 294232, 298089

Geöffnet: Ausstellungen und Bibliothek Mo. bis Fr. 14-19 Uhr, Sekretariat Mo. bis Do. 9-13, Fr. 9 bis 15 Uhr. Bibliothek, allgemeine Sprachkurse, Informationsservice. **Aktivitäten:** Konzerte, Ausstellungen, Theater- und Filmvorführungen, Vorträge.

Staatliche Naturwissenschaftliche Sammlungen Bayerns, Generaldirektion

19, Menzinger Straße 71, Tel. 171622, 171659

Dienstzeit: Mo. bis Do. 7.30-12.30, 13-16.50 Uhr, Fr. 7.30-12.30, 13-15 Uhr. Geplant ist die Einrichtung eines ›Naturkundlichen Bildungszentrums‹ (NBZ).

Zentralinstitut für Kunstgeschichte

2, Meiserstraße 10, Tel. 5591-493 und 333

Öffnungszeiten der Bibliothek: Mo. bis Fr. 9.30 bis 19 Uhr, Sa. 9.30-13 Uhr; der Fotothek: Mo. bis Do. 9-13, 14-17 Uhr, Fr. 9-13, 14-16.30 Uhr (nur mit Benutzerausweis). Internationale Präsenzbibliothek für Kunsthistoriker, fortgeschrittene Studenten der Kunstgeschichte, Künstler, Kunstkritiker, Kunsthändler und Kunstverlage; Fotothek; Bildarchiv der deutschen Kunst. **Aktivitäten:** Vortragsreihen, Symposien, Kolloquien.

Bayerische Staatsbibliothek

22, Ludwigstraße 16, Tel. 21981

Differenzierte Öffnungszeiten, s. die bibliothekseigene Broschüre ›Hinweise für Benützer‹. **Bestand:** Sammlung international relevanter, wissenschaftlicher Literatur aller Fachrichtungen außer Technik; über 4,7 Millionen Bände, rund 31000 laufende Zeitschriften. Bayerischer Zentralkatalog (BZK), Institut für Buch- und Handschriftenrestaurierung. **Sondersammlungen:** Handschriften- und Inkunabelabteilung, Musiksammlung, Osteuropasammlung, Orientalische Sammlungen, Kartensammlung. **Service:** Orts- und Fernleihe, Allgemeiner Lesesaal (500 Plätze) und weitere Lesesäle für die Sondersammlungen; alle mit Handbibliotheken. **Aktivitäten:** Wechselausstellungen überwiegend eigener Bestände.

Städtische Bibliotheken München

Direktion: 80, Rosenheimer Straße 5, Tel. 4181-203; **Münchner Stadtbibliothek** Am Gasteig (einschl. der ehem. Zentralbibliothek): 80 Rosenheimer Straße 5, Tel. 4181- mit den Nebenstellen: **Allgemeine Auskunft** 313, **Musikbibliothek** 334, **Philatelistische Bibliothek** 291; **Juristische Bibliothek:** 2, Marienplatz 8, Rathaus, Zimmer 365, Tel. 233-8257; **Richard-Strauss-Institut** (Umzug für 1985 geplant): 2, Karlsplatz 11-12/2, Tel. 233-8025.

Monacensia- und Handschriftensammlung der Münchner Stadtbibliothek: 80, Maria-Theresia-Straße 23, Tel. 4702024

Geöffnet: Mo. bis Fr. 8-15.30 Uhr; Monacensia-Abteilung: Präsenzbibliothek, Werke Münchner Dichter, Schriftsteller und Forscher. Handschriften-Abteilung: Handschriftensammlung in München geborener oder wirkender Persönlichkeiten (rund 1850 bis heute), Nachlässe, Brief- und Musikautographen, Exlibris (zugänglich nur bei Nachweis wissenschaftlicher Arbeit). **Aktivitäten:** Sonderausstellungen.

Bayerisches Hauptstaatsarchiv

22, Schönfeldstraße 5 (Haupteingang), Tel. 2198596

Geöffnet: Mo. bis Do. 8-16, Fr. 8-14.30 Uhr; Lesesaal Schönfeldstr. Mo. bis Do. 8-18, Fr. 8 bis 14.30 Uhr. Lesesaal, Amts- und Präsenzbibliothek, Fotostelle, Restaurierungswerkstätten. **Aufgaben:** Zentralarchiv für das Schriftgut des ehemaligen Herzogtums und Kurfürstentums, des Königreichs und des heutigen Freistaats Bayern seit Beginn der Schriftlichkeit der Verwaltung bis heute, z.B. Urkunden, Nachlässe und Sammlungen, Karten und Pläne, Plakate, Flugblätter, Bilder, Siegelreproduktionen, Wappenbilder. **Abteilungen:** I Ältere Bestände, II Neuere Bestände (19./20. Jh.), III Geheimes Hausarchiv, IV Kriegsarchiv (Leonrodstr. 57, Tel. 183612), V Nachlässe und Sammlungen. Lesesaal, Amts- u. Präsenzbibliothek, Fotostelle, Restaurierungswerkstätten.

Stadtarchiv

40, Winzererstraße 68, Tel. 1234031

Geöffnet: Mo. bis Mi. 8.30-16, Do 8.30-20, Fr. 8.30-14 Uhr. Amts- und Präsenzbibliothek, Restaurierungswerkstätten, Fotolabor. **Aufgaben:** Das Archiv archiviert ausschließlich abgeschlossene, archivwürdige Akten-Bestände: Urkunden, Akten und Amtsbücher, Nachlässe. **Sammlungen:** Pläne, Plakate, Filme, Fotos, Bilder. **Aktivitäten:** Ausstellungen zur Stadtgeschichte, z.T. gemeinsam mit dem Münchner Stadtmuseum (s. S. 153), Filmvorführungen, Führungen (nur Gruppen).

Register der Sachgebiete

Die Zahlen verweisen auf die Nummern der Museen und Sammlungen
(siehe jeweilige Titelzeile)

Galerien, Kunst- und Antiquitätenhandlungen, Antiquariate und Auktionshäuser

Eine Auswahl

Galerie von Abercron

Kunst des 20. Jh.
22, Maximilianstraße 22
Telefon 22 64 20

Galerie am Abend

Inhaber Gerd Hedler
Zeitgenössische Kunst
19, Dall'Armistraße 57
Telefon 17 04 77 und 17 04 17

Galerie Acade

Inhaberin Ute Geh
Antiquitäten
2, Kardinal-Döpfner-Straße 4
Telefon 28 19 12

accent Galerie Hierling

Kunst des 20. Jh.
40, Georgenstraße 28
Telefon 34 11 34

Theodor Ackermann

Buch- und Grafik-Antiquariat
22, Ludwigstraße 7
Telefon 28 47 87

W. Adam Nachf. — J. H. Beyer

im Internationalen Antiquitäten-Salon
Schloß Haimhausen
8048 Haimhausen bei München
Auskunft und Ankauf:
80, Ismaninger Straße 136
Telefon 98 48 88

Galerie Almas

Inhaber Mimi tho Rahde
Möbel und Kunstgewerbe des 18. Jh.
2, Wittelsbacher Platz 6
Telefon 28 17 57

Galerie Alvensleben

Kunst des 20. Jh.
40, Arcisstraße 58
Telefon 27 15 65 56 und 98 96 86

antares kunstgalerie

Zeitgenössische Kunst
2, Fürstenstraße 5
Telefon 28 25 98

Galerie Arnoldi-Livie

Gemälde und Handzeichnungen des
18. und 19. Jh.
22, Maximilianstraße 36
Telefon 22 59 20

Antic Haus München

mit 50 Antiquitätengeschäften
2, Neuturmstraße 1
Telefon 23 78-1 20

Günter Apel

Möbel, Antiquitäten
2, Amalienstraße 19
Telefon 28 29 21

Art & Music

Zeitgenössische Kunst
40, Tengstraße 24/I
Telefon 271 23 00

Galerie Artcurial (P. A. Ade)

Klassische moderne Kunst
des 19. und 20. Jh.
22, Maximilianstraße 10
Telefon 29 41 31

Galerie Art Nouveau — Art Déco

Kunsthandlung
Inhaber Dr. Eva Plickert
40, Georgenstraße 70
Telefon 271 62 88

Galerie Atelier ANA

Zeitgenössische Kunst
40, Kaiserstraße 37
Telefon 34 59 69

Autoren Galerie 1

Zeitgenössische Kunst
40, Pündtnerplatz 6
Telefon 39 51 32

Galerie Bakomo

Zeitgenössische Kunst
40, Zentnerstraße 11, Rgb.
Telefon 52 42 74

Kenneth Barlow

Kunstgewerbe von 1880-1940
22, Maximilianstraße 21
Telefon 297232

Galerie Bartsch & Chariau

Kunst des 20. Jh.
22, Galeriestraße 2
Telefon 225767

Evgret von Bary

Möbel, Kunstgewerbe und Textilien
des 18. Jh.
22, Königinstraße 37
Telefon 285301

Ingeborg Bauer-Krüger

Alter Schmuck
40, Amalienstraße 33
Telefon 281332

Galerie im Bayerischen Hof GmbH

Gemälde des 19. Jh.
2, Promenadeplatz 4
Telefon 297359

Bayerischer Kunstgewerbeverein

Zeitgenössisches Kunstgewerbe
2, Pacellistraße 7
Telefon 293521

Hermann Beisler

Antiquariat
Alte Stadtansichten und Landkarten
2, Oskar-von-Miller-Ring 33
Telefon 283452

L. Bernheimer KG

Möbel, Teppiche und Gobelins, Gemälde,
chinesische Porzellane
2, Lenbachplatz 3 und Eingang Ottostraße
Telefon 596643-45

Galerie Biedermann

Dr. Margret Biedermann
Kunst des 19. und 20. Jh.
22, Maximilianstraße 25
Telefon 297257 / 292237

Josef Bierstorfer

Möbel und Kunstgewerbe des 18. Jh.
Ricarda-Huch-Straße 1
8022 Grünwald vor München
Telefon 089/6411779

Richard Bierstorfer

Möbel und Skulpturen
2, Residenzstraße 25
Telefon 229518

Bina-Antiquitäten

Möbel, Zinn, Skulpturen, Fayencen
2, Marienplatz 8 / Rathaus-Rückseite
(Eingang Landschaftsstraße)
Telefon 294132

Julius Böhler

Gemälde alter Meister, alte Skulpturen
und altes Kunstgewerbe
2, Pacellistraße 8/II
Telefon 222696

Galerie von Braunbehrens

Kunst des 20. Jh.
40, Ainmillerstraße 2a
Telefon 390339

Ludwig Bretschneider

Ostasiatische Kunst, Kunst aus Afrika
und der Südsee,
ethnographische Gegenstände
80, Possartstraße 6
Telefon 474792

Klaus von Brincken

Antiquariat,
Alte Stadtansichten, Dekorative Grafik
2, Theresienstraße 58
Telefon 282553, und
2, Pacellistraße 2
Telefon 298815

Godula Buchholz Werkraum

Zeitgenössische Kunst
Heilmannstraße 2
8023 Pullach bei München
Telefon 089/7932772

Bücherkabinett

Eva Michalek
Antiquariat, spez. Theater, Tanz, Musik
40, Türkenstraße 21 (im Hof)
Telefon 28 24 47

Galerie Dr. Bühler Gemälde GmbH

Inhaber Dr. Hans-Peter Bühler
Gemälde des 18.-20. Jh.
2, Ottostraße 6
Telefon 59 70 20

Galerie Carroll

Inhaber Peter Pröschel
Möbel und Kunsthandwerk des 18. Jh.,
Grafik
2, Residenzstraße 24
Telefon 29 92 82

Cartoon-Caricature-Contor

Zeitgenössische Karikaturen
40, Clemensstraße 27
Telefon 34 21 49

Galerie Charlotte für naive Kunst

2, Falkenturmstraße 6-8
Telefon 22 71 66

Monika Datzmann

Das Haus der Gemälde
Gemälde des 17. und 18. Jh.
22, Maximilianstraße 21
Telefon 29 95 95

Deutsche Gesellschaft für christliche Kunst

2, Wittelsbacher Platz 2 (Eingang Finkenstr.)
Telefon 28 25 48

Deutscher Werkbund Bayern

Kunsthandwerk des 20. Jh.
40, Martiusstraße 8
Telefon 34 15 03 und 34 65 80

Dia-Direkt Kneipe Galerie

Zeitgenössische Kunst
80, Kirchenstraße 42
Telefon 4 48 40 00

Galerie Klaus Dietz

Grafik und Druckgrafik des 17.-20. Jh.
22, Maximilianstraße 36/III
Telefon 29 80 43

Galerie Dörfel im Heiglhof

Zeitgenössische Kunst
70, Heiglhofstraße 8
Telefon 7 14 50 17

Galerie druckwerk

Inhaber Rupert Walser
Zeitgenössische Kunst
5, Fraunhoferstraße 19
Telefon 2 60 75 08

Galerie Dürr

Kunst des 20. Jh.
80, Prinzregentenstraße 60 (Villa Stuck)
Telefon 47 18 86

Galerie + Edition A

Zeitgenössische Kunst
40, Amalienstraße 87
Telefon 28 13 64

Galerie edition e

Kunst des 20. Jh.
2, Thalkirchner Straße 7
Telefon 26 59 69

Elisabeth Ehrhardt

Antiquitäten
2, Arnulfstraße 22
Telefon 59 72 56

Konrad Ehrhardt

Skulpturen
2, Kreittmayrstraße 32
Telefon 19 64 15

Galerie Eichinger

Zeitgenössische Kunst
22, Widenmayerstraße 2/II
Telefon 29 26 16

Emeran Fassnacht

Inhaberin Liselotte Fassnacht-Schoner
Gemälde und Antiquitäten
2, Josephspitalstraße 15
Telefon 59 23 36 und 60 57 08

Max Felten

Eichenmöbel, Kleinkunst
2, Ottostraße 6/III
Telefon 59 80 37

Dr. Hans Fetscherin

Alte und moderne Gemälde, Grafik
und naive Malerei
19, Maréesstraße 9
Telefon 17 27 60

Fischer-Böhler

Möbel des 18. Jh., Silber, Fayencen,
Porzellan, Öfen
2, Residenzstraße 18
Telefon 22 25 83

Antiquitäten Forchhammer

Gemälde des 19. und 20. Jh.
Ludwig-Thoma-Straße 12
8022 Grünwald vor München
Telefon 0 89/29 39 44

Galerie Six Friedrich

Zeitgenössische Kunst
22, Maximilianstraße 15
Telefon 29 50 21 und 29 61 10

Galerie 79

Zeitgenössische Kunst
40, Herzogstraße 79
Telefon 30 49 60

Galerie Alexander Gebhardt

Alte und neue Gemälde
2, Ottostraße 6
Telefon 59 27 86

Galerie Gerdes

Präkolumbische Kunst, Kunst Mexikos
und Perus
40, Ainmillerstraße 9
Telefon 33 26 10

Helmut Gerstner

Antiquitäten
2, Brunnstraße 5 und Kreuzstraße 9
Telefon 26 33 50 und 22 64 11 14

GIM Gallery

Zeitgenössische Kunst
90, Geiselgasteigstraße 34
Telefon 64 30 74

Glas-Galerie Nordend

Inhaberin Friederike Duhme
Zeitgenössisches Kunsthandwerk
40, Nordendstraße 45
Telefon 271 25 10

**Münchner Gobelin-Manufaktur
Dr. Spangemacher OHG**

Gobelins und Teppiche
19, Notburgastraße 5
Telefon 17 03 61

Galerie Friedrich Gräf

Gemälde
81, Chamissostraße 12
Telefon 98 20 09

Galerie Peter Griebert

Gemälde alter und moderner Meister
90, Defreggerstraße 7
Telefon 64 77 03

Galerie Grimm

Kunst des 19. und 20. Jh.
22, Maximilianstraße 36
Telefon 29 74 53

Galerie Grünwald

Kunst des 17.-19. Jh.
2, Residenzstraße 13/III
(Eingang Gotischer Hof)
Telefon 22 21 21

Dr. Alfred Gunzenhauser

Graphisches Kabinett
22, Maximilianstraße 10
Telefon 22 30 30

**Kollektiv-Galerie Hand
und Werk**

Zeitgenössische Kunst
22, Christophstraße 4
Telefon 22 39 71

Galerie Handwerkspflege in Bayern

2, Ottostraße 7
Telefon 595584

Kunsthandlung Hanfstaengl

Zeitgenössische Kunst, Kunstdrucke
2, Karlsplatz 6
Telefon 594098

Galerie Hanssler

Zeitgenössische Kunst
2, Westenriederstraße 8a
Telefon 292525

Georg L. Hartl

Ostasiatica
22, Ludwigstraße 11
Telefon 283854

Johann Hartmann

Möbel und Gemälde
2, Ottostraße 3
Telefon 592540

Galerie Richard P. Hartmann

Grafik, Gemälde, Skulpturen
40, Franz-Joseph-Straße 20
Telefon 347967

Hartung & Karl

Antiquariat, Auktionen, Autographen,
Dekorative Grafik
2, Karolinenplatz 5a
Telefon 284034

Erich Hasberg

Alte Gemälde, Antiquitäten
21, Neuburger Straße 9
Telefon 663053

Galerie Michael Hasenclever

Gemalde, Zeichnungen und Druckgrafik
der zwanziger Jahre
80, Cuvilliésstraße 5
Telefon 984700

Antiquariat Hauser

Inhaber E. Kern
40, Schellingstraße 17
Telefon 281159

Galerie Heinz Herzer

(vormals Galerie am Promenadeplatz)
22, Maximilianstraße 43
Telefon 297729

Sabine Helms

Gemälde und Zeichnungen
des 19. und 20. Jh.
22, Kaulbachstraße 35/II Gartenhaus
Telefon 285657

Galerie Hermanns

Zeitgenössische Kunst
2, Am Platzl 4
Telefon 292745

Galerie Hermeyer

Zeitgenössische Kunst
40, Wilhelmstraße 3
Telefon 396196

Eberhart Herrmann

Antike Teppiche, Tapisserien, Textilien
2, Theatinerstraße 42
Telefon 293402

Galerie Heseler

Kunst des 19. und 20. Jh.
2, Residenzstraße 27
Telefon 220834
und Maximilianstraße 13
Telefon 299661

Galerie Hans Hoeppner

Kunst des 20. Jh.
2, Oskar-von-Miller-Ring 35
Telefon 284328

Galerie Holzinger am Hofgarten

Galerie für naive Werke
22, Galeriestraße 2
Telefon 292487

H. Hugendubel

Alte Bücher und Grafik
2, Salvatorplatz 2
Telefon 2389-330 (Antiquariat)

Julia Iliu

Antiquariat, Alte Grafik
Montag-Freitag 13.30-18.30
40, Barer Straße 46
Telefon 2800688

Galerie für Jagdkunst

2, Blumenstraße 22a
Telefon 2608678

Galerie Fred Jahn

Zeitgenössische Kunst
22, Maximilianstraße 10
Telefon 220714 und 220117

Fred und Jens Jahn

Galerie für afrikanische Kunst
5, Reichenbachstraße 33 Rgb.
Telefon 2014891

Ralph D. I. Jentsch

Kunstgalerie Esslingen
Kunst des 20. Jh.,
deutscher Expressionismus
80, Possartstraße 12
Telefon 4704265

Karl & Faber

Kunst- und Literatur-Antiquariat,
Ausstellungen, Kunstauktionen
2, Amiraplatz 3/IV
Telefon 221865

Galerie Dany Keller

Zeitgenössische Kunst
5, Buttermelcherstraße 11 Rgb.
Telefon 226132

**Galerie Wolfgang Ketterer –
Kunstauktionen**

19. und 20. Jh.
2, Brienner Straße 25
Telefon 591181

Günter Kiehl

Möbel und Antiquitäten
40, Hörwarthstraße 51
Telefon 363919

Galerie Klewan

Zeitgenössische Kunst
22, Maximilianstraße 29
Telefon 295029

Edition Sabine Knust

Zeitgenössische Kunst
22, Maximilianstraße 36
Telefon 292113

Rainer Köbelin

Antiquariat, spez. Dekorative Grafik,
alte Kinderbücher, Bavarica, Militaria
40, Amalienstraße 53
Telefon 285640

B. Koestler GmbH

Gemälde des 19. Jh. und der Gegenwart
22, Maximilianstraße 28
Telefon 221508

Galerie Kröner

Zeitgenössische Tapisserie
2, Prannerstraße 4
Telefon 298625

Siegfried Kuhnke

Gemälde, Plastiken,
Kunsthandwerk GmbH
19, Richildenstraße 7
Telefon 175526

Galerie am Kunstblock

Inhaber Ralf Michler
40, Barer Straße 1
Telefon 557349

Galerie der Künstler (BBK)

Geschäftsführer Thomas Bergemann
22, Maximilianstraße 42
Telefon 220463

Künstlerwerkstätten in der Lothringer Straße

Leitung Kulturreferat der Landeshauptstadt (Telefon 2 33-87 30)
Galerien:
80, Lothringer Straße 13
Telefon 4 48 69 61 (14-18 Uhr)

Kunstzentrum Moosach

Zeitgenössische Kunst
50, Franz-Fihl-Straße 10
Telefon 1 50 45 90

Kunstzentrum N°. 66 München-Neuperlach

Engelhorn Stiftung
83, Albert-Schweitzer-Straße 66
Telefon 67 61 69

Galerie van Laar

Zeitgenössische Kunst
40, Türkenstraße 72
Telefon 2 80 08 60

Oscar Labiner

Inhaber: Edith und Michael Labiner
Schmuck, Silber
2, Ferdinand-Miller-Platz 3
Telefon 1 29 55 72

H. Lermer-Spindler

Möbel und Antiquitäten
2, Frauenplatz 12
Telefon 29 58 73

Albert Leuthenmayr

Schmuck, Möbel
2, Hartmannstraße 2/III und Theatinerstr. 42
Telefon 22 67 64/22 14 07

Karl Leuthenmayr

Möbel- und Kunstgewerbe des 18. Jh.
21, Agnes-Bernauer-Straße 112
Telefon 56 49 81

Harald Limpert

Möbel und Antiquitäten
40, Siegesstraße 24
Telefon 34 71 28

Ulla Lindner

Griechische und römische Ausgrabungen
81, Elektrastraße 17
Telefon 91 16 59

Dr. Paul Linsmaier

Antike Möbel, Antiquitäten, Gemälde
2, Augustenstraße 56
Telefon 52 27 37

Kunstantiquariat Stephan List

Alte und neuere Graphik
40, Barer Straße 39 Rgb.
Telefon 28 19 60

Galerie Rosa Lörch

Kunst des 20. Jh.
40, Tengstraße 10
Telefon 2 71 82 33 und 6 51 67 94

Margot Lörcher OHG

Inhaberin Dr. Heide Bücklein
Antiquariat, spez. Japanische Farbholzschnitte
60, Meyerbeerstraße 53
Telefon 8 88 84 07

Edmund Löwe

Möbel, Antiquitäten, Glas
2, Amalienstraße 24
Telefon 28 17 09

Loft Performanceraum/ Galerie-Agentur

Video- und Ton-Studio
80, Kirchenstraße 15
Telefon 47 58 16

Galerie van de Loo

Kunst des 20. Jh.
22, Maximilianstraße 27
Telefon 22 62 70

Erika Lorenz-Haramus

Antiquitäten, Gemälde, Möbel, Skulpturen
2, Kardinal-Faulhaber-Straße 3
Telefon 22 73 39

Dirk Holger:
Atelier Jean Lurçat
Zeitgenössische Tapisserien
5, Müllerstraße 22
Telefon 2608824

Lissy Mander
Kunstgewerbe und Antiquitäten
40, Georgenstraße 22
Telefon 397275

Galerie Margelik
Zeitgenössische Kunst
2, Steinheilstraße 12
Telefon 528296

Galerie Marsyas
Geschäftsführer Peter Oehme
2, Türkenstraße 24
Telefon 286503

Hildegard Metz de Benito
Antiquitäten
2, Theresienhöhe 8
Telefon 507179,
und
2, Ottostraße 6
Telefon 596815

Philip Morris,
Galerie im Foyer
Zeitgenössische Kunst
70, Fallstraße 40
Telefon 724050

Bernhard Moutier
Möbel und Kunstgewerbe des 18. Jh.
2, Prannerstraße 5
Telefon 299228

Ferdinand Wolfgang Neess
Jugendstil, Kunstgewerbe der zwanziger
und dreißiger Jahre
40, Franz-Joseph-Straße 19
Telefon 333089

Neue Münchner Galerie
Dr. Hiepe & Co. GmbH
Zeitgenössische Kunst
40, Kaulbachstraße 75
Telefon 345632

Galerie Neuhausen
Zeitgenössische Kunst
19, Elvirastraße 17a
Telefon 182694

Münchner Kunstauktionshaus
Neumeister KG
Alte und moderne Kunst
40, Barer Straße 37
Telefon 283011

Verein für Original-Radierung
München e.V.
Grafik-Galerie am Bavariaring 38
Telefon 8117310

Galerie im Osram-Haus
Zeitgenössische Kunst
90, Hellabrunner Straße 1
Telefon 6213 2503 oder 62132519

Otto-Galerie
Gemälde alter und neuer Meister
Möbel und Silber des 18. Jh.
2, Ottostraße 1b
Telefon 593954

Roderich Pachmann
Möbel des 18. Jh., Fayencen, Steinzeug
40, Barer Straße 60
Telefon 282491

Galerie Pabst
Kunst des 20. Jh.
22, Stollbergstraße 11
Telefon 292939

Galerie C. C. Paul
Zeitgenössische Kunst
40, Türkenstraße 94
Telefon 281455

Karl Pfefferle

Alte Rahmen
22, Gewürzmühlstraße 5
Telefon 29 52 92

Karl Pfefferle Galerie & Edition

Neue Kunst
22, Maximilianstraße 16
` Telefon 29 79 69

Rosl Pfefferle

Antike Rahmen, Gemälde, Antiquitäten
70, Juifenstraße 8
Telefon 7 14 17 68

Philographikon im Antic-Haus

Inhaber Rainer Rauhut
Antiquariat, wertvolle Stiche
2, Neuturmstraße 1
Telefon 22 50 82

Pol-Galerie
Claudia Jaeckel-Göbel

Zeitgenössische Kunst
40, Leopoldstraße 43 Rgb.
Telefon 33 25 03

Dr. Karl H. Pressler

Antiquariat
40, Römerstraße 7
Telefon 34 13 31

Produzentengalerie

Zeitgenössische Kunst und Fotografie
22, Adelgundenstraße 6
Telefon 53 76 31

Konrad Riggauer

Alte Rahmen und Kunstgewerbe
80, Lilienstraße 11-13
Telefon 48 15 85

Herbert M. Ritter

Altes Silber
2, Prannerstraße 5
Telefon 22 64 81

Gerhard Röbbig

Antiquitäten
2, Prannerstraße 3-5
Telefon 29 97 58,
und
2, Kardinal-Faulhaber-Straße 15
Telefon 22 75 09

Hermann Roth

Möbel, Skulpturen, Kleinkunst
2, Ottostraße 6 (Neuer Kunstblock)
Telefon 55 78 10

Gertrud Rudigier

Miniaturen, Kunstgewerbe
2, Arcostraße 1
Telefon 59 54 32

Gabriele Ruef

Alte Delfter Fliesen, Antiquitäten,
Volkskunst
2, Ottostraße 6 (Neuer Kunstblock)
Telefon 55 74 20

Auktionshaus
Hugo Ruef

Möbel, Antiquitäten, Teppiche,
Gemälde
2, Gabelsbergerstraße 28
Telefon 52 40 84-85

Galerie Ruf

Kunst des 19. Jh.
2, Oberanger 35
Telefon 26 52 72 und 26 65 97 ´

Galerie Rutzmoser

Zeitgenössische Kunst
22, Odeonsplatz 2
Telefon 28 09 11 17

Helmut Schaller

Uhren, Gemälde, Jugendstil
2, Prannerstraße 5 (Bayerischer Hof)
Telefon 22 45 93

Oskar Scharbow

Antiquitäten, besonders Apothekergefäße
40, Görresstraße 35
Telefon 52 67 37

Xaver Scheidwimmer
Inhaber Oskar Scheidwimmer
Alte Gemälde, Skulpturen
2, Ottostraße 3
Telefon 594979

Galerie + Edition Schellmann & Klüser
Zeitgenössische Kunst
22, Maximilianstraße 12
Telefon 222895 und 292153

Gerhard Scheppler
Antiquariat
9-13 Uhr, Nachm. und Samstag nach Anruf
40, Giselastraße 25
Telefon 348174

Galerie Albert Schiessel
Kunst des 20. Jh.
40, Kaulbachstraße 36
Telefon 332423

Axel Schlapka
Möbel und Kunst des Biedermeier
2, Gabelsbergerstraße 9
Telefon 2809887

Monika Schmidt
Kunstantiquariat
40, Türkenstraße 48
Telefon 284223 und
im Internationalen Antiquitätensalon
Schloß Haimhausen
8048 Haimhausen bei München
Telefon 08133/6413

Galerie Schöninger
Gemälde und Grafik des 19. Jh.
2, Brienner Straße 1
Telefon 221781

Galerie Rüdiger Schöttle
Zeitgenössische Kunst
40, Martiusstraße 7
Telefon 333686

Michael Steinbach
Antiquariat
19, Demollstraße 1/I
Telefon 1571691

Schutzverband Bildender Künstler
Ausstellungen Pavillon
Alter Botanischer Garten
2, Sophienstraße 7a
Telefon 597359

Galerie Schwarz-Weiß
Mareidi Singer und Gert Stoll
Außereuropäische Kunst
22, Widenmayerstraße 42
Telefon 223453

Galerie Ilse Schweinsteiger
Kunst des 20. Jh.
22, Stollbergstraße 11
Telefon 225048

Galerie Seifert-Binder
Gemälde, Grafik, Skulpturen
80, Keplerstraße 1
Telefon 477304

Dr. H. W. Seling
Altes Silber
2, Oskar-von-Miller-Ring 31
Telefon 284865

Galerie Soin
Kunst aus Indien, Tibet und dem Orient
40, Leopoldstraße 116
Telefon 334040

Sotheby's
Kunstauktionen
22, Odeonsplatz 16
Telefon 222375

Galerie Otto Stangl
Kunst des 20. Jh.
2, Brienner Straße 11
Telefon 299911

Galerie Walter Storms

Ottenhausen Verlag
Zeitgenössische Kunst
22, Kaulbachstraße 6
Telefon 28 45 00 (20 15 0 68)

Galerie Tanit

Naila Kunikg & Walther Mollier
Zeitgenössische Kunst
22, Maximilianstraße 36
Telefon 29 22 33

Galerie Telkamp

Inhaberin H. Karoline Telkamp
22, Maximilianstraße 6
Telefon 22 62 83

Galerie Thomas

Kunst des 20. Jh.
22, Maximilianstraße 25
Telefon 22 27 41

Gunter Tilgner

Antike Möbel des 18. und frühen 19. Jh.
2, Prannerstraße 5
Telefon 22 67 84

Galerie in der Unterfahrt

Kneipe mit Galerie
Zeitgenössische Kunst
80, Kirchenstraße 96
Telefon 4 48 27 94

Urban & Pierigal

Skulpturen und sakrale Kunst
22, Maximilianstraße 15/IV
Telefon 29 35 84

Eugenie van den Velden

Antiquariat
40, Neureutherstraße 1 a
Telefon 2 71 70 91

Wallach-Haus

Volkskunst und bäuerlicher Hausrat
2, Residenzstraße 3
Telefon 22 08 71

Ed. Walz

Kunstantiquariat
Inhaberin Anneliese Jamin
22, Lerchenfeldstraße 4
Telefon 22 52 72

Ilse Weber

Gemälde des 19. Jh.
22, Maximilianstraße 11
Telefon 29 29 88

Heinrich Wendel

Alte Waffen
2, Rosenthal 16 (im Stadtmuseum)
Telefon 2 60 43 26

Hermann Harry Witt

Möbel des 18. Jh., Porzellan, Silber,
Gemälde
2, Maximiliansplatz 12
Telefon 22 11 01

Robert Wölfle

Inhaber: Gertrud Wölfle, Dr. Lotte Roth-
Wölfle und Dr. Christine Pressler
Alte Bücher, Grafik des 15.-20. Jh.,
bes. Bayern und München
40, Amalienstraße 65
Telefon 28 36 26

M. & M. Wörndl

Antiquitäten am Kosttor OHG
2, Falkenturmstraße 14
Telefon 22 41 31

Galerie der Zeichner

Goller und Grill
Zeitgenössische Kunst
80, Prinzregentenstraße 60 (Villa Stuck)
Telefon 47 77 11

F. Zisska & R. Kistner

Auktionsantiquariat
2, Unterer Anger 15
Telefon 26 38 55

Museen in München

Lageplan der Innenstadt* →

* Die hier nicht aufgeführten Museen sind im Übersichtsplan auf der
Innenseite der vorderen Einbandklappe eingetragen.